现代旅行社管理与运作

李云霞　刘惠余　编著

云南大学出版社

前　　言

　　我国旅行社业经过近30年的发展，已经初步形成了一个不同规模、不同档次、不同服务对象、不同所有制形式的多层次、多功能、适应性强的旅行社业务网络体系，在食、住、行、游、购、娱六大旅游要素中起着桥梁和纽带作用，并与旅游饭店和旅游交通部门共同构成了旅游业的三大支柱。我国加入WTO为旅行社业带来了广阔的发展空间和良好的发展机遇，同时也应该清醒地看到所面临的严峻挑战，因而掌握和运用现代旅行社经营理念，实施有效的管理，是旅行社生存与发展的关键所在。

　　目前，我国旅行社业的发展正处于水平分工体系向垂直分工体系过渡的时期，既需要前沿的经营理念作指导，又需要传统的管理经验作支撑。本书正是在这样的背景下编写而成的。因此，本书定位为培养具有现代旅行社经营理念、掌握现代旅行社管理技能的当代旅行社业经理人的教材，并可作为各类高等院校旅游管理专业教材和旅行社企业岗位培训教材。

　　本书以我国旅行社分工体系调整思路为主线，依据国内外旅行社业的发展趋势及其前沿问题，注重对现代旅行社经营理念和管理方法的归纳，在总结我国旅行社管理实践的基础上，阐述现代旅行社管理与运作。在本书的编写过程中，我们突出一般原理与典型案例相结合的特色，既立足于使学习者较为全面地了解现代旅行社的相关专业知识，为其今后从事旅游管理工作提供必要的知识结构，但又不面面俱到；既注重时代性，又强调可操作性，注重使学习者掌握现代旅行社管理与运作的技能。此外，通过大量的案例分析，提升学习者分析问题和解决问题的能力。

　　本书参考了许多专家、学者的研究成果，他们的研究成果为我们提供了思路和材料方面的借鉴，极大地丰富了本书的内容，在此谨向他们表示感谢和敬意。

　　同时，还要特别感谢云南大学出版社熊晓霞女士、唐志成先生对本书的编辑出版做了大量的质量提升工作。

　　本书第1~6章由李云霞编写，第7~12章由刘惠余编写，第13~16章由刘

惠波编写。由于我们水平和经验有限，加之旅行社业发展迅速，疏漏和不足在所
难免，恳请同行专家和广大读者批评指正。

李云霞　刘惠余

2007 年 1 月

目　录

下篇　现代旅行社管理与运作案例

上　篇

现代旅行社管理与运作实务

第1章 现代旅行社经营管理理念

自19世纪40年代托马斯·库克创办世界上第一个旅行社至今，作为旅游业中最具有行业特征和代表性的旅行社业务，在世界旅游业的发展中起着重要的作用。中外旅行社经营管理的实践充分表明，对旅行社经营方式、旅行社经营管理特点和旅行社经营管理法律问题的正确认识与把握，是现代旅行社经营管理成败的首要因素。

第一节　旅行社经营方式概述

旅行社经营方式是现代旅行社经营管理实务的重要基础。旅行社基本业务、旅行社分工体系和旅行社业务运作方式是构成旅行社经营方式的核心内容。

一、旅行社基本业务

尽管旅行社因其类别、业务规模和市场目标等方面的不同，形成了旅行社业务的差异。但是，凡旅行社都具有共同性的业务，即旅行社的基本业务。

旅行社作为向旅游者提供旅行服务的专门机构，其基本业务可以从剖析旅游者产生旅游动机到旅游结束的旅游决策全过程中概括出来（见图1-1）。

由此可知，旅行社的基本业务可以概括为：旅游产品开发业务、旅游产品销售业务和旅游接待业务。

二、旅行社分工体系

旅行社分工体系，是指不同类别的旅行社在各个市场区域和旅游产品流通环节中所扮演的角色及其相互之间的关系。由于不同国家和地区经济体制环境和旅游发展阶段存在差异，旅行社分工体系既可以由市场经济体制的内在力量驱动，并经过自发演进而成，也可以在政府行政管理部门主导下分割而成。而在经济、社会制度的转型过程中，旅行社的分工体系又会呈现出混合变迁的格局。

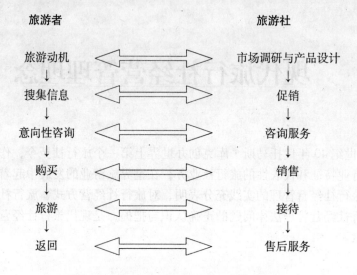

旅游者		旅游社
旅游动机	⟺	市场调研与产品设计
↓		↓
搜集信息	⟺	促销
↓		↓
意向性咨询	⟺	咨询服务
↓		↓
购买	⟺	销售
↓		↓
旅游	⟺	接待
↓		↓
返回	⟺	售后服务

图 1 - 1   旅游决策过程与旅行社基本业务

（一）垂直分工体系

在多数市场经济体制发挥主导作用的西方国家，旅行社的分类是以旅行社在向旅游者提供旅游服务的流程中所起作用为划分依据。由于这种分工是在市场经济社会里依据旅游者的消费流程自然形成的，并呈"相关旅游企业—经营—批发—零售—旅游者"的垂直状态，所以称为"垂直分工体系"或"自然分工体系"。

以欧美国家为代表的旅行社多采用垂直分工体系。常见划分法有三分法和二分法：三分法是按业务范围将旅行社划分为旅游批发商、旅游经营商和旅游零售商；二分法则是将旅行社划分为旅游批发经营商和旅游零售商两类，忽略了旅游经营商和旅游批发商之间的差别。从查尔斯·麦特尔卡所著《旅游词典》可知，旅游批发商和旅游经营商是同一概念，二者可互换使用。

1. 旅游批发商。旅游批发商，是指从事旅游产品的生产、组织、宣传和推销旅行团业务的旅行社组织。他们与旅游目的地、航空公司等交通部门和饭店、餐厅等旅游服务部门签订合同，并根据旅游者的实际需求，设计、组合出若干不同日程、不同项目和不同包价等级的包价旅游线路或包价度假集合产品，并将其刊印在宣传册上，然后交给旅游零售商去推销。他们一般不直接向公众出售旅游产品。这类旅行社一般实力雄厚，有着广泛的社会联系。

2. 旅游经营商。旅游经营商，是指以编排、组合旅游产品为主，也兼营一部分零售业务的旅行社。他们的旅游产品大部分由零售商出售，有时也提供给其他旅游经营商。在西方国家从事旅游业的人士中，旅游批发商与旅游经营商常常被当做同义词。其实，如果严格区分，二者还是有一定的区别。二者虽然都从事旅游产品的生产，但是重要区别在于是否直接经营零售业务。旅游经营商有自己的零售网点，直接向公众出售部分自己的旅游产品；而旅游批发商则没有自己的零售网点，不直接向公众出售产品。旅游经营商通过设计、组合新包价旅游产品并提供自己的服务；旅游批发商一般不从事实地接待业务。

3. 旅游零售商。旅游零售商，也称"旅游代理商"、"旅行代理商"。是指直接向个人或社会团体宣传和推销旅游产品、具体招徕旅游者、有的也负责当地接待的旅行社。旅游零售商是联系旅游批发商和旅游经营商与旅游者之间的桥梁和纽带。数量众多的旅游零售商直接面对旅游者销售旅游产品，也可代理旅游者直接向旅游服务供应部门预订零散服务项目，还可代理旅游批发商或旅游经营商的包价旅游产品。值得一提的是旅游代理商的收入全部来自其销售佣金。

（二）水平分工体系

在政府行业管理力量的干预下，旅行社被分为若干等级和类别，原本统一的旅游服务市场也被分为入境旅游、国内旅游和出境旅游等若干子市场。这样，每一类别或等级的旅行社对应经营相应的子市场。这种分工体系即为旅行社业的水平分工体系。中国、日本、韩国以及一些发展中国家在发展旅游业的初期都曾采用了这一分工体系来进行行业管理。但是在旅游市场机制的自发作用下，水平分工体系正在向混合分工体系演进。

以中国旅行社目前采用的水平分工体系为例，根据 1996 年国务院颁布的《旅行社管理条例》，中国旅行社按照经营的业务范围划分为国际旅行社和国内旅行社两种类型。

1. 国际旅行社。国际旅行社，是指经营入境旅游业务、出境旅游业务和国内旅游业务的旅行社。具体业务包括：

（1）招徕外国旅游者来中国，招徕华侨与香港、澳门、台湾同胞归国及回内地旅游，为其安排交通、游览、住宿、饮食、购物、娱乐及提供导游等相关服务。

（2）招徕我国旅游者在国内旅游，为其安排交通、游览、住宿、饮食、购物、娱乐及提供导游等相关服务。

（3）经国家旅游局批准，招徕、组织中国境内居民到规定的与我国接壤国家的边境地区旅游，为其安排领队及委托接待服务。

（4）经批准，接受旅游者委托，为旅游者代办入境、出境及签证手续。

（5）为旅游者代购、代订国内外交通客票并提供行李服务。

（6）其他经国家旅游局批准的旅游业务。

国际旅行社的经营范围包括出境旅游业务，并不意味着所有国际旅行社均可经营出境旅游业务。当前，我国对出境旅游实行"有组织、有计划、有控制"发展的指导方针。未经国家旅游局批准，任何旅行社不得经营中国境内居民出境旅游业务和边境旅游业务。

2. 国内旅行社。国内旅行社，是指专门经营国内旅游业务的旅行社。具体业务是：

（1）招徕、组织我国公民在国内旅游，为其安排交通、游览、住宿、饮食、购物、娱乐及提供导游等相关服务。

（2）为我国公民代购、代订国内外交通客票并提供行李服务。

（3）其他经国家旅游局批准的与国内旅游业务有关的业务。

除上述分类方法和分类制度外，在旅行社的经营过程中，还有其他一些分类方法：其一，按客源流向，可以把旅行社分为客源输出旅行社和客源输入旅行社。客源输出旅行社是指存在于旅游发生地国家的旅行社，其主要任务是负责招徕本国旅游者，并组织其出境旅游。客源输入旅行社是指存在于旅游目的地国的旅行社，其主要从事组织、接待入境旅游者，并为之提供相关的旅游服务。其二，按业务特点，可以将旅行社分为组团旅行社与接待旅行社。组团旅行社是指招徕旅游者、组织旅游者去异地参加旅游活动，并提供全程导游服务的旅行社。接待旅行社是指负责组织、安排旅游者在当地的旅游活动，并提供地方导游服务的旅行社，亦称"接团社"。

三、各类旅行社业务运作方式

（一）欧美国家旅行社业务运作方式

1. 旅游批发商的业务运作方式。旅游批发商通常专门从事包价旅游产品的设计、组合。包价旅游范围和内容各不相同，但他们最终都通过旅游分配系统以独立产品的形式和独立的价格销售给最终消费者。

旅游批发商的存在有几个原因：一是有助于帮助供应商提高出租率或使用率，并降低销售成本。二是有助于旅行社代理商和旅游者降低信息搜集费用，而且由于与供应商的多方交易变成与旅游经营商的单方交易，可以降低交易费用。三是有助于旅游者得到使用更便利、价格更优惠的整体旅游产品。旅游批发商通过与旅游供应商洽谈，可以获得批量折扣，并在这些批量购买来的单项旅游产品中融入自己的服务。而且，如果旅游批发商从旅游供应商那里得到的折扣可观，那么为了提高自己的竞争能力，旅游批发商会将一部分折扣转让给旅游者。旅游批发商与供应商的合同一般有以下两种。

（1）批量预订合同。旅游批发商通常要提前一年，即在印制宣传品前与旅游供应商洽谈，提出一定的批量。最后的价格取决于供应商的预订出租率或使用率，同时也取决于总体业务情况、经济状况和旅游批发商根据上一年价格计算出来的预订需求量。如果旅游批发商上一年的预订与实际结果之间存在差距，那么旅游批发商就很难获得与上一年相同的折扣价格。旅游批发商的财务状况和营销计划也是需要参考的因素。

这类合同允许旅游批发商通过旅游代理商提前大约35天向顾客预收有关款项，从而减少财务方面的风险。旅游批发商必须在30天以前通知供应商产品需求量，这样，供应商就可以销售剩余部分产品，而旅游批发商则可通过制定取消预订制度以减少财务损失。既然旅游批发商提前预收订金和旅游费，要到旅游结束后才支付供应商，所以旅游批发商拥有大量的周转现金，从而可以从中获利。而在淡季，旅游批发商则可能面临资金周转困难的问题。

（2）批量购买合同。这类合同一般是在供应商处于有利条件下，而旅游批发商有把握销售足够数量产品的情况下才会发生。批量购买合同要求旅游批发商承诺购买一定数量的产品，无论最终实际销售多少产品，旅游批发商都必须依照最初的承诺向旅游供应商付款。旅游批发商通常可以通过这种方式获得相当低廉的价格，而且可以使用自己的产品名称。

旅游批发商在与供应商签订合同并设计出包价旅游产品后，便开始进行产品促销。促销的方式主要有：印制和发行宣传册；利用旅游代理商进行促销；在旅游出版物上刊登广告等。其中主要的方式是通过印制和发行宣传册来促销。在产品销售方面更多的是直接向旅游者销售，以越过旅游代理商，从而节省销售佣金。

旅游批发商的宣传册多数图文并茂，制作成本约占旅游价格的2%～5%。一般情况下，8份宣传册可以促成一个旅游预订。在美国，民用航空管理局要求所有促销材料都必须在发行前获得许可；经济合作与发展组织（简称"经合组织"，即OECD）也建议所有旅游宣传册应包括旅游批发商的合法身份、旅游目的地和日程安排、交通工具、包括服务在内的总体价格、住宿标准、预订程序和取消预订的处理方法。根据美国联邦法律，如果出发时间延误达48小时、出发地和旅游目的地发生变化、更换饭店或是提价超过10%，旅游者有权获得全额补偿。这些规定都是为了保护消费者的合法利益。

2. 旅游经营商的业务运作方式。旅游经营商的业务运作方式类似于旅游批发商，不同之处在于旅游批发商通常没有自己的零售系统，而主要依靠独立的旅游代理商销售其产品。当然，这一区别在欧美国家已日趋淡化。

旅游经营商既经营出境旅游也经营入境旅游，而且包价形式多样，并提供单项服务。另外，旅游经营商也注意散客旅游的经营，允许旅游代理商具有相当大的产品组合弹性，以最大限度地满足旅游者的需求。这种产品组合弹性使旅游代理商不仅能为团体旅游者提供优惠的价格，而且也能为散客提供同样优惠的价格。旅游经营商的价格优惠来自其稳定的业务量和由于批量获得的折扣，他们既可以依靠自己的力量设计旅游，也可以与旅游批发商签订合同，经营旅游批发商的产品。

美国的旅游经营商内部还存在更为细致的分工。根据业务范围的不同，美国的旅游经营商可划分为全国性综合服务经营商、全国性附设经营商、专业旅游经营商和地区性旅游经营商。

3. 旅游代理商的业务运作方式。旅游代理商是欧美旅游产品销售系统中的重要组成部分，他们直接向旅游者出售旅游产品，提供旅游咨询、出售机票、船票和安排饭店客房等，也帮助旅游经营商和旅游批发商推销包价旅游产品。但是，旅行代理商并不实际拥有或预先承诺购买供应商的旅游产品，只是在接受客人委托并收取费用后才向供应商购买相应的服务。旅游代理商通常为外出旅游或出差的客人办理预订并提供服务，偶尔也根据客人要求设计旅行。旅游批发商和旅游经营商的成败取决于其能否设计出适合旅游者需要的包价旅游并进行成功促销，而旅游代理商的成败关键在于其推销能力和销售数量。在美国，旅游代理商可划分为以下几种：

（1）综合服务旅行社。这类旅行社具有提供各种旅行代理服务的能力，包括度假旅游、团体旅游和商务旅行等。大规模的综合旅行社有时设有独立的商务旅行部和团体旅行部。在许多旅行社中，商务旅行业务占到总销量的50%。

（2）商务旅行社。这类旅行社专门从事商务旅行代理服务，他们一般不接待零散的娱乐旅游者，其工作人员的培训主要侧重于机票预订、饭店客房预订和安排交通服务。大多数商务旅行社只为协作单位的管理人员和雇员安排娱乐旅行。

（3）内部旅行社。这类旅行社是设立在协作单位内部，一般为一家旅行社的分支机构，专门为协作单位代理各种旅行服务。这类旅行社主要是适应世界经济的全球化和企业差旅业务激增的需要而产生的。

（4）团体旅行社。这类旅行社是专门为不同兴趣的旅游团队设计旅游计划，他们有时直接对旅游者销售，有时通过其他旅行社销售。

（5）奖励旅行社。这类旅行社是专门为企业和各种组织经营专项奖励旅游的旅行社，一般组织规模较大。

与旅游批发商不同，旅行代理商无权修订旅游供应商规定的产品价格，其主要收入来源是供应商根据合同支付的销售佣金。旅行代理商一般是根据产品畅销程度和佣金的高低来选择供应商。

综上所述，在欧美国家，人们要旅游，通常首先与以旅行代理商为主的旅游零售商联系。旅行代理商在接到委托后，请旅游批发商或旅游经营商设计旅游计划。旅游批发商或旅游经营商按客人要求设计好计划，并征得客人同意后与海外代理商联系，请他们按计划安排各项旅游服务。如果可能，旅游批发商也可以就地联系旅游经营商的海外分支机构或饭店销售代表。旅游者可以购买包价旅游，也可购买不同类型的旅游项目。由于航空价格波动较大，欧美国家的许多旅游批发商都不把航空交通纳入包价旅游价格，但如果客人要求安排交通，可由旅行代理商直接与航空公司联系。

（二）我国旅行社业务运作方式

1. 国际旅行社业务运作方式。我国的国际旅行社集包价旅游产品设计、组合、促销、销售于一体，并且通过其销售门市直接面对包括散客在内的各类旅游者。

在入境旅游方面，旅行社根据市场调研结果或国外旅游中间商的要求，经过"踩线"考察设计出旅游线路，然后通过间接销售渠道或直接销售渠道（主要是通过间接渠道）推向国际旅游市场。在实际运作中，这种间接销售渠道有两种形式：一是通过零售商向国外推销产品，一般均为包价旅游，既适合零散旅游者，也适合团体旅游者。二是旅游批发商或旅游经营商向国外旅游者推销产品。国外旅游批发商或旅游经营商在销售过程中，往往要根据当地的市场需要，在我国旅行社提供的产品的基础上进行加工和重新组合，或者加上第三国或地区的产品。

产品销售成功后，旅行社通过自己的协作网络进行旅游服务的采购，落实有关接待事宜。旅游团在境内各地的接待，由组团社委托当地接团社负责安排，并由组团社委派的全陪进行监督。

在出境旅游业务方面，国际旅行社根据国内出境旅游市场需要的情况与境外的旅行社商定旅行计划和价格，然后直接或通过相关旅行社招徕国内旅游者，成团后交由目的地国际旅行社接待，并由领队监督计划的落实情况。

另外，我国的国际旅行社同时兼营国内旅游业务。

2. 国内旅行社业务运作方式。我国的国内旅行社无论大小，都自行设计包价旅游产品，通过不同方式进行促销。产品促销成功后，组团社将旅游团发往旅游目的地，委托当地接团社负责接待，并由组团社委派的全陪进行监督。

四、我国旅行社业分工体系调整趋势

我国旅行社业现行分工体系在一定时期和某种程度上具有其存在的合理性，也曾起到积极的作用。但随着旅行社业的不断发展，这一分工体系已经日益制约着中国旅游业持续和健康的发展，并引发了一系列的问题和弊端。

（一）我国旅行社业现行分工体系所引起的弊端

1. 大型旅行社没有实现规模经济，其规模优势得不到发挥。大型旅行社本应在旅游资源挖掘、旅游产品设计与开发、旅游服务采购、旅游市场拓展、旅游接待以及资金、信息、人才和抵御风险等方面具有优势，易于实现规模效益。然而，中国旅行社在现行的分工体系下，大型旅行社因涉足经营行为的每个环节，使得人力、物力、财力过于分散，而无力于自身核心竞争能力的开发培养和规模扩张。同时，为了在相同的市场上争夺旅游者和一般性的业务及利润，也采取与其他小型旅行社相同的价格竞争手段，参与到恶性削价竞争之中，不能够发挥大型旅行社的规模效益，也没有体现其在市场上应有的龙头作用，与中、小旅行社相比尚未取得比较优势，有时反而受到来自中、小旅行社的竞争压力而处于被动局面。这主要表现在以下两个方面：其一，在我国旅游业近几年一直保持较好发展势头的情况下，一些大型旅行社的业务发展缓慢，面对众多新的商业机会，自身却处于保持原市场的状态。其二，大型旅行社未能平抑市场的过度竞争和真正起到引导市场的作用，导致旅行社市场的混乱无序，成为困扰我国旅行社业发展和造成旅行社资源浪费的顽疾。大型旅行社自身也未能避免这种市场混乱所带来的负面效应。

2. 中、小旅行社缺乏明确的市场定位，其发展可谓举步维艰。目前，我国中、小旅行社的总体情况，表现为有限的接待数量和低下的利润水平，处于艰难的经营境地。这主要是因为绝大多数中、小旅行社人、财、物有限，但在现行分工体系下，其经营活动却需要涉及从产品设计开发到旅游接待的各个环节。这种经营的多环节必然造成经营深度的不足。其中，浅层次的产品开发已经造成国内旅游者对旅行社的利用率偏低、市场范围狭小的状况。

3. 旅行社业恶性价格竞争盛行，其市场秩序混乱。随着旅行社数量的不断增多，竞争日趋激烈。然而由于缺乏专业化分工，一些实力强、知名度高的旅行社为了保住既得市场并进一步争夺客源，也纷纷加入到价格竞争的行列中。一些实力弱、不具备品牌优势的旅行社一味追求短期利润而以价格作为主要竞争手段，并且不考虑成本因素，导致价格战演变成恶性削价竞争。许多小旅行社为了应付日益加剧的价格竞争，采用降低接待标准、减少约定项目、降低服务水平、增加额外收费项目等手段来降低营业成本，因而使得旅行社市场变得混乱无序。

4. 旅行社产品差异化程度低，品牌意识淡薄。由于我国旅行社业的市场竞争手段单一，把价格作为竞争的唯一手段，且旅行社产品缺乏诸如商标权、专利权这样的进入限制，又无太多技术障碍可供保留和垄断，使得一些有开发能力的旅行社一旦开发出某种能够迎合市场需求的新产品，众多中、小旅行社便一哄而上，竞相模仿或参与经营。这在很大程度上削弱了有实力的旅行社深度开发和促销产品的积极性。不注重旅行社企业品牌和树立市场形象，最终造成旅行社产品开发层次浅，品种单一、雷同。

（二）我国旅行社业分工体系调整的必要性和现实性分析

如前所述，我国旅行社现行的分工体系造成了许多弊端，严重阻碍了旅行社业持续、健康地发展，许多旅行社在现行分工体系下已呈举步维艰的状态。加之我国旅行社业所面临的宏观经营环境发生了以下变化：一是旅游市场规模不断扩大，已逐步实现由入境旅游单点支撑到入境旅游、国内旅游和出国旅游互补、互促的时期；二是旅游需求日趋个性化，旅游市场呈现差异化、复杂化和个性多样化的特征；三是我国加入 WTO 意味着我国旅行社业面临着更为成熟的竞争者和前所未有的挑战。这就要求我国旅行社必须尽快在旅游产品开发、促销手段和销售渠道等方面去提高和完善。为此，需要旅行社按照规模大小、实力强弱和所具备的比较优势进行定位和市场的专业化分工，从而形成合理的垂直分工体系。

另外，我国现行旅行社业组织结构是：大型旅行社数量少而市场份额大，经济效益好；中、小旅行社数量多、比重大，但平均经济效益差。从产业组织理论的观点来看，少部分企业占大部分的市场比重是市场集中度提高的结果，而集中度的不断提高正是一个行业不断走向成熟的表现。因此在某种程度上可以说，我国现有旅行社格局已经为旅行社经营体系朝着大型旅行社集团化、中型旅行社专业化和小型旅行社网络化的目标模式发展提供了有利的基础条件。

（三）我国旅行社业分工体系调整所需的经营环境和制度环境

在我国旅行社业分工体系的调整过程中，旅行社自身的努力是非常重要的，但其所处的宏观环境的完善程度决定了分工体系调整步伐的快慢。因此，在未来几年里，应该从以下几个关键因素着手来为旅行社营造一个良好的外部环境。

1. 转变政府职能，为旅行社的发展创造良好的外部环境。我国政府对宏观经济，如市场进出管制、价格管制、地方部门保护等方面，存在过多干预，这不利于市场平等竞争。随着我国经济体制改革的不断深入，政府主管部门对行业的管理应从直接管理向间接管理转变，实现微观管理为主转向宏观管理为主的职能转换。应以专门的旅行社法或一般的经济法律和政府的宏观调控政策为主要管理手段，辅之以旅行社行业协会以及包括媒体、专业团体、消费者权益保护组织在内的社会公众监督。从而建立起统一开放、竞争有序的我国旅游业的市场经济体系，为旅行社营造一个公平、公正的市场环境，使各旅行社成为真正的市场竞争主体，依照市场经济的规律来进行经营。这样才能让各旅行社从自身的利益出发，进行市场定位，形成各旅行社之间明显的专业化分工。

2. 建立更加开放的旅游市场体系。区域市场之间的贸易壁垒必将严重阻碍全国统一市场的建立和完善，进而影响旅行社业分工体系的调整。因此，应尽早按社会主义市场经济规律，由里而外地逐步开放旅行社市场，即对不同所有制、不同背景的企业开放。通过制定相关产业政策（如减少设立分支社的注册资金和质量保证金的数量等方法）来鼓励大型旅行社发展自己的销售网络，从而向旅游批发商和旅游经营商转化。对已经进入到境内的合资旅行社，应允许他们通过设立分社、门市、代理机构等途径来拓展自己的市场，扩大其业务范围。总之，对旅行社进入进行规制，尤其是设立分支机构的条件、大型旅行社集团异地设立分公司的审批环节等政策方面应做出大的调整，使投资主体多元化。这样，既能有效降低旅行社网络化、集团化发展进程中的政策性交易费用，也有利于在旅行社行业中逐步形成旅游批发商、旅游经营商和旅游零售商的合理分工。

3. 加快旅行社集团化建设的步伐。在市场规制逐步放松和取消后，政府旅游行政管理部门应把更多的精力放到积极培育旅游市场上来，使旅游市场能够得到充分的发展，为大型旅行社集团化提供坚实的市场基础。另外，要抓住旅行社产权改革这个大好时机，打破行业和地区界限，率先组建和培育一批具有竞争能力的旅行社集团，并以此为核心推动旅行社专业化分工进程，使大量的中、小旅行社明确其在旅行社业分工体系中的地位和作用，成为旅游零售商，逐步形成和完善旅行社网络。我国旅行社只有在此基础上，才能逐步加入国际竞争。

第二节　旅行社管理特点分析

旅行社产品的特殊性和旅行社自身所处的经营环境，决定了我国旅行社与一般旅游企业相比较，在经营管理方式上存在着差别。对我国旅行社经营和管理的特点进行分析，是现代旅行社经营管理运作的前提。

一、关于旅行社经营

（一）什么是旅行社经营

旅行社经营，是指旅行社为了自身的生存、发展和实现自己的战略目标所进行的决策，以及为实现这种决策而从各方面所做的努力。

经营是旅行社最基本的活动，是旅行社赖以生存和发展的第一职能。旅行社经营能力的高低以及经营效果的好坏，主要取决于其对市场需要及其变化能否正确认识与把握，企业内部优势是否得到充分发挥，以及企业内部条件与市场协调发展的程度。换句话说，就是看旅行社适应市场能力的高低。

（二）旅行社经营特点

从总体上讲，我国旅行社的经营特点包括以下几方面：

1. 旅行社经营资金投入较少。旅行社是旅游中间商，是通过提供中介服务获取收益的企业。作为一个企业，旅行社出售的产品，无论是单项的还是综合的，都是一种服务产品，该产品的无形性决定了旅行社的全部生产活动都表现为人的劳务活动，它无须借助于耗资巨大的机器设备来完成。事实上，旅行社除了必要的营业场所、办公设施和通信设备外，其经营几乎不需要有更多的固定资产。与一般商贸企业相比，旅行社对流动资金的需要量也是有限的，尤其是作为组团社的旅行社，在经营中它依照"先付款后接待"的惯例，在招徕客源时可以暂时拥有一笔数量可观的流动资金，这就可以使旅行社的自筹资金大为减少。即便旅行社业务以接待为主，其经营资金也为垫付资金。因此从总体上看，旅行社经营所需投资较少。从这个意义上讲，旅行社常被人们视作较为典型的劳动密集型企业。这一特点给我国旅行社经营活动带来三方面不利影响：

（1）由于资金投入较少，所以新进入者面临的行业壁垒较低，如果政府不加以控制数量的话，旅行社在数量上会增长很快，从而容易形成更为激烈的市场竞争。

（2）由于资金投入较少，所以企业经营基础薄弱，在市场竞争激烈或企业资金周转发生困难时，旅行社容易出现亏损甚至破产，企业行为普遍短期化，投机性较强。

（3）由于资金占有数量较小，因此多数旅行社难以获得较高的商业信用，而结算手段的落后又为相互拖欠款提供了可能，由此导致的流动资金周转速度缓慢，势必使旅行社的经济效益受到影响。

2. 旅行社经营依附性较强。旅行社经营的依附性主要体现在两个方面：一方面是客源市场的依附，尤其是国际旅行社必须依靠客源地的旅行社为其提供客源。没有一个由一批分布合理、数量充足、关系稳固的异地旅行社组成的销售网络，旅行社的自下而上是难以想象的。另一方面是服务市场的依附，旅行社必须依靠当地众多的其他旅游企业为其提供各种相关服务。旅行社必须与各旅游企业进行广泛联络，以建立起一个完善的旅游服务供给网络，从而获得经营所需的各项服务。

旅行社对客源市场与服务市场的严重依赖，决定了其经营活动的重心之一就是要积极主动、千方百计地与相关企业建立长期可行的相互协作与信任关系。在一些经营管理不善的旅行社中，这种企业之间的业务协作关系常常被个别具体经营人员的个人关系所代替，从而导致公司行为个人化。因此，旅行社作为信用程度不高的企业，如何与自己必须依靠的相关企业，其中也包括一些信用程度同样不高的异地旅行社建立长期和稳定的协作关系，是摆在旅行社经营管理者面前的重要课题。

3. 旅行社经营对无形资产要求较高。无形资产主要是指一个企业所拥有的良好声誉与信用。旅行社是服务性中介机构。有人说旅行社是出售"承诺"或让旅游者购买"梦想"的企业。旅游者外出旅游，购买具有不可感知特性的旅游产品，之所以选择旅行社，除了购买的方便之外，更为重要的原因在于旅游者对旅行社中间商的信任，而这种信任通常基于对旅行社已有的声誉与信用等无形资产的良好评价。可见，无形资产对任何一个旅行社的经营都是非常重要的，旅行社的生存需要它，旅行社的发展更是离不开它。从某种意义上讲，在既无雄厚资金实力，又无自己独特产品的条件下，旅行社要在激烈的市场竞争中取胜，并立于不败之地，唯一依靠的就是企业自身的无形资产，依靠的是企业经过自身努力树立起来的良好声誉与信用。

4. 旅行社经营风险较大。旅行社业务的一个显著特点是客源与效益的不稳定，这无疑增加了旅行社经营的难度，增加了经营的风险，而这种经营风险又是由旅游市场特殊的供求关系决定的。

从供给方面看，由于旅行社自己几乎不生产什么，旅行社的供给能力受制于各个旅游生产者的生产能力。从需求方面看，整个旅游市场的需求波动较大。其中，既有颇具规律的周期性淡、旺季变化，又有随机性较强的个别旅游者需求的变化。除此之外，国际局势的稳定与动荡、各国经济的繁荣与萧条、汇率的上升与下降等对旅游需求也都会造成突发性的影响。这些变化使得旅行社总处于旅游服务供求不平衡的状态之中。如何在这种状态中保持企业经营的相对稳定并做到处变不惊，这是旅行社经营管理所面临的巨大挑战。事实证明，理智地正视现实，积极地应对挑战，适时地调整战略，不失为旅行社降低经营风险的有效途径。

二、关于旅行社管理

（一）什么是旅行社管理

旅行社管理，是指对旅行社内部的生产活动进行计划、组织、指挥、控制和协调等一系列活动的总称。

旅行社管理的作用主要体现在两个方面：一方面是降低成本，减少损耗，巩固企业发展成果。另一方面是树立从严治企、管理科学、机制先进的形象，去换取属于自己的发展机会，增强企业自身的经营实力，使旅行社在市场竞争中居于有利地位。

要树立管理是一门科学的思想。我国传统的作坊经济强调经验管理。随着生产力的发展，管理已逐渐成为一门科学。从科学的发生、发展看，科学是对事物一般过程的抽象和概括，强调对事物发展的预见性，强调精确，具有理性、规律性和系统性特点，尤其规模经济与科学管理联系在一起。随着社会经济的发展，管理越来越表现出其科学性，科学管理也成为必然。

要树立管理是一门艺术的思想。科学不能穷尽对事物的认识，对事物的把握还要依靠艺术，这是管理的更高层次。只有二者结合的管理，才可能既有理性，又有激情和美感。以科学的管理为基础，以艺术的管理为境界，这是管理者应该追求的目标。

（二）旅行社管理特点

由于旅行社行业的特殊性，带来了企业管理上的特殊要求和不同于其他企业管理的难度。旅行社管理具有以下特点：

1. 分散性、流动性。旅行社工作人员分散性、流动性大，这是它管理上的一个明显的特点。旅行社上岗操作的大部分员工是专职或兼职的导游，他们的工作岗位分散在外，流动在外，甚至是百里、千里之遥，这给企业管理者带来了一定的难度。有许多方面的情况和问题，管理者往往难以及时了解、掌握，有的问题甚至难以发现。从企业控制职能来说，是难以及时纠偏、矫正的。这是旅行社企业管理与其他企业管理上的一个突出差异。针对这一特点，旅行社管理者首要的是通过建立和完善各项规章制度，把员工的行为和工作按统一要求规范起来，同时通过有关机制，加强对规范、制度、计划、目标等执行情况进行检查监督。

2. 大生产、大协作。旅行社可以说是大生产的行业。因为旅游活动的全过程涉及食、住、行、游、购、娱六大要素，要做好各方面的协调工作难度是很大的。旅行社的横向协作运作比一部机器的运作复杂得多，某一方面服务欠缺，就会损害旅游者利益，达不到优质服务的要求，所以旅行社一定要以"大生产"观念、方式进行操作管理。

旅行社管理的这一特点，首先要求旅行社行政管理部门正确领导、有力支持，各个系统的横向部门齐心合力，为同一目的服务。同时，就旅行社本身来说，要把公关管理放在重要位置上，真诚、热情、主动地搞好横向单位的协作关系，让旅游服务这部大机器的各个零部件优化组合，正常运转。当然这里还涉及管理者的智能魄力、领导意识，其中包括尊重横向单位、理解横向单位，注重与横向单位的利益互补等。

3. 知识广博、水平高。旅行社对员工各方面素质的要求是比较高的。国际旅游需要一批熟练掌握多国语种的员工，国内旅游同样需要有一批文化知识、业务技能、道德品质等都比较好的员工。旅行社的行业特点要求其业务人员，特别是导游人员知识面要广博。为此，旅行社在管理上要重视人员的选拔、引进和培养。

4. 严要求、严自律。旅行社企业对职工严格要求、严以自律，这是其特性所决定的。由于旅行社是直接接触消费者且接触面很广，导游人员与游客相处时间长，社会上各种不良现象、不正之风比较容易侵蚀本行业。如果不严格要求员工，不严格自律，就容易发生各种问题。这不仅给企业形象带来坏的影响，还会给消费者造成损害。所以，旅行社应该对员工的行为规范进行严格要求，在员工综合素质中特别要强调道德品质的提高。要在思想教育、组织监督、管理手段上坚持不懈地全力加强管理。

三、旅行社经营管理思想

旅行社经营管理思想，就是指导旅行社根据市场需求及其变化，协调旅行社内部和外部活动，决定和实现企业的方针和目标，以求得企业生存与发展的思想。经营管理思想是旅行社的灵魂，贯穿于旅行社经营管理的全过程，旅行社的一切业务经营活动都受其支配。经营管理思想的正确与否，对旅行社的生存与发展起着决定性的作用。

诚然，要树立良好的经营管理思想，就要尊重客观规律、讲究经营艺术、重视经济效益。就旅行社而言，其经营管理者必须树立以下几种观念：

(一) 市场观念

市场观念，是指旅行社对市场及顾客的认识和应有的态度。回顾我国旅游业的发展，旅行社经历了由卖方市场向买方市场转变的过程。在目前买方市场的条件下，旅行社要树立正确的市场观念，要看到市场是旅行社生存与发展的关键，要以消费者为中心，以市场需求为出发点来组织旅行社产品的生产，消费者需要什么，旅行社就生产什么。换言之，就是要根据旅游者的多样化和个性化需求，来设计、组合各种适销对路的旅游产品，并以行之有效的促销方法来为顾客提供购买方面的便利。同时，还要研究不断变化的市场，加强管理，争取客源，提高效益。

（二）竞争观念

竞争观念，是指旅行社在特定的市场环境下，对竞争的性质、手段、方法、结果的思想认识及态度。旅行社之间的竞争有四个特点：一是竞争具有客观性。竞争是市场条件下客观存在的矛盾运动方式。二是竞争具有排他性。竞争双方都力图排斥对方，使自己取得竞争优势。三是竞争具有风险性。竞争是经济实力的较量，竞争越激烈，经营风险就越大。四是竞争具有公平性。在正常的竞争环境下，机会是相对均等的，竞争是相对自由的。从旅行社在市场运作的角度来说，第一层次的竞争是价格竞争，这是最低层次的、也是最普遍的竞争方式；第二层次的竞争是质量竞争，即通过提高旅游产品质量、改进产品性能、新产品开发及信息传递手段，全面提高旅行社产品市场竞争能力；第三层次即最高层次的竞争是文化竞争，文化竞争要求旅行社在产品开发、销售、接待服务过程和细节等方面注重文化底蕴和文化含量。未来成熟的我国旅游业是"经济—文化"产业，如果旅行社在经营管理过程中缺乏文化含量，那么也就谈不上竞争力。

（三）质量观念

就服务行业而言，产品质量与服务人员的素质是紧密相关的。对于旅游企业，树立质量观念就是要把旅游产品质量放在经营管理活动的首位，充分认识到质量是企业生存与发展的生命线。同时，应该认识到只有高素质的从业人员，才会有高质量的服务产品。旅行社产品的质量取决于旅游者的满意程度，而旅游者的满意程度通常涉及两个方面：一是旅游吸引物的品位高低，二是接待质量。对于旅行社来说，旅游吸引物的品位高低是不可控制的变量，但旅游接待质量的好坏是可以控制的。首先，可以通过教育管理来提高旅行社从业人员的素质，以形成服务质量的基础；其次，要建章立制、奖勤罚懒，以形成提高服务质量的管理机制；此外，努力学习先进，包括引进和运用一些国际管理经验，以保持发展的后劲。

21世纪旅行社行业的竞争，说到底是素质的竞争，既包括高、中层管理者素质的竞争，也包括一线员工素质的竞争。素质越高，服务技巧越高，经营技能越高，质量也越高；质量越高，文化越高，才越有个性，才能很好的应对市场。

（四）创新观念

要求旅行社通过不断的创新来发展自己，充分认识发展是创新的目的和基础，创新是发展的手段和动力。旅行社的创新主要包括四个方面的内容：一是技术创新。采用新的科技手段，特别是信息传输手段已经成为旅行社行业发展强大的推动力。如电子技术的普及、电子商务网络的成熟，必将给旅行社经营和旅行社组织带来一个制度化的革命。二是观念的创新。旅行社坚持传统的服务观念是必要的，但还必须在观念上不断创造出新思路、新理念。只有不断创新，旅行社行业才有永久的生命力。三是制度创新。旅行社面对新的市场条件，必须探索制度方面的新发展。好制度是发展的必要保证，必须不断探索新的经验，以寻找促进发展的最佳机制。四是管理创新。即在管理上不断探索新的管理方法，改进管理手段，提高管理效果。

第三节　旅行社运作中的法律问题

市场经济的运行要求用法律手段来规范和调整市场经济关系。现代旅行社经营管理绝不只是经济问题，旅行社不仅要重视资金、成本、利润，同时还必须重视法律上的权利、义务和责任。只有这样，旅行社才能够实现利润最大化的目标。

一、旅行社的权利和义务

（一）旅行社的权利

《旅行社管理条例》规定旅行社的权利包括以下内容：

1. 旅行社有权与旅游者个人或团体签订合同。在旅行社与旅游者之间，双方均是平等主体，以此建立的合同关系双方都应自觉维护。

2. 旅行社有权向旅游者收取合理的费用，旅游者有义务支付接受服务后应付的费用。

3. 旅行社有权要求违反合同的旅游者承担相应责任。诸如：旅游者不按规定时间参加团队活动，旅行社可以不予等候；如果旅游者自己违约。旅行社可以不退还其预交的费用；有权要求因违约给旅行社造成经济损失的旅游者承担赔偿责任等。

（二）旅行社的职责

《旅行社管理条例》及其实施细则明确规定旅行社应当维护旅游者的合法权益，并具体规定了旅行社保护旅游者权益的基本职责：

1. 提供真实可靠的信息。旅行社向旅游者提供的旅游服务信息必须可靠，不得做虚假宣传。旅行社所做的广告应当符合国家有关法律、法规的规定，不得进行虚假的广告宣传。旅游广告应当具备以下内容：旅行社名称和许可证件号码；委托代理业务广告应当注明被代理旅行社的名称；严禁旅行社进行超出核定经营范围的广告宣传。

2. 按约定提供服务。旅行社应当为旅游者提供约定的各项服务，所提供的服务不得低于国家标准和行业标准。旅行社对旅游者就其服务项目和服务质量提出的询问，应作出真实、明确的答复。

3. 提供的服务符合人身、财产安全的需要。旅行社应当购买旅行社责任保险，并保证所提供的服务符合保障旅游者人身、财产安全的需要；对可能危及旅游者人身、财产安全的事宜，应当向旅游者作出真实的说明和明确的警示，并采取防止危害发生的措施；对旅游地可能引起旅游者误解或产生冲突的法律规定、风俗习惯、宗教信仰等，应当给旅游者以明确的说明和忠告。

4. 按规定收取旅游费用。旅行社提供的服务应当明码标价、质价相符，不得有价格欺诈行为。旅行社对旅游者提供的旅行服务项目，按国家规定收费；旅行中增加服务项目需要加收费用的，应当事先征得旅游者的同意；旅行社提供有偿服务，应当按照国家有关规定向旅游者出具服务单据。

5. 旅行社应与旅游者签订合同。旅行社组织旅游者旅游，应当与旅游者签订合同。所签合同应就下列内容作出明确的规定：旅游行程（包括乘坐交通工具、游览景点、住宿标准、餐饮标准、娱乐标准、购物次数等）安排；旅游价格；违约责任。旅行团因故不能成团，将已签约的旅游者转让给其他旅行社成团时，须征得旅游者的书面同意。未经旅游者书面同意擅自将旅游者转让给其他旅行社的，转让的旅行社应当承担相应的法律责任。

6. 聘用合格导游和领队。旅行社为接待旅游者聘用的导游和为组织旅游者出境聘用的领队，应当持有导游证或领队证。

二、旅行社业务中的法律问题

（一）旅行社业务经营规则

1. 旅行社经营原则。旅行社在经营活动中应当遵循自愿、平等、公平、诚实信用的原则，遵守商业道德。

（1）自愿原则。自愿原则，是指旅行社不得通过欺诈、胁迫等手段强迫旅游者和其他企业在非自愿的情况下与其发生法律关系。

（2）平等原则。平等原则，是指旅行社在经营活动中，与旅游者或其他企业法人之间发生业务关系，必须平等协商，不得将自己的意志强加给对方。

（3）公平原则。公平原则，是指在设立权利义务、承担民事责任等方面应当公正、平等，合情合理。此项原则要求旅行社应本着公平的观念从事经营活动，正当行使其权利义务；在经营活动中兼顾他人和社会利益，保证公平交易和公平竞争。

（4）诚实信用的原则。诚实信用的原则，是指旅行社对旅游者和其他企业做到诚实信用。旅行社应以友好合作的方式履行义务，在获得利益的同时，不损害他人利益和社会利益，并以诚实信用方式履行义务。此外，旅行社在开展业务经营活动中，还应遵守社会公认的商业道德。

2. 旅行社业务经营规则。旅行社应当按照核定的经营范围开展经营活动，严禁超范围经营。这既是旅行社的权利，也是旅行社必须履行的义务。根据《旅行社管理条例实施细则》的规定，超范围经营包括：

（1）国内旅行社经营国际旅行社业务。

（2）国际旅行社未经批准经营出境旅游业务和边境旅游业务。

（3）国家旅游局认定的超范围经营活动。

旅行社不得采取下列不正当手段从事旅游业务：

（1）假冒其他旅行社的注册商标、品牌和质量认证标志。

（2）擅自使用其他旅行社的名称。

（3）与其他旅行社串通起来制定垄断价格，损害旅游者和其他旅行社的利益。

（4）以低于正常成本的价格参与竞销。

（5）委托非旅行社单位或者个人代理或变相代理经营旅游业务。

（6）制造和散布有损其他旅行社的企业形象和商业信誉的虚假信息。

（7）其他被国家旅游局认定为扰乱旅游市场秩序的行为。

旅行社不得向旅游者介绍和提供下列旅游项目：

（1）含有损害国家利益和民族尊严内容的。

（2）含有民族、种族、宗教、性别歧视内容的。

（3）含有淫秽、迷信、赌博内容的。

（4）含有其他被法律、法规禁止的内容的。

（二）旅行社业务合同的签订和履行

旅行社在其业务中会涉及一系列合同关系。例如，旅行社与旅游者之间的旅游服务合同、旅行社与饭店之间的租房合同、旅行社与交通企业之间的旅客运输合同、旅行社与保险公司之间的旅游保险合同、一国旅行社与另一国旅行社之间的旅行代理合同，等等。这些合同关系复杂，形式和内容各不相同。

在旅行社业务中出现的法律纠纷，很多都与旅行社经营管理人员对合同的认识和重视不够有关。合同是一种重要的法律文件，是当事人之间设立、变更、消灭民事权利义务关系的协议。依法成立的合同具有可强制执行的效力。它为双方当事人的正当利益的实现提供了保证。因此，旅行社在其经营管理中对合同的重要性应给予充分的注意。

旅行社在签订和履行合同时应注意以下几个问题：

1. 合同条款要尽可能具体明确。合同既然是当事人的行为标准，就应该使之便于准确执行。一是切忌抽象空泛。例如，有的合同条款这样规定："双方当事人应本着友好协商精神解决合同履行过程中出现的各种问题。"这种规定作为一种合同原则写在前言部分尚可，但是把它作为一个具体条款则解决不了任何问题。二是切忌使用合同中不宜的语言。例如"在条件允许的情况下"、"视情况需要"等。此外，应防止有些合同当事人在但书中"大做文章"。三是切忌时间、数额、标准、单位等方面内容的不确切。例如有的合同规定："合同签订后乙方应将旅游费用汇至甲方账户，如有拖延应缴纳罚金 5%。"这里"旅游费用"是全部，还是部分？数额是多少？合同签订后是否立即生效？罚金 5% 的基数是什么？这类数量标准必须有明确的规定。否则，难以恰当履行合同，发生纠纷后也难以妥善解决。

2. 应特别重视合同的主要条款。旅行社业务合同也与其他各种合同一样，有主要条款和次要条款之分。对合同主要条款应特别重视的原因是：第一，合同主要条款决定着当事人权利、义务的实质性内容。第二，合同主要条款齐全与否常常成为该合同是否有效的重要标志。主要条款的确定可因合同种类而异。例如，包价旅游合同的主要条款有旅游团人数、旅游线路、游览项目内容、食宿标准、交通工具及其等级、旅游费用及其货币、结算方式、违约责任等。旅行社与饭店之间的订房合同的主要条款有客房等级标准和服务标准、住宿时间、订房及退房的规定、房费及其结算偿付方式、违约责任等。合同的主要条款订好了，其生效和履行一般不会有什么困难，除非由于违约或发生不可抗力事件。值得提出的是，合同当事人双方的名称、法定地址、合同签约的时间、地点等内容虽不属于主要条款，但对合同的生效、合同争议的法律适用、法律管辖等问题常有重要影响作用。因此也应给予足够的重视。例如，除非当事人另作规定，合同签订的时间一般应视为合同开始生效的时间。在合同生效问题上要以合同签订地的法律为准。

3. 应认真履行合同，树立良好信誉。旅游业务的成交、合同的签订只是旅行社推销工作的初步成果，而促销计划的落实，更主要是通过旅游者实际消费旅游产品完成的。因此，认真履行各类成交的合同，树立旅行社产品和旅行社本身的良好声誉是一个相当重要的环节。旅行社要为合同的履行做好充分的准备。例如，提前疏通履行合同所涉及的各种关系，包括与有关单位签订同履行本合同有关的其他合同、协议，提前办好有关手续，备足履行合同所需的人力、物力和财力。对履行合同可能遇到的各种问题，预先要有充分的估计并设计好相应的对策。

旅行社应该杜绝行业不正之风。行业不正之风绝不仅仅是工作态度、工作作风问题，而是直接关系各种旅游合同能否顺利履行、旅游者的合法权益能否得到保障的问题，为此，应从职业和法律双重角度加以重新认识。

旅行社还应该设法预防和妥善处理违约事件。违约是对合同履行效果之最直接的减损，应尽量避免。总之，旅行社应采取一切可能的措施，尽量使各类合同的履行圆满完成。

（三）国际旅游促销的法律环境

国际旅游促销的法律环境是任何一个经营国际旅游业务的旅行社都必须认真加以思考的问题。所谓国际旅游促销的法律环境，是指有关法律规范、法律制度对这一促销活动所施加的影响。一般来说，国际旅游促销的法律环境由三个部分构成，即客源发生国的调整旅游业的法律、法规，旅游接待国的同类法律、法规以及在旅游方面的国际条约、公约或协定。良好的法律环境对国际旅游促销的顺利实现有着重要的保证作用。因此，旅行社在向国际旅游市场推销产品时必须注意认真研究法律环境问题。

从目前我国的各主要客源国的法制条件看，基本状况较好。例如，日本旅游法律自成体系，除基本法外，在旅行社、饭店、导游等业务方面都有相应的法律或法令。西欧各国的特点是不仅有旅游方面的法律，而且还有许多其他可资利用的法律，包括关于合同关系的法律、关于保护消费者合法权益的法律、关于反不正当竞争的法律。一些新的客源国如泰国、韩国也通过法律鼓励其公民出境旅游。对这些国家应认真研究并充分利用其法律所提供的有利条件，积极进行促销。对尚待开发的客源市场，也应以上述思路考虑并选择对我国旅行社有利的法律环境推销产品。

在旅游方面的国际条约、公约，国际旅游组织或其他国际组织在旅游方面的宣传、决议、法案即国际旅游法，对国际旅游促销活动也有重要的保障作用，它们是各国意志协商的结果。其独到之处在于它能够提供一个由各参加国共同接受的旅游行为规范。这样，便可以在很大程度上消除各国法律之间的矛盾、冲突给国际旅游活动造成的障碍。我国旅行社产品要想成功地打入国际市场，就必须认真研究和充分利用国际旅游法律规范所提供的保证。

然而，在国际旅游促销的法律环境中，起决定作用的还是旅游接待国的旅游法制状况。这是因为旅行社产品要在接待国境内消费，旅行社的国际旅游促销活动形成的各种协议、合同，也是在旅游接待国境内履行，并接受接待国法律的保护和制约。

三、旅行社的法律责任

在法律上，权利、义务、责任是一个近乎三位一体的范畴。法律关系的主体依法享受一定的权利，同时履行相应的义务。在不履行义务或不恰当履行义务而给他方造成损失时，或在行为过程中违反法律、法规的有关规定时，就应承担一定的法律责任。旅行社作为旅游法律关系主体，无疑适用这一原则。

旅行社的法律责任主要分为三种类型：因违反合同而产生的违约责任、因侵权行为而产生的损害赔偿责任以及因经营行为违反法律法规的规定而引起的行政责任。

这里主要讨论旅行社经营管理中的几个实际问题：

（一）旅行社与其他旅游供应商法律责任的划分

如前所述，有时旅行社对旅游者违约并非其本身不愿遵守合同，而是由于无法控制的因素，使之失去履行合同的能力和条件。除在不可抗力情况下可援引有关法律条款使旅行社免除责任外，旅行社基本上要首先承担责任。例如民航未能按预订留出机票、饭店未能按预订留出客房，或者是由于当地接团社过失致使旅游者权益受到损害，均可导致组团旅行社对旅游者违约。这时，违约的旅行社应积极采取补救措施。如果已经造成旅游者损失，应当对旅游者进行赔偿。即使事故的缘由在其他方面，也应由旅行社先对旅游者进行赔偿，然后再向真正的责任人进行追偿。这就是通常所说的"先行赔偿"的原则。

（二）旅游者合法权益受到损害而引起的责任

旅行社在经营活动中，致使旅游者合法权益受到损害的，按以下规定进行处理：

1. 旅行社质量保证金制度。旅行社质量保证金，是指由旅行社缴纳、旅游行政管理部门管理、用于保障旅游者权益的专用款项。因旅行社的故意或过失未达到合同约定的服务质量标准而造成旅游者经济损失的，旅行社应承担赔偿责任。因导游人员违反有关规定造成旅游者损害的，旅行社应承担赔偿责任。如果旅行社不愿意或无力承担这一赔偿责任，那么旅游行政管理部门可从旅行社缴纳的质量保证金中扣除。

2. 消费者权益保护法律制度。其他损害旅游者合法权益的，《消费者权益保护法》以及国家其他法律、法规已作规定的，按有关法律、法规处理。

（三）旅行社的赔偿责任

对旅行社的法律责任也应适用过失责任制。即旅行社在主观上有过失就要对造成的旅游者的损失负责。在适用过失责任制时也采用过失推定的方法。对旅行社造成的旅游者的损害，法院将首先推定旅行社有过失，应由旅行社负责。如果旅行社想要免除或减轻责任，就要负举证义务，证明过失并不在自己一方或证明它为避免损失的发生已经采取了一切必要的措施。

在赔偿责任制度确定以后，随之而来的就是赔偿原则的确定问题。在赔偿原则上应坚持两点：

1. 赔偿额要与旅游者遭受的实际损失大致相当。无论是违约还是侵权行为，都属民事责任，都适用这一原则。赔偿不应具有惩罚性。否则，作为被告的旅行社有权提出抗辩。法院也有权酌情裁定减少旅游者提出的赔偿数额。至于损害是由旅行社故意行为造成还是过失行为造成，在赔偿额确定问题上并不重要。

2. 损害赔偿以被告的合理预见为前提。即被告在签订合同时，所能预见到的损失，以及任何一个明智、无私的第三者在同等情况下，也应能预见的损失。此原则可以较为有效地防止某些受损害的旅游者在索赔时漫天要价、大敲竹杠。

损害赔偿应包括对直接损害的赔偿与间接损害的赔偿。直接损害赔偿，是指现有财产的减少。例如：受伤者的医疗费；因受伤而减少的工资收入；因身体伤残失去劳动能力而造成的收入损失；给死者家属的抚慰金；因旅行社对旅游者违约导致旅游者对第三方违约而支付的赔偿。

间接损失，是指可得利润的减少或散失。例如，旅游者提出，由于旅行社违约未能给自己提供预订机票而使其丧失一个有利的商业机会，并因此丧失本应获得的一笔利润。事实上，各国法律对这种间接损失的索赔请求，一般规定了较为严格的条件：首先，原告必须以足够的证据证明他的确能从该项商业机会中获得该笔利润；其次，原告提出的利润损失数额的计算必须科学合理。否则，法院会驳回其对可得利润的索赔请求。

现代旅行社产品开发运作

产品是现代旅行社经营管理的核心。旅行社的经营管理工作，要紧紧围绕如何使产品更好地满足市场需求这个中心。只有设计并推出满足旅游者需求的产品，才能创造较好的经济效益和社会效益。本章在旅行社产品开发实践基础上，着重对旅行社产品的内涵、新产品开发和旅游线路设计进行阐述。

第一节　旅行社产品内涵

什么是旅行社产品及其类型？这是旅行社开展经营管理首先要解决的问题。认识旅行社产品的内涵，了解旅行社产品的构成，把握旅行社产品的类型，对于旅行社提供适销对路的旅行社产品是十分必要和重要的。

一、旅行社产品内涵

旅行社产品的概念有广义和狭义之分。狭义的旅行社产品，是指旅行社提供的能使旅游者消费的各种单项服务，如预订酒店、预订机票、代办签证等。广义的旅行社产品，是指旅游者参加旅行社组织的从离开客源地或居住地开始旅游到结束旅程返回出发地这一过程中所包括的全部内容，是一系列综合性的服务项目，它满足旅游者整体性的需要，而非某种单项需要。如"江南之旅"、"中原文物古迹游"、"客家风情游"、"茶文化之旅"、"澳洲之旅"等。

从旅游经营者（供给）的角度来看，旅行社产品是指旅行社为满足旅游者旅游过程中食、住、行、游、购、娱等各种需要，而凭借一定的旅游设施、旅游吸引物向旅游者提供的各种有偿服务之总和。从旅游者（需求）的角度来看，旅行社产品是指旅游者为获得物质上或精神上的满足而花费一定的费用、时间和精力所获得的一次旅游经历。

二、旅行社产品构成

旅行社产品不同于一般的物质产品，它是一种以无形服务为主要内容的特殊产品。它是由食、住、行、游、购、娱等各种要素构成的"组合产品"。旅行社产品的生产者，都是从这一构成出发去从事旅行社产品的生产的。因此，有必要认真研究构成旅行社产品诸因素的以下内容：

（一）旅游交通

旅游交通作为旅游业三大支柱之一，是构成旅行社产品的重要因素。实际上，旅游的发展是伴随着交通的发展而发展起来的。可以说，没有现代化的交通，就没有现代化的旅游。如果在旅游中，旅游交通不能保证供应、价格合理、舒适安全、快速准时、服务优质，就会影响旅行社产品的质量，制约旅行社的发展。

旅游交通可分为长途交通和短途交通。前者指城市间交通（区间交通），后者指市内接送（区内交通）。交通工具有：民航客机、旅客列车、客运巴士、轮船（游船、游轮）。旅行社对安排旅游交通方式的原则是：便利、安全、快速、舒适、价平。

（二）旅游住宿

住宿一般占旅游者旅游时间的1/3。同时，在住宿地还可以进行娱乐、文体等方面的活动。因此，旅游者对住宿的满意程度，也是关系旅行社产品信誉的重要一环。旅游住宿是涉及旅行社产品质量的重要因素。销售旅行社产品时，必须注明下榻的饭店的名称、地点、档次以及提供的服务项目等；一经确定，不能随便更改，更不可降低档次、改变服务项目。

旅游住宿包括旅游宾馆、饭店、酒店、度假村（山庄）、招待所、家庭旅馆、大众旅社、疗养院、出租公寓等。其中，旅游饭店、酒店又可分为星级和非星级两种类型。一般来说，只要旅游行程天数中有过夜的，旅行社就必须安排住宿。旅行社安排旅游住宿的原则通常是根据旅游者的消费水平来确定。对普通旅游者而言就是：卫生整洁、经济实惠、服务周到、美观舒适、位置便利。

（三）旅游餐饮

旅游餐饮是旅行社产品不可缺少的要素之一，也是旅游者重要的需求内容。尤其是驰名的风味餐，成为旅游者的主要追求目的。甚至有的旅游团就是为了风味餐而成团的。即使是短途的"一日游"产品，也应包含有用餐项目。许多旅行社产品中还特别安排了品尝风味餐项目，更能加深旅游者对旅游目的地的了解，促进和提高游兴。同时，对于旅行社产品的信誉和形象来说，旅游者对餐饮安排的满意程度也是非常重要的。但对不包餐饮的旅游团，旅游餐饮的满意与否则取决于旅游者自己选择。不过旅游者还是要寻求最佳的美食。

旅行社对安排餐饮的原则是：卫生、新鲜、味美、份（量）足、价廉、营养、荤素搭配适宜等。

（四）游览观光

游览观光是旅游者最主要的旅游动机，是旅行社产品产生吸引力的根本来源，也反映了旅游目的地的品牌与形象。由于游览观光是旅行社产品的核心内容，所以必须充分重视游览观光的质量。

旅行社安排游览观光的原则是：资源品位高、环境氛围好、游览设施齐全、可进入性强、安全保障好等。

（五）娱乐项目

娱乐项目是旅行社产品构成的基本要素，也是现代旅游的主体。只有娱乐项目的多样化、知识化、趣味化、新颖化，才能广泛地吸引各类旅游者。娱乐项目包括歌舞、戏曲、杂技、民间艺术及其他趣味性、消遣性的民俗活动。许多娱乐项目都是参与性很强的活动，能极大地促进旅游者游兴的保持与提高，加深旅游者对旅游目的地的认识。

（六）购物项目

旅游者在旅游过程中适当购买一些土特产品、工艺美术品等商品，以作为纪念或馈赠亲友，是旅游活动中的一项重要内容。

旅行社安排购物的原则是：购物次数要适当，购物时间要合理（不能太多、太长）；要选择服务态度好、物美价廉的购物场所，切忌选择那些服务态度差甚至强迫交易、伪劣商品充斥的购物场所。旅游产品中的购物项目分为定点购物和自由购物两种，前者是旅游者到旅行社指定的商店购物，后者是旅游者利用自由活动时间，自己选择商店购物。

（七）导游服务

旅行社为旅游者提供导游服务是旅行社产品的本质要求。大部分旅行社产品都含有导游服务。导游服务包括地陪和全陪服务，主要是提供翻译、向导、讲解和旅途生活服务。导游服务必须符合国家和行业的有关标准及有关法规，并严格按组团合同的约定提供服务。

（八）旅游保险

旅行社提供旅游产品时，必须向保险公司投保旅行社责任保险，保险的赔偿范围是由于旅行社的责任使旅游者在旅游过程中发生人身和财产意外事故而引起的赔偿。

（九）其他服务

包括交通票务服务、订房服务、签证服务等委托代办业务，它们是旅行社产品的必要补充，也是旅行社开展散客业务的重要组成部分。

以上各种要素的有机结合，构成了旅行社产品的重要内容。旅行社产品是一个完整、科学的组合概念，完美的旅行社产品是通过最完美的组合而形成的。

三、旅行社产品类型

（一）我国旅行社产品类型

由于历史的原因，我国旅行社业走过的是一条非常规发展道路，形成了一套非市场形成的水平分工体系。在这种分工体系下，虽然我国旅行社业经过 20 多年的发展，其产品类型有所增加，但是从总体情况看，旅行社经营的产品类型仍然比较单一。"团体"、"全包价"、"文化观光旅游"等一直是旅行社的主要产品。即便是一直致力于发展专项旅游，像"胡同文化游"、"休闲游"、"会议旅游"等仍未脱离观光旅游的主线，只是观光旅游的侧重点有所不同而已。

一般来讲，我国旅行社产品按照不同的标准有四种划分法：

1. 按照资源种类划分，有以下 8 类：

（1）气候条件资源型旅游产品。

（2）自然资源型旅游产品。

（3）动植物资源型旅游产品。

（4）天然疗养资源型旅游产品。

（5）历史文物古迹旅游产品。

（6）民族文化资源型旅游产品。

（7）国际性体育和文化事件型旅游产品。

（8）现代人造旅游资源型旅游产品。

2. 按照旅游者组织形式划分，有以下两类：

（1）团体旅游产品：团体旅游产品是指由 10 人以上的旅游者组成的旅游产品。旅行社团体旅游产品一般是采用包价的形式。

（2）散客旅游产品：散客旅游产品是指 10 人以下的旅游产品。旅行社散客旅游产品有时采用非包价的形式，有时也采用包价的形式。需要指出的是，旅行社组团人数的标准有时与产品的档次挂钩，如国内旅游豪华团 10 人成团、标准团 16 人成团、经济团 30 人成团；入境旅游则 9 人成团。另外，我国公民出境旅游必须以团队形式进行，人数为 3 人即可成团。

3. 按照产品档次划分，有以下 3 个等次：

（1）豪华等：豪华等旅游产品旅游费用较高，游客一般住宿和用餐于四、五星级酒店或豪华游轮（或高水准的客房、舱位）；享用中、高级导游服务；享用高档豪华型进口车；享用高水准的娱乐节目欣赏等。

（2）标准等：标准等旅游产品旅游费用适中，游客一般住宿和用餐于二、三星级酒店或中水准的宾馆、游轮；享用豪华空调车。

（3）经济等：经济等旅游产品旅游费用低廉，游客住宿和用餐于低水准的招待所和旅社，享用普通汽车。

4. 按照产品消费使用范围划分，有以下两类：

（1）国际旅游产品。国际旅游产品包括入境旅游、出境旅游、边境旅游三种类型。入境旅游是我国旅行社接待海外人士来中国内地旅游。出境旅游又称为"海外旅游"。目前我国公民可组团赴海外旅游的旅游目的地国家和地区有 20 多个。其中，热点旅游线路有：港澳游、东南亚新马泰游、日韩游和澳洲游等。边境旅游是随着边贸交易发展起来的旅游产品。其中，热点旅游线路有：中朝边境游、中俄边境游、中缅边境游、中越边境游、中老边境游等。国际旅游产品大多为中长线（旅游目的地与客源地的距离在 600 公里以上）团队旅游。

（2）国内旅游产品。国内旅游产品适用于国内旅游者在中国境内消费使用。需要指出的是，国内旅行社不得经营国际旅游产品；必须有特许经营权的国际旅行社才有资格经营出境游产品；严禁旅行社超范围经营旅游产品。

（二）欧美国家旅行社产品类型

在欧美国家中，旅行社业主要从事旅游产品的批发和零售两种业务类型。但是旅游批发商和旅游代理商推出的旅游产品呈现出多样化的趋势。

1. 旅游批发经营商（TO：Tour Operator）。旅游批发经营商买进单个产品要素（交通、住宿、其他服务）并且组合成整体产品直接或间接销售给旅游者。旅游经营商的最大优势在于它可通过大量购买单项旅游产品获得可观而稳定的折扣，并且组装成一系列方便、精致的整体产品。

旅游批发经营商提供的整体旅游产品（ITs：Inclusive Tours）可以分为三种类型，即夏季旅游产品项目（Summer Inclusive Tour Program）、冬季旅游产品项目（Winter Inclusive Tour Program）、最低价格组合旅游产品（Minimum-rated Package）。

由于市场的激烈竞争，众多旅游批发经营商的经营不可能同时占据整个旅游市场。根据自身的优势和市场需求分析、把握，逐渐形成了拥有各自特色产品的顾客群。共有 4 种类型的旅游批发经营商：

（1）大众市场批发经营商（MMO：Mass Market Operator）。MMO 的产品主要是推出前往 3S（Sun，Sea，Sand）目的地的旅游项目，满足大众市场的需求。而根据地理位置，又将市场细分为不同地区推出不同的各种产品。

（2）专业市场批发经营商（SO：Specialist Operator）。SO 虽然不如 MMO 众所周知，但也为数众多。他们一般为特定旅游者提供特定的组合旅游产品。根据各自的业务产品专业化领域，还可将 SO 划分为 5 种：①提供到特定目的地的 ITs。②向特定客源地区提供 ITs。③使用特定住宿设施（如度假村）的 ITs。④使用特定交通工具的 ITs。⑤提供特定兴趣爱好（如游猎、商务培训等）的 ITs。

（3）国内经营商（DO：Domestic Operator）。DO 主要从事组装和出售 ITs 给国内旅游者。

（4）接团经营商（ITO：Incoming Tour Operator）。ITO 主要为海外团提供各种地面服务。

2. 旅游代理商/旅游零售商（TA：Tour Agent/TR：Tour Retailer）。TA/TR 的传统职能是代理销售大多数旅游供应企业的单项产品和旅游批发商的组合产品。一般来讲，TA/TR 提供 4 种形式的旅游产品：

（1）包价旅游（PTs：Package Tours）。包价旅游产品是围绕特定的旅游者群体需要设计而成的。

（2）陪同旅游产品（ETs：Escorted Tours）。ETs 就是由一个有经验的导游全程护送、陪同、照顾，并处理途中的日常事务。

（3）无陪同包价旅游产品（UPTs：Unescorted Package Tours）。这种形式比较灵活，旅游者可以任意选择购买组合产品。

（4）团队旅游产品（GTs：Group Tours）。

另外，根据 TA/TR 和顾客参与产品、设计加工深度的不同，还可以将 TA/TR 出售的产品分为以下几种类型：

（1）直接代销 TO 的各类包价产品。

（2）组合设计国际航线或饭店以及地接经营商的产品。

（3）指定旅游产品。

第一种产品（即包价旅游）工作量小，佣金稳定，销售价格低，风险低，所以这种产品是 TA/TR 的主要业务。而第三种产品（即无陪同包价旅游产品）最直接鲜明地体现了 TA/TR 提供的个性化服务。

第二节　旅行社新产品开发思路

旅行社新产品开发是现代旅行社提升竞争力、树立品牌形象的主要途径，更是其长期利润最主要的源泉。

一、旅行社新产品开发类型

（一）全新型产品

全新型产品，是指旅行社根据市场的发展和旅游者需求的变化开辟的新旅游线路。开发全新型产品往往会在短期内取得独占该产品市场的优势，为旅行社获取丰厚的利润。然而，开发全新型产品所需人力、物力、财力和时间耗费大，如果该产品投放市场后不能立即被广大旅游者认可和购买，旅行社则会丧失赢利的机会，甚至有可能亏本。此外，其他旅行社也会很快仿制出同类产品，形成竞争，影响新产品开发投资的回收。

（二）改良型产品

改良型产品，是指旅行社对其原有产品作部分调整或改造，冠以新名称后，重新投放市场的产品。原有产品经过改良后，变成新的产品，增强了吸引力，能够招徕更多的旅游者。改良产品还能节省时间，使产品能够尽早投放市场。此外，由于改良型产品只是在原有产品的基础上进行调整和改造，所以在线路考察、通讯联络等产品开发费用方面低于全新型产品，从而降低了产品开发的成本。改良型产品的缺点在于，难以像全新型产品那样使开发这种产品的旅行社在短期内独占该产品市场并获取丰厚的利润。

（三）仿制型产品

对于多数中、小型旅行社来说，经常性地开发新产品往往在财力和人力方面形成一个沉重的负担。基于这种现实，他们可以采取仿制别的旅行社已经投放市场的新产品的办法来开发自己的新产品。这种做法的优点是：投资少，见效快，省时、省力。其缺点是：采用这种方法的旅行社总是步其他旅行社之后尘，难以创造出本旅行社的特色形象。

二、旅行社新产品开发思路

（一）旅游者需要什么

旅行社产品的出发点和归宿点是旅游者的需求及其满足。

1. 旅游者的五种需求。旅游的过程就是一个求新、求异、求美、求知、求乐的过程。但是，只这样简单地讲还不够，实际上每一种需求里边还包含了两个层次：第一个层次是旅游者的直接感受；第二个层次是旅游者追求的目的。"求新"，首先是新鲜，再进一步是新奇，新鲜比较容易达到，只要超过了日常生活，旅游者就会感到新鲜。可是要达到新奇就不容易了。新奇要求具有相应的唯一性。反过来，能达到新奇就一定能对旅游者产生吸引力。"求异"，首先求的是差异，有差异才有吸引力。一个新产品有差异才有市场的竞争力。更进一步就不是一个简单的差异，而是追求独特。在旅游新产品开发的过程中，不但要讲差异，而且要争取达到唯一。"求美"，美观是一个直接的感受，但是美好才是一个更高层次的把握，或者说是一个综合性的把握。只是看着漂亮还不够，除了漂亮之外还应该有更深层次的内涵——文化内涵，这才能达到美好。"求知"，首先是一个感知的过程，进一步是追求一种知识，只不过旅游者追求的不是成体系的知识，如果不断地为旅游者灌输成体系的知识，就会把旅游者吓跑。不少景区的导游词，一上来就是 ABC，然后是系统道来。这样的导游词会把旅游者说跑的。如果增加一些趣味性的内容，旅游者听后感受就会不同。也有一些导游词则走向另一个极端，上来就是趣味而没有知识，给人的感觉是知识含量不足。例如看溶洞，导游通常讲这里像猪八戒，那儿像孙悟空，诸如此类，听来听去没有意思。讲溶洞首先要讲溶洞的形成过程，要讲地质、讲历史、讲地理；在这个基础上再讲故事，或者最好把它们穿插起来一起讲，这样旅游者接受了一种知识，但又不是一种满堂灌的知识，自然而然就会觉得有意思。"求乐"，感受性的层次就是娱乐，但是旅游者真正追求的是欢乐。娱乐性的概念早已有之，但是如何真正让旅游者欢乐起来，这样的新产品开发的文章还需要进一步做好。例如，旅行社组织的一台篝火晚会，能够调动起旅游者自己跳到台上表演，旅游者与表演者完完全全融为一体，那么效果就很好了。要达到这种效果是很不容易的，因为从传统上看，中国人都比较矜持，碰到公共场合总是往后退。营造一种氛围，使旅游者忘记了平时的矜持而忘我地投入，这的确不容易。但在旅行社新产品开发中，融入一些参与性强的娱乐项目，将会使旅游者的游兴高潮迭起，让旅游者真正欢乐起来。

2. 回归自然。"回归自然"是一个比较时髦的词语，但人们对它的认识还存在许多误区。中国处在工业化发展的中期，城市化发展很快。城市化的生活对人有压迫感，回归自然是城市人普遍的愿望。但问题是要回归什么样的自然？很多人误认为，回归自然就是回归"原汁原味"的自然。实际上，回归自然有两类含义：对探险旅游者来说，追求的是一种原汁原味的自然；对大多数旅游者来说，追求的是一个人工的自然，在某种程度上还要求它是一个精致的自然。例如，内蒙古呼伦贝尔大草原是世界三大草原之一，面积25万多平方公里。"天苍苍，野茫茫，风吹草低见牛羊。"这首诗歌让每个人脑子里都会有一个想象。这个想象在呼伦贝尔草原得以实现，看到了呼伦贝尔草原每个人都很兴奋。但兴奋之后发现，不能太浪漫，在草原上你可以跑，但是不能打滚，因为左边有一摊牛粪，右边有一堆羊粪，致使浪漫全无。如果旅行社在该项新产品开发中，能够开辟出一片能让旅游者打滚的草地，定会深受欢迎。因为到了这个地方，很多人很自然地希望在草原上打打滚，真正体会一下蓝天白云、绿草如茵的草原感受。旅游者需要的是一个在某种程度上兼具城市生活实质和自然生活形式的大自然，或者说在乡村的环境里享受城市的生活。在这种情况下，如果只强调"原汁原味的自然"就不对。现在生态旅游成了一个比较热门的话题，旅行社开发的生态旅游产品很多，如果认为生态旅游就是"原汁原味"，在某种程度上意味着破坏生态，如果能够做到一个人工化的自然，这才能够在一个更高层次上符合"生态旅游"的概念。

3. 生活方式。从生活方式的角度来看，对个人而言，旅游是一个短期的生活过程；对社会而言，旅游就是一个长期的生活方式。所以，整个社会总有一部分人在从事旅游活动。这就意味着旅游是社会生活方式的一部分。从休闲产业这个角度来看，中国现在的法定假日有114天，随着其他一系列政策的逐步落实，中国城市人口每年大概有120多天处于休息状态。这就意味着人们有1/3的时间是在休闲。经济产业意义上的"休闲"和人们通常所说的"休息"不同，"休闲"应该是积极的。现在"休闲"有两种情况：一种叫"消极休闲"，就是反正休息没事干，于是喝酒、睡觉、打麻将；另一种叫"积极休闲"，就是追求文化型消费，追求体育性消费，比如旅游休闲。旅游休闲既是文化性的消费，又是健身性的消费，旅游者可以达到身心皆悦的境界，所以它必然是主导性的。从这个角度来说，旅游者追求的是一个体验的过程。旅游者花费了金钱、时间、精力，得到的是一种阅历，是一种体验，是一个印象。既然旅游提供的产品是阅历，就应该让旅游者的阅历更加丰富，体验更加深刻，印象更加美好。如果旅行社产品能够使旅游者得到更多的阅历、更好的体验和更美的印象，那么这就是一个高质量的旅游产品。当然也有这样一些产品，的确是增加了旅游者的阅历，但给旅游者的印象非常恶劣，让旅游者受了一肚子气。同样是一种阅历，阅历也在不断丰富，但只能说这是一种劣质产品。旅行社搞新产品开发就必须研究这些问题。不研究这些问题，就不知道该怎样去应对旅游者的需求。现在有的旅行社尚未明白这些问题，面对旅游者的投诉，还会不停地抱怨："怎么现在的旅游者越来越娇贵了！"其实，不是旅游者越来越娇贵了，而是旅游者的要求越来越高了。

4. 主要客源国旅游需求特点。

(1) 美国旅游者需求特点。①散客迅速增长。一类是已在亚洲的商务旅游者，欲抽出一周左右的时间去中国一趟。这些旅游者来去匆匆，喜欢自己安排日程，以争取抽空自己游览。他们希望预先在国内就订好各行程的客票和酒店房间，对旅行要求高度的舒适和快捷。另一类是参加团体旅游结束后，想再延长一段时间单独去某地作区域性游览的旅游者。②低档和高档旅游线路容易销售，传统的中档包价旅游线路滞销。近几年来，来华的美国旅游者以退休人士居多。他们攒了一辈子的钱，来中国旅行一趟是为了实现长久以来的梦想。加上年纪较大，旅途中需要更多的舒适和方便，因此他们总是选择豪华的旅游线路。而年轻的美国旅游者来华旅游，主要是为感受亚洲文化，他们余钱有限，不能贪图豪华享受，还想用较少的钱旅行较多的地方，因此他们把低档旅游线路作为最佳选择。结果，传统的中档包价旅游却往往受到冷遇。③探险旅游方兴未艾。美国人天性喜爱猎奇和冒险，他们最喜欢的旅游项目是穿插有一定冒险性的自行车旅行和潜水旅游。这里的探险分为软探险（宿营、观鸟、滑雪等）和硬探险（漂流、攀岩、洞穴探险等）。探险旅游在 18 岁至 54 岁年龄段的人群中最受欢迎。在旅游者中进行软探险的较为普遍，探险者一般是年龄较大、有子女、受过教育、具有中等收入水平的人，而且一般与配偶同行。硬探险的旅游消费水平较高，探险者一般是年纪轻、单身且收入水平较高的人，他们更多的是与朋友同行。美国旅游协会的诺曼先生认为，对旅游业来说，这是一个具有巨大潜力的市场，探险需求将越来越多地成为度假旅游的一部分。他建议旅游批发商和代理商应当充分利用这一市场的优势，在他们施行计划中为探险爱好者提供更多的机会，开发更多的适销对路的产品。④喜欢选择多样性的旅游项目。比较新奇的旅游产品（如烹饪旅行等）也会受到美国游客的欢迎。近几年兴起的生态旅游、少数民族风情旅游以及奖励与会议旅游等也有很好的市场。来中国的美国人，对云南、西藏、新疆等少数民族地区的兴趣非常浓厚。

(2) 欧洲旅游者需求特点。①为享受自然、增长知识的散客出游增加。在来华的欧洲人中，以德国人居多。德国人在选择旅游目的地时，主要看其能否在让人们充分享受大自然的同时，又能多增长知识。他们休闲度假的经常性活动是去咖啡馆、餐馆，到海里游泳、沙滩日光浴、徒步旅行、郊游等。德国人来华旅游的趋势是不参加旅行团，而要求散客出游，特别是要求自带自行车、汽车旅行的人增多。②老年旅游者比例大。根据世界旅游组织预测，随着人口老龄化趋势的发展，未来老年人旅游将会有可观增长。人口老龄化在欧洲更为严重。因此，欧洲旅游者中，老年旅游者占的比例很大。他们大都受过良好的教育，对消费资料以及长寿和健康因素更加敏感。因此，他们对旅游产品的要求更加苛刻。

（3）日本客源需求特点。对日本人来说，虽然美国、欧洲仍是其最有吸引力的目的地，但来华旅游也逐年升温。我国内地在日本游客最喜欢的亚洲旅游目的地中排名第三，仅次于印度尼西亚和中国香港。

日本旅游者可以30岁为界划分为"旧式日本人"和"新式日本人"。"旧式日本人"虽然外出旅游，但还是喜欢静止的东西和安定的包价旅游。"新式日本人"则完全不同，他们喜欢运动，旅游中喜欢自己进入角色。他们赶时髦，希望学习新东西，要玩得开心，吃得美味，乐意参与有刺激的体育运动。年轻女性还想买到比日本更便宜的名牌货。此外，日本游客在选择旅游目的地时，较为注重旅游产品的高质量与低价格。

（4）东南亚旅游者需求特点。泰国旅游者以中、青年居多，他们喜爱刺激和创新，追求旅游资源的独特性。长期处于热带气候和平坝之中，使他们对爬山和滑雪情有独钟。但相对较低的收入，又使他们一般选择价格低廉的包价旅游。

新加坡旅游者既有较高的旅游消费水平，也有较高的旅游品位。他们在旅游活动中既要求较好的食、住、行条件，也追求旅游活动能增长知识，因而拓宽眼界、回归自然的旅游项目往往受到他们的喜爱。

（5）大洋洲旅游者需求特点。大洋洲游客以小包价团占主导地位，过境旅游也有所增加。许多大洋洲游客在赴欧洲途中取道北京，顺路在我国游览数日。旅游者需求趋向多元化、特殊化，许多游客的兴趣不仅仅是长城、兵马俑等大众景点，而且还对徒步、自动车和民族风情等旅游产品更具有兴趣。

（二）资源向产品的转化

1. 时间性和空间性。

（1）产品的时间性。对于旅行社产品来说，有一个时间性的要求。其中又分为两个层次：第一个层次是整体消费的时间会形成一个总体结构。例如，旅游者到北京玩4天，这是一个总体的时间，这里边必然有一个总体时间配置的问题。北京现在有305个旅游景点，设想一下，外地来的旅游者要把这305个旅游景点都走一遍，这可能吗？因为这里有一个时间结构的问题。每一个旅游点在当地旅游总体时间结构里有一个怎么定位的问题。例如，到重庆旅游，去大足要用半天时间，因为大足是重庆的拳头景点；南山看夜景虽然也是重庆旅游的一个景点，但只需安排一个小时的时间。所以，每一个项目在旅游者的当地总体时间结构安排上都要做好定位，这是第一个层次。第二个层次就是具体的时间产品的结构。旅游者到一个景区或景点需要花多长时间，首先需要在设计上研究这是一个多长时间的产品。例如，一个游程两小时的产品，就不必考虑配置餐馆的问题。如果是3小时游程的产品，就一定要考虑餐馆配置问题。总体上，一个旅游产品的游程有多长时间就要研究与其时间相匹配的产品内容。例如，桂林的"世外桃源"游客评价很好，这个产品大体上就是一个两小时的产品。当然一个旅游项目也不是想延长旅游时间就能延长的，要看这个项目能否抓住客人，所以产品首先是一个时间的设计问题。这里有一个基本的要求，就是每5分钟要让旅游者有一个兴奋点，每15分钟要有一个高潮。兴奋点的表现形式可以很多，哪怕一个垃圾箱很有特点，也是一个兴奋点。高潮就要让旅游者在这儿能站得住、能观景、能照相、能聚在一起。如果做不到这一步，从产品的时间性来说，这个产品就是失败的。例如山岳型产品，旅游者爬山必定会气喘吁吁，如果15分钟没有一个高潮，那么这个山就比较难登了。虽然山顶景色令人心旷神怡，但是多数旅游者却会说："对不起，我不上去了。"有的地方景色很好，但缺乏观景条件，体现不出兴奋高潮，再好的景色也无法显露出来。所以说，旅行社对于具体的产品时间结构和时间设计都必须认真研究。

（2）产品的空间性。产品的空间性主要体现在交通时间上，它涉及交通时间和产品时间的比例关系。一个良好的旅游产品的结构比例关系应该是交通时间尽可能少、游览时间尽可能多，即"旅速游缓"。这两者的对应关系就有一个在市场上如何平衡的问题。例如，一位资深旅游专家到内蒙古去，当地人敬酒说："你们远天远地来内蒙古，不容易，我敬你一杯。"该专家则不喝这样的酒。实际上，从北京到内蒙古算不上"远天远地"，从北京坐飞机到呼和浩特只需要45分钟，而从北京坐飞机到大连是50分钟。在北京人的观念里，大连很近，呼和浩特很远，为什么？都是"远天远地"唱出来的。现代的交通概念，是时间概念而不是距离概念。所以旅行社新产品开发需要思考如何把距离概念转化为时间概念。这样，交通方便的优势就会凸显出来。之所以强调产品时间性和市场的空间性，实际上就是要转换这个观念。这对旅行社产品开发与管理，都是非常有效的。另外，还需要将交通时间转换成游览时间，这也是目前旅行社新产品开发中普遍忽视的问题。一般来说，旅游者乘坐的汽车从交通干线下来到景区还有5～20公里的路。要把这段路变成一条文化路，变成一条景观路，变成一条游览路。不能说只有到了景区大门口游览才算开始，而是要让旅游者觉得从干线公路下来游览就开始了。

2. 同质产品与异质产品。

（1）同质性的产品。自然类的旅游产品严格地说是属于同质性的产品，这就需要研究、思考如何在同质中追求异质。例如，生态旅游本来是一个同质化的产品，只要环境好，林木覆盖率高，大家都可以开展生态旅游，但走到那儿都老一套，生态旅游就谈不上特色。同样是生态旅游，可能是热带雨林类的生态旅游，也可能是东北原始森林类的生态旅游。除了森林之外，还有湖泊、湿地，还有山景。不能简单地打一个生态旅游的牌，如果大家都打生态旅游牌，这个牌就没有吸引力了，这个产品的同质化就越来越突出。另一个方向就是自然类的产品和文化类的产品相结合，这可能是更重要的一点。很多地方都有湖泊，一说就是比西湖大多少。其实，就是比西湖大100倍也没有意义，因为西湖是无法替代的，西湖说到底是文化湖。在许多产品组合上，如果把文化再挖掘一下，或者在文化方面再做一点文章，这种同质化产品的差异化可能就会做得更好一些。例如，重庆四面山的特色是森林、温泉、瀑布、丹霞地貌，这样的景色在四面山周围一圈都是。如贵州的赤水、泸州的佛宝。所以，需要在产品开发中重新解释四面山，四面山应该是生态山、生命山、文化山、文明山。从这四个方面来解释四面山就可能做出特色来。

（2）异质性的产品。这是具有比较优势的产品。但问题是，在异质中要防止同质。这类产品本身容易形成特色，不要把容易形成特色的产品搞得没有特色。例如寺庙，讲起来是中国特色，但是在一条旅游线路中，到处都是寺庙就不成为特色了。这就如同到欧洲旅游一样，天天看教堂也就看烦了。到内蒙古去旅游，第一站是草原、骑马、蒙古风情，还有敬酒歌等，大家玩得很兴奋。可是，第二站也是这样，第三站还是这样，到内蒙古走了五个地方都是这样，旅游者还能兴奋起来吗？所以说，内蒙古是一个非常有特色的地方，但是旅游者这样接触了几次之后就发现内蒙古没有了特色。在旅行社产品开发上一定要研究防止同质化的问题。

3. 时代特征和社会潮流。随着旅游接待规模的不断扩大，旅游产业形成规模效益后，逐渐出现了规模经济，从而促使旅行社在产品开发上不断创新。与此同时，现代旅游中散客旅游的比重不断上升，几乎占旅游方式的80%以上。这一趋势表明，旅行社产品的个性化日趋明显。因而旅行社产品的开发与更新必须抛弃传统产品的设计模式，更为关注市场需求和自身的资源优势，更加注重文化资源内涵的挖掘，增加产品的地方特色和民族特色。一方面，开发旅游产品时可以结合各种热点事件。如上海旅行社将亚太经合组织（APEC）领导人会议的会址作为旅游景点纳入上海游的线路中；海南旅行社将博鳌亚洲论坛的会址纳入海南游的线路中；北京旅行社在新千年即将到来的日子里举办了新世纪千对新人结婚大典。另一方面，开发旅游产品可以与各地的节庆联系起来。如广西民歌节、哈尔滨冰灯节、河南少林武术节、山东潍坊风筝节、浙江绍兴书法节、江西景德镇陶瓷节、湖北宜昌国际龙舟节、福州寿山石文化节、北京中关村科技节、浙江舟山海洋节以及各地少数民族风情节等。开发这类旅游产品一定要配合好当地有关部门和举办单位，协调好彼此之间的关系。

（三）产品与市场的对应

1. 市场范围与层次。研究市场不但要研究市场的范围，而且要研究市场的层次。研究市场的范围无非就是划几个圈，100 公里以内多少人，500 公里以内多少人，3 000 公里以内多少人，等等。这 3 个圈划着容易，但并不意味着这 3 个圈划完了就一定是你的市场范围了。这里首先要研究竞争对手是谁，其次要研究除了这个市场范围以外的市场能挖到哪个层次。例如，研究北京的市场，一说就是北京有 300 万流动人口。要仔细分析这 300 万流动人口到底怎么样？在 300 万流动人口里，可能 100 万是商务客，剩下的 200 万是民工。能把民工划入有效消费层吗？当然，民工也会出去旅游，但这毕竟不是一个稳定的客源层，所以这样划显然不行。反过来说，有些产品可能是世界级的产品，按说全世界都应当在它的市场范围之内，但实际上它相应的市场面可能很小。例如，狩猎旅游，国际上有一个狩猎协会，有七八万会员。狩猎协会每年都要发布信息，公布当年新的狩猎旅游产品，一些会员就会按照这些信息选择狩猎旅游目的地。狩猎旅游产品对应全世界，但因为狩猎旅游是一个典型的贵族旅游产品，所以其市场范围很窄。比如说，客户要到中国参加一次狩猎旅游，旅游者提出来要打一头熊。打一头熊需要办理相关的各种手续，手续办下来后通知游客到狩猎区来，有导猎员专门为游客服务，导猎员带着游客天天出去，今天看见两只山鸡，明天看见两只野兔，后天看见一头小熊，再后天看见两头大熊的影子，一直到第 7 天确保旅游者打到一头熊，然后熊头砍下来、熊皮剥下来做成标本给客户寄去，这趟狩猎旅游才算结束。这么一个过程一般需要消费 2 万美元。一般旅行社产品开发，对应的都是大众市场，但对大众市场的分层研究做得还不够。随着市场的进一步发育，市场的分层问题越来越重要。例如，现在的孩子们追求一个"酷"，那么旅行社就应该提供一个"酷"的产品，才能对应孩子们的需求。否则，还是用对应大众化旅游的那套方式显然不适合这个市场。很典型的一个"酷"的产品就是广东中旅举办的"到塔克拉玛干大沙漠过春节"。本来他们就是想炒一个品牌，报纸上广告一打，有 500 多人报名，压缩后不到 200 人。这帮男孩、女孩跑到塔克拉玛干大沙漠上，冻得直哭，哭完了就说真过瘾，一个人收费 1 万多元。这就是一个"酷"的产品对应一个"酷"的市场，只不过旅行社习惯上还是考虑一个大众性的市场。即使是大众性的市场也要有分层，也要进行具体的分析。

2. 新老产品与新老市场。一般来说，用新产品巩固老市场，用老产品开拓新市场。因为老产品都是比较成熟的产品，在市场上的影响也比较大。旅游者第一次到重庆，就看大足，看歌乐山，看白公馆、渣滓洞。第二次再来重庆看什么呢？第三次来了又看什么呢？推出新产品的目的就是要巩固老市场。很多人到北京多次，每次都问："北京近来有什么新东西，如果没有，我宁肯在宾馆睡觉；如果有，我就去看看。"这里就存在开发新产品的问题。上海现有很多的好东西，都市旅游的内容越来越丰富，这些好东西很值得一看。如新天地，给人们的感觉非常好，这是一个比较典型的城市中心游憩区，开发商都没有想到这个项目做得如此成功，做出了一个精品。本来上海是最没有"玩头"的地方，但是现在人们每一次去旅游都觉得有新的收获。这就是新产品巩固了老市场。旅行社在新产品开发上，一定要注意新、老产品和新、老市场的组合问题。这里既有一个在外延上如何处理新、老产品关系的问题，又有一个在内涵上如何升华的问题。

三、"双休日"国内旅游产品开发实例分析

（一）双休日旅游市场分析

1. 双休日旅游市场构成。消费者主要是我国城镇（目前主要以大、中城市为主）的工薪阶层，包括工业、城建、商业、文教、卫生、交通、邮电、环卫、政府部门等系统的在职人员、家属以及在校大、中学生。对未实行双休日的行业，如农业、个体商业等影响不显著。初婚无子女家庭及"一孩化"家庭是主要家庭结构形式。小孩在出游决策上起一定作用。亲朋好友相约、单位组织、家庭出行是基本的自组形式。多数人受过高、中等教育或职业培训。

2. 双休日旅游动机特点。根据调查，可将旅游动机概括如下：

（1）基本动机：恢复身心和发展自我。

（2）具体动机：回归自然；休养；娱乐；观光；求知、求新；健身；购物。

双休日旅游动机特点：一是回归自然趋向明显。在旅游目的地的选择调查中，自然景点吸引力最强。二是休养的要求占一定比例。部分旅游者认为双休日应该是身心恢复时间，出游不注重旅游点的等级、意义、知名度，而注重环境、交通、服务、治安状况等。三是主动参与意识强。旅游者要求变过去的被动观看为主动参与，旅游产品要有新、奇的特点。

3. 双休日旅游市场特征。

（1）市场范围有限。双休日有48小时闲暇时间，考虑到保证必要的休息及交通工具、家庭状况，旅游者最大活动范围应为100～150公里为宜。对于旅游景点来说，则其市场吸引半径应为100～150公里。该范围内的大、中城市为主要吸引景点。

（2）市场组织化差。由于围绕这一市场的服务设施、产品还跟不上要求，加之以周边及本地旅游者为主，旅游者对景点及周围环境了解较多。因此，目前主要以自己组织、自我服务方式为主。出游线路不固定，目的地分散。

（3）基本消费为主。由于消费者多为工薪阶层，受经济条件制约，基本花费比重大于附加花费比重，享受型不多。旅游者消费主要在食、住、行方面。

（4）淡、旺季不明显。首先，双休日出游时间不长，涉及空间范围不大。其次，双休日全年分布均匀；再次，该旅游活动不受时间影响，踏青、避暑、秋游、赏雪，四季交替，加之其他休闲项目多不受时间限制，因此该市场季节性不强。

（5）自然景观重返率高。双休日旅游者距景点不远，对已经熟悉而改变不大的人文景观再次光顾的兴趣不大。而对自然景观重游的几率较大。因此，对于重返率较高的旅游线路在价格定位上可实行低价多销。

（6）客流的双向性。这主要是指旅游者在大、中、小城市（镇）间相互流动。大城市居民可到小城市（镇）欣赏小城镇的独特风光，因为小城市（镇）保存较多传统文化，且环境较好。小城市（镇）居民到大城市体验现代都市气息，参观名胜。同时，由于大、中、小城市（镇）物价、消费水平存在差异，异地消费现象也已兴起。可见，大、中、小城市（镇）在双休日休闲旅游产品市场开发上各具优势。

（二）双休日国内旅游产品开发

根据以上市场分析，双休日国内旅游产品开发应着重于以下类型：

（1）森林游憩。森林这一良好的生态环境已愈来愈得到人们的重视，对于城市居民的吸引力也与日俱增。目前，国外森林游憩业方兴未艾。美国每年到森林游憩的人数多达 11.2 亿人次。我国森林游憩旅游产品市场潜力巨大。

（2）生态旅游。森林、山地、河流、湖泊、沼泽、海岸都可以开展生态旅游。旅游者可观察动、植物种群构成情况，观察珍奇动、植物种类，亲手采集、制作标本。配以专业人员导游，既可获得丰富的自然知识，又可提高生态保护意识，参与性强，具有探险色彩，对青少年吸引力很大。利用国家自然保护区开展这一旅游活动，在许多发达国家正在兴起，除要求有较好的安全措施、基础条件外，对导游的要求层次较高。

（3）乡村风情游。近年来，我国近郊农村经济发展很快，生活水平提高。城里人审美观念已开始改变，从崇尚繁华、热闹、现代快节奏转变为崇尚自然、恬静、朴实。乡村空气清新宜人，田园风光迷人，乡情淳厚感人，已使开发乡村风情旅游产品市场看好。

（4）疗养及健身旅游。保健是当今社会的另一时尚，这是人民生活水平提高所产生的必然现象。随着全民运动的开展，健身运动备受青睐。双休日还是重要的调节身心、消除疲劳、恢复体力的时间，可相应开发设计森林疗养、沙泥疗养、温泉浴、日光浴等旅游项目。

（5）产业休闲旅游。隔行如隔山，这种隔阂正是产业休闲旅游的动因。台湾的休闲农业值得借鉴。我国产业休闲旅游资源丰富，无论农业、工业还是奇特行业，都可以开展产业休闲旅游，如游览观光农业园、参观生产线、参观现代设施等。随着企业、事业单位越来越重视社会效益及自身公共形象的树立，也为该旅游产品的开发创造了条件。

（6）新奇娱乐休闲旅游。追求新奇、刺激是当代青年人的时尚，因此可开发一些参与性强、挑战性强的新产品。拓展训练的形式可以借鉴。拓展训练原是西方国家提高军人综合素质的一种方式，训练内容多种多样，使受训人员能从体能、意志、纪律性等方面都得到锻炼。战后，拓展训练方式面向社会，受到欢迎。近年，拓展训练园地已在中国出现，其参与性、挑战性、刺激性强的特点刚好可以满足青少年的需要。结合各地条件，一些体育项目也是今后开发的方向，如潜水、跳伞、攀岩、漂流等。

（7）购物、观光休闲旅游。双休日使得中、小城镇居民空闲时间增多，导致大城市及其大商业中心吸引半径增大，中、小城镇居民到大城市来购物机会增加。同时，现代都市风光也将成为中、小城镇居民游览的目的地。如果旅行社能够别具特色的开发设计该旅游产品，那么这也应该是很有潜力的客源市场。

四、青少年学生国内旅游产品开发实例分析

从旅行社目前的状况看，大量的旅行社在争夺城市大众旅游市场方面的竞争已经白热化，恶性的削价竞争使许多旅行社难以生存。开发青少年学生国内旅游产品是一个很有前途的创意，为旅行社的生存和发展开辟了广阔的道路。

（一）青少年学生旅游市场潜力巨大

1. 青少年学生人群数量大，占人口总数的比例高。我国青少年人群数量巨大。据中国人口统计年鉴统计，1999 年，10～29 岁的青少年有 41 695.1 万人，占全国总人口的 33.86%。其中，10～14 岁的少年有 12 290.4 万人，占全国总人口的 9.73%；15～19 岁的青年有 8 996.1 万人，占全国总人口的 7.52%；20～24 岁的青年有 8 496.8 万人，占全国总人口的 7.08%；25～29 岁的青年有 11 911.8 万人，占全国总人口的 9.53%。1999 年，普通高校及中等学校在校学生为 8 416.1 万人。其中，高中生有 1 049.7 万人，初中生有 5 721.6 万人，职业中学

学生有 533. 9 万人。如此巨大的人群为形成较大的客源市场提供了可能。

2. 青少年学生的心理特征趋向决定了其旅游市场的巨大潜力。随着青少年身心的进一步成长，其心理特征与童年时期相比发生了很大的变化。他们不再乐意待在父母的身边撒娇或满足于父母尽力给予的"锦衣玉食"，其行为倾向于群体，并且渴望了解他们生活的世界，希望多学习一些新的知识，喜欢追求新异的事物，对外界充满了向往，希望参加一些科技探险、开阔眼界、增长知识的实践活动，而且他们活泼好动、身体状况好、适应环境变化的能力强。因此，青少年学生的心理特征决定了绝大部分的学生愿意出游。

3. 对大、中学生抽样调查的结果表明青少年学生旅游市场广阔。为了进一步了解青少年学生旅游的基本态势，有关人员采用问卷调查的方式对陕西师大附中初二、高二和西安外事学院大二的学生进行了抽样调查，得到了许多第一手资料。共发放问卷 250 份，其中有效问卷 230 份，调查学生对旅游的态度、旅游经历、对旅游目的地偏好、喜欢的旅游形式、出游的目的等。

经过调查分析得知，青少年学生大部分有旅游经历，不喜欢旅游或者认为旅游在他们生活中无所谓的仅占很小的一部分（见表 2 - 1）：

表 2 - 1 青少年学生的旅游态度和旅游经历

旅游态度和经历 学生分类	喜欢旅游	不喜欢旅游	无所谓	有旅游经历	无旅游经历
初中生	80%	1%	19%	97%	3%
高中生	84%	3%	13%	93%	7%
大学生	94%	0%	6%	88%	12%

从以上的数据可以看出，我国的在校青少年学生不仅数量大，而且绝大部分愿意出游；就其实现的旅游行为而言，已有88%～97%的学生有过旅游经历，参与过一定的旅游活动。

尽管目前青少年人群旅游消费相对较低，但是他们人数多，出游愿望也比较强烈，而且随着生活水平的不断提高，家庭用于旅游方面的支出也越来越多，青少年学生的旅游活动将会被更多的父母所理解和支持。青少年学生国内旅游产品一旦得以正确的开发，将很快成为我国旅行社业的一个新的增长点。

（二）青少年学生旅游需求特征分析

1. 青少年学生的旅游偏好。据有关抽样调查显示，青少年学生对旅游目的地的选择偏向自然景观，有少量的学生喜欢游乐设施和人文景观（见表2-2）：

表2-2　青少年学生的旅游偏好

旅游偏好＼学生分类	自然景观	人文景观	游乐设施	高校旅游
初中生	79%	11%	27%	4%
高中生	95%	35%	21%	15%
大学生	98%	24%	26%	10%

之所以如此，是因为学生主要生活、学习在各类城镇中，与自然风光接触相对较少，希望到自由的环境中去放松。

2. 青少年学生选择的出游形式。抽样调查的结果显示，青少年学生选择的出游形式如下（见表2-3）：

表2-3　青少年学生选择的出游形式

出游形式＼学生分类	独自旅游	和家长同行	和朋友同行	随旅游团	学校组织旅游
初中生	13%	39%	60%	9%	27%
高中生	21%	35%	79%	9%	40%
大学生	11%	14%	90%	13%	20%

以上结果显示，青少年学生最喜欢的出游形式是与朋友结伴而行。

3. 青少年学生外出时间的选择。青少年学生的闲暇时间主要集中在寒暑假、"五一"、"十一"以及平时的"双休日"。但抽样调查表明，中学生多在离家不远的学校上学，可能因为寒暑假时间较长，有利于安排长途旅游，因而绝大部分人愿意将旅游活动安排在寒暑假。由于大学生所在院校一般离家较远，寒暑假可能有部分人要回家探亲，因而表现为他们中的部分人选择在"五一"、"十一"期间进行旅游活动（见表2-4）：

表2-4　青少年外出时间选择

出游时间　　学生分类	寒暑假长途旅游	"五一"、"十一"中、短途旅游	周末一日游
初中生	89%	17%	10%
高中生	88%	20%	14%
大学生	63%	53%	16%

4. 青少年学生出游目的。青少年学生由于长期在学校学习，繁重的学习生活使他们渴望得到放松。因此，他们的出游目的主要是为了观光休闲，其次是增长知识和健身娱乐（见表2-5）：

表2-5　青少年学生的出游目的

出游目的　　学生分类	观光休闲	探亲访友	增长知识	健身娱乐	科技探险	其他
初中生	72%	10%	48%	31%	34%	15%
高中生	90%	10%	62%	50%	30%	10%
大学生	90%	6%	65%	42%	25%	5%

（三）青少年学生国内旅游产品开发

在青少年学生国内旅游产品开发方面，旅行社要注意考虑青少年学生的心理特点和特别消费，设计出适销对路的产品，制定出合适的价格。

由于青少年学生的日常花费大都来自于家庭，加之其适应性强，不一定要求中、高档次的食、住、行条件，所以青少年学生的消费不是很高。旅行社在开发这一旅游产品时必须认真考虑青少年学生的基本特点，制定出合适的价格以及能满足学生旅游需求的产品。对于该产品的开发建议如下（见表2-6）：

表 2 - 6　青少年学生旅游产品开发模式

分类	开　发　模　式
初中生	1. 组团形式上，按学校班级组团，旅行社和学校共同组织，为方便管理学生，对愿意参加这一形式的教师，可以给予一定的价格优惠。 2. 旅游目的地选择上，要选择在以自然景观为主或者自然景观和人文景观相结合的地区。 3. 旅游线路上，选择中、短途旅游为主。 4. 旅游项目上，除自然景观外，科技展览馆与符合这一年龄段少年性格特点的游乐场所也是一个选择；还可推出"科技活动"等旅游项目；也可选择许多家庭组织"父母携子游"等内容的旅游项目。
高中生	1. 组团形式上，除按学校班级组团外，还可由旅行社组织"友好观光团"、"农业观光团"等；相好的同学朋友可以结伴自由报名。 2. 旅游目的地的选择上，要以自然景观为主或者自然景观和人文景观相结合的旅游景点。 3. 旅游线路上，仍然以中、短途为主，在寒暑假适当组织一些远距离的旅游活动。 4. 旅游项目上，与学校联合推出以自然、人文、科技、科考以及语言为主要内容的专题旅游；还可结合这一年龄段的学生特点组织高校校园旅游。
大学生	1. 组团形式上，以旅行社组织为主，学校给予一定的配合，由学生自愿报名参加；也可由旅行社、学校和交通部门重新组合，联合推出寒暑假中途旅游，规范签票制度，保证学生安全抵家和途中旅游愉快。 2. 旅游目的地选择上，以自然景观为主或者自然景观和人文景观相结合的地区。 3. 旅游线路上，除了中、短途旅游外，可以多组织一些寒暑假长途旅游。 4. 旅游项目上，组织进行专题旅游或带有实习性质的旅游；也可以组织以语言、科考、探险、体育、教育为中心内容的休学旅游；还可以组织一些带有竞赛性质的旅游项目，如登山、滑雪等。

此外，旅行社在开发设计青少年学生旅游产品时，要注意与学校联合，充分满足青少年学生不断增长的需求。对于旅行社而言，开发青少年旅游产品，既能增加其经济效益，又能发挥其社会效益；对于学校而言，旅游是一种相当好的实践形式，将书本知识和社会知识结合起来，有利于进行爱国主义教育，有助于学生的健康成长。

第三节　旅游线路设计指南

旅游线路是构成旅行社产品的主体，旅游线路包含了旅游者从离开居住地

（或客源地）到返回居住地（或客源地）开展旅游活动的一切要素。旅游线路可表述为：旅行社根据旅游市场的需求，结合旅游资源和接待能力，凭借交通线把若干个旅游地或旅游点合理地贯穿起来，为旅游者设计的包括整个旅游活动过程中全部活动内容和服务的旅行游览路线。旅游线路设计是在一定的旅游区域内，以一定的旅游时间和费用为参照，分析、选择、组合各种旅游要素，将其生产并包装为综合性的旅游产品。

一、旅游线路设计的基本原则

（一）市场导向原则

作为旅游产品的旅游线路是通过合理科学的设计来满足旅游者多样化的需求，从而打开销路、实现其价值的，因而旅游线路要适销对路，就必须最大限度地满足旅游者的需求。此外，旅游者的需求决定了旅游线路的设计方向。这样，就要坚持市场导向的原则。坚持这一原则，就必须研究市场的需求趋势和需求数量，要客观地分析旅游者的旅游动机和影响旅游消费的因素，把握旅游市场的变化状况，针对不同的旅游者群体设计出不同的旅游线路。

具体地讲，市场导向的原则就是要求旅游线路的设计必须适应国内外旅游业发展的趋势和旅游者的需求。现代旅游者的需求是朝着精神与文化、知识与健康、娱乐与享受相结合的方向发展，追求新、奇、异、美的感受，这种非观光型的旅游已占国际旅游市场的77.5%，在东南亚国际旅游市场则占81.21%。如生态旅游线路的设计就体现了近年来人们崇尚自然、回归自然的心态，因而生态旅游线路产品的设计是反映了近年来旅游市场的需求趋势，具有广阔的市场前景。此外，还可迎合社会热点和潮流设计出特别的旅游线路。

（二）突出特色原则

旅游线路可以多种多样，特色总是旅游线路的灵魂。突出特色是旅游线路具有吸引力的根本所在。这就要求对旅游线路的资源、形式要精心选择，力求充分展示旅游的主题，做到特色鲜明，以新、奇、异、美来吸引旅游者的注意。旅游线路设计突出特色体现了旅游市场营销中旅游产品以差异竞争代替价格竞争的原则，是旅游产品摆脱低水平竞争的根本途径。突出特色的原则具体体现在以下几方面：

1. 尽可能保持自然和历史形成的原始风貌。在这个问题上，旅行社必须要以市场的价值观念看待旅游线路的吸引力问题，而不能凭自己的观念、意识主观地决定。此外，任何过分修饰的做法都是不可取的。

2. 尽量选择利用带有"最"字的旅游资源项目。例如，某旅游资源在一定的地理区域范围内属最高、最大、最古、最奇等。只有具有此类独特性，才有助于增强旅游线路的吸引力和竞争力。

3. 努力反映当地的文化特点。突出民族文化，保持某些传统格调也是为了突出特色。旅游者前来游览的重要目的之一便是要观奇赏异、体验异乡风情。不难想象，如果旅游线路同客源地的情况无甚差别，游客是不太愿意前来游览的。即使来过一次，以后也难故地重游了，除非有新的变化。

（三）旅游点结构合理的原则

旅行社在设计旅游线路时，应慎重选择构成旅游线路的各个旅游点，并对之进行科学的优化组合。具体地讲，在旅游线路设计过程中应注意以下几点：

1. 顺序科学。"顺序"包含两个方面的意义：空间顺序和时间顺序。旅行社设计旅游线路时一般以空间顺序为根本指导。在交通安排合理的前提下，同一线路旅游点的游览顺序应由一般的旅游点逐步过渡到吸引力较大的旅游点，这样可以不断提高旅游者的游兴。同时，要把握游程节奏，做到有张有弛。如"福建精华六日游"：A. "福州—武夷山—泉州—厦门"；B. "厦门—武夷山—福州—泉州"。A 线显然比 B 线合理。因为前者符合"中潮—高潮—次高潮—大高潮"。

2. 避免重复经过同一旅游点。在条件许可的情况下，一条旅游线路应竭力避免重复经过同一旅游点。根据满足效应递减规律，重复会影响一般旅游者的满足程度。如"华东五市经典游"："南京—无锡—苏州—上海—杭州"线路比"上海—苏州—无锡—南京—上海—杭州"线路合理。但要注意，并不是所有的旅游线路都要按照这一原则，有些旅游点由于受区位交通不利因素的限制，设计旅游线路必须重复经过旅游点，这是无法避免的。

3. 择点适量。在时间一定的情况下，过多地安排旅游点，采用赶鸭子上路的方式，容易使旅游者紧张疲劳，达不到休息和娱乐的目的，也不利于旅游者细致地了解旅游点（尤其是文化内涵丰富的旅游点）；对于老年旅游团采用这种方式就更不可取。目前，许多旅游线路设计中，在安排旅游点时都有"贪多求全"的趋势。如某旅行社设计的"一日游"线路中，包含了九个景点，许多旅游者甚至是年轻的游客在看完第六、第七个景点时就已体力不支，无论后面的景点多么精彩，旅游者们也只好坐在那些景点的门口望门兴叹。

4. 点间距离适中。同一旅游线路各旅游点之间的距离不宜太远，以免造成大量的时间和金钱耗费在旅途中。如福建的泰宁金湖和永安桃源洞两个国家级风景名胜区同属于福建三明地区，但在设计旅游线路时却很难组合在一起，原因就是两个旅游点相距太远，又不在同一交通线（铁路、公路）上。

5. 内容丰富多彩。常规观光型旅游线路设计时，要考虑到各旅游点的代表性，不能重复安排同一主题的旅游点。同一主题的旅游点对一般旅游者来说往往大同小异，吸引力不大。如短线型旅游线路中，切忌上午看寺、下午逛庙或者第一天登山、第二天又登山。但是专项型、度假型旅游线路除外，因为专项型、度假型旅游线路针对的是特定的目标市场。

6. 服务设施有保障。旅游线路途经旅游点的各种服务设施必须得到保障，如交通、住宿、餐饮等。这是旅行社向旅游者提供旅游服务的基本物质保证，缺少这种基本保证的旅游点一般不应考虑列入旅行社产品开发计划之中。

7. 购物安排合适。旅游线路设计时，应注意将旅游点上最具特色、商品质量最有保证、秩序最理想的购物场所安排在线路之中。此外，在一天的旅游行程中，最好不要安排两个以上的购物点。

二、旅游线路设计实例分析

（一）"北京—上海—苏州—杭州—福州—泉州—厦门游"

某客户申请订位时，提出要去以下几个城市参观游览：北京、上海、苏州、杭州、福州、泉州、厦门。如按直观日程要求，可编排成两种旅游线路：

A 线：北京入境—上海—苏州—上海—杭州—上海—福州—厦门—泉州—厦门出境。

B 线：北京入境—杭州—苏州—上海—福州—厦门出境。

比较两种线路，可以看出：A 线安排不合理，上海、厦门两座城市均要两进两出，这样安排的结果是既浪费时间，又增加交通费的支出。B 线经过调整，使线路更顺，避免了线路的重复，这样的安排既节省了时间，又节约了费用。可见，科学安排日程，有时往往会收到事半功倍的效果，从而争取了客户。

（二）"海南岛—三亚七日游"

从海口去三亚时汽车走东线：海口—琼海—兴隆—陵水猴岛—三亚；返回海口时汽车走西线：三亚—通什—琼中（苗寨）—屯昌—海口。整个日程的安排是环岛一圈。尽管旅游者乘坐汽车长途跋涉，但因沿途风光不尽相同，各个旅游点都有不同的特色，在导游人员引人入胜的介绍后，每人都盼望着下一站的风景点，这些具有吸引力的安排使旅游者忘记了旅途的颠簸与疲劳，使他们感到花一份钱买到两份不同的游览经历。

（三）"烟台—泰山—曲阜—济南—青岛双飞八日游"

1. 特色：

（1）乘坐港龙航空公司波音 777 豪华客机。

（2）畅游五岳之首、世界自然文化遗产地——泰山；孔子故里、世界文化遗产地——曲阜；加游风筝之都——潍坊。

（3）品尝孔府家宴、济南地道鲁菜风味（糖醋黄河鲤鱼、九转大肠）、青岛饺子席、泰山农家菜。

（4）安排欣赏著名祭孔仪式。

（5）全程入住四星级国际酒店。

2. 行程：

D1[①]：香港—烟台（约 2.5 小时）

旅游者准时于香港国际机场指定的航空公司柜台前集合，搭乘中午 11 时航班赴烟台。晚餐后住宿于碧海大酒店或同级酒店。

D2：烟台—蓬莱仙境—潍坊

早餐后乘车前往蓬莱县（约 1.5 小时）游览蓬莱阁。这里殿阁凌空、面临大海，素有"仙境之称"。下午乘车往潍坊（约 3.5 小时），游览十笏园及杨家埠（风筝作坊群）。晚餐后入住东方大酒店或同级酒店。

D3：潍坊—济南—泰安

早餐后乘车往济南（约 3 小时），游大明湖。大明湖是济南泉眼最多、最大的湖泊。后游有"唐代石刻宝库"之称的千佛山。最后游览我国著名的"天下第一泉"——趵突泉。游毕乘车前往泰安（约 1.5 小时），入住银河宾馆或同级酒店。

D4：泰安—曲阜—泰安

早餐后乘车前往曲阜（约 1.5 小时），参观我国古代最大的私宅——孔府和气势宏伟的孔庙，并观看祭祀圣人——孔子的大典。最后游览世界最大的家族墓地孔林，游毕回泰安，入住银河宾馆或同级酒店。

D5：泰山—济南

早餐后抵达五岳独尊的泰山国家重点风景名胜区，游览中天门、南天门、玉皇阁，欣赏泰山黄河金带、云海玉盘、晚霞夕照三大自然奇观；下午游览岱庙，这是历代封建帝王祭祀泰山的庙宇。游毕乘车赴济南（约 1.5 小时），住宿于香格里拉大酒店或同级酒店。

D6：济南—青岛

早餐后乘坐旅游专列前往青岛，中午抵青岛后游览我国道教名山——崂山，参观道家宫观——上清宫、下清宫、太平宫，听道家养生讲座；最后参观青岛啤酒厂。晚餐后入住海天大酒店或同级酒店。

---

① "D1"表示"第一天"，"D2"表示"第二天"，依此类推。

D7：青岛

早餐后游览青岛的标志性景观栈桥，以及八大关、小鱼山公园及小青岛风景区；下午自由活动、购物。住宿于海天大酒店或同级酒店。

D8：青岛—烟台—香港

早餐后乘车前往烟台。下午2时30分乘直航班机返回香港。

这条线路是香港中国旅行社股份有限公司开发的传统旅游线路，该线路的设计立足于常规观光型旅游产品，着重突出四个小特色，旅游点结构相当合理。该线路最大的特点是详细具体、引人注目，特别是公路交通各段所需的时间都有说明，住宿的酒店也都有说明，让旅游者报名时感到十分放心。具有这种特点的线路设计目前在我国大陆的旅行社经营中还不多见。

（四）"昆明—香格里拉—丽江—大理单飞、单卧七日游"

D1：抵昆明，游览世博园。宿昆明。

D2：石林一日游（大、小石林）。宿昆明。

D3：早上乘飞机前往香格里拉，游松赞林寺、碧塔海、纳帕海。宿香格里拉。

D4：乘车至丽江，途经小中甸，游览虎跳峡；丽江游览古城及四方街。宿丽江。

D5：玉龙雪山一线游（云杉坪、甘海子、白水台、玉水寨、黑龙潭）。宿丽江。

D6：乘车至大理，游览三塔、蝴蝶泉、大理古城，品尝白族三道茶及欣赏歌舞表演，晚上乘火车返昆明。

D7：早上抵达昆明，游览西山龙门、圆通寺、花市。离昆。

这是昆明许多旅行社推出的一条大众旅游线路，深受国内旅游者欢迎。其特点是"物美价廉"。"物美"表现为该线路包含了昆明和滇西北旅游区的主要游览景点，线路组合充分体现了旅游产品的时间性和空间性，内容设计丰富多彩；"价廉"是指该线路价格相对较低，因为"单飞单卧"既节约了交通费和住宿费的开支，同时还保证了旅游者的游览时间。在此值得一提的是，根据旅游团队抵、离时间，可以将圆通寺景点放在第一天或第七天，即将圆通寺作为调剂性的景点来安排。

（五）新兴旅游线路设计举例

1. 生态旅游线路设计——"福建生态寻幽之旅"。

D1：福州国家森林公园、岱江生态漂流。宿福州。

D2：武夷山国家自然保护区，登主峰黄冈峰。宿武夷山。

D3：武夷山御茶园、蛇园，赴龙岩梅花山国家自然保护区。宿龙岩。

D4：梅花山华南虎园、南靖竹海。宿龙岩。

D5：长泰天柱山国家森林公园，马洋溪生态漂流。宿漳州。

D6：百花村（大型花卉基地）、厦门园林植物园，结束旅程。

2. 文化旅游线路设计——"安徽皖南徽文化之旅"。

D1：绩溪胡氏宗祠（全国重点文物保护单位）。宿歙县。

D2：徽商之源——渔梁坝、许国石坊（全国重点文物保护单位），徽商花园太白楼、新安碑园，棠樾牌坊群、竹山书院。宿屯溪。

D3：黟县宏村和西递村古民居村落，徽州区潜口明代民居博物馆（全国重点文物保护单位），宿屯溪。

D4：休宁万安古镇，屯溪老街、程氏三宅，结束旅程。

注：该线路中的皖南古民居群已纳入世界文化遗产名录。

3. 休闲旅游线路设计——"大连海滨休闲度假之旅"。

D1：金石滩观海、海水浴、海泳比赛。宿国家旅游度假区夏威夷别墅区。

D2：高尔夫球邀请赛，宿国家旅游度假区夏威夷别墅区。

D3：国际游艇俱乐部体验水上运动。宿国家旅游度假区夏威夷别墅区。

D4：帆船、潜水、沙滩排球比赛。宿国家旅游度假区夏威夷别墅区。

D5：垂钓、滑沙、体验渔家乐。结束旅程。

4. 专项旅游线路设计——"福建茶乡品茗之旅"。

D1：品茗福州茉莉花茶、雪峰茶、鼓山半岩茶，欣赏茶艺表演。宿福州。

D2：赴武夷山，参观御茶园、中国茶王"大红袍"基地，品武夷岩茶，欣赏茶艺表演。宿武夷山。

D3：赴政和，参观茶园，品功夫茶、银针白毫、白牡丹等名茶。宿南平。

D4：赴将乐，参观客家擂茶民间技艺。宿南平。

D5：赴安溪，参观铁观音茶园和工艺制作，品铁观音系列茶，欣赏茶艺表演。返福州结束旅程。

5. 学生夏令营旅游线路设计——"北京夏令营学生之旅"。

D1：接站，天安门广场、纪念堂、故宫、景山。宿北京。

D2：八达岭长城、中国科技馆、中华世纪坛外景。宿北京。

D3：军事博物馆、中央电视塔、太平洋海底世界。宿北京。

D4：游览颐和园，参观北大校园。宿北京。

D5：参观古观象台，自由活动。送站。

以上五条新兴旅游线路，既符合旅游线路设计的基本原则，又充分满足了不同层次旅游者的需求特点。

三、旅游线路报价说明举例

旅游线路报价就是将旅游线路产品的内容结合价格以信息的形式传播给旅游者或旅游中间商，要求做到产品质量与价格相符合。旅游线路报价已成为旅游者和旅游中间商作出决策的重要依据。一般而言，我国旅行社旅游线路报价由综合服务费、房费、餐费、城市间交通费和专项附加费构成。

（一）旅游线路报价计算明细

1. 综合服务费：计算单位为"元/人·天"。

综合服务费＝实际接待天数×每人每天综合服务费

2. 房费：计算单位为"元/人·天"。

房费＝实际入住天数×每人每天房价

3. 餐费：计算单位为"元/人·天"。

餐费＝实际用餐天数×每人每天餐标

4. 城市间交通费：计算单位为"元/人"。

城市间交通费＝实际乘坐交通工具客票费累加

5. 专项附加费：计算单位为"元/人"。

专项附加费＝汽车超公里费＋景点门票费

6. 旅游线路报价计算公式：计算单位为"元/人"。

旅游线路报价＝综合服务费＋房费＋餐费＋城市间交通费＋专项附加费

（二）旅游线路报价说明

旅行社一般为旅游者安排标准间，有时团队因人数或性别原因可能出现自然单间，由此产生的房费差额根据事先达成的协议由组团社或地接社来承担。

旅游团内成年旅游者人数达到 16 人时，应免收 1 人的综合服务费，全陪只收取城市间交通费和房费，其余全免。

12 周岁以下儿童收取 30%～50% 综合服务费（不占床位、车位），12 周岁以上儿童收取全额综合服务费。

旅游线路报价一般不包含各地机场建设费、旅游意外保险费（自愿投保）、火车上用餐费、各地特殊娱乐项目等。

超公里费是指汽车长途客运的收费。各地收费标准不同，例如上海是以 8 小时、80 公里为基价计算的。

旅游线路报价在实施过程中若发生因不可抗力因素造成实际旅费超过报价的（如行程延期），由旅游者自行承担额外费用。但有时旅行社出于特殊考虑，也会为旅游者承担部分费用。

地接社在旅游线路报价中应含有团队确认方式以及结算方式的具体要求。

（三）旅游线路报价举例

例 1：以下是昆明某旅行社回复旅游者的一份比较规范的旅游线路报价传真稿：

刘小姐：您好！

首先感谢您对我社的厚爱！按您的要求，现将"昆明—西双版纳双飞六日游"行程和报价 FAX 与您，请指教。

一、行程安排

D1：抵达昆明，游览世博园。宿昆明。

D2：石林一日游（大、小石林，七彩云南），晚上乘飞机至景洪。宿版纳。

D3：中缅一日游（独树成林、八角亭、缅方国门、中缅友谊大金塔、禁毒馆、卧佛寺）。宿版纳。

D4：勐仑植物园（澜沧江风光、橄榄坝集市、勐仑植物园、傣家村寨、风味餐）。宿版纳。

D5：原始森林公园一日游（早上自由活动，午餐后进入森林公园：原始森林游、驯兽表演、歌舞表演、泼水节），晚上乘飞机至昆明。宿昆明。

D6：游览西山龙门，逛花街，离开昆明。

二、接待报价

1. 综合服务费：5 元/人·天。

2. 房费：二星级酒店标间：昆明 35 元/人·天，版纳 40 元/人·天。

3. 餐费：标准团 38 元/人·天。

4. 机票费：520 元/人·天。

5. 汽车超公里费：昆明—石林 40 元/人，景洪—打洛 60 元/人，景洪—勐仑植物园 20 元/人。

6. 景点门票费：昆明 180 元/人，版纳 210 元/人（含出境费）。

报价 = 综合服务费（5×6）＋房费（35×2＋40×3）＋餐费（38×5）＋机票费（520×2）＋汽车超公里费（40＋60＋20）＋景点门票费（180＋210）＝1960 元/人

三、其他事宜

1. 现付款项：各地机场建设费 50 元/人·次。

2. 如需增加下列内容，费用现付：

（1）昆明西山索道 15 元/人，旅游小火车 3 元/人。

（2）泰国人妖表演 200 元/人。

3. 16 人以上团队，全陪 1 人除机票费及机场建设费外，其余全免；若不足 16 人，全陪 1 人需加收房费；若出现单床，床费请现付。

4. 结算方式：实行一团一清。团队抵达前请将团款全额汇入我社账户（电汇单应有复印件传真），或由全陪以现金（或现金汇票）与我社结清。行程结束时，我社将结算单据交全陪带回。

5. 未尽事宜，欢迎来电咨询。

预祝合作愉快！

例 2：福建某旅行社"福州—武夷山—泉州—石狮—厦门六晚七日游"行程和报价：

一、行程：

D1：福州接团，游鼓山、西湖、林则徐故居，宿福州。

D2：乘福州/武夷山的 T248 次（08：48/15：11），游水帘洞、鹰嘴岩，宿武夷山。

D3：游九曲溪、天游峰、一线天、虎啸岩、永乐禅院、城村古汉城遗址，宿武夷山。

D4：游武夷宫、朱熹纪念馆、宋街，乘武夷山/泉州的 K985 次（14：40/20：22），宿泉州。

D5：游开元寺、老君岩、海上丝路博物馆，石狮自由购物，乘汽车赴厦门，宿厦门。

D6：游集美鳌园、鼓浪屿（日光岩、菽庄花园、郑成功纪念馆）、万石植物园，宿厦门。

D7：南普陀寺、胡里山炮台、中山路自由活动，午餐后送团。

二、报价分解图：

	住宿	餐费	市内交通费	门票	综费	火车票	合计
豪华等	90 * 6	25 * 11 + 10	300	278	15 * 6	52 + 178	1723
标准等	50 * 6	44 * 6 − 18	300	278	12 * 6	52 + 178	1426
经济等	40 * 6	38 * 6 − 16	220	278	10 * 6	52 + 178	1240

三、报价说明：

1. 组团社请于团队抵达福州前的 7～10 天将团队计划报与我社，并将团队人数、名单及航班、车次传真确认。确认后，抵达前 3 天如果取消或减少人数，按团费的 10% 收费；接团当天如果取消或减少人数，按团费 50% 收费。

2. 团队因天气、自然灾害、交通等不可抗力因素造成延期之费用，由游客自理或与组团社协商各自分担部分费用。

3. 推荐行程价格仅供参考，如遇政策性调价（交通、住宿、门票等），价格另议。

4. 组团人数：豪华等 10 人成团；标准等 16 人成团；经济等 30 人成团。

5. 服务标准：豪华等——四星级宾馆（或同等标准酒店）、包餐（10 菜 1 汤）、景点首道门票、进口豪华空调车、优秀导游服务；标准等——三星或二星级酒店或（或同等标准酒店）、包餐（8 菜 1 汤）、景点大门票、国产合资豪华空调车、优秀导游服务；经济等——普通或准星级宾馆（2~3 人房）、不包餐、景点大门票、国产普通客车、导游服务。

6. 儿童收费：两岁以内免收团费；2~12 岁收取 50% 的团费（不占床位、车位）；12 岁以上按全价团费。

7. 陪同费用：达到成团人数，免全陪 1 人的综费、超公里费、房费。

8. 结算方式：实行一团一清。团队抵达前请将团费全额汇入我社账户（电汇单应有复印件传真），或陪同用现金（或现金汇票）随团交于我社结清。行程结束时，我社将结算单据交全陪或领队（无全陪时）带回组团社。

现代旅行社市场开拓运作

　　旅游产品的生产与消费的不可分割、不可储存、需求弹性大、季节性强等特性，促使旅游行业比其他行业更注重市场开拓。旅行社市场开拓包括旅行社销售管理、旅行社促销管理和旅行社品牌管理等，这对旅行社的生存和发展具有十分重要的意义。

第一节　旅行社销售实务

　　旅行社销售的首要任务是选择目标市场。目标市场确定后，旅行社应根据目标市场的特点和自身的经营实力选择适当的销售渠道，并采取灵活的价格策略将产品推向目标市场。

一、旅行社目标市场选择

（一）旅行社市场细分

　　1. 旅行社市场细分的含义。旅行社市场细分，是指旅行社将属于某一客源市场的旅游者，按一种或几种因素进行分类并形成不同特点的各个子市场的活动。

　　每一个细分市场都是由具有类似需求倾向的消费者组成的群体。因此，分属于不同细分市场的消费者对同一旅游产品的需求存在明显差异，而属于同一细分市场的消费者，其需求极为相似。例如，可根据旅游者外出的不同目的，将整个旅游市场细分为度假旅游、观光旅游、商务旅游、会议旅游、探亲旅游等多种细分市场；根据旅游者年龄不同，可将旅游市场细分为老年人旅游、青年人旅游、少年（学生）旅游等。

　　2. 旅行社市场细分的意义。旅行社市场细分，一方面，有助于分析和发现市场营销机会。例如，韩国对日本市场进行细分后发现日本海外青少年修学市场潜力巨大，于是立即占领了该市场。我国意识到该市场的巨大潜力时已落后了近

10 年。另一方面，有利于旅行社将有限的资源集中到目标市场上。

3. 旅行社市场细分的原则。

（1）可衡量性原则。即对市场规模、购买力作出估计。否则，毫无意义。如把习惯左手用餐者作为一类细分市场，对旅行社毫无意义。

（2）效益性原则。即细分市场的容量能够保证旅行社从中获取足够的经济效益。

（3）可达性原则。即旅行社对该细分市场能够有效地进入并占领的程度。

（4）合法性原则。即在法律和道德允许的范围内。如"黄、赌、毒"活动，虽有厚利可图，但为法律、道德所不允许，不可作为细分市场的依据。

一般而言，旅行社市场细分标准及细分因素见表 3 - 1。

表 3 - 1　旅行社市场细分标准及细分因素

细分标准	细 分 因 素
地理细分	地区　城市　距离　国家　乡村　气候　人口密度
心理细分	生活方式　个性
社会经济细分	年龄　性别　收入　职业　种族　宗教　国籍　血缘　家庭结构　社会阶层　受教育程度
购买行为细分	购买目的　购买频率　消费程度　使用后的反映

（二）旅行社目标市场选择

1. 旅行社目标市场的含义。旅行社目标市场，是指旅行社在评价各个细分市场的基础上，根据自身的条件所选定的一个或几个能给旅行社带来最佳经济效益的细分市场。

2. 旅行社目标市场选择。旅行社目标市场的选择，是在市场细分基础上进行的，市场细分是旅行社选择目标市场的基础，目标市场的选择则是旅行社市场细分的结果。旅行社目标市场选择应考虑以下因素：

（1）市场规模与发展潜力。每个细分市场的现实客源量与未来客源量，并非强调绝对规模，而是适度规模即相对于旅行社资源与经营能力的市场规模。

（2）市场结构与竞争者。市场结构，是指旅行社与市场的关系特征与形式。旅行社与市场的关系，主要表现为行业内的竞争者、潜在竞争者和中间商对旅行社经营的威胁。在旅行社经营活动中，有时会出现目标市场规模与发展潜力较为理想但利润水平较低甚至亏损的现象，这主要是旅行社目标市场结构不合理的缘故。

（3）旅行社经营目标与资源。确保目标市场与企业的经营目标及资源状况相适应。

3. 旅行社目标市场选择过程。旅行社目标市场选择过程可概括如下：

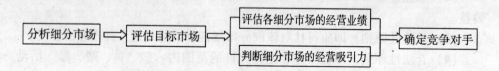

4. 旅行社市场定位。旅行社市场定位，是指旅行社确定的经营因素与竞争者所对应的经营因素相比较的差异，以及由此而形成的目标市场消费群体对本企业价值的评价和认识。

旅行社市场定位的目的，是通过一定的产品形象或市场形象的建立，与目标市场上的竞争者加以区别，从而创造更多的市场机会，占有更高的市场份额。一般来讲，旅行社市场定位可以从五个方面进行：

（1）根据产品为旅游者带来的利益、价值。

（2）根据产品的性质、特点及其功能。

（3）根据产品的质量和经济等级。

（4）根据竞争对手的经营要素。

（5）根据旅游者的需求特点。

旅行社在确定市场定位时，通常有以下三种策略可供选择：

（1）靠近竞争对手的市场定位。采取这种策略的主要目的是争夺竞争对手的客源，以便扩大本旅行社的市场占有率。采取这一策略的条件是本旅行社具有与对手竞争的实力或对手所处的市场位置有足够的客源及客源增量。采用这一策略的优点，可以降低进入目标市场的成本，减少与市场开发相关的费用支出；缺点是旅行社难以成为市场主导型的企业。

（2）避开竞争对手的市场定位。这种定位是通过选择市场"空白点"的方法而进行的定位。旅行社通过增加产品特色，使自己区别于对手，避开市场竞争形成的经营压力，通过吸引目标市场的注意力，来达到占有目标市场的目的。采用这一策略的条件是目标市场上确有相当多数量的旅游需求未得到充分满足，并且旅行社具有一定的产品优势以及应付潜在竞争对手进入目标市场的措施。采用这一策略的不利因素是进入目标市场的成本增加，同时，如果定位不当会带来经营风险；有利因素是一旦定位成功，旅行社便可成为市场主导型的企业。

（3）部分避开竞争对手的市场定位。这是介于靠近与避开竞争对手的市场定位两者之间的一种市场定位策略。

二、旅行社价格策略

(一) 旅行社产品的定价依据

1. 旅行社产品的价格范围由三个因素确定，即

(1) 旅行社产品成本决定的最低价格。这是制定销售价格的直接依据。

(2) 旅行社竞争对手同类产品的价格。

(3) 旅游者购买能力决定的旅行社产品的最高价格。

合理的旅行社产品价格应该在最低价格和最高价格之间浮动。

2. 价格受汇率、通货膨胀、需求弹性等因素的影响。

3. 根据市场状况灵活运用各种价格策略，使用各种差价。

(二) 旅行社定价过程中的经验

1. 按质论价，合理收费。

2. 适应市场需求，依据淡季和旺季的供求关系定价。

3. 有的放矢地运用优惠价和差价。优惠价有现金折扣、数量折扣等；差价有等级差价、季节差价、地区差价等。

4. 恰到好处地使用心理定价策略。例如，尾数定价法、声望定价法、吉祥定价法等。

5. 价格要相对稳定。按照国际惯例，旅行社价格一经报出，执行年度要保持相对稳定。

6. 消费比例协调。一般而言，在国际旅游中，住宿与餐饮、航空交通、参观游览的消费各占人均总消费的 1/3。

三、旅行社销售渠道

旅行社销售渠道，是指旅行社通过各种直接或间接的方式，将其产品转移到最终消费者的整个流通途径。它是现代社会中沟通消费者的不可缺少的重要桥梁和纽带。

(一) 我国旅行社销售渠道现状

目前，我国旅行社产品的销售渠道一般包括两个方面：一是"请进来"，二是"走出去"。

以昆明市的旅行社为例，"请进来"是把海外和省外已经有相关业务，或者具有开拓入滇旅游业务的旅行代理商，通过组织会议或旅游等其他外联方式引进

来，联络感情，增进了解，共同协商，洽谈业务，开辟合作领域。"走出去"即参加各种旅游交易会，或以外联的形式直接与旅行代理商接洽，以增加销售渠道，吸引更多的客源来昆明旅游。

从吸引省外客源来昆明旅游方面看，其销售渠道主要是通过国内旅游交易会及省外的旅行社进行旅游产品宣传和间接销售。而组织昆明市内的客源到省外旅行，则主要采用报纸广告的方式和直接前往经济效益好的单位进行销售。

少数实力雄厚的旅行社则每年派出一个促销团，到本社接团的主要客源输出省，拜访当地有实力的旅行社，赠送新的宣传资料，介绍新的旅游线路，并通过请客送礼等方式联络感情，鼓励省外旅行社继续组织来昆明旅游的客源。通过这种方式，这些旅行社的省外客源不断，生意也非常兴隆。但多数小旅行社则只能是等客上门，通过削价参与竞争。

例如，近几年来，通过"请进来"和"走出去"两种方式，昆明旅游业在国内市场和东南亚市场进行了卓有成效的渠道开拓工作，使来昆的国内客源和东南亚客源迅速增长。但由于旅行社产品存在非排他性特征，所以在旅游信息相对充分、市场开拓成本较低的客源市场上，各旅行社之间的竞争十分激烈。而在市场开拓成本较高的国际市场和国内新客源市场，各旅行社又难以单枪匹马进行开拓，从而使昆明旅行社在国内外销售渠道上仍存在着许多问题。目前欧、美市场由于"请进来"或"走出去"成本太高，受促销经费的限制，对欧、美、日等远程海外市场的渠道开拓还极为不够，"请进来"少，"走出去"更少，主要依赖国家统一促销的成果，还处于自然销售、等客上门的状况。在直销渠道方面，尤其是对海外的直销，通信、电子等直销手段很少使用，设点直销力度和效果也较差。虽然我国在各主要客源国也建立了自己的办事处，但我国是一个大国，欧、美旅游者来华后，最多只可能停留 10 天左右。因此，来华旅游者只能在中国众多的旅游城市中选择 3～4 个城市旅游。虽然航空事业的发展使地球"变小"了，旅游的距离问题被淡化，但是来昆明旅游较高的"行价"，仍使昆明在吸引旅游者方面处于极为不利的地位，等客上门必然使昆明旅行社处于被动地位。

在国内旅游市场上，目前国内旅游产品的销售渠道仍然存在着不少问题：一是销售渠道过于单一，主要仍依赖一些外省的旅行社进行，其他渠道利用较少；二是销售渠道狭窄，在北京、武汉、南京、杭州等旅游客源众多的目标市场，昆明市的旅行社缺乏得力的旅游代理商，使其产品在这些地区的销售始终难以打开局面，国内主要客源还局限于东南沿海地区；三是旅行社之间行为短期化现象较为普遍，往往是谁出价最低，就把旅游团交给谁做，缺乏互助、互利的长期合作关系，这影响了旅行社促销的积极性。

（二）我国旅行社销售渠道策略

1. 建立旅游办事处，加强对销售渠道的联系与控制。美国的《旅行代理商》杂志委托调查公司进行调查的结果显示，大约有97%的人在外出旅行前都曾去旅行代理商处咨询和预订，83%的来访者接受了旅行社的建议，其中13%的人根据旅行社的建议而改变了自己的原计划。有28%的人事先并无去何处旅游以及购买哪一包价产品的打算，而是征求旅行代理商的建议。这项调查结果表明，旅行代理商对旅游消费者市场的影响极大，如果旅游中间商没有优先或努力推荐某一旅游产品，则该产品的销售将受到严重影响。因此，为了拓宽销售渠道，吸引更多的客源，许多国家除了选择实力雄厚、有更多分销点的旅行社作为本国旅游产品代理商外，还在自己的主要客源国建立了旅游办事处，直接参与当地旅行社对本国旅游产品的促销活动，并对销售渠道进行严密的控制，以保持当地旅行社对本国旅游产品的促销兴趣和促销力度。例如，昆明的旅行社要想扩大自己的市场份额，除必须与更多的实力雄厚的海外旅行社发展代理业务外，还应考虑在自己的主要客源国——泰国、新加坡、马来西亚、日本、美国、德国、韩国等——设立自己的旅游办事处，每个办事处相对固定地派1~2名懂营销、会管理、会宣传、能熟练运用当地语言或英语进行营销的人员。在旅游促销经费不足时，可考虑先建立区域性的旅游办事处，如东南亚办事处、欧洲办事处和美国办事处，以减少驻外费用。办事处的任务，一是收集和反馈海外旅游客源市场的需求变化，调整旅行社产品供给；二是加强与当地旅游代理商的联系，通过各种情感联络和利益激励机制，严格控制海外销售渠道，以保证昆明旅行社产品在国际市场的销售渠道的畅通。

在国内销售渠道的开拓上，旅行社应在人口密集、人均收入水平相对较高的地区或城市采用利用旅游中间商增加销售渠道的发展策略。在中间商的选择上，一方面应选择具有较多分支机构、人员素质高、经济实力和信誉度较高的旅行社作为总代理商；另一方面还可以通过利益机制，对渠道进行激励和控制。具体可通过双方共同出资、分享利益的方式，将双方的利益捆在一起，使合作双方一荣俱荣、一损俱损。但实施这种方法的前提必须是组建昆明旅游集团。此外，还应在上海、北京、广州、厦门、南京、武汉、成都等客源数量众多的主要目标市场寻找得力的旅游代理商的同时，建立自己驻外旅游办事处，专门从事昆明旅游产品的网点开拓、渠道控制、信息反馈及经常性促销工作，以加强国内客源市场的销售渠道建设。

2. 开发多种直销渠道，发展社团旅游。随着经济发达国家奖励旅游的兴起和人口老龄化趋势的发展，各国的旅游经营商纷纷重视起旅行社产品直销渠道。

通过旅游办事处加强与当地企业和各种社会团体的联系，直接销售本国旅游产品。

与间接销售相比，直接销售最明显的优点在于不仅可以节省支付中间商的费用，降低成本和旅游产品价格，而且还可以使旅游批发经营商及时了解旅游市场的需求变动信息，以便根据变化调整旅游产品组合、供给和销售方式。因此，在严密控制间接销售渠道的同时，旅行社还应直接与海外和国内其他省市的政府、大公司、大企业及各类社会团体加强联系。在国外还应重视发展与老年人聚集区域的老年社团组织和宗教团体以及农民社团的联系。

3. 规范旅游渠道管理。由于行业监管不力及其他诸多因素引起的过度竞争、销售渠道的混乱无序局面，只会导致削价竞销，引起国家利税流失和接待质量的下降，从而失去回头客，造成旅行社产品滞销。因此，旅行社销售渠道需要统一规范。其规范的原则应该是既要统一管理，防止渠道混乱，又要打破垄断，允许服务质量好、实力雄厚的旅行社进行公平竞争，以提高市场开拓能力。对违反规定、靠降低质量削价竞争的旅行社进行严厉的经济惩罚，情节严重者吊销其营业执照。

（三）中外旅行社销售渠道发展趋势

1. 尽管中外旅行社销售渠道出于旅游需求发展水平、旅游整体营销战略和旅行社分工体系的不同而出现差异，但是二者在现实表现、面临问题以及渠道短、宽化等方面存在着共性趋势。

（1）从最根本的旅游市场需求个性化趋势入手，在自身产品上下工夫。旅游批发经营商的未来在于产品的多样化，产品的多样化有利于其有针对性地开展直接销售，在自设零售网点和网络"一对一"的销售多样且价廉的产品，缩短分销链。

（2）为对抗供应商越过经营商进行直销的趋势，实行反向一体化，通过购买、兼并等方式控制产品供应商；同时实行前向一体化，购买包括代理商在内的零售层次来控制销售点。在对海外销售的"本国旅游批发经营商——外国旅游批发经营商"的经营过程中，前者常常兼并后者，以实现在海外的直销。横纵联合，正反向一体化使大的旅游批发经营商规模更大，有的将成为大型垄断企业，通过同时拥有生产、批发、零售三个层次而控制整个旅游产品分销渠道，使渠道最短化。

2. 在变动的营销环境中，旅游零售商将面临以下趋势：

（1）大的旅游零售商的单体规模会更大，旅游零售业务将越来越集中于少数大的连锁代理商。大型旅游零售商将不断通过兼并、收购其他旅游零售商等方式扩大规模，甚至可能进行反向一体化，收购一些旅游批发商，且这种收购将大规模跨越国界。他们以经营盈利空间较大的本国大公司客户为依托转向全球扩张，规模和市场份额将更大，销售渠道将更直接。例如，美国运通公司早在1995年就称其全球旅游销售超过1 200万美元，全球销售点包括公司内驻点在内有3 200多家。1996年和1998年美国运通又分两期购买了法国拥有最大旅游销售网络的哈瓦斯（Havas）旅行社；卡尔森—瓦根利特（Carlson Wagonlit）在全球也有4 000家销售点。以上两家代理商以其规模和国际市场经营的深、广度被誉为1997"年欧洲旅游行业中的领导企业"，且都表示意欲进一步扩张。

（2）中、小旅游零售商通过合同形式特许经营等联合体也有广阔的发展空间。20世纪90年代中期就已有大量特许经营的尝试，其中较为成功的是联合环球重点推出了关于商务旅游的特许代理方式。联合体通过水平一体化对经营商、批发商向零售领域的纵向一体化进行自卫反击。联合体可以提供与大旅行商一样的产品，甚至可组合自己的特色品牌产品，而且可在联合体内互为间接销售渠道，以建立自己的全球销售网络。

（3）面对日益飞涨的旅费支出，各种规模的公司客户出于降低旅费的考虑，纷纷求助于旅行代理商提供咨询建议、建立旅游管理系统以管理其旅游预算账户等。在此情况下，旅行代理商将进一步使其知识背景专业化，以期更多地进入公司等组织，取代其原旅游部或跨越特殊媒介者，实现对公司员工公务和闲暇旅游产品的直销。

（4）代理业的智能化。代理商将变电子信息网络等的挑战为可利用的增长点。例如，罗森布鲁斯旅行社1994年通过网上的销售额达2 000万美元，夏威夷檀香山珍珠港旅行社利用自动柜员机（ATM）向游客推广可用来购买旅游服务的密码磁卡，以取代旅行社在饭店、机场设柜台的做法。旅行代理商还通过虚拟购物中心（VSC）等成本效益较高的电子手段进行广泛直销，充分发挥其作为购买媒介的便利性优势。

（5）旅游代理商将进一步强化提供专业化产品、知识和个性化服务的功能，并随消费者决定性角色的增强，考虑从供方代理转向顾客方代理的问题。虽然代理商一直就是应顾客要求为其预订，但若想真正从代理供方转向代理需方仍需要一定的过程和条件。首先要考虑过渡过程中代理供需双方的法律可行性；其次要改变长年树立起来的免费服务点的形象，在不依赖传统佣金的情况下向顾客收取服务费。

3. 我国旅行社在销售渠道方面也面临一些威胁。比如，外资旅行社的即将进入；其他包括互联网等在内的与美国旅行社面临的威胁相似的因素也存在。这些因素在不可预见的未来将导致中国旅行社在销售渠道方面出现以下趋势：

（1）大社联合经营。这将导致在我国旅行社市场上形成类似于旅游批发商的制度创新。例如，"国、中、青"三巨头已决定联手共同开发国内旅游市场，最终目标要建立批发商制度。而且，此横向联合将在市场机制的作用下发展得更加紧密。小旅行社与批发商可形成互惠互利、相互依存的关系，构建国内旅游产品销售的渠道网络。

（2）旅行社将从重复竞争的通用社转向各具专长的专业社，从而更多采用直销方式。旅行社咨询服务等功能意识将强化，商务旅行服务将更加普及。例如，中国招商旅行社已有商务旅行客户30多家，商务旅游服务成为其新的利润增长点。由此，国内企业客户也将出现把旅行社纳入自己企业范围的趋势，旅行社直销渠道将更加丰富化。

（3）合资旅行社的外方将成为海外销售的有效组织者，从而拓展我国旅行社的直销渠道。因此，中方在寻求外方合作伙伴时的一个重要标准就是其客源输送能力。

（4）旅行社直销的信息技术含量将提高。

综上所述，从以上有关中外旅行社销售渠道发展趋势的分析中可以看出，旅游市场需求正逐步从标准化向个性化转变，这一转变导致了旅行社销售战略从大众销售向"一对一"销售的变革，从而从根本上决定了旅行社产品销售渠道策略由长、宽并重转向短、宽化的发展主线。在这一进程中所处阶段的不同导致了中外旅行社销售渠道策略的差异。例如，美国旅行社销售渠道现状中的许多现实表现将是我国旅行社业今后一段时间内需要研究和借鉴的发展趋向。

对美国旅行社来说，针对传统大众旅游市场竞争加剧的态势，采取一体化战略可以为其提供一条发挥规模经济优势的出路；同时，针对旅游需求的个性化，利用范围经济实现经营的专业化、特色化和多样化也是可行的战略选择。

我国旅行社销售渠道的总体趋势应该是在借鉴美国旅行社分工体系的基础上进行制度创新，但是考虑到我国的具体国情和旅行社业历史进程的影响，要实现"大型旅行社集团化、中型旅行社专业化和小型旅行社通过代理制实现网络化"的目标仍需要相当长一段时间。

四、英国时运假日旅行社销售实例分析

（一）历史背景

时运假日旅行社的前身是麦昂旅行社，其办事处设在英国中部的汉普郡，专营欧洲乡村别墅短程旅游业务。当时，欧洲短程旅游市场竞争激烈，各旅行社可得的经营利润极低，交通费用昂贵、货币兑换率低以及国内居民存款利率高等因

素严重冲击着短程旅游市场。从 1983 年以来，世界远程度假旅游市场看好，英国经营这方面旅游业务的旅行社逐渐增多。1984—1985 年，英国去西欧和地中海国家旅游人数的增长率为 7.8%，而同期去世界其他国家进行远程度假旅游人数的增长率为 12.9%。经营远程度假旅游价格高、利润大，可以专门满足那些高收入、高消费阶层旅游者的需求。远程度假包价旅游的日程安排复杂、活动范围较广、机动性强，旅游经营者可以比较灵活地调整线路价格内包含的各项费用。即使是经营散客的远程包价旅游，也会使旅行社获得较丰的利润。经营远程度假包价旅游的优势和对这一市场需求的不断增长，对当时麦昂旅行社改变经营方向和项目产品的类型有着决定性的影响。1984 年 1 月，麦昂旅行社作出决定，以英国一家较大的时运烟草公司做后盾，开辟远程度假包价旅游新市场，开始经营去世界各地的远程度假旅游，并将"麦昂旅行社"改名为"时运假日旅行社"。

新旅行社成立后采取的第一个措施，就是聘任一位工作经验丰富的总经理。于是，格雷厄姆·菲力普先生走马上任，并决定在 1984—1985 年的旅游旺季到来时首次推出远程度假旅游线路。

（二）市场调研与分析

时运假日旅行社成立之后，首先对远程度假旅游市场进行调研。调研的主要内容是：哪些远程度假线路有较大的潜在市场？哪些类型的客人愿意参加远程度假旅游？3 个月后，调研结果表明：

1. 客人对各类远程度假旅游的偏好比重不同。喜欢海边度假的客人为 17%；喜欢海边度假加购物的客人为 33%；喜欢文化旅游的客人为 19%；喜欢参加各种兴趣的客人为 16%；喜欢在度假中"体验新的经历"的客人为 15%。

2. 喜欢参加远程度假的客人大多数是地位和收入较高的客人；客人的年龄并不受限制，远程度假既适合于度蜜月的年轻人，又适合包括退休老人在内的各年龄段客人。

3. 主要竞争对手在远程度假旅游市场中所占的份额是：库克旅行社占有 20%，并且一直具有很好的信誉，已经牢固地确立了在这一市场的领先地位；信诚旅行社占有 20%；速鸟旅行社占有 10%（该社归英国航空公司所有）；康肯·库恩旅行社占有 5%（他是托马斯·库克旅行社专门经营远程旅游业务的分社）；飞翼旅行社占有 5%。

通过市场调研，时运假日旅行社确定了目标市场和经营目标。

（三）对旅游目的地的调查

当目标市场和产品类型确定后，时运假日旅行社紧接着对旅游目的地的设施和旅游资源进行调研，以弄清哪些目的地能满足客人的需求。1984 年 1—5 月，菲力普先生走访了 20 多个国家的 100 多家饭店，寻找和确定适应不同客人需求的不同类型的旅游目的地。同时，他与有关目的地的部门重点协商了度假价格、住宿和交通三方面的问题。

1. 住宿情况。对时运假日旅行社来说，一个非常重要的问题是如何在度假目的地以合理的价格，向远程度假的客人提供能满足他们需求的食宿设施。菲力普亲自进行调研，一边旅行，一边住饭店，仔细考察了各饭店的服务标准、设备设施和到度假活动区的距离等。考察的结果令他非常满意。其后，他与各饭店的销售经理协商了房价问题。最终达成的协议是：时运假日旅行社将这些饭店编印在旅行社出版的旅游宣传品上，散发给顾客。这既为旅行社本身宣传了促销，也为各饭店做了广告。这种形式的宣传广告发放面广、数量多、针对性强、影响大。时运旅行社还可以从这些饭店获得 30% 的房价折扣。

2. 交通情况。远程度假费用中，有很大一部分用于支付从出发地到目的地的国际航运费和目的地国内的航运费。为了保证旅行社获得较好的机票折扣，时运旅行社决定全部使用目的地国家的航空公司；这些航空公司可以保证向时运假日旅行社长期提供 60% 的机票折扣。

3. 目的地旅游资源情况。为实现旅行社准备开辟的"求新和体验不同"的客源市场目标，菲力普先生考察了竞争对手所提供的线路中从未涉及的目的地。必须以新的目的地、新的旅游资源来满足客人求新和体验不同经历的需要，时运旅行社也才能扩大影响，占有足够的市场份额。

4. 旅游宣传品的编制。市场和目的地的调研工作结束之后，时运假日旅行社开始编制下一个旅游季节的旅游线路，并把这些线路都鲜明地囊括在宣传品中。时运旅行社特聘了一家专业广告公司承担宣传品的设计工作，设计制作费高达 25 万英镑。宣传品的封面突出了海边度假、文化访问、兴趣活动和探险旅行四个主题，并附有 4 幅主题照片，以吸引那些喜欢单独探险、求奇的旅游者。宣传品共 84 页，总体质量高，编入了能够吸引潜在客人的全部信息资料。

（四）分销渠道的建立

宣传品制成后，另一项重要的工作就是选择合适的旅行社作为代理商，以确保宣传品能够展放在这些旅行社陈列架的最为显眼的位置上。由于时运假日旅行社刚开始经营远程度假业务，在那些为他散发宣传品的旅游代理商中取得信誉是非常重要的。时运假日旅行社选择了知名度较高、受游客欢迎的霍格·罗宾逊连锁旅行社。经过协商，这家旅行社同意将时运假日旅行社的宣传品放在其所辖旅行社试展一段时间，然后选择并确定合适的分销渠道。时运旅行社希望自己的宣传品能够摆放在明显的位置以引起客人的注意，但事与愿违，双方为宣传品的摆放发生了争论，协议中止。

为此，时运假日旅行社采取了其他措施，将自己的宣传品大量发给附近的各个独立的小旅行社和一些小型的连锁旅行社。时运假日旅行社还在办事处内培训了自己的推销人员，规定了推销数量与报酬发放相当的原则。

在发放宣传品的同时，时运假日旅行社还针对其客源目标市场，在一些报纸杂志上刊登广告。到 1984 年 12 月，时运假日旅行社为迎接一年旅游旺季的到来而做的促销工作全部就绪，并期望自己所提供的产品能够吸引和满足那些具有特别需求的远程度假客人。

（五）困难与问题

时运假日旅行社刚刚进入新市场，便碰到了下述问题：

1. 汤普森假日集团也同时进入了远程度假旅游市场。时运假日旅行社在散发宣传品几个星期后得到了一个信息：英国最大的旅游经营商——汤普森假日集团也意识到远程度假市场看好，有较大的利益可图，故而决定经营这方面的业务，并预计在世界上更广的范围、更多的目的地出售远程度假产品。汤普森假日集团的目标客源市场是那些愿意进行海边度假活动的客人，这与时运假日旅行社正在经营的欧洲海边假日产品基本相同，所不同的只是度假的目的地从欧洲延伸到更遥远的世界其他地方。汤普森假日集团使用航空公司包机，降低度假的交通费用，以吸引客源市场中低收入阶层的客人。汤普森假日集团的优势还在于其具有较大的经济规模，可以向各种客人提供不同类型的产品，以低廉的价格占领大众旅游客源市场。汤普森假日集团的这些优势很容易在客人和目的地旅游供应商中建立信誉，稳固住自己的地位。

2. 货币兑换率的波动。在 1984—1985 年旅游旺季到来时，货币兑换率的波动严重影响着时运旅行社的经营效益。一般情况下，旅游经营商是以美元支付航空公司、饭店和旅游零售商费用的。当英镑对美元的汇率下跌时，旅行社支付上述费用不可避免地要增加，应得的利润会大大减少。1985 年 2 月，当时运假日旅行社正进行第一个远程度假产品预订时，英镑对美元的汇率忽然跌到了 1 : 1.05。

3. 旅游零售商和宣传品分销。时运假日旅行社与其他旅游批发经营商一样，也是通过地方、区域和国家级的旅行社销售自己的包价线路。对旅游经营商来说，这种分销方式往往不甚理想，潜在的客人常常在无引导的情况下从宣传品中进行错误的选择；有时客人也会在旅行社职员的引导下，选择那些熟悉的产品。旅行社要想搞好产品推销，需要有一批业务能力很强的推销员进行销售引导，在每个关键的销售点摆放足够数量的宣传品，并保证这些宣传品被摆放在突出、显眼的位置上。由于旅行社一般职员缺少专业训练，甚至有时职员会对客人作出错误的引导和解释。时运假日旅行社就遇到了这方面的问题。因此，该旅行社认为，这种分销渠道和方式不能真正代表旅行社的利益，不能进行有效的产品促销。

4. 同时运烟草公司的联营。旅游行业与烟草行业在市场、产品和员工等方面完全不同，因此两家联营从一开始就有许多争论和异议。由于政府部门严格控制烟草行业，不允许他们大张旗鼓地做广告和推销活动，因而烟草行业使用间接广告的宣传方式越来越流行。时运烟草公司认为，时运假日旅行社在旅游宣传品封面上应该印有鲜明的烟草产品彩色商标，从而扩大烟草产品的影响和销售，使烟草公司获得更多、更稳定的收益。然而，吸烟对身体健康的不良影响已逐渐被人们所认识，这就迫使时运假日旅行社在与烟草公司联营后，不得不进行市场调研，以预测与烟草公司联营究竟会给旅行社带来多大的副作用。调查结果表明，有5%的客人不愿购买由烟草公司资助的旅行社的产品；有5%的旅行社不愿展示和散发封面上印有彩色鲜明的烟草商标的旅游宣传品。几年来，时运假日旅行社的经营证明了这个调研结果是符合实际的。在过去5年中，时运假日旅行社想方设法使烟草的副作用减少，才使各旅行社把自己作为一家正规的、有权威的旅游经营商，在旅游市场上逐渐树立了信誉。至此，时运假日旅行社宣传品的封面上已不再印有彩色烟草产品的商标了。

（六）结论与市场战略

时运假日旅行社在进入远程度假旅游市场的第一年，销售了900人次的旅游产品，其中平均价格为1 200英镑。在1988—1989年旅游季节中，旅行社产品销售数量上升为3 500人次，平均价格为1 440英镑。大约占整个过程度假市场10%的份额。5年中，时运假日旅行社累计销售产品1.2万人次。

在旅行社最早印制的宣传品上，针对所有年龄段的客人提供的海滨、文化、兴趣、探险四种产品，现已细分为只针对两个年龄段上的客人：一是25～34岁之间的客人，占28%；二是35～45岁之间的客人，占22%。年龄较轻的一组客人均属于年轻的富有阶层，他们大多数是年轻夫妇，两人都有较好的职业和较高的收入，没有子女。年龄较大的一组，大多数客人的子女已长大成人，离开家庭，夫妇两人有较高的收入和较多的闲暇时间，人们把这类客人称为"空巢之鸟"。

海边度假和文化旅游是两种主要的度假形式。时运假日旅行社原来制定的让客人"体验新的经历"的市场策略没有产生很大的效果，因为人们对度假旅游市场的需求仍然是以海边度假活动为主。

在经营中，时运假日旅行社为了适应上述趋势，对原来的经营战略进行了调整，变化了产品类型，使之更加适合市场的需求。具体的做法是：

1. 探险求新旅行者对度假目的地的住宿设施，主要着眼于地处偏僻、新奇而小型的饭店、宾馆，旅行社的宣传品中相应增加了这种类型饭店的介绍，而由此增加的部分费用由这些被介绍的饭店分摊。

2. 传统的度假目的地已经不能够满足"独立的旅游者"的需求，如埃及、印度等已被从原有的线路中抽掉，在1989—1990年新线路中增加了南美洲的危地马拉、马来西亚的沙巴和非洲科摩罗群岛等目的地国家或地区。

3. 根据客源市场的变化，在新宣传品的封面上只刊登两幅代表两种最流行度假活动的照片：一幅是海滩，一幅是文化遗址。

（七）问题和应采取的策略

时运假日旅行社几年来遇到的主要麻烦是宣传品的分发渠道和处理与各旅行社的关系。时运假日旅行社每年用于宣传品设计、制作的费用相当大，但这些宣传品被某些旅行社积压而造成浪费，而有些旅行社却短缺。为了提高宣传品的促销效果，时运旅行社采取了如下措施：

1. 将旅游代理商从2 000多个减少到1 200个，保留了那些真正为产品促销做出努力和贡献的旅行社。

2. 加强对本旅行社内人员及后备推销人员的业务培训。培训的主题是："使顾客更加愉快地度过假日。"

3. 将每一份宣传品的售价增加1英镑；对各旅行社的销售佣金采取更灵活的政策：销售数量不同，支付佣金的比例也不同，以鼓励各旅行社销售的积极性。

（八）针对时运假日旅行社的案例进行如下讨论：

1. 时运假日旅行社成立后，首先对远程度假市场进行了调查分析。根据其调查结果，你认为时运假日旅行社会确定什么样的目标市场？

2. 时运假日旅行社在宣传品的编制上，应该注意哪些问题？

3. 时运假日旅行社为什么会与霍格·罗宾逊连锁旅行社为宣传品的摆放发生争执并终止了协议？

4. 面对汤普森假日集团也同时进入远程度假旅游市场的消息，时运假日旅行社应该改变产品经营方向和促销策略吗？

5. 在推销新产品的第一年，面对英镑对美元的汇率下跌，时运假日旅行社应该怎么办？

6. 在刚刚进入新市场的初期，时运假日旅行社应该如何解决分销渠道问题？

7. 时运假日旅行社成功的经验有哪些？

第二节　旅行社促销实务

旅行社促销，是指旅行社人员和非人员的推销方式，通过与顾客进行旅游信息沟通来赢得顾客的注意、了解和购买兴趣，为旅行社及其产品树立良好的形象，从而促进销售。

一、我国旅行社常用的促销方法

我国旅行社常用的促销方法及其比较（见表3-2）。

表3-2　我国旅行社常用的促销方法及其比较

促销方法	促销成本	优　　点	缺　　点
广告	较低	传播广、效率高、传播信息规范、形式多样、重复性强	说服力较弱、针对性差、不能形成及时购买
直接营销	最高	方式灵活、针对性强、及时促成交易、建立感情和关系、信息反馈及时	费时费钱、效率低、平均成本最高
营业推广	较高	促销刺激强、激发需求快、吸引力大	促销有效期短、易引起竞争、影响面较窄、长期运用不利于产品形象的树立
公共关系	较低	可信度高、影响面广、可赢得公众对旅行社的好感	活动组织难、工作量大、针对性差、直接销售效益不明显、限制性大
因特网	最低	针对性强、互动性强、表现力强、形式新颖	覆盖范围窄、点击率低

近年来，我国旅行社的促销特点主要表现在以下几个方面：

（一）在市场重点上，重国际、轻国内倾向明显

由于改革开放后相当长一段时期，我国的旅行社都是以经营入境旅游为主，所以在促销上自然面向国外。近几年国内旅游市场迅速崛起，但旅行社在整个国内旅游接待中所占比例极低。造成这种情况的原因是复杂的，既涉及旅行社的微观经营问题，也牵涉着旅游行业整体服务水平的问题，但旅行社促销乏力无疑是

其中的一个重要原因。

（二）对国际旅游市场的促销重中间商、轻旅游者

我国的国际旅行社一般是通过国外旅游中间商招徕旅游者，很少采用直接销售渠道。这样做的好处在于，国外中间商拥有成熟的销售网络，熟悉当地社会文化环境，易于与公众沟通，所以利用中间商省力、省钱，效果好。因此，我国国际旅行社对外的促销也一般是针对中间商，如邀请熟悉的旅行社、联合促销、优惠或折扣等；而直接面向公众的促销，如新闻媒体上发广告、向公众散发宣传品等较为少见。

（三）促销处于低水平但有所改善的阶段

总体看，我国旅行社的促销仍然处于低水平阶段。主要表现在：促销形式单一，主要靠广告发布信息；手段上往往采用削价参与竞争，导致低价、低质的恶性循环，对整个行业的发展极为不利；宣传品的设计、制作质量和水平有待提高；从旅游者角度来看，难以得到令人满意的信息服务。

目前，一些国内旅行社已经开始意识到自身的不足，正在努力提高促销和服务水平。例如，深圳旅行社中出现了"先旅游后付款"的新现象。旅游者报名时，与旅行社签订具有法律效力的协议书，事先只交纳车、船、机票等长距离交通费用。在全部行程的最后一天，如果对服务满意，则在服务质量认可书上签字，补交余款。否则，可与领队协商甚至投诉。从这一事例中可以观察到促销和服务已经呈现出日益融合、共同进步的发展趋势。

二、中外旅行社促销比较

（一）国外旅行社促销的特点

国外旅行社的促销呈现出以顾客为中心、有针对性、全员促销和促销预算开支几大方面的特点：

1. 以顾客为中心。近年来，在市场营销领域出现了一个新的理念：顾客满意（Customer Satisfaction）。这个概念一经提出，便被业界作为经营制胜的法宝而广泛采用。因为无论是传统的市场观念、生态学市场观念，还是社会市场观念，其核心含义都是满足顾客需要，只有让顾客满意，企业才有可能生存和发展。顾客满意思想在国外旅行社的促销乃至整个经营行为中已经演变为一种普遍的自觉行为。例如，一些旅游胜地的街头巷尾到处可以发现最新的旅游信息资料，取用十分方便；旅游咨询机构成网状分布于各地，几乎任何问题都可以得到满意的解答。在美国，旅行代理人被要求"做客人的旅游顾问而不仅仅是推销产品"，代表了旅行社致力于与顾客建立融洽稳定的私人关系的新趋势。

2. 有针对性的促销。旅行社在促销活动发起之前，通常都要进行市场调研，摸清促销对象的心理，针对旅游者的兴趣和需求确定促销主题，做到有的放矢。例如，当年美国开拓英国市场时，事先猜想英国人可能会嫌美国消费水平太高，因而在促销宣传中突出了"消费低廉"的主题，但效果并不好。后经调查发现，英国人之所以对到美国旅游不感兴趣，是不喜欢美国的高楼大厦、立交桥和嘈杂的城市。美国后来调整了促销宣传重点，着重介绍美国多姿多彩的自然风光，宁静的田园景致，终于吸引了大批英国旅游者。可见，事前的调研对于促销是十分重要的。

3. 全员促销。与传统观念相反，促销绝不仅仅是专职人员的事，现代经营管理理念要求企业的每一个员工都要把促销作为日常工作的一部分来对待，即新观念的促销是全方位、多层次展开的促销。在旅行社中，大量的业务靠电话联系和人员接触，如果工作人员热情有礼貌，真诚地为对方着想，就能赢得顾客的信任和好感；反之，如果口气生硬、冷淡甚至傲慢无礼，顾客就可能离开。因此，国外旅行社经常对全体员工进行促销专业知识和技巧的培训，以使其言谈举止都符合招徕顾客的需要。

4. 促销预算开支大。促销是营销要素组合中最活跃、最有生命力的要素，在产品趋同的情况下，企业竞争的成败往往在于促销，因而国外旅行社在促销上投资十分庞大。可以说，促销是旅行社成功的助推器。

（二）中外旅行社促销比较

基于上述国外旅游促销特点的分析，中外旅行社在促销方面的差异可做如下比较：

1. 在国际旅游市场上，欧美既是客源地又是目的地，而我国基本上是一个目的地国家。因此，欧美国家的旅行社与中国的旅行社在促销活动中所担当的角色不同。前者既是向国外促销的发起人，又是国外促销的接受者。有这样的双重身份的旅行社之间利益相互牵制，容易建立起稳固的合作关系。相比之下，中国的旅行社基本上是促销发起者，在客源方面受国外中间商的制约较多，在买方市场条件下，讨价还价的实力不强，存在着受制于人的不良倾向。

2. 欧美国家旅行社业实行垂直分工体系，数量、规模上呈金字塔状态，即处于塔尖的旅游批发商数量少，但实力强；处于塔底的旅游零售商则数量庞大，但规模较小。1993 年，美国有旅游批发商 350 家，而旅游代理商多达 35 000 家。在促销活动中，从策划、投资到实施都是旅游批发商担当主角，旅游零售商则处于响应和配合的从属地位。中国的情形则完全不同。从理论上讲，水平分工体系意味着大大小小的旅行社都担负着促销的职能，而实际上中小旅行社的经济实力根本无法支持大型的促销活动。因而可以得出结论，是水平分工体系决定了中国旅行社业的促销实力处于分散的状态。

3. 在国外，旅行社行业协会组织比较发达，一些耗资巨大的目的地促销运动往往是由协会和政府旅游行政管理部门共同组织协调的，这样可以将单体企业的力量集中起来，取得较好效果。相比之下，国内的旅行社行业协会尚不成熟，无法担当大型促销活动组织者的角色，各个旅行社单枪匹马以致实力有限，难以取得规模效益。

4. 20世纪70年代末，西方国家的旅行社开始在经营中引进信息技术。此后，现代信息技术迅速取代了以往旅行社烦琐的人工操作。网络化技术的应用，使旅游者能够随时、方便地从零售商的终端机上查询到旅游产品信息，从而缩短了旅游者与旅游产品生产者之间的距离。也就是说，这种直接销售渠道的开辟，使得旅游批发商可以更多地直接面向旅游者促销。在我国，虽然1993年国旅率先与澳大利亚Jetset旅行社全球预订网络联网，此后也有一些较大的国际社陆续跟上，但是从总体看，我国旅行社的入网率仍然较低，新技术在促销中的普及进程较为缓慢。

三、如何看待旅行社价格竞争

很长时间以来，我国一些地区的旅行社价格竞争异常激烈。尽管价格竞争会影响各方面的利益，但有关各方必须冷静、客观地看待价格竞争。对待价格竞争，应该从以下几个方面去分析。

（一）价格是企业正常的竞争手段

在市场经济条件下，价格是企业正常的竞争手段。因此，在不违反有关政策法规的前提下，任何机构和个人都不应该、也无权干涉。另一方面，价格竞争并不是旅行社行业特有的现象，各行各业都存在价格竞争。如彩电、冰箱行业的价格战在国内市场硝烟四起，通信行业的手机战也是此起彼伏。而在旅游行业内部，饭店之间的价格竞争也异常激烈。事实上，旅行社之间的这种价格竞争，只不过才刚刚开始。当前，国家已经允许符合条件的外国旅行社在华合资开办旅行社，经营旅行社业务。可以想象，随着旅行社行业的对外开放，包括价格竞争在内的旅行社行业的竞争将更加激烈。因此，对当前旅行社的价格竞争，不必大惊小怪，而应冷静、客观地看待，泰然处之，并对未来可能出现的更加激烈的价格竞争做好充分的准备。

（二）正确看待削价竞争对各方面的影响

价格竞争对各方面都会产生影响，有关各方面应该正确、全面、客观地认识，避免只看到积极或消极的一面，而看不到相反的一面；或只看到短期影响，而看不到长期影响。

1. 对削价者的影响。短期而言，削价竞争对削价的旅行社的影响是：市场占有率高，但利润率降低，因而利润总额是增加还是减少则难以断言，要视实际情况而定。削价竞争对削价旅行社的长期影响取决于削价后旅行社产品的质量是否会下降。如果服务质量下降，如游览项目减少、购物安排增多，导游人员服务质量低劣，甚至出现旅游团队到达目的地后无人接待等现象，则旅行社的市场形象会受到严重损害，这是无法用金钱弥补的。然而，如果旅行社削价后，由于加强管理，服务质量没有降低，则旅行社对旅游者的吸引力必然增强，其市场份额也会随之扩大，利润总额也会增加。

2. 对竞争对手的影响。对于未参与价格竞争的竞争对手而言，利润率继续保持不变，但市场占有率会降低，利润就会减少。削价竞争对于竞争对手的长期影响也取决于削价旅行社在削价后的服务质量是否下降。如果削价旅行社在削价后的服务质量明显下降或恶化，那么保持价格不变的竞争对手则会"因祸得福"，在削价旅行社市场形象受损的情况下，它们的高价格、高信誉、高质量的市场形象反而会显得更加突出，从而会更加受到消费者的青睐。所以，从长远来看，保持价格不变的竞争对手是价格战的真正赢家。但是，如果削价旅行社在削价后的服务质量并未出现明显下降，那么竞争对手就不得不考虑同样降低旅游产品价格，参与价格竞争，或通过突出产品特色、提高服务质量等方式参与竞争。

3. 对消费者的影响。对于消费者而言，旅行社削价竞争会在某些方面使旅游者从中受益。例如，旅游者可以较低甚至很低的价格获得一次出国旅游的经历。但就此断定旅游者是削价竞争的最终受益者也为时尚早，还要看削价旅行社的服务质量是否降低，以及降低的程度如何。如果旅行社的服务质量没有降低，那么旅游者是当然的受益者；如果旅行社服务质量降低程度大，甚至对旅游者有欺诈行为，使旅游者有上当受骗之感，那么旅游者就再也不会购买该削价旅行社生产的旅游产品；如果削价旅行社的服务质量虽有下降，但不很明显，或还没有降低到旅游者无法忍受的程度，只是从质价相符的原则出发，对旅行社加以理解或谅解，这时旅游者就可能产生分化：一部分对质量要求不高的旅游者会继续购买该旅行社的产品，因为这部分旅游者往往要求的仅仅是一次旅游经历；另一部分旅游者则会放弃该旅行社，转而购买高质量、高价格的旅行社产品。

由此可见，削价竞争对于削价旅行社而言，并非一定是好事；对于其竞争对手而言，也并非一定是坏事。削价后对各方的影响，主要取决于削价对旅行社服务质量的影响，取决于旅行社的产品质量是否会因产品的价格的降低而降低。

4. 削价竞争是否影响服务质量。一般而言，服务产品价格的降低会导致服务项目的减少和服务质量的降低。但这并不意味着凡是低价格的产品就一定不是"好货",也不意味着凡是价格高的产品一定就是"好货"。比如,大屏幕彩电的价格几年间降了几千元,但质量并没有下降,反而提高(如功能增加);手机的价格从一万多元降到一千多元,质量不但没有下降,其体积、功能等质量指标反而提高了。就旅行社行业而言,产品价格的下降,也并不一定意味着服务质量的下降,因为很多大旅行社可以凭借其实力、信誉和采购量等,从航空公司、饭店等服务供给单位和企业以较为低廉的价格购买其产品和服务,这些旅行社没必要、也不会以降低服务质量为代价,损害旅游消费者权益和自身的市场形象。

那么,在什么情况下,削价竞争会影响旅行社的服务质量呢?通常,如果旅行社产品的价格降低到接近或低于其产品生产成本时,旅行社的服务质量就会下降(以促销为目的的暂时性降价例外)。如果旅行社产品生产成本高,降价后会使其利润额大幅减少甚至完全无利可图,这时旅行社就不得不考虑通过减少游览项目、带领旅游者多次购物等方式来减少开支,以从旅游者身上榨取利润,从而导致服务质量的降低。这些旅行社通常是一些小旅行社和"野马"旅行社。相反,如果旅行社的生产成本很低,降价后仍然有利可图,则不会导致服务质量的下降。这类旅行社通常是实力雄厚的大旅行社。

四、广西"大篷车促销"实例分析

自1996年6月广西汽车旅游大篷车开创旅游、巡游宣传促销活动之先河以来,2000年又创新开出有700多人参加的火车旅游大篷车,2002年开出800多人的经贸旅游大篷车,进一步创新大篷车的内容和形式,使旅游大篷车活动不断升级。与此同时,全国各地开出的旅游、经贸、科技、文化大篷车更为广泛地实践着大篷车在宣传促销上的种种优势。大篷车是宣传队,大篷车是播种机,大篷车是形象大使,一路放歌,一路起舞,一路宣传,一路收获。至此,大篷车已超越了它的创始者吉普赛人巡游的传统民族理念,被赋予了新的内涵,成为新时期促销、宣传、交流的代名词;大篷车已延伸为一种现象、一种文化、一种精神、一种象征、一个好的品牌。国家旅游局领导评说,广西旅游大篷车是迄今为止中国全程旅游策划、整合营销最成功的范例,它开创国内旅游宣传促销的先河,是对中国旅游业有重大影响的事件之一。2001年12月27日,国家旅游局授予首创者广西旅游局"旅游大篷车品牌"牌匾。

(一)旅游大篷车促销的特征分析

举办旅游大篷车促销活动一般包括以下六个方面的要求:

1. 有一定的组织机构。大篷车促销是一次复杂的宣传营销活动,时间紧、程序繁多、涉及面广，要求各方面的协调配合，一旦某个环节出了问题，将影响到全局乃至下一站的工作。这就要求组织工作要仔细，职能分工要明确落实到人，甚至还要制定紧急预案以应对出现的问题。所以，目前中国举行的上百人大篷车活动大都由政府出面组织。如广西三届旅游大篷车均由广西壮族自治区人民政府主办。我国在欧、美、日、韩开行的旅游大篷车均由国家旅游局主办。

2. 有明确的宣传目的。一般在大篷车出发前已明确了目的，并围绕促销目的制定了营销方案，运用形象策划手段对产品进行 CIS 处理，进而形成统一的宣传口号、形象标志和宣传理念，使理念、行为、视角三位一体，有效宣传旅游产品和旅游形象。

3. 有庞大的宣传队伍。从人员组成来看，管理者、经营者和旅游者共同组成大篷车庞大的宣传队伍。他们在宣传促销中担负着不同的角色。管理人员，担当着搭建"舞台"的角色，担负着组织、管理、协调等方面的职能，工作任务繁重，是大篷车不可或缺的配角；企业是市场的主体，大批的旅游企业，特别是旅行社参与，他们凭借这个"舞台"与旅游者开展直接对话，根据旅游者的"口味"组合旅游产品，与目标市场的旅游经销商达成合作协议；旅游者统一形象，统一着装，组成巨大的整体形象方阵，起到烘托气氛的作用，是旅游目的地的形象大使。2002 年，广西旅游大篷车 800 名管理者、经营者、旅游者的构成比例约为 1∶2∶5。

4. 有一定的工具。一方面，交通工具承担着运载大篷车成员抵达目的地的任务；另一方面，交通工具本身也成为宣传的载体。如将当地的美丽风光喷绘到交通工具的外表上，以吸引人们的目光。这本质上是广告宣传的一种形式。

5. 通过一系列活动将旅游产品整体促销。大篷车沿途停靠的中心城市的管理部门组织人员到车站（机场、码头）举行迎接仪式，各新闻媒体进行拍摄车体、仪式镜头等；大篷车成员到城市广场举行风情表演以吸引观众，举办旅游图片展、影视展，并发放宣传资料、纪念品等，同时与当地群众（潜在的旅游者）开展对话、咨询等交流；召开旅游说明会，介绍目的地旅游产品，邀请当地有关领导、旅游企业代表、新闻媒体等参加开展多层次的旅游交流，特别是旅行社之间互签送团协议等；举行招待酒会，将旅游图片展出在酒会现场，举行少数民族风情表演，双方领导、旅游经营商等在欢乐的气氛中洽谈合作事宜。

（二）旅游大篷车促销活动特点

通过近年举办的大篷车活动，不难归纳出旅游大篷车促销活动有如下特点：

1. 广泛性。经过精心组织的大篷车活动往往开行几天到几十天，经过几座到几十座中心城市，在范围广大的区域宣传目的地的旅游产品和旅游形象。如

2002 年广西旅游经贸大篷车沿途经过 9 个省份 13 座城市，行程 25 000 公里，仅广场表演就吸引了 10 万多人次的观众，近 200 家新闻媒体前来采访报道，发放图文、光盘等宣传资料 35 万份，如此大规模的宣传，影响面十分广泛。

2. 轰动性。大篷车宣传活动因其规模大、声势大、主题鲜明、内容丰富多彩、形象生动，加上统一的形象识别，沿途反响强烈，给旅行社目标市场留下了深刻的印象，激发了旅游者到目的地地区旅游的动机和兴趣。如 2001 年广西旅游大篷车所到之处形成了一股"广西旋风"，大篷车还未返回，沿途省市的旅行团已来到了广西。

3. 生动性。尽管旅游资源不可移动，但通过大篷车促销，旅游商向这些未来的旅游者描绘目的地的美丽风光、动人风情，通过广场表演、影视、动画、网络、图文，再加上形象的语言乃至动作等生动地再现了旅游目的地的美丽和特色，以吸引旅游者前往参观游览。

4. 互动性。双方旅游管理者、旅游经营商通过相互交流，达成一致意见，签订合同，实现双赢。大篷车成员运用图文动画将目的地旅游产品宣传给当地旅游商、旅游者，这与大篷车成员亲身到旅游目的地参观学习构成了市场互动关系。大篷车记者团不仅向沿途省区宣传目的地地区，同时把沿途省区的风土人情、资源特色、经济建设成就发回目的地市场，达到互相宣传、互为市场、资源互补的互动目的。

5. 叠加性。大篷车促销在目标市场上的宣传是"点"、"面"结合的三层宣传叠加：一层是"活"宣传，即大篷车成员的统一形象、广场表演和车体的装饰等都是活生生的宣传；二层是地方媒体宣传，即目标市场的迎接仪式、广场表演、旅游说明会、招待会等活动，当地新闻媒体都作了图文报道，几乎可以覆盖当地广大地区，这种宣传面较大，一般可达到一个省的观众；三层是各级新闻媒体的图文报道（还包括其他国家或地区的新闻传播），在更大范围内引起了关注。

6. 多层面性。大篷车活动波及层面包括政府领导、新闻界、旅游管理部门、旅游企业和一般老百姓。多层面的宣传，成为旅游大篷车促销不同于其他促销的一个创新，通过多层面的上下一致的宣传口径的促销，使目的地区域在目标市场上的印象更加深刻。

（三）旅游大篷车促销创新的重大突破

旅游大篷车促销打破了传统的旅游交易模式，归纳起来，它主要取得了以下几个方面的促销创新：

1. 策略创新。旅游大篷车促销是旅游促销策略上的创新，它以新的营销理念——大篷车与促销活动的巧妙结合、以"活"的形式宣传销售旅游产品，实现拓展市场的目的。2002年广西旅游大篷车促销沿途签订旅游合同340份，合同接团人数超过10万人次。因此，旅游大篷车促销首先是一次策略上的成功。

2. 模式创新。旅游大篷车促销将目的地区域的各级、各层联为一体，形成整合的区域旅游联合体，即"政府＋部门管理者＋新闻媒体＋旅游经营商＋旅游者"的联合促销模式，使营销效果放大。2002年广西旅游大篷车促销活动采取市场运作，以280万元将冠名权出让给柳州两面针集团公司，产生了政府、企业"双赢"的奇迹。

3. 形象创新。1998年，广西提出要建设"特色鲜明、设施完善、服务一流、驰名中外"的旅游先进省区。这是基于旅游形象的立意。广西旅游界同仁通过对旅游规划的思考，整合了旅游精品、旅游线路、旅游特色、旅游理念，作出了以大篷车形式展示广西旅游新形象的决策。

4. 市场创新。旅游大篷车是首创型市场创新，它率先采用一种全新的市场营销方式，创新了市场概念、市场服务和市场交易方式。把大篷车作为品牌来销售，售出280万元冠名权，实现品牌的经济价值，折射出大篷车在市场概念上的创新；政府官员、旅游管理者、旅游经销商直接面对目标市场的消费者，这种多层次的旅游服务是大篷车在市场服务方面的创新；大篷车各层直接面对目标市场上的对应各层，创造了新的旅游交易方式。

5. 渠道创新。大篷车打破传统的促销思维和观念，改间接促销为直面式现场促销，改"小、散、弱"促销为规模化和集体化促销，把促销对象直接置身于旅游产品的氛围之中，通过民族风情表演、产品推介会、资料发放等形式推介自己的旅游产品，宣传和展示新形象。在舞蹈中宣传，在歌声中促销；顾客在观赏中被打动，在表演场上签约。旅游的买卖就是在如此活跃的气氛中成交，这就是大篷车在渠道创新方面取得的成功。

第三节　旅行社品牌经营

我国旅行社业已进入快速发展的轨道，但其行业竞争呈现出激烈而又无序的状态，多数旅行社都是在惨淡经营。究其原因，主要是缺少旅行社品牌。

一、什么是旅行社品牌

（一）品牌的含义

品牌，是指用以区别不同销售者所售产品或服务的名称、词语、图案、标记或其他特征。品牌对于生产者和购买者都具有重要的意义。对于生产者来说，品牌有助于他们区分不同的产品，有助于他们进行产品介绍和促销，有助于他们培育回头客并在此基础上形成品牌忠诚。对于购买者而言，品牌可以帮助他们识别、选择和评价不同生产者生产的产品，并可以通过诸如消费名牌产品等方式获得心理的满足和回报。

（二）旅行社品牌的特征

对于旅行社来说，品牌名称是其服务品牌的核心。旅行社品牌应当同时具备以下四个特征：

一是独特性。具有特色和个性的名称能够立即将本旅行社与竞争对手区别开来，但一个独特的旅行社品牌很难通过频繁使用的普通名词建立起来。因为过于普通的名词必然在业内广为使用，这会使旅游者将不同旅行社的产品混为一谈。

二是恰当性。旅行社的品牌要表达旅行社服务的特点和优点，这样可以帮助旅游者在心目中辨认和确立旅行社的形象。但是，恰当并不意味着使用描述性的词语，对旅行社的服务进行文字性的描述通常是不利的，因为描述使得名称冗长且雷同。

三是可记性。旅行社的品牌应易于理解、使用和记忆。冗长、复杂的名称是无法在旅游者中广为接受和流传的。因此，在品牌命名时，简洁是基本的要求，容易发音能够增加可记性，同时简洁也使标识语言生动有效。

四是灵活性。旅行社的品牌应该能够适应企业方面不可避免的策略调整，因为旅行社提供的服务的特性和范围不是固定不变的。旅行社在命名时应避免使用地理名称，而且任何描述性和限制性的术语，都不利于业务的扩张。

总之，旅行社品牌是一个完整的概念，它不单纯是一个名字，还应该包括品牌标记等内容，而且旅行社应对自己的品牌依法进行注册，以保护自己的排他性使用权。与此同时，旅行社还应科学地确定其品牌内涵，不断加强对品牌内涵的管理，并通过不同的传播渠道，在目标市场上树立起自己的品牌形象，以期不断提高旅行社品牌的资本含量。

二、品牌经营为旅行社赢得长久竞争优势

我国旅行社大多采取削价让利争客源、降质减量保利润等低层次的恶性竞争方式，没有倾力品牌建设以赢得竞争优势。然而，品牌在旅行社市场竞争中具有以下作用：

（一）品牌有利于消费者识别优秀旅行社

产品可以仿制，尤其是旅游产品的无形性与无差异性，使产品的仿制更容

易、更逼真，以致模糊消费者的认识，而只有品牌才是独一无二的。同时，比比皆是的旅行社和良莠不齐的旅行社，使消费者增添了选择的困难。旅行社通过建立品牌，从众多的旅行社中脱颖而出，便于消费者比较、识别和选择，有利于形成竞争优势。

（二）品牌有利于旅行社形成核心竞争力

旅游产品的无形性、无差异性和无法展示性，使工商企业常用的产品竞争手段在旅行社经营中几乎无用武之地；同时，惨烈的价格竞争，使旅行社销售利润大幅度降低，价格竞争的余地越来越小，几乎走进了死胡同。如果旅行社建立了品牌，就拥有了更高的知名度和更好的信誉度，消费者就会根据旅行社品牌，作出理性选择；旅行社品牌作为无形资产，形成核心竞争力，不会出现"劣币驱逐良币"的现象，旅行社也就不必进行削价让利争客源、降质减量保利润等低层次的恶性竞争。

（三）品牌有利于旅行社扩大服务市场

有关资料显示，我国旅游消费者大多自行外出旅游，通过旅行社组织接待的旅游人数只占实际旅游人数的很小一部分。旅行社通过品牌建设，建立良好信誉，使人们普遍形成"要旅游，找旅行社"的观念，就可能扩大旅行社市场。旅行社可以通过品牌培养消费者的忠诚度，争取更多的回头客。例如，美国夏威夷每年游客上千万，其中回头客占一半以上，不少游客去过七八次之多，除了夏威夷特有的阳光、沙滩以外，更多的应归功于夏威夷品牌。品牌旅行社可以通过品牌感召力，影响消费者，争夺竞争者市场。

（四）品牌有利于旅行社壮大经营实力

品牌旅行社不仅可以获得较高的经济效益，而且可以借助其品牌的声誉形成企业向心力。品牌旅行社一方面可以借其无形资产与实力，通过入股、兼并、收购等方式控制其他旅行社；另一方面在竞争中受挫的中、小旅行社，也会逐步依附于品牌旅行社，使品牌旅行社迅速壮大。因而品牌旅行社可以迅速积聚力量，形成跨地区、跨行业、跨所有制的旅行社集团，有利于进行旅行社资源整合，也有利于抗击外资旅行社的竞争。

三、"长江三峡商标案"实例分析

（一）案情

1997 年 4 月，湖北省巴东县三峡旅行社向国家工商行政管理局申报注册"长江三峡"、"大三峡"等多个商标，并先后公告生效。之后，该旅行社发现宜昌市共有 20 多家旅行社使用了该商标，并于 1998 年 5 月向宜昌市工商局申请制止一场旅游公司等 20 多家旅游企业在其名称中出现"长江三峡"、"大三峡"等名称的行为，认为这 20 多家旅游企业侵犯了该旅行社使用的"长江三峡"等商标权。但申请未果，又于 1998 年 6 月向宜昌市西陵区人民法院起诉宜昌市两家旅行社侵权。此事在当地引起轩然大波，并在一定程度上影响了当地旅游业的正常运转。

（二）处理

国家工商行政管理局作出决定，撤销湖北省巴东县三峡旅行社注册的"长江三峡"、"大三峡"和"三峡"服务商标。

（三）分析

1. 国家工商行政管理部门作出的决定是正确的。"长江三峡"、"大三峡"和"三峡"均为公众所熟知的旅游景点名称，该旅行社以享有商标专用权为由，阻止他人在旅游服务上合理使用上述名称，侵害了社会公共利益，在社会上造成了不良影响，违反了《中华人民共和国商标法》的有关规定，应该依法予以撤销。工商行政管理部门还以同样的理由，撤销了巴东县另一家旅行社所用的"神农溪"商标。

2. "长江三峡商标案"的实质是旅行社的品牌策略问题。该案例从一个侧面反映了中国旅行社行业开始在品牌策略方面进行的尝试，这是值得给予充分肯定的。事实上，有关这方面的尝试早在几年前就已经开始了，其标志是"海底婚礼旅游"的注册。尽管这种做法的公平性被提出质疑，但是中国旅行社走品牌经营之路是必然的选择。

3. 当企业之间商标发生纠纷或企业利益受到侵害时，要运用法律的手段，保护企业的权益不受侵害。同时，也应该看到旅行社的品牌意识和法律意识还需要在实践中不断地发展和完善。

4. 品牌是靠自己创造和发展的，旅行社品牌产品的确立，主要表现为两方面：一是市场竞争。找出竞争各方的优点、缺点、机会和威胁，采取扬长避短的办法，抓住机会推出品牌产品。二是旅游者需求。着重研究探讨对手与我方产品在消费者心目中的地位，消费者追求个性化、多样化的发展趋势，对竞争对手与我方产品的接受程度，以及在满足"物有所值"的普遍需求的差异等。同时，旅行社还应科学地确立其品牌的内涵，不断加强对品牌内涵的管理，通过不同的传播渠道，在目标市场上树立自己的品牌形象，以期不断提高旅行社品牌的资本含量。

现代旅行社接待管理运作

　　旅游接待服务是旅行社业务中一个很重要的方面，接待管理水平的高低直接关系到旅行社产品的质量和企业声誉，进而影响到企业的经济效益。旅行社接待服务的主体是导游。接待服务管理因其产品的组合形态的不同，可划分为团体旅游和散客旅游。而安全管理又是旅游接待过程得以圆满完成的前提和保障，这便构成了旅行社接待服务管理的基本思路。

第一节　导游与旅行社的关系

　　旅行社的接待人员主要是导游和领队，他们是旅行社的一线工作人员，代表着旅行社的对外形象，并具体实施旅行社的接待计划。同时，旅游线路这一产品的实际生产过程，也是导游工作的全过程。

一、导游接待服务的范围

　　我国对"导游"的定义是，依照《导游人员管理条例》的规定取得导游证，接受旅行社委派，为旅游者提供向导、讲解及相关旅游服务的人员。导游接待服务的范围包括两大类，即导游讲解服务和旅行生活服务。

　　导游讲解服务，主要包含景点导游讲解、车船沿途导游讲解以及参观会见时的口译服务。

　　旅行生活服务，主要包括接客、送客、旅途生活照料及上下站联络等工作。对于入境团来说，接客、送客服务包含入、出境迎送与旅游目的地的迎送，大多数以接、送飞机为主。对于国内团来说，接客、送客服务仅为旅游目的地的迎送，大多数以接、送火车为主。接客、送客最讲究准时，导游绝不能掉以轻心。

二、导游服务质量监控

　　对导游常规旅游接待服务质量的监控管理主要通过以下三个方面进行：

（一）规范规程

旅行社应该制定有关导游人员标准化、规范化的接待规程，对接待过程中易出问题的环节进行量化管理，对导游容易疏忽的地方实行监督标准管理，对接团的每一步骤、每一项业务均制定出详细的管理规则。例如，有些旅行社规定导游送国内航班时，在淡季必须提前 1 小时、在旺季必须提前 1 个半小时、在节假日必须提前 2 小时抵达机场。这种对抵达机场时间提前量的硬性规定可以有效预防误机的出现，避免重大经济损失。又如，规定导游在任何景点开始游览前以及任何一次由导游宣布的自由活动时间开始前均须交代安全注意事项，在景点游览过程中，地陪不准擅离团队（有些怕累的导游常在半山处宣布自由登山，自己在半山集合处坐等登顶的游客，行话叫"放羊"）这样就可以防患于未然，即使出了安全事故，旅行社与导游的责任也相对轻一些。再如，有些旅行社规定，地陪在旅行社领取接团通知单后，必须到有关部门查看该团的出票情况并在出票登记簿上签字确认。没有签字的导游将被追究责任。把"签字"这一接团准备环节作为一项检测标志确保了导游接团准备工作的标准化。

（二）监督抽查

旅行社应该要求导游将上团前制订的接待行程表复印件及下团后填写的接团情况汇报表上报接待部存档并予以审阅，发现问题要及时解决。旅行社经理还应亲自或派人根据接待行程表上的行程前往接待第一线进行导游接待规程的抽查，以确保该规程得以执行。

（三）严格奖惩

旅行社应该制定本社的导游奖惩制度，对接待过程中查出来的导游违规现象以及遭到游客投诉的导游要予以严惩，罚则中应含罚金、停团学习、到经理室接受训导三方面内容。例如，一些违规导游反映：不怕罚款、就怕停团。旅行社还应对受到旅游团来信表扬的导游给予奖励。奖励可分表扬、奖金、奖接待质量高的旅游团等多种方式，导游受到的奖励应记录归档，作为年终重奖的依据。

三、导游与旅行社的关系协调

市场经济的运行依靠完善的制度和健全的法规来保障，但是，目前我国旅行社业在此方面还存在一定差距。在这种背景下，旅行社业的高回扣伴随着旅游线路产品的低价格的出现，乃至出现了不可思议的零团费、负团费现象。这一现象的背后是市场经济的不成熟和消费者的不理智综合引发的，我们不应该把矛盾集中在某一个导游或某一家旅行社身上，而是应该从现行导游与旅行社的关系上寻找解决的办法。

（一）导游与旅行社关系的理论和谐

1. 导游与旅行社存在着一种"天然的耦合关系"。导游与旅行社的关系是通过旅游活动的耦合即导游与旅行社之间相互作用、彼此影响以至互惠互利的行为过程中产生的，是在旅游活动的发展过程中产生的，它随着旅游活动的发展而发展。一方面，导游队伍随着旅行社的诞生而逐渐形成，随着旅行社的发展而日益壮大。在古代旅游活动中，由于旅游的人数很少，充当游客的向导只是一种偶然的、临时性工作，难以产生向导队伍。1845 年，英国人托马斯·库克作为世界上第一位专职的旅行代理商登上历史舞台，他的名字也成了旅游的代名词在欧美地区家喻户晓。后来，欧洲及北美诸国和日本纷纷仿效库克组织旅游活动的成功模式，先后组建了旅行社或类似的旅游组织，招募陪同或导游，带团在国内外参观游览。这样，在世界上逐渐形成了导游队伍。第二次世界大战后，大规模的群众性旅游活动崛起，促进了旅行社的发展和普及，同时也使得导游队伍迅速扩大。我国的导游队伍同样与我国旅行社的发展相依相伴。从导游服务的社会属性来看，它从社会中的一件偶然行为发展为一种社会行为，从其非职业性发展为职业性，都与旅行社的产生与发展有着密切的联系。另一方面，导游服务的出现和服务质量的提高又大大促进了旅行社的发展。任何行业都有其代表性的业务。旅游业的代表性业务就是导游业务。能够成为某一行业代表性工种的工作，应该具有行业的典型特征、典型工作方式，其工作应该对行业行为具有很强的关联性，并对本行业发展起到重要的影响。导游服务已成为旅游服务的代表性工种，旅游业的发展离不开导游人员及其服务。导游在旅游活动中居于主导地位，由旅行社组团的旅游消费活动主要是通过导游的沟通来实现，导游就是这一群体的指导者，导游工作的质量直接影响着旅游者的旅游消费行为，进而关系到旅行社的生存与发展。

导游与旅行社之间的这种"天然的耦合关系"说明导游与旅行社的关系更直接、更紧密，二者本质上一致，因而能够形成一个互惠、互利的良性循环。

2. 导游与旅行社双方"行为指向的一致性"。《导游人员管理条例》第 2 条规定："本条例所称导游人员，是指依照本条例的规定取得导游证，接受旅行社委派，为旅游者提供向导、讲解及相关旅游服务的人员。"由"导游人员"的法定概念可知，无论是专职导游，还是兼职导游，在为旅游者提供导游服务时都必须由旅行社委派，因而其行为指向与旅行社的行为指向具有一致性。首先，导游代表所委派的旅行社的利益，履行合同、落实旅游接待计划，与各有关部门进行交涉，提出合理要求，对违反合同的行为进行干预。其次，导游违反有关法律、法规，旅行社要承担相应的法律责任。《导游人员管理条例》规定，导游人员进行导游活动时，出现有损害国家利益和民族尊严的言行、向旅游者兜售物品或购买旅游者的物品、向旅游者索要小费、欺骗或胁迫旅游者消费等情形，除对该导游惩治外，还要对委派该导游的旅行社给予警告直至责令停业整顿。如果导游人员在引导旅游者旅行、游览过程中，就可能发生危及旅游者人身、财物安全的情况，没有履行"说明"和"警示"的义务而发生旅游安全事故，那么导游和旅行社都要承担相应的法律责任。此外，旅行社需要通过良好的导游服务来实现自己的经营目标，导游服务质量是旅行社产品质量高低的最敏感的标志，所以"导游是旅行社的窗口"，"导游是旅行社的支柱"，"在实际接待工作中，导游是关键人物"。

导游与旅行社双方"行为指向的一致性"说明导游与旅行社二者目标最为接近、形成冲突最少，完全可以达到导游与旅行社之间利益上的最佳双赢局面。

（二）导游与旅行社关系的现实矛盾

然而，近几年来发生的不少旅游投诉事件，却说明了导游与旅行社之间尚未达到互惠、互利的良性循环。在现实中恰恰发现，导游与旅行社之间的利益冲突很大，其中较为典型的是"回扣"、"人头费"、"小费"以及"垫付团款"等问题。

1. 导游与旅行社之间的主要冲突来自"回扣"和"人头费"。旅游业的回扣是指在旅游业务中，单项旅游产品供给方（包括酒店、旅游购物商店、参观游览单位等）为了销售商品，给导游和旅行社等中介方各种名目的好处费，这部分收入既未如实入账，又未在合同或其他协定中公开约定。由于旅行社一般从星级以上的酒店订房，而星级酒店有着较为健全的财务制度，无论旅行社带来的客源有多大，直接付给现金回扣并非易事，大多是以销售折扣的形式给予旅行社优惠，因而来自酒店的回扣是十分少见的。目前，旅游回扣的形式主要有购物回扣、景点回扣、餐饮回扣、娱乐回扣以及保健回扣等。虽然私自收取旅游回扣在我国是明令禁止的，但是私自收取旅游回扣或明或暗一直存在，且有愈演愈烈之势。在调查中笔者了解到，这些名目繁多的旅游回扣基本上成为导游的主要收入来源，而旅行社却没有得到更多的好处。某些珠宝店的购物回扣高达购买商品销售额的40%，其中，导游所得回扣为32.3%，旅行社所得回扣为7.7%。某些旅行社为了直接提取购物回扣，置旅游接待质量于不顾，专门聘用缺乏带团经历的导游，甚至到边远山区聘用司机，因为这些导游和司机尚未接触旅游回扣。

一位国际旅行社集团有限公司的老总说了这么一个情况，尽管近年来旅游市场火暴，但是旺丁不旺财，各旅行社所得利润微薄，有的旅行社利润几乎为零。面对这一情况，一方面，旅行社无力养活太多的专职导游，只能在旺季时雇请兼职导游，即使是专职导游，其固定工资报酬基本在 200 ~ 400 元/月。除特殊语种导游有"上团费"即带团报酬外，其余导游只有靠私自收取旅游回扣作为主要生活来源。另一方面，一些旅行社为了在激烈的市场竞争中站稳脚跟，不惜大打价格战，低价保全市场份额，致使许多旅行社不得不靠从购物中提成导游费获取利润，这就是"人头费"的由来。单位人头费价格的高低一般依照旅游者来自国家或地区的消费购买潜力而定。如，在入境游客中，高者 80 ~ 200 元/人，低者 10 ~ 30 元/人；在国内游客中，高者 50 ~ 80 元/人，最低者也是 5 元/人。以一个 20 人的团队为例，如果要交 50 元/人的人头费，那么导游上团前就要付给旅行社"人头费"1 000 元。由此形成了导游与旅行社之间的利益冲突。导游认为："旅行社要是能够给合理的报酬，我何必担惊受怕去'扎店'。"旅行社认为："因为导游私自收取回扣，我们才收取人头费。"双方各执一词，莫衷一是。导游私自收取回扣使人头费膨胀，反之人头费又让导游的不当行为"正常化"。这样的恶性循环一旦形成，导游以"导购"为目的，一切围绕延长购物时间、增加购物次数和增加自费项目而展开，其结果是旅游者权益和旅行社形象都受到损害；情节严重的，旅行社还要承担相应的法律责任。

2. 导游与旅行社之间的又一个冲突来自"小费"。小费是指旅游者额外给导游等旅游服务人员的钱。一般来说，小费是旅游者出于对导游的优质服务的感谢或奖赏，主动给予导游的钱。虽然旅行社没有直接向导游提成小费，但是旅行社却把导游带团可以获取小费和回扣作为不付给其带团报酬的依据，这就使得小费成为导游与旅行社之间的又一个利益冲突。事实上，迄今为止，国内旅游团给小费的意识尚未形成气候，因而带国内旅游团的导游获取小费的机会少之又少。由此可见，导游所付出的辛劳，既没有得到旅游者的回报，也没得到旅行社方面的利益肯定，这也是制约导游服务质量提高的一个重要因素。

3. 导游与旅行社之间潜在的冲突来自"垫付团款"。随着导游与旅行社之间供求关系发生变化，导游由供不应求到基本饱和，甚至在某些语种、某些旅游季节供过于求，一些旅行社让带团导游垫付旅游团款的情况已屡见不鲜。而一些导游为了能够带上团，也只好"硬着头皮"或"无可奈何"地认可。与人头费相比，虽然垫付的团款可以向旅行社报销，但是垫付团款本身却成为导游与旅行社潜在的利益冲突。垫付团款者能否弥补"亏空"是未知的，能否挣到钱是未知的，只能把"宝"完全押在游客身上。于是又进入了大胆"扎店"、多多"踩店"，以期待"冒大泡儿"（游客大量购物）多拿回扣的恶性循环之中。

（三）导游与旅行社关系的协调发展

一言以蔽之，导游与旅行社的关系是利益共同体。事实上，导游与旅行社之间的利益是一对矛盾，矛盾的存在需要我们去解决，进而促使导游与旅行社的关系协调发展。

在分别对导游和旅行社的调查中笔者还了解到，绝大部分导游都认为自己的收入应该主要来源于旅行社，而不是回扣，导致回扣现象的主要原因是"生存的需要"、"来自旅行社的压力"、"这是一种已形成的固定的行业模式"；绝大部分旅行社则认为向导游收取人头费或直接提取购物回扣是旅行社报价太低所致，是"不得已而为之"。显然，导游与旅行社的矛盾的主要方面是旅行社。为了有效地解决导游与旅行社之间的矛盾，特提出以下建议：

1. 旅行社经营管理者务必认识到，旅行社业的利润增长空间主要由"制度创新利润"构成。从表面看，全国旅行社业处于削价竞争导致微利运行的状态，除考虑到企业合理避税、国有企业激励机制不健全、法人治理结构不完善、旅行社内部产权不明晰、旅行社分工体系调整和市场资源的整合能力不足等原因，我国旅行社业还是有较大的利润增长空间的。否则，就无法解释为什么一方面行业利润越来越低、另一方面进入的主体却越来越多的"市场悖论"。在今后的一个时期，我国旅行社业的利润增长空间主要由"制度创新利润"构成。努力追求"制度创新利润"是旅行社企业优胜劣汰的试金石。

2. 旅行社必须与其聘用的导游签订合同，建立公开、合理、合法的导游带团报酬机制。旅行社必须与其聘用的导游人员签订书面合同，约定双方的权利与义务，以规范双方的关系。尤其是兼职导游具有特殊性，旅行社只有通过签订书面合同的方式，才能够进行有效的管理。在导游带团报酬方面，旅行社可依据导游人员业务水平的高低和旅游者的满意程度来建立公开、合理、合法的导游带团报酬机制。上海春秋国际旅行社的做法值得借鉴：采用"每团必访，每人建档，每周必报，每月兑现"的制度对导游进行管理，同时以高薪养廉，配以严厉的处罚措施，杜绝导游的各种不端行为，从而达到"效益与声誉"双赢的目的。该旅行社委派的"中外游客同车游览团"导游（熟悉两门以上外语者），每天可以获得300元以上的带团报酬。

3. 旅行社应该主动与购物商店洽商，把"回扣"转变为合法的商业折扣。目前，对于某些旅行社来讲，"回扣"已成为其利润的一个重要组成部分，要抛掉这一眼前利益往往难以做到。但是从长远看，尤其在加入WTO的背景下，依靠购物回扣获取利润的旅行社将失去竞争力，无生存空间可言。旅行社应该主动与购物商店洽商，把"回扣"转变为合法的商业折扣。把回扣转变为合法的商业折扣需要解决两方面的问题：一是旅行社要与购物商店建立新型的契约关系，取消"人头费"等花样，杜绝"零团费"、"负团费"；二是参照国际惯例，降低购物回扣比例。从国际惯例来看，购物"佣金"超过5%就被称之为"黑佣"。

而我国某些珠宝店的购物回扣已达40%，这既损害了旅游者的权益，又有损于旅行社和导游人员的形象，成为阻碍旅游业健康发展的一大障碍。

4. 旅行社应该正确对待"小费"问题，积极倡导实施"国内旅游团小费制度"。以明示或暗示的方式向旅游者索要小费，是我国旅游法规历来所禁止的。之所以这样规定，是因为在旅游实际中，有些导游不是以自己的优质服务赢得旅游者的感谢或奖赏，而是不择手段向旅游者索取小费，给旅游业的声誉造成了极其恶劣的影响。旅行社应正确对待小费问题：一方面，从行为规范上禁止导游索要小费的行为发生；另一方面，对导游得到的合法小费不眼红，更不能将其作为不付导游带团报酬的依据。此外，旅行社还应积极倡导实施"国内旅游团小费制度"，导游通过优质服务来增加自己的收入，从而促使导游与旅行社进入互惠互利的良性循环之中。

第二节　团体接待管理实务

一、旅游接待服务规范化管理

旅游接待服务的规范化是旅游团接待服务质量的基础和保障。它包含着标准化、程序化和个性化三项内容。

（一）标准化

旅游接待服务的标准化，是指旅行社应按照一定的标准向旅游团提供旅游过程中的各种相关服务。旅行社服务的标准化是适应国际发展潮流的一种做法。近年来，国际标准化组织在全球80多个国家和地区推广标准化，这是国际经济秩序和世界贸易的需要。我国加入WTO，进入国际服务贸易市场，其关键就是产品、技术、服务、知识产权等方面的标准与国际标准取得一致。

为了加快我国旅行社行业与国际同行业的接轨，国家旅游局颁布了《旅游行业对客人服务的基本标准》。根据这一规定，旅行社在接待服务过程中必须坚持下列标准：

1. 实行"三定"，即安排旅游者到定点饭店住宿、定点餐馆就餐、定点商店购物，并确保向旅游者提供符合合同规定的服务。

2. 采取必要措施以保证旅游者人身财产安全；完善行李交接手续，保证旅游者行李运输安全和准确无误。

3. 旅行社委派接待的导游人员必须通过全国导游人员资格考试，取得国家旅游局颁布的导游证书，并在接待前做好一切相关的准备工作。

4. 旅行社应将文娱活动作为固定节目安排。

5. 对不同国别、肤色、职业、性别、年龄的旅游者要一视同仁，热情接待。

（二）程序化

旅游接待服务的程序化，是指旅行社根据接待服务的特点，对接待服务的每一环节和每道程序均作出详细规定，并据此向旅游团提供接待服务。程序化是旅行社保证旅游接待服务质量的有效措施。接待服务程序化，能够使旅行社在接待过程中减少事故隐患，保证接待过程中各项工作的落实，从而最终提高旅行社接待服务的质量。同时，接待服务程序化，还有利于旅行社对接待服务质量的监督和管理，使得接待服务和接待管理有章可循。

（三）个性化

旅游接待服务的个性化原则，是指研究不同类型旅游者的个性特点，提供具有针对性的服务。旅行社接待服务的旅游者来自不同的国家和地区，他们有着不同的生活习惯、文化背景、宗教信仰、价值观念和个人爱好，对旅游接待服务的要求也有不同程度的差别。旅行社应针对旅游团成员的不同特点，在坚持规范化原则的同时、在力所能及的范围内充分照顾到旅游者的个性化要求，提供富有个性化的服务，使旅游者感到温馨愉快。

旅行社企业的特色，是在规范与非规范的有机组合中构成的。业内人士有这样一种说法，越是高档次的旅游企业，越是把个性化服务纳入规范化的内容。换言之，越是充分考虑旅游者的特殊需求，并把这种个性化服务作为常规管理内容，越能体现这一旅游企业的服务高质量。

二、旅游接待计划——兑现旅游合同的关键

（一）对组团社下发计划的审阅

组团社以传真形式下发至各地接社的计划实质上是一个组团社与各地接社之间的契约性文件。如果是入境团，这个文件是根据境外旅游公司发给国内组团社的传真计划改写的，而境外旅游公司发来的传真计划又是依据它与境外旅游者之间签订的旅游观光合同而制订的；如果是内宾团，这个文件则是直接依据组团社与当地参团的旅游者之间签订的旅游合同而制订的。这种旅游合同就是旅游者采购旅行社旅游商品的协议书，因而它是不容更改的。

地接社收到组团社的计划后，应对计划中以下内容进行审阅：

1. 旅行团团名、团号、人数、类别、标准及所需何种语言导游。

2. 抵、离本地的机、车、航班号、车次、时间及去向，下一站的接待单位。

3. 根据计划中的名单，分辨出性别、是否有夫妇。对所住饭店的要求，房费中是否含早餐、早餐的类别，饭店是组团社自己订，还是委托地接社代订。

4. 旅游活动日程安排的要求，是否有风味餐或特殊项目，是否有游客中途离团或并团。

计划审阅清楚后，如组团社要求回执，应及时以传真给予确认；如对计划有疑问或不详之处，应及时向组团社询问。

此外，还要分析该客源地客人的特性及特殊要求，分析节假日本社的采购实力与计划要求的供需矛盾与解决方法。旅行社管理者对本社的采购实力及旅游市场的供求变化一定要了如指掌，对于超出本社接待能力的旅游团一定要对组团社以实相告，迫不得已时要忍痛退团。那种先把旅游团骗来再说的短视行为只会两败俱伤、自毁声誉。

本来审阅组团社下发的计划以及下一步编制本地区的旅游接待计划均属于计调部的职责范围，接待部应专管导游接待。但各地旅行社，特别是小旅行社，由于计调人员不足，计调部与接待部的职责分工往往因社而异，这就导致了在某些旅行社由接待部负责审阅组团社下发的计划并编制本地区的旅游接待计划。至于在各地旅行社中大量存在的承包或变相承包部门中，外联、计调、接待、财会均集于部门经理一身的情况并不鲜见，那么这个部门经理自然也就负责审阅组团社下发的计划并编制本地区的旅游接待计划。

（二）编制本地区旅游接待计划

地接社的"接待计划"是在本地区向旅行团提供旅游服务的主要依据。"接待计划"编制得是否合理，对地接社接待好旅行团、保证接待质量、创造较好的经济效益以及社会效益都有着至关重要的作用。

在编制本地区"接待计划"时，必须按照组团社下发的总计划的要求、标准，同时要掌握时间准确、路线合理、活动内容丰富多彩等几个原则。具体的内容包括：

1. 除组团社发来的团名、团号外，还应对该团重新编排地接社的团名、团号。

2. 计划中要写清楚该团的人数（男、女，夫妇）、国别、抵离日期、服务标准及所需导游、翻译的语言种类。

3. 该团抵、离本地所乘的航班号、车次、时间及去向。

4. 所需房间总数，是否有自然单间。

5. 该团团长、全陪、领队的姓名和性别。

6. 所住饭店的名称，是组团社自己订还是代订，早餐形式、标准。

7. 旅游观光时间，用车地点、时间，风味餐标准，文艺节目内容等。

本地区旅游接待计划编制完毕并报部门经理审阅、签字后，要及时发给计调、接待、财务等部门。计调部则根据此计划预订饭店、离开本地的机、车票，安排汽车和行李、订餐等；接待部门则根据要求安排适宜语言的导游。

旅行社部门经理应关注本地区旅游接待计划的编制，检查客房、旅游车的采购与导游的选派情况，特别要过问返程交通票，尤其是火车卧铺票的出票情况。必要时，经理要动用自己平日就应该积累的旅游关系，帮助解决节假日客房与火车卧铺票的采购难题。一家旅行社在旅游旺季，尤其是在"春节"、"五一节"、"国庆节"，其客房与火车卧铺票的采购能力是这家旅行社实力的表现和信誉的保证；旅行社总经理、计调部经理对节假日采购工作的领导与协调能力是其是否称职的重要考核内容。

接待部的导游在接到根据本地区旅游接待计划下发的接团通知单后，应仔细研究并制订出具体、详细的游览行程表。

（三）变更旅游接待计划的处理

在接待计划的实施中，因种种原因会发生变化。如：组团社下发的计划与实际情况不符；由于航班的原因要改变行程时间；不能满足组团社要求的指定饭店而需改订合同饭店；等等。这些变化的原因概括起来主要有以下两个方面：

1. 旅游团（者）要求变更接待计划。旅游计划和活动日程一经商定，各方都应严格执行，一般不要轻易改变。因此，在旅游过程中，旅游团（者）提出变更接待计划或活动日程时，旅行社原则上应按合同执行。当然，如果有特殊情况，旅行社对旅游者的合理而可能的变更要求也应该尽可能地满足。

2. 客观原因需要变更接待计划。在旅游过程中，因不可预料的客观原因，如天气、自然灾害、交通等问题，需要变更接待计划时，一般可能出现三种情况：

（1）缩短在一地的游览时间。

（2）延长在一地的游览时间。

（3）被迫改变部分游览计划。

3. 变更接待计划的处理措施。当出现变更接待计划的情况时，旅行社首先应根据当时的实际情况和旅游者的情绪、要求等，制订应变计划，做好旅游者的思想工作，并考虑给予旅游者适当的补偿。然后，再根据不同情况做好具体工作：

（1）延长在一地的游览时间。旅游团提前抵达或推迟离开都会延长在一地的游览时间。这时，旅行社应该：①与各有关部门联系，重新落实该团用餐、用房、用车的安排。②调整活动日程，适当延长在主要景点的游览时间或酌情增加游览景点；晚上可安排文娱活动，使活动内容充实。③若要推迟离开本地，应及时通知下一站接待旅行社做相应变更。

（2）缩短在一地的游览时间。旅游团提前离开或推迟抵达，都会缩短在一地的游览时间。这时，旅行社应该：①尽量抓紧时间，将计划内的参观游览安排完成；若确有困难，应有应变计划；突出本地最有代表性，最具特色的旅游景点，以求旅游者对本地景观有基本了解。②与各有关部门联系，及时办理退餐、退房、退车等事宜。③若要提前离开本地，应及时通知下一站接待社作好相应的变更。

（3）被迫改变部分旅游计划。①被迫取消某一活动，由另一活动替代，旅行社应以新奇的内容和最佳的安排激起旅游者的游兴。②减少（超过半天）或取消一地的游览时间，旅行社必须及时通知组团社或下一站接待社。有的事情的处理还应征得组团社的认可方可变动。对变化了的情况应及时向本社各有关部门送发"变更通知单"，以免发生经济损失或影响接待质量。

三、团体旅游接待实例分析

（一）大型旅游团接待服务

操作大型团队的旅游活动，其难度及要求比一般观光旅游团队都要高。在接待方面，对导游翻译的要求也较高，其必须具有一定的专业知识、良好的外语基础、热情的服务态度、严谨的工作作风、良好的身体素质、敏捷的思维，以及能代表中华民族传统风格的仪容仪表。在安排大型团队时，对操作人员的要求更高，即要求操作人员具有较高的业务水平、宏观的控制水平、严谨的工作作风。否则，就无法满足客人的要求，无法根据客人的需求进行安排，以至于完不成接待任务，出现"砸团"现象。

现以大型修学团为例来分析大型团的特点、操作规范等。

1. 大型修学团的特点。大型修学团的特点首先是人数众多，一般都在300～500人之间，而且他们都以交流的目的来华修学。这种团队人员构成较为单一，多由教师和学生组成，而且教师在学生中享有绝对的威信。在具体的交流和活动中都以整体行动为主，绝不允许个人自由活动。另外，在时间上这种团队基本上能依据时间表进行活动。他们一般将所见所闻作为内容，写进自己的修学体会或修学报告内。由于学生年龄较小，所以整个行程中，他们可能始终比较活泼，与一般成人团队不同。他们对新事物、新知识接受力较强，并且好提问题。

2. 大型修学团的操作规范。大型修学团基于人数众多、时间较长、活动范围较大、内容多的特点，在具体操作、安排上务必谨慎、细心，对游客的食、住、行、游、购、娱等方面都必须一丝不苟地加以周到安排。在安排中必须从宏观调控到微观调节一步不漏。为此，大型修学团的安排接待必须有完整的接待体制图，有完整的书面计划。书面计划一般由以下几个部分组成：

（1）接待体制图，包括一般事故与紧急事故对策。

（2）制订与各相关接待单位的联络事项、要求、时间，以及配合细则。

（3）详尽的相关情报或对方信息，信息越多、越准确，越有胜利的把握。所谓"不打无准备之仗"，就是指在具体行动之前，必须掌握应该掌握的所有情报。

（4）整个团队的行程示意图，以掌握在行程中万一哪些地方发生事故，也好及时与相关单位联系。

（5）各地简介、概况、风俗、气候等，保持整体的统一性和正确性。

3. 团队抵达前，召开参加本次接待工作的全体人员的动员会。会议内容主要包括以下几方面。

（1）强调做好接待服务工作的重要性。

（2）要求每个导游根据日程计划，事先准备好有针对性的导游词。

（3）要求统一服装、标牌、胸卡。准备好导游旗、话筒、对讲机（或手机）等途中用品。

（4）配备一名随团医生，准备好各种药品。

（5）仔细研究、确认游览点所需时间及各车辆的统一指挥调度，使之运行畅通。

（6）确定客人就餐时的桌号及桌上放置的标志，重点客人和我方领导应有桌签。客人由各车导游按规定入口引进餐厅，以使数百人能迅速对号入座而不致堵塞通道。

4. 游团抵达前夕的准备工作。

（1）各有关单位再次确认活动日程和确切的时间。

（2）查接待人员的精神准备和物质准备，通知每人的车号、客人数、房号。

（3）部门经理亲临机场（车站、码头）查看迎接团队的场地、乐队站立的位置、停车点。

（4）先安排专人到下榻饭店，与客房部经理等共同检查房间内各种设施是否完好可用。

（5）车队领导联系安排好出车顺序，车上贴好醒目车号和标志。

一个旅行社的组织能力和指挥能力是非常重要的，如果没有精心、周密的设计和踏实的组织工作，将难以顺利、圆满完成大型旅游团的接待任务。

（二）特种旅游团接待服务

特种旅游团是指该团成员具有同一体质特征或同一特殊旅游目的的旅游团。例如：夕阳红旅游团、学生春游团、朝圣旅游团、摄影旅游团、探险旅游团，等等。

特种旅游团的团员有时会大多数甚至全部都是老人或少年，他们体力弱，怕寂寞，爱听讲解；老人怀旧，期盼尊重；小孩好奇，喜欢多动。因而，对其接待管理尤以安全与劳逸结合为重点：不去危险崎岖、人多混乱的地点；行程不能安排得太满，游览节奏必须放缓；要指派责任心强、耐心好的导游接团。

残疾人旅游团的成员坐轮椅，自尊心特强。对其接待应提前与所有该团要涉足的单位、景点打好招呼，求取通力合作；要事先踩点，弄清是否有通道障碍，准备好帮助抬车的足够人手；要指派力大、慎言、责任心强的导游接待。

宗教旅游团有许多禁忌，对一些问题较敏感。应指派立场坚定、宗教知识较丰富的导游接团；要做好充分的知识准备工作，彻底弄清该教派的禁忌，以免犯忌；如果禁忌牵涉到饮食（如穆斯林团），应及早通知餐厅，穆斯林团一定要安排在清真餐厅用餐；接团时应慎谈与宗教、民族有关的敏感话题，万一回避不了或者与团友发生争执时，应本着求同存异的精神尽快岔开话题；但是，对于恶意攻击我国宗教政策，鼓吹"西藏独立"、新疆民族分裂主义的言论应予以严厉驳斥；对"法轮功分子"的邪教言行要高度警惕；对境外某些宗教狂热分子千方百计在我国境内传教、散发宗教宣传品的行动应予以制止，必要时报告有关部门。

入境探险团成员往往见识多、胆量大，不易听从导游劝告与指挥。探险必然存在风险，对其接待的管理要重点抓好合同中有关安全责任、风险、事故处理的文本措辞及接待过程中的安全预防措施；要派责任心特强、体力好、外语过硬的导游、翻译上团。万一出了严重安全事故，一定不要擅自做主，要立刻报告市外办并做好事故及医疗的取证工作。

每个特种旅游团都有各自的特点与特殊要求，此处不能一一列举。总之，对特种旅游团的接待准备远比标准团繁重得多；其导游须经选派；其接待要强调因团而异；旅行社经理应亲自过问、检查特种旅游团的接待工作。

（三）"中外游客同车游览"团队的接待服务

这种团队突破了以往"外宾团"和"内宾团"界线分明的格局，进一步拓宽了游客接待尤其是散客接待的路子，既兑现了旅行社所作出的诸如"散客赴中国旅游天天出团"、"散客享受团队价"的承诺，又降低了成本，同时也满足了部分游客追求独特旅游经历的愿望。此种团队属目前新兴团队，但预计接待量将会上升。

由于中外宾客的生活习惯不同、受教育程度不同，难免会在某些方面存在着互相排斥性，如果接待、安排不当，就会招致客人不满。因此，"中外游客同车游览"团队接待操作时要做到以下几点：

1. 在招徕时，就要向游客明确说明是中外客人合团旅游。

2. 组团时，尽量安排层次接近的中外客人同车游览。

3. 如果从对方旅行社拿到计划，首先研究团队基本情况和旅游者的要求，有针对性的制订接待计划。统一的接待计划是日后接团的依据。

4. 选派优秀导游。由于是中外游客同车游览，要求导游同时运用外语与中文讲解，还要求导游具有良好的沟通与协调能力。

5. 当中外游客分住不同饭店时，饭店距离要尽可能接近，避免导游顾此失彼，引起客人不满。

6. 选择涉外餐厅用餐。

7. 注意安排好行李服务。用车时考虑到外宾行李较多，要订有行李箱的车，或不按人数订车，留出空位用于摆放行李。

8. 确认外宾的抵、离航班。在游览过程中，上、下站准确衔接，避免出错。

（四）会展旅游团接待服务

1. 典型会展活动特点分析。

（1）政府会议。政府会议分为在国内举行的本国政府会议、在国内举行的国际性政府间会议以及在异地举行的国际性政府间会议。政府会议的特征十分明显，分析概括如下：①组织时间非常短。②政治和文化差异大。③很难控制预算。④活动安排紧凑，但内容容易更改。⑤无法按照常规的程序进行安排住宿。⑥大量的安全保卫工作以及外交礼仪、签证和税收。⑦复杂的交通安排。⑧对住宿的要求十分特殊，规格不同。⑨复杂的社会活动以及配偶活动的安排。⑩签到时间十分短暂。⑪诸多的新闻发布工作。

如果旅行社会展部能够了解以上这些特点，那么在参与操作政府会议时，就不会产生歧义或者因为专业知识匮乏而导致操作失误。

（2）会议＋展览。这类会展活动多属于科技经贸类，因此有必要了解这些参加者可能最关心的问题：①演讲质量。②论述是否有新意以及是否有新的结论。③其他参会人员情况。④会议中心的设施如何。⑤旅游花费。⑥注册费。⑦会场和会议城市的形象如何。⑧会议和展览的效益。⑨旅游节目是否有吸引力。⑩同声翻译情况。⑪购物的氛围。⑫运动及其他娱乐设施如何。

旅行社会展部在操作这类活动时，除了进行一般会议的操作之外，更需要了解展览的特殊性——是什么性质的展览，是专业展览还是公众展览？还需要根据客户要求以及活动规模、日期、预算确定合适的展馆，寻找合适的展台搭建商、运输报关商、家具供应商等次一级合作伙伴，并核对分配费用流向，同时还对展览进行正确的营销，有时甚至需要组织现场观众。

（3）学术会议。此类会议往往偏重论文陈述，所以在论文征集、取舍、陈述方式以及会后的论文选编上要花更多的工夫。而现场活动中的论文陈述，则需要特别注意演示设备的精良。而且在陈述形式上要争取灵活多样。如可以安排讲台上的论文宣讲演示；也可以安排让代表的论文通过海报展示出来，然后大家分组讨论；还可以在所有论文中选取几个具有代表性的论题进行大会讨论。当然，也可以将代表分组，由专家们陈述论文，而不是所有人都集中起来听一个人的宣讲。

目前，旅行社会展部承办该类会议较为普遍，尤其是国内学术会议。

2. 安排社会活动分析。安排社会活动是为了让参加会展的人能够进行更多的交流。在设计社会活动节目之前，应该已经了解到：参会代表的人数、参会者的构成（年龄、性别、国籍、专业、社会地位、婚姻状况）、会期以及会议召开的季节。

以下是某旅行社会展部承办的一个常规五天的会议日程安排（见表4-1）：

表4-1　XX会议日程安排表

第一天 17：00～18：30 18：30～20：00	代表陆续报到 开幕式（所有代表参加） 欢迎鸡尾酒会（费用已含在注册费中，代表和配偶都参加）
第二天 上　午 下　午 晚　上	代表全天公务活动 配偶市内观光旅游 配偶参观博物馆等 全体人员参加当地具有特色的文化之夜
第三天 上　午 下　午 晚　上	配偶全天游览 代表会务活动 代表进行市内观光 自由安排
第四天 上　午 下　午 晚　上	代表全天公务活动 配偶进行购物 配偶自由活动 全体人员参加告别晚宴

续　表

第五天 上　午	早餐后自由活动 12：00 前退房

从以上安排可以看出社会活动主要包括：

（1）VIP 接待。在参会人员索引中，VIP 是"A"类客人，特邀演讲者是"B"类客人。在各个环节中一定要注意 VIP 的特殊性，负责 VIP 接待的人员必须熟记每一位贵宾，而且最好是采用不同的请柬颜色，便于工作人员辨别。

（2）机场迎接。通常情况下在报到的当天，根据代表们不同航班和要求，进行机场迎接。

（3）开、闭幕式。95% 的代表都参加开幕式，当然还有一些特邀嘉宾和新闻记者。而参加闭幕式的代表则会少一些。开、闭幕式一般设计得比较严谨，可以有演出，如交响乐、合唱、舞蹈等，有时只是一场专题演讲。例如：在香港召开的 ICCA 第 41 届年会的开幕式，就是简单而富有特色的香港警乐队的演出和中国特色的舞狮表演；接下来放映一部关于中国香港的百年变迁录影片；最后是一个专题演讲——《中国加入 WTO 后的香港角色》。其效果非常好，参会者觉得很有效率，体现了香港人的风貌、特点。

（4）欢迎鸡尾酒会。通常放在开幕式后，可以放在同一个地点举行，也可以放在离开幕式地点很近的地方。这样的安排，要有一个酒吧，建议使用自助餐，而且尽可能不要有严肃的演讲，播放的音乐也应是轻松的音乐，组委会主席可以在入口处欢迎每一位代表。

（5）特色文化之夜。这里主要是让代表们进一步了解举办地城市的文化内涵，可以安排当地特色的舞蹈和民俗表演。例如，在某次中国民营企业家集会的高级论坛中，该会议组织者在上海大剧院为代表们举办了一场专题演出。上半场演出是以中国民族艺术为主，而下半场则邀请了交响乐队来演奏世界名曲。该场演出获得了意外的成功：中外融合的演出既满足了来自不同地方的代表们的不同兴趣，也体现了上海文化的包容性，下半场的西洋艺术还体现了上海作为大都市的优雅风度。

（6）自由活动。会展组织者无法为代表们安排所有的活动，总是要留出一定的时间让他们自由发挥。但是应该给他们提供相应的信息，如推荐本城市最有特色的餐厅和娱乐场所，并协助他们进行预订和交通安排。

（7）告别晚宴。告别晚宴一般安排在较宽敞的宴会厅举行，要有舞台，安排适当的文艺表演，让代表们一边用餐一边欣赏文艺表演，使之在刻意营造的氛围中对这次活动产生留恋感。

（8）工作午餐。工作午餐则要求简单，口味适中，价格也不很贵。

（9）会间茶点。一般上午和下午各供应一次，每次约 30 分钟。

（10）代表配偶活动安排。在安排配偶活动时，注意不能和正式活动重叠，如果人数较多，则可以按照语种来划分成不同的小组进行游览。

在落实操作各个社会活动的安排时，不能到最后才开始检查，必须在各个场所布置之前就开始检查。

总而言之，旅行社作为与会展业务相关的企业，近几年经营管理的实践表明：如果旅行社能够掌握会展业务的运作要点，那么将促使旅行社的经营管理走向一个更新、更高的平台，因而会展旅游被业内人士称为旅游业皇冠上的一颗璀璨的明珠。

第三节　散客接待管理实务

一、散客旅游接待服务的特点

散客旅游是一种自助、半自助的旅游形式。散客分两大类：一类是自助旅游散客；另一类是旅行社接待的散客团。自助旅游散客出行时并未委托旅行社，而是个人、家庭或朋友结伴而行。到达目的地后，由旅游者根据个人兴趣自行设计旅游线路和活动项目，但是也有可能临时将某一项或某几项旅游事务委托给当地旅行社。散客团是指组团社委托地接社接待的 10 人以下的计划旅游团。它归旅行社接待，而且一般是全包价的，但也存在是小包价、半包价的可能性。散客旅游具有以下特点：

（一）零星现付，价格较贵

首先自助散客旅游的付费方式是零星现付，即购买什么、购买多少，都以零售价格当场支付。而团队旅游与旅行社散客团多采用全包价形式，而且要在出游前一次性预付全部或部分基本旅游服务费。其次，自助散客旅游的价格比团队旅游要贵，因为每个旅游项目散客都按零售价格支付。而团队旅游在机票、住宿、用车、部分景点门票等旅游项目上可享受团队折扣优惠价。旅行社散客团的费用居于散客旅游与团队旅游之间。

（二）游客需求个性化

散客中有相当一部分是回头客、商务旅游者、家庭旅游者、富豪或特殊兴趣旅游者。他们之所以选择散客旅游这一形式，就是希望不受团队旅游在路线、景点、时间等方面的限制，能够根据自己的时间安排，按照自己的兴趣以及自身的经济能力进行旅游活动，因而其需求带有明显的个性化特征。

（三）批量小、批次多

由于散客旅游多为游客本人单独外出或与其家人、或与其朋友结伴而行，因此与团体旅游相比，其人数规模小得多。对旅行社而言，接待散客旅游的批量也就比接待团体旅游的批量小得多；但如果是接待同样数量的游客，显然散客旅游的批次要比团体旅游的批次多。散客旅游发展非常迅速，目前无论国内国外，采用散客旅游形式的游客人数均已占全体游客人数的70％以上，大大超过团体游客人数。所以从发展的角度看，尽管当前绝大多数中国的旅行社仍以团体旅游接待为主，但是总有一天，中国多数旅行社接待的散客总批次必然要超过接待的团体总批次。

（四）要求多、变化多

散客中有大量的公务和商务游客，他们在旅游过程中的许多交际应酬及商务、公务活动，喜欢要求旅行社为其安排。而从事其他职业的散客，由于人数少，较容易统一意见，从而也会比团队旅游提出更多的要求。另外，散客往往由于出游前对行程缺乏周密的计划，因而在旅游过程中可能会随时要求变更其旅游计划。

（五）预订期短、追求方便

与团体旅游相比，散客旅游的预订期比较短。这是因为散客旅游往往要求旅行社提供的不是全套旅游服务，而只是一项或几项服务，有时是在出发前临时想到的，有时是在旅途中决定的，但往往要求旅行社能够在较短时间内为其安排或办妥有关的旅行手续。因此，为散客服务的导游人员必须精通业务，能够随时提供各地有关旅游资源、旅游设施、旅游交通及服务等方面的咨询服务，熟练地为散客编排线路、安排行程，提出多种方案供他们选择，使游客得到最大限度的方便。

二、散客旅游接待服务的类型

旅行社提供的散客旅游接待服务有三种类型：

（一）自助散客旅游接待服务

旅行社自助散客旅游接待服务，是指受9人（含9人）以下的零散游客在当地的直接委托，双方签订合同后，由旅行社散客部或门市柜台向其提供的单项委托、多项委托或全包价收费接待服务。这种服务的可选择性特强，收费不能享受优惠折扣。

（二）旅行社散客团接待服务

旅行社散客团接待服务，是指受组团旅行社的委托，根据双方长期协议规定或临时约定，由地方接待旅行社向外地组团社发来的9人（含9人）以下的散客团体提供的旅游接待服务。只要是组团社发送来的散客，1人也可以享受散客团的待遇。

旅行社散客团虽然每团人数有限，但仍多为全包价旅游。也有采取小包价、半包价等其他形式旅游的。游客参加旅行社散客团的旅游活动，行程多为在组团社处购买好的线路，可以享受机票、房费等部分优惠折扣，但折扣的比率没有标准团高。

（三）组合旅游团接待服务

组合旅游团接待服务，是指由地方接待旅行社将本社驻外地各联络点或本社在外地的总社与总社所属各分社发送来的零星散客在当地组合而成的旅游团。其人数可以是9人（含9人）以下，也可以是10人（含10人）以上。这些散客抵达本地的时间及方式任其自便，但必须在指定的统一时间报到参团。这种10人以上的组合旅游团在报到统一成团后，在饭店统一吃、住，本可以享受标准团的优惠折扣，但旅行社一般仅给此类游客享受旅行社散客团的待遇，其差价部分归旅行社。此类组合旅游团在当地应为全包价旅游团。上海春秋旅行社在各地的分社就常接待此类团队。

三、散客旅游接待措施

散客旅游的出现是旅游市场成熟的标志之一，说明旅游者的消费观念日趋成熟。散客旅游者对旅行社提供的接待服务的要求不同于团体旅游者，对于服务的效率和质量更为注重。为此，散客旅游接待应做好以下几方面的工作：

其一，在当地机场、车站、码头、各大旅游饭店及市中心设立销售点或委托代理点为上门散客提供服务。

其二，与其他城市的旅行社、饭店建立相互代理关系，代销对方的服务项目，如订房、订票等，互送客源。

其三，与海外经营出境散客旅游的旅行社建立代理关系，委托他们销售自己的服务并输送客源。

其四，与当地的交通部门、饭店、餐馆、文娱场所、保险公司等建立代理关系，代销他们的产品。

其五，建立以计算机技术和网络技术为基础的网络化预订系统，保证散客能够自由、便利地进行旅游预订和委托。

其六，备有导游，为散客提供短期服务。

第四节 旅行社接待中的安全问题

一、旅游安全管理的内容

我国历来十分重视旅游安全工作。国家旅游局、公安部多次发出通知，要求各地采取有力措施保障旅游者安全，并制定了一整套旅游安全规章制度，从而使旅游安全管理工作有法可依、有章可循。

旅游安全事故一般带有突发性，往往是旅行社和旅游者始料不及、猝不及防的。一旦发生，后果较为严重。为此，旅行社在旅游接待服务全过程中，务必贯彻落实"安全第一，预防为主"的方针，真正树立"没有安全，便没有旅游业"的观念。

（一）旅游安全管理工作的职责

我国旅游安全管理工作遵循"统一领导，分级管理，以基层为主"的原则。旅行社是旅游安全管理工作的基层单位，其安全管理工作的职责是：

1. 设立安全管理机构，配备安全管理人员。

2. 建立安全规章制度，并组织实施。

3. 建立安全管理责任制，将安全管理的责任落实到每个岗位、每个职工。

4. 把安全教育制度化、经常化，培养职工的安全意识，普及安全常识，提高安全技能。

5. 坚持日常的安全检查工作，重点检查安全规章的落实情况和安全管理漏洞，及时消除安全隐患。

6. 对用于接待旅游者的汽车、游船和设施要始终处于良好的安全状况，在运营前进行全面的检查，严禁带故障运行。

7. 对旅游者的行李要有完备的交接手续，明确责任，防止损坏和丢失。

8. 在安排旅游团队的游览活动时，要认真考虑可能影响安全的诸项因素，制订周密的行程计划，并注意避免司机处于过分疲劳状态。

9. 直接参与处理本旅行社的旅游安全事故，包括事故处理、善后处理及赔偿事项等。

10. 开展登山、汽车、狩猎、探险等特殊旅游项目时，要事先制订周密的安全保护预案和急救措施,重要团队须按规定报有关部门审批。

(二)旅游安全事故的分类

旅游安全事故,是指在旅游活动的过程中,涉及旅游者人身、财产安全的事故。旅游安全事故分为轻微、一般、重大和特大事故四个等级:

轻微事故,是指一次事故造成旅游者轻伤或经济损失在 1 万元以下者。

一般事故,是指一次事故造成旅游者重伤或经济损失在 1 万(含 1 万)元至10 万元者。

重大事故,是指一次事故造成旅游者死亡或旅游者重伤致残、或经济损失在10 万(含 10 万)元至 100 万元者。

特大事故,是指一次事故造成旅游者死亡多名,或经济损失在 100 万元以上,或者性质特别严重,产生重大影响者。

(三)旅游安全事故处理的一般程序

旅游安全事故发生后,应当严格依照《旅游安全管理暂行办法》的规定,按照下列程序处理:

1. 立即报告有关部门。导游人员在带团游览中,如果发生了旅游安全事故,应当立即向旅行社和当地旅游行政管理部门报告。当地旅游行政管理部门在接到一般、重大、特大旅游安全事故报告后,要尽快向当地人民政府报告。对重大、特大旅游安全事故,要同时向国家旅游行政管理部门报告。

2. 要会同事故发生地的有关单位严格保护现场。对事故发生地现场保护十分重要,它直接关系到能否准确地确定事故性质、寻找破案线索,也关系到安全事故的妥善处理。所以,一旦发生旅游安全事故,现场有关人员一定要配合公安或其他有关部门,严格保护事故发生的现场。

3. 协同有关部门进行抢救、侦查。当发生旅游安全事故后,地方旅游行政管理部门和有关旅行社,要积极配合公安、交通、救护等有关方面,组织对旅游者进行紧急救援,并采取有效措施,处理好善后事宜。

4. 有关单位负责人应及时赶赴现场处理。当发生旅游安全事故后,旅行社和当地旅游行政管理部门的负责人应当及时赶赴现场,进行现场组织指挥,并采取适当的处理措施,这样有利于安全事故的及时处理。

5. 对于特别重大事故,应当严格按照国务院《特别重大事故调查程序规定》进行处理。

二、导游带团过程中主要安全事故的处理

（一）交通事故的处理

遇有交通事故发生，只要导游人员没有负重伤、神智还清楚，就应立即采取措施，冷静、果断地处理，并做好善后工作。由于交通事故类型不同，其处理方法也很难统一。但一般情况下，导游人员应当严格按照《旅游安全事故处理程序规定》采取如下措施：

1. 立即报案，并向旅行社报告。交通事故发生后，导游人员应立即报案，请求派人来现场处理。同时迅速向旅行社报告交通事故的发生及旅游者伤亡情况。

2. 严格保护现场。交通事故发生后，不要在忙乱中破坏现场，应指定专人保护现场。

3. 协同有关部门进行抢救。发生交通事故出现伤亡时，导游人员应协同有关部门对旅游者进行紧急救援，迅速抢救伤员，特别是迅速抢救重伤员。如不能就地抢救，应立即将伤员送往距出事地点最近的医院。

4. 做好全团旅游者的安抚工作。导游人员应做好团内其他旅游者的安抚工作，继续组织安排好参观游览活动。事故原因查清后，要向全团旅游者说明情况。

5. 写出书面报告。交通事故处理结束后，导游人员要及时写出事故报告。其内容应包括：事故的原因和经过；抢救经过、治疗情况；事故责任及对责任人的处理；旅游者的情绪及其对处理的反映等。报告力求详细、全面、准确、清楚。

（二）治安事故的处理

在旅游活动过程中，遇到坏人行凶、抢劫、偷窃、诈骗，导致旅游者人身及财物受到不同程度损害，统称"治安事故"。发生治安事故，导游人员应做好以下工作：

1. 当旅游者遭遇坏人行凶、抢劫财物时，导游应当采取以下措施：

（1）挺身而出，勇敢保护游客，与歹徒作坚决斗争。

（2）立即把游客转移到安全地点，立刻拨打110报警，争取在场群众的帮助并协助警察追捕罪犯。

（3）及时报告旅行社并听候命令、指示。

（4）导游在事故发生后，应采取措施安定好客人情绪，尤其是安定好受害人及其亲友、团队中有影响的人的情绪，使旅游活动继续顺利进行下去。

（5）事后写出书面报告。

2. 当旅游者向导游报告财物被盗时，导游应采取以下措施：

（1）就地帮助该游客再次寻找遗失的财物。

（2）如找不到则马上报案。如在饭店内则向饭店保安部报案；如在景点则向当地派出所报案。

（3）如被盗的是入境时向海关申报过的物品或投保物品，要请派出所出具被盗证明，以便出关或向保险公司索赔。

（三）饭店火灾事故的处理

入住饭店后，导游应要求游客熟悉饭店楼层的太平门、安全出口、安全楼梯位置及安全转移路线。一旦发生火灾，导游应采取以下措施：

1. 立即打电话向 119 或 110 报警。

2. 迅速通知领队及全体游客，召唤大家配合饭店工作人员，听从统一指挥，迅速通过安全通道疏散游客。

3. 告诫游客千万不要搭乘电梯或跳楼。

4. 如果游客衣服着火，要提醒他们就地打滚压灭火苗。

5. 必须穿过浓烟时，提醒游客用浸湿的衣物披裹身体、捂住口鼻、贴近地面沿着墙角爬行。

6. 大火封门无法逃出时，提醒游客用浸湿的衣物、被褥堵塞门缝或泼水降温，等待救援；从窗口向外摇动鲜艳的衣物呼唤救援。

7. 得救后，立即清查团队人数，将伤者送往医院，报告旅行社；有人死亡，按有关规定处理；安定好其他旅游者情绪，协助解决因火灾给旅游者造成的生活困难，协助领导做好善后处理工作；设法继续执行旅游计划；写出书面报告。

（四）旅游者食物中毒的处理

我国《食品卫生法》规定："发生食品中毒的单位和接收病人进行治疗的单位，除采取抢救措施外，应当根据国家有关规定，及时向所在地卫生行政部门报告。"由此可见，报告食物中毒，是当事人和接收单位的义务。

如果发现旅游者食物中毒，导游人员应设法让旅游者及时催吐，让食物中毒者多喝开水以加速排泄，缓解毒性，并立即将患者送医院抢救，请医生开具诊断证明，迅速报告旅行社并追究供餐单位的责任。

（五）旅游者患病的处理

1. 旅游者患一般疾病的处理。

（1）劝其及早就医并多休息。游客患一般疾病时，导游应劝其及早去医院看病，并留在饭店内休息。如果需要，应陪同患者前往医院就医。

（2）关心游客的病情。如果游客留在饭店休息，导游应前去询问其身体状况，并安排好用餐，必要时可通知餐厅为其提供用餐服务。

（3）向旅游者讲清楚看病费用自理。

（4）严禁导游人员擅自给患者用药。

2. 旅游者患重病的处理。

（1）在旅途中旅游者突患重病，导游应在所乘交通工具上寻找医生，采取措施先就地抢救，并通知下一站急救中心和旅行社准备抢救。

（2）如果旅游者在乘旅游车前往景点途中突然发病，应拨打120，请急救中心前来救治，或立即将其送往附近医院。还应通知旅行社，请求指示和派人协助。

（3）如果旅游者在饭店患重病，应先由饭店医务室抢救，然后送医院。

3. 旅游者病危时的处理。

（1）导游人员应立即协同领队和亲友送病人去急救中心或医院抢救，或请医生前来抢救。

（2）患者如果是国际急救组织的投保者，还应提醒领队及时与该组织的代理机构联系。

（3）患者在抢救过程中应注意的问题：一是导游应要求领队或患者亲友在场，并详细记录患者患病前后的症状及治疗情况。二是需要签字时，导游应请患者亲属或领队签字。三是应随时向当地接待社反映情况。

（4）如果患者病危，其亲属不在身边时应注意的问题：一是导游应提醒领队及时通知患者亲属。若患者亲属系外籍人士，应提醒领队通知相应的使、领馆。二是患者亲属来到后，导游应协助其解决生活方面的问题。三是若联系不上其亲属，一切按使、领馆的书面意见处理。

（5）患者转危为安但仍需住院治疗，不能随团离境时，旅行社领导和导游要去医院探望患者。同时，应帮助患者办理分离签证、延期签证以及出院、回国手续和交通票证等善后事宜。

（6）有关费用的规定。患者住院及治疗费用自理；患者离团住院时未消费的综合服务费，旅行社要予以结算，并按规定退还本人；患者亲属在华期间的一切费用自理。

（7）对同旅游团其他旅游者的处理。导游同时应继续按行程安排旅游团其他旅游者的活动，全陪继续随团活动。

第5章 现代旅行社信息化管理运作

随着科学技术的日益进步，信息技术在旅游业务中的运用日渐增多，这对于旅行社业务经营和企业内部管理的自动化和现代化以及更好地服务于旅游者、促进我国的旅游产业的发展，都发挥了重要的作用。目前，我国大约有1/4的旅行社已加入、运用互联网，而且入网旅行社数量增长非常之快。同时，有近千家网络公司（约占总数的1/3左右）从事旅游业务，其增长速度更快。信息技术的普及和运用将对旅行社的发展起积极的推动作用，旅行社要顺应发展潮流，主动地转变功能，进行从内到外的改革。这种转变并不意味着旅行社被取代，而是将旅行社推向新的高峰。

第一节　旅行社电脑管理实务

目前，我国的多数旅行社都在发展、建立现代化管理设施，进行系统性业务管理，为旅行社的发展创造了一个新的管理模式。旅行社电脑管理系统的特点是：可在极短时间内进行团队日程安排、快速对外报价、团队结算管理、团队款项收付处理与盈亏核算，以及所有与旅行社业务有关的信息资料管理。电脑管理使全部数据集中存放，使用方便；各终端均有独立工作能力，用户通过终端可进行操作。各级领导通过保密控制系统，均能得到应掌握的数据，有效地防止了信息私有化。还可以快速查询到有关团队的情况。这不仅替代了以往的大量手工操作，节约了时间，提高了各种数据处理的准确率，也使旅行社业务管理形成规范，逐步实现与国际接轨。

一、旅行社电脑管理系统

按照国内绝大部分旅行社的业务操作和行政、业务管理模式，参照西方的旅游行业的常用电脑管理模式，考虑到加入世贸组织以后电脑管理系统的发展方向，现在实行电脑管理的旅行社，可设计以下各种对国内旅行社较为适用的系统。

（一）国际旅游管理系统

1. 自组团销售与接待管理系统。本系统专门为接待海外来华游客的组团社或接团部门而设计。它能够进行线路编排、计价、报价、确认、下达接待计划、变更通知等操作，在建立了很强的服务信息基础上，系统能编排出各种复杂的旅游线路，并根据季节、人数、服务等级、客人分类的不同组合，计算出最多达99 种不同的价格。系统有良好的报价处理功能，用户还可对报价进行增减调整或直接修改，还可修改单项价格。在完成线路编排、计价、报价后，还可打印出线路编排表、计价单、报价单等，同时能迅速、准确地进行接待处理：打印接待计划、订房通知、变更通知等。

旅游线路安排是否合理和报价是否合适是客户能否接受的主要依据。报价工作的时间主要花在费用计算上。计算时要翻阅各种标准，参看各饭店、各旅行社提供的报价，而且还要随季节变化掌握最新报价。业务人员在这项工作面前必须保持清醒的头脑，才足以应付名目繁多的标准、价格和随时变动的最新信息。计算机管理可解除这方面的负担，迅速准确地计算出费用，为业务人员提供更多的时间和机会，将报价计算得更合理。例如房费计算，计算机将根据指定的旅游线路和确定的地区，列出该地区各个饭店由各个旅行社所给的房价。业务人员可以先选择饭店，然后再比较哪家旅行社给的价格合适，最后决定选择哪家旅行社的报价。综合服务费层次类别较多，用户可首先对类别、级别、地区作出选择，然后通过计算机进行计算。交通费中有固定标准的费用，如飞机票、火车票，可将标准输入计算机，用时只要选择班（车）次和等级，计算机即可自行计算，不用每次查表。附加费中大部分有固定标准，用时选择输入，非常方便。以上各类费用，都提供人工输入和计算机选择两个窗口，应根据实际需要而定。计算机最后可将分类计算的费用合计，算出人均费用，并可按币种进行折算，最后让旅行社选择一个满意的报价。

2. 地接团管理系统。该系统专门为从事旅行团地面服务的接待社而设计。它能够进行横向团、自接团的日程安排，横向团拨款结算、订票、订房、订车、订餐处理，地陪安排，客人名单编报，财务结算等各种操作，并能够打印出接待计划登记表、拨款结算单、订票计划单、订房订餐申请表等。

该系统吸收了多家旅行社在计调、接待工作上的经验，并归纳、总结出一套完整的工作流程。系统依据此流程而设计。每个阶段均有严格的数据发送与操作，能够有效地协调各部门的工作，免除以往手工报表传抄之苦，并可与接待、控制中心随时进行数据交换，使其能够给予各接待部门最新的信息，以便于进行全局控制。

3. 散客销售系统。该系统专为散客服务而设计，主要提供散客团处理、单项委托处理、营业情况分析等功能。对于那些名为散客而实际上经常要求团队服务价格的小型包价团和混合团，本系统提供了自组团销售与接待管理系统完全一致的线路编排、计价、报价、确认等功能。对于典型的散客业务，本系统能够实现订票、订车、订房、订餐、观光游览等项目的独立预订。除此之外，还可通过远程通信网将终端接到各个柜台直接进行预订。

（二）国内旅游管理系统

随着国内旅游的迅猛发展，其庞大而又零碎的信息处理特点使计算机得到了用武之地。根据国内旅游工作的特点，系统由前、后台两个子系统组成。后台子系统主要为计划管理部门使用，可实现新旅游线路设计、编排新的旅行团计划、审核柜台收客情况、预留名额处理、柜台收客流量控制和满客处理等功能，同时可打印出收客流量表、团队一览表、旅行团接待计划等。前台子系统为柜台业务人员使用，可实现填报名单、收客处理、预订客人处理、订金处理、收费处理等功能，也可打印名单、收费单、月结单等。该系统还配有对客户开放和只对内部工作人员开放的两套管理操作程序，既做到了使有关内部资料有效保密，又使客户了解到了旅游线路的安排、住宿、膳食、门票以及该旅游线路的景点情况等，而且还提供了标准等、经济等、豪华等的报价管理，操作简便，使管理人员得心应手。

在日常生活中，各旅行社都会有一批常用的旅行路线，它可以说是旅行社工作经验的结晶，应该更好的利用它。计算机能将这批常用线路存储起来。日常工作中，业务人员还可以随时总结经验，存入新线路。这样，当需要时，只要提出选择条件，比如说主要停留城市，计算机则能迅速地提供一批满足条件的常用线路供人们选择。选择的线路，也可根据实际情况稍加改动即可适用。另外，选择一些典型的常用线路，对国外客户作线路推销，也是一种可行方法。计算机还可以打印出美观、清晰的说明资料，作为一种促销宣传品。

（三）出境旅游管理系统

我国公民赴境外旅游是近几年来新兴的一个服务项目。随着我国改革开放的不断深入，出境探亲、学习、考察的人数逐渐增多，越来越多的旅行社将其作为未来发展的业务之一。本系统融合了国外和国内一些前人的经验，设计出了适合开展当前业务的出境旅游管理系统。主要由旅游线路制订、买单收客处理、顾客状况分析、订金收费处理等模块组成。可根据线路人数进行买单收客控制，并随时能了解到顾客的状况，如什么时间拿护照、签证是否办理、收费情况等，还可以看到各旅行社线路及价格一览表，以及各种协议书。

（四）旅行社其他业务管理

旅行社除了对旅游业务实行电脑管理外，旅行社的其他有关业务也可以而且也应该纳入电脑管理系统。

1. 票务管理系统。交通票务工作是旅行社接待管理工作中的一部分，主要任务是为旅行团预订返程机、车票及联运票，为订票人出票等。本系统根据票务工作特点设计，能准确、快捷地为管理者提供本旅行社所有旅行团的票务需求情况，为其订票、出票、付款等提供方便。本系统具有打印出票单、客人名单、订票确认、交通变更、交通票务管理等功能。通过这套管理系统，可以使票务工作者清楚地了解到某个团队需要在哪天、哪个班次出票，以及订票是否确认。在使用时，操作团队的人员只需在电脑中输入某个团队的订票单，接着，票务工作人员在电脑中就可以调出该团队的订票单，能很快从订票单中知道该团队所需飞机票或火车票的时间、班次、人数、出发地和到达地。这样就能准确、迅速地为这个团队进行出票，以确保这个团队在交通方面的顺利进行。

2. 陪同管理系统。陪同管理也是旅行社接待管理工作中的一部分，主要任务是为旅行社安排全程陪同、地方陪同。本系统的核心内容就是制订旅行社陪同管理部门都在使用的陪同控制表。使用计算机完成控制表，将帮助陪同管理者合理、准确地安排每位陪同，并可实现入境城市或地区的团队联程陪同安排。本系统主要由建立陪同控制表、陪同安排、各种查询等模块组成。该系统还提供了一系列导游任务单及导游管理资料，如导游的通信地址、语言等档案资料，能随时输入、更新资料。有了这个系统，陪同管理者就能随时了解到某个全程陪同或地方陪同在某地带某个旅行团。这样，陪同的管理就能达到合理化、科学化，从而使陪同管理者能够充分发挥其作用，进一步提高了团队操作的效率和准确性，避免了不必要的混乱和麻烦。

3. 综合业务及运作中心管理系统。本系统转为旅行社内部进行管理的协商部门而设计，如值班室、运作中心、综合业务部等。为了满足这些部门的工作需要，系统提供了丰富多彩的查询手段，使用户能随时查询到各部门的业务情况，并根据实际需要打印出反映全社业务的各种报表，如接待计划表、车辆安排表、饭店预订表等，同时还能进行签证处理、保险登记等工作。

4. 车务管理系统。车务管理是旅行社对外工作的一个重要组成部分，车队的有效管理、车辆的合理调度是保证服务质量和开源节流的关键。本系统是为有效实现上述目标而设计的，它主要提供车辆档案与车辆调度使用等功能。前者主要完成对车辆的维护、保养、事故、报废等的管理，为车辆使用提供保障；后者主要实现车辆预订、调度等功能，进行司机上岗控制，安排接、送客人的车辆衔接，避免车辆空缺等。

5. 财务系统管理。财务部是旅行社实现经营管理的核心部门。根据财务工作的实际需要，该系统将旅行社的财务分成银行出纳、核算、固定资产管理、财务管理、报表处理等五个部分。重点提供银行单据的维护、对账，打印银行调节余额表，固定资产自动折旧，单团成本核算，汇入款处理，下拨款处理，凭证建立，复核记账，自动转账，自动日结、月结、年结，各种上报报表打印等功能。系统还提供进行试结算，对各种报表进行适当的人工干预等特殊功能。例如要查询某个部门员工当月或当年的累计工资数，只需进入工资管理系统，在系统中的文字提示下，输入该员工的工号，计算机便会自动告知所要了解的工资数以及工资单中各个栏目的金额。

用计算机来管理财务，能减轻工作人员的劳动强度，及时而准确地处理数据，减少差错率，且用存贮信息容量大的磁盘代替了大量的纸质账本。计算机管理系统能自动记账，自动编制日报表、月报表、年报表等，快速地查询出各种所需的信息。此外，系统还具备高度保密性、高度可靠性。由此可见，用计算机来进行财务管理，能提高财务部门的工作效率并作出改进的决策，从而使财务管理产生质的飞跃。

6. 办公室管理系统。本系统专门为办公室进行文档管理和物品管理而设计，具有文档登记、检索，物品注册，物品入出库，物品清理等功能，除能打印文件收发本、物品卡片外，还能提供固定资产、低值易耗品、劳保用品、文具用品的台账，便于保管员进行综合管理。

7. 人事档案管理系统。人事档案管理是辅助企业管理的一个重要方面。人事档案管理的现代化，能为各级领导分析情况、制订计划和指导工作提供科学依据，并为检查、核实工作提供高效率的技术手段。本系统是一个通用的旅游行业的人事档案管理系统。该系统主要有助于人事和劳动管理部门进行人事计划、组织、协调和控制等多方面的工作，掌握工作分工情况和人事方面的信息，以便作出适当的决策，并设计、建立人事档案、个人简历、受培训记录、奖惩情况等信息库。

8. 总经理管理系统。总经理是旅行社运作的核心，他需要了解各个部门的工作情况，以达到宏观控制的目的。本系统可以使总经理通过计算机直接了解自己所需要的信息。在业务方面，可了解到外联报价、旅行团运行情况等。在财务方面可了解单团、部门、客户核算情况，财务账目情况，如营业收入、营业支出、现金、银行存款、财务报表及客户欠款情况等。在其他方面，总经理还可以通过计算机查询各种旅游资源信息，旅行社价格以及本社与其他旅行社、饭店所签合同价格等信息。

9. 旅游信息管理系统。基础信息库是本系统正常运行的基础，如果库中数据有错，将直接导致系统运行结果不真实。整个信息库由 45 个子库组成，涉及代码参数、旅游资源信息、销售价格、拨款合同价格等多项内容，其维护工作量大，涉及面广，对数据可靠性有较高要求。此系统建立了全套维护程序，从城市、币别等代码维护到国外客户的基本信息、酒店基本信息。特别值得一提的是，系统的价格库采用日期段的方式，可以使某一价格按季节分为多组。如酒店销售价可随季节的不同将全年分成多组价格，最小可分到每天一个价格。除此之外，为了方便用户查询，系统还把外事服务、各类保险、外国使馆等作为信息库的一部分。

10. 电脑操作人员管理系统。电脑操作人员要由具有一定文化和技能的人来担任。他们是发挥电脑功能的关键力量。对这些系统操作人员的培养、训练、管理等工作，形成旅行社电脑业务指挥系统，由旅行社电脑中心全盘掌握，统一管理，严格按照规范要求，听从中心指挥进行工作。

二、旅行社业务信息处理系统

以下是上海春秋电脑公司设计的国际旅游业务管理系统模块，有助于完整地理解旅行社信息系统的功能和系统结构（见图 5 –1）：

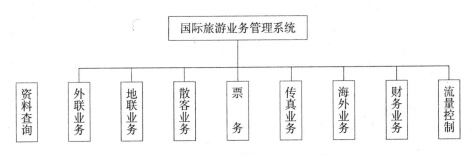

图 5 –1 国际旅游业务信息处理系统

（一）资料查询

可快速、方便地查询、自动打印各种价格、资料等信息；可实现下列各项的输入、修改、查询及自动打印：

1. 飞机航班、火车时刻、价格等信息。

2. 全国各地宾馆、饭店的资料及房费。

3. 国内所有旅游城市游览点、文娱节目及价格。

4. 全国各地旅行社的有关信息。

（二）外联业务

快速生成团队日程安排、计划及自动报价等功能，可实现下列各项目的输入、修改、查询及自动打印：

1. 团队日程安排。
2. 团队计划的生成。
3. 团队快速报价。
4. 计划更改通知。
5. 游客名单。
6. 接团通知书。
7. 团队登记表。
8. 外联报价细则。
9. 自外团结算清单。
10. 各种协议书。

（三）地联业务

提供业务人员对地面团的接待处理，可实现下列各项目的输入、修改、查询及自动打印：

1. 地面接待计划。
2. 接团通知书。
3. 计划更改通知书。
4. 客房价格。
5. 团队快速报价。
6. 地联团结算清单。
7. 各种协议书。

（四）票务

方便票务人员快速出票，该模块可实现下列项目的输入、修改、查询及自动打印：

1. 外事团队的购票通知。
2. 外事团队计划。
3. 机票、火车票等有关信息。
4. 出境考察、探亲协议书。
5. 长期协议书。
6. 快速报价。

7. 结算清单。

（五）传真业务

规范各种传真稿，可实现下列各项目的输入、修改、查询及自动打印：

1. 各类传真稿。

2. 专用订房传真稿。

（六）财务管理

提供国内外往来财务及费用结算，可随时自动打印，并实现下列各项目的输入、修改、查询及自动打印：

1. 各旅行社应收、应付结算。

2. 各饭店应收、应付结算。

3. 外联团队及地联团队的单团成本核算。

4. 国际部各部门分配前毛利一览表。

5. 海外结算清单。

6. 海外旅行社应收、应付结算。

7. 团队成本核算。

8. 各科目汇总结算。

9. 自组团收支表。

（七）流量控制

提供各种形式的月报及自动生成和打印统计报表，可实现下列各项目的输入、修改、查询及自动打印：

1. 本市接待旅游的外国人、华侨和港澳台人数月报。

2. 旅行社接待过夜外国旅游者按国别分组月报。

3. 旅行社外联及承办第一站散客人数月报。

4. 旅行社接待过夜海外旅游者人数月报。

5. 旅行社外联及承办第一站人数。

6. 入境旅游者流量与流向月报。

7. 各组团社接待人数、团量月报。

8. 饭店用房统计表。

旅行社信息处理系统的基本构成主要是销售信息、接待信息和财务信息的处理。以下是中国国际旅行社旅游信息处理系统的功能实例：

部门：美大部 　　　　选择：

日期

用户：1222　系统　菜单

(1) 旅游信息管理及服务子系统

(2) 外联销售子系统

(3) 陪同管理子系统

(4) 对外结算子系统

(5) 对内拨款子系统

(6) 财务管理子系统

(7) 成本分析子系统

经过第二项选择，在处理销售业务时，可进入下一级预订旅游团子系统。

第二节 旅行社电子商务活动

现代信息革命和互联网的兴起给旅游业带来了新的发展契机，以突破时空限制、提高旅游交易效率、降低交易成本为标志的新的商务模式即旅游电子商务正在全球蓬勃兴起。旅游活动与电子商务的结合将成为旅游业未来发展的一个主要方向。

一、旅行社开展电子商务的必要性

电子商务是人们通过 Internet 及其他局域网、广域网解决交易问题、降低经营成本、增加商业价值并创造新商机的所有商务活动。旅游电子商务，是指以网络为主体，以旅游信息库、电子化商务银行为基础，利用最先进的电子手段运作旅游业及其分销系统的商务体系。它展现和提升了"网络"和"旅游"的价值，具有营运成本低、用户范围广、无时空限制、同用户直接交流等优点。旅游电子商务包括了产品的销售、预订、结算的全部过程。如一位有意外出的旅游者，通过互联网上提供的旅游产品，经过自己运用电脑点击后进行确认，得到销售商的认可后，再通过电子支付购买旅游产品的费用，便得以完成旅游电子商务的全过程。值得指出的是，必须通过电子结算的过程，才统称为"完整的电子商务"。

旅游电子商务为旅行社的发展带来了广阔空间。旅游电子商务由于具有方便、快捷、准确的特点，对旅行社企业和消费者双方起到互动作用，使双方都获益。1996 年起，国旅总社就采用 DDN 专线方式将其内部局域网与 Internet 互联。同时，开通电子邮件和网络传真服务。目前，国旅总社的各业务部与国外客户间的 80% 的日常业务往来（包括旅游线路、包价、组团信息、咨询服务等）都通过电子邮件方式进行。新型的营销方式，使该社每年仅通信费用就节省近百万元。而展现在消费者面前的则是通过高科技手段开发的可供选择、经济实惠的旅游产品，为人们完成旅游活动提供了广阔的空间。旅行社启用旅游电子商务，从根本上改变了旅行社小作坊式的手工操作方式，这将使旅游效益最大化成为可能。

同时，旅游网站的涌现和功能的不断完善，旅游电子商务将对一直以来由行政条块分割所致的中国旅游市场固有的市场壁垒带来革命性的冲击。具体表现为在线旅行社挑战传统旅行社。广州旅游局下属的广州岭南旅行社成为我国第一家电子旅行社，它通过互联网的操作，实现了旅游线路信息实时报送、更新，后台线路订单查询，订单跟踪，支付结算，监控等业务流程操作。

目前，我国旅游电子商务网站中多数为网络人创办，传统旅行社上网并没有占据主导地位。而面对网上旅游巨大的市场空间，传统旅行社都不会放弃该市场。同时，我国传统旅行社尽管处于"小、散、弱、差"状态，但相对于网上旅游来说却成熟得多，而且建设旅游电子商务并不单纯是技术问题，网上旅游需要解决的主要问题是如何获得丰富的旅游信息资源，这并不是纯粹的网络人所能解决的。因此对于旅行社来说，应该是网上、网下旅游共同发展、共同进步，网上旅游销售与旅行社同时存在，并各有分工和侧重。

旅游电子商务非常适合于开发散客和小团体旅游市场。由于传统的随团旅游方式因其缺乏主题旅游特色和良好的服务质量，已经逐渐被年轻的旅游者所抛弃，而更多的旅游者开始倾向于选择散客和小团体自助旅游的方式。

二、我国旅游电子商务发展现状

（一）我国旅游电子商务正在积极发展中

目前，我国国内旅游电子商务正在积极地向前发展。全国的旅游网站有 650 家之多，这些网站大体上可分为三大类：一是旅行社、旅游景点、宾馆饭店设立的公司网站，以求拓展宣传渠道，增加营业收入；二是综合性网站下设的旅游业务，如国内知名的新浪、搜狐、网易等都涉及旅游咨询信息的服务内容；三是专业旅游网站，如华夏旅游网、携程旅游网、青旅在线、中国旅游网等，正在形成自己的经营特色和经营理念。例如，中国国际旅行社 1999 年的收入中有 80% 是通过电子商务及相关手段获得的；华夏旅游网每天就给国旅带来相当多份额的散客订房，每年团体酒店预订金高达 2 亿元人民币。在世界网络发展陷入低潮的大势下，利用网络平台开展旅游电子商务仍是最有发展前途和最被看好的。

（二）我国旅游电子商务发展中存在的问题

1. 综合门户专业性不强。

2. 旅游网站的内容简单。

3. 旅游网站的经营业务合法性还存在问题。

4. 我国旅游电子商务在很大程度上还停留在概念炒作阶段，完全意义上的电子商务所占比重太小。

5. 公众对网络安全缺乏信心。

6. 旅游专业网站发展电子商务缺乏强大的专业产业资源做后盾。

三、促进旅行社电子商务发展的策略

传统旅行社应积极上网，实现规模化、网络化经营。我国旅游电子商务的发展最终受益者是诸如旅行社这样的旅游企业，所以旅游企业在旅游电子商务的发展中起主要推动作用。旅行社只有改变传统营销观念，积极上网，建立自己内部的业务处理和管理信息系统，并和互联网高度融合，建设面向代理商的电子分销系统和面向旅游者的在线销售系统，创建、巩固和发展自己的品牌，才能实现规模化、网络化经营。传统旅行社和新兴的旅游网站之间的整合与战略联盟是大势所趋，是旅行社新的增长点。针对不同规模的旅行社和旅游网站，应有不同的选择：中、小旅行社可以采取"入主市场"的方式，利用旅游代理商的资源优势和知名度开拓国内及国际市场；大型旅行社可采用"网社合一"的方式，把旅游网站作为一种新渠道，投入资金、人力完善网上的各种服务。各旅行社应借助电子商务平台等先进的科学手段进行横向扩张和纵向延伸，实现优势互补，增强整体竞争力。

旅行社应积极与交通部门合作，推行电子票务。旅行社借用旅游网络推行电子商务，可与交通部门积极合作，推行电子票务（机票、车票、船票等）。电子票务的出现，可以提高供需双方的效率，节约印票、取送票的成本。

加强银企合作，解决网上支付问题。尽管我国目前已有多家银行与网站合作，推出网上银行业务，但由于我国消费传统的消费心理和担心网上支付的安全问题，网上支付问题仍然制约着我国旅游电子商务的发展。国内各大银行应充分认识到电子商务的巨大利益和发展趋势，尽早介入旅游电子商务以抢占先机，为旅行社的网上营销提供信用担保。

第三节　旅行社信息化经营

旅行社信息化，是指通过对信息技术的运用来改进传统的旅游生产、分配和

消费机制，以信息化的发展来优化旅游信息资源配置，推动旅行社经济效益增长。

一、信息技术在旅行社中的应用

（一）旅游企业信息化模式的发展状况

旅游企业信息化模式包括旅游企业所采用适合企业自身的信息技术与信息管理模式。随着信息技术的发展和企业管理水平的提高，旅游企业信息化模式的发展更加灵活、多元。但是我国信息化基础薄弱，信息技术运用水平较低，信息管理模式还停留在模仿国外的启蒙阶段，旅游企业信息化建设和投入不可避免地产生模式单一、与经济发展不协调的状况。

1. 信息技术应用的发展。信息技术在旅游企业中的应用大致经历了四个阶段：基于广域网络的飞机票预订系统应用阶段、基于主机系统的企业应用系统阶段、基于微机网络的企业应用系统阶段、信息技术的综合应用阶段。在第四个阶段中，现代信息技术还将原来与旅行社行业无直接关系的企业纳入其中，使实体经济和网络业务相互补充，创造出一种全新的业务模式。

2. 信息管理模式的发展。随着信息技术的发展和企业管理水平的提高，旅游企业的信息管理模式由面向技术管理的信息管理模式转向面向竞争的信息管理模式的发展，并经历了电子数据处理系统（EDPS）、管理信息系统（MIS）、战略信息系统（SIS）三个阶段。在面向竞争的信息管理模式中，旅游企业内部的信息系统管理已经可以覆盖企业的全过程和各个方面，形成与业务过程有机结合的综合的应用系统，并能够为客人提供更为方便的信息服务；另一方面企业外部的以因特网为基础的信息网络将世界各地的旅游企业、旅游者和旅游资源有机地联成一体，使旅游企业之间、旅游者之间、旅游企业和旅游者之间可以方便地进行信息交流，从而形成一个全社会的综合信息网络。

3. 信息化模式存在的问题：

（1）信息化模式单一。我国旅游企业信息化停留在较简单的模式上：一是在拥有电脑的旅游企业中，85%以上的企业电脑的主要用途是简单的文字处理和制作报表工作。对信息进行收集、加工处理而后得到的增值与信息共享，在企业内部实现信息沟通的旅游企业甚少。二是大多数旅游企业计算机处于单机作业状态，企业电脑上网数量远远低于发达国家旅游企业的水平。虽然有许多旅游企业开始通过网络推介旅游产品、进行网上预订，但是大多数信息处理没有实现网络化，信息处理维持在局部的范围，企业内部网和因特网连接需要的软硬件设施还不完备。三是在信息系统的运用方面，多数旅游企业过于偏重应用程序、数据环境、技术环境的开发，忽视系统建设中的社会与人文因素，造成了"社会环境瓶颈现象"，限制了人们对信息资源的充分利用。旅游企业分散在各地、各个企业，旅游信息难以及时更新，也难以实现对旅游数据的共享。

（2）与经济发展不协调。我国旅游经济发展迅速，但旅游企业信息化建设大多滞后于经济的发展，信息化模式与经济发展不协调，与国际水平还存在相当大的差距：一是各旅游企业对信息化的战略性、紧迫性缺乏足够的认识，组织协调力度不够。二是信息封闭和垄断严重，系统之间互联度差，信息管理体制不适应信息化发展要求。三是信息化市场管理薄弱，市场行为亟待规范；信息化人才普遍短缺。旅游企业面对越来越高的散客浪潮，其传统的经营方式应对越显得乏力。

（二）信息技术在旅行社的应用

现代信息技术种类繁多，如计算机预订系统、电子货币交易系统、电视会议、可视图文、电子小册子、计算机管理信息系统、航空电子信息系统、数字化电子网络、移动通信等。随着信息化工程的推进，旅行社业在利用信息技术方面已抢先一步，从20世纪50年代开始，美国航空公司就用计算机作为预订系统。短短几十年的发展和运用，在世界发达国家旅行社业务运行中，科技含量越来越多。例如，电脑预订系统的拥有率德国为100%，法国为99%，西班牙为75%，意大利为75%，英国为60%。

在旅游信息日益丰富和复杂的今天，传统的媒体已经难以满足旅游信息传递的需要。信息化时代互联网实现了海量信息的低成本高速传递，为旅行社提供了全新的信息传播和处理手段。目前，许多旅游企业已经成功地利用了由互联网技术提供的机会，直接上网经营运作，开展全球直销业务。例如，国外著名的"预览旅行"网络（www. preview travel. com），每年吸引600万名以上的访问者浏览网页，邮寄订单达8 000万美元以上。"旅游城市"网页（www. travel city. com）每周的订单约500万美元。国内旅游企业龙头——中国国际旅行社总社与广东华达康投资控股股份有限公司于1997年共同组建的华夏旅游网络有限公司，已经成为中国规模最大、咨询最充实、服务功能最强的旅游电子商务专业网站。网上旅游产品超市，为旅游者提供方便、快捷、优质、实用的旅游产品预订服务；网上旅游交易会使旅行社、航空公司和酒店等旅游相关企业可在网上进行星系沟通、寻找合作伙伴、在线成交等业务；网上旅游咨询内容的深度和广度不断增加，使旅游爱好者在网上可以浏览国内各城市景区以及世界各地的旅游信息。

旅行社通过建立旅游信息网站，通过覆盖全球的网络信息高速公路，使世界各地的游客通过信息网站对旅游景区的各方面情况有所了解，并从网站上得到交通、住宿、游览等实用信息。这种宣传方式覆盖范围之大、传播地域之广是过去任何一种方式都无法比拟的。还可利用旅游信息网络做出图文并茂的各种网页和多媒体音像资料，大力宣传本地的旅游资源、服务特色、风土人情等内容，扩大旅游景区的影响。由于旅游信息网站的作用，吸引大量游客前来观光是必然的结果。网上促销渐渐成为旅行社和旅游消费者之间进行信息沟通的桥梁，上网者不仅可以通过聊天室、电子广告牌等提出自己的问题，以征得旅行社的解答，而且可以和其他旅游者交流旅游体会和经验，增强促销效果。

网上营销将突破旅行社传统的经营模式和手段，从而降低成本，提高效率，寻求新的利润增长点，最终为旅游者和旅行社提供全面丰富的咨询内容和全天候的有特色、个性化的服务。在我国，互联网同样为旅行社提供了一个良好的市场营销手段：一方面，可以通过互联网向网络及电脑普及率较高的国家和地区有力地推销我国的旅游形象和旅游产品。因为它具有成本费用低、涉及面广、信息更新快的特点。另一方面，国际旅行社可以通过互联网进行个体营销。中国国际旅行总社已走出了第一步，上海中国国际旅行社有限公司也在国际互联网上建立了自己的主页。如国旅总社（http://www.cits.net）、中旅总社（http://www.ctsho.com）、广之旅（http://www.gzl.com.cn）等都已建立自己的网站。"青旅在线"和春秋旅游网已成为旅游电子商务的典范。

旅行社使用信息技术开展内部的业务运作改革，以提高经营管理效率。为了适应个性化旅游的开展，旅行社的工作量和复杂程度都会空前增加。旅行社利用电子邮件和电子订单进行网上采购和预订，不仅可以节省大量时间、人力和联络费用，而且由于网上联络频繁，修正容易，减少了由于计划采购量和实际采购量之间的差异而引起的纠纷。另外，旅行社还利用信息技术建立内部管理信息系统，建立统一的顾客档案库，以便旅行社所属各分社或营业网点能够及时掌握销售状况，做到信息资源共享；建立财务管理系统，更好地控制所属各营业点的营业收入；建立网上培训课程，供分散在各地工作的员工随时随地学习；建立导游人员和各类人员的资料库，以便为内部员工提供定制化服务等。内部网络可使旅行社内部管理信息畅通，管理透明度加大，这必然使经营管理水平提高。

二、信息技术发展对旅行社的影响

（一）网络技术削弱了旅行社的基本职能

从某种角度来讲，旅行社也可以被认为是信息产业。这是旅行社的行业特点所决定的。同时，由于跨国、跨地区的旅游管理对信息共享要求高，所以信息资源是旅行社经营的要素之一，在其资产组成中占很大比重。

在线"网络旅游公司"的出现，对传统旅行社提供信息的职能提出了挑战。旅游饭店、旅游景点、旅游交通部门和其他旅游企业可以通过国际互联网将自己的产品信息直接刊登在自己主页和网站上，且信息高度集中，操作方便快捷，潜在旅游者只需进入感兴趣的站点，就可以得到有关信息，不会受到旅行社产品组合的限制。由于国际互联网的双向互动性，旅游者又可以通过电子邮件的形式，及时与有关旅游企业联系，提出自己的要求，从而得到满意的答复。

旅游电子商务的出现，使旅行社的代理职能受到削弱。由于旅游企业可以通过预订的形式在网上直接销售旅游产品，旅游企业就可以省去由旅行社向旅游者推销自己产品且促成其消费行为而付给旅行社的佣金，而且只需花很少的费用就可以在网上将自己的信息公布出来，节约开支，降低产品成本，使产品更具有竞争力，从而使旅行社的代理职能失去了不可替代性。

旅行社的咨询服务功能将被 Internet 的网络自动查询所代替。随着 Internet 网络技术的发展和普及，以及网上资源的丰富和完善，特别是家用电脑的推出，人们可以在家里看世界，可以通过网络自动查询功能更具体、更直接、更及时地查询到自己所需要的旅游目的地的信息。

旅行社旅游产品的推销模式和手段将被网上营销所代替。旅行社传统的广告宣传和推销手段，不仅成本高，而且覆盖面也受到限制。如果利用 Internet 这种全球性网络进行产品的营销，不仅覆盖面广、成本低，而且营销效果好。

旅行社设计旅游产品的职能被替代。随着旅游需求的个性化和多样化的发展，旅游者可以通过网上查询信息后，根据自己的个性要求，自行设计旅游线路，而不使用旅行社为他们安排的旅游线路和组合的旅游产品。

旅行社代理票务的收入将会随着旅游预订系统（CRS）和银行付款系统（BSP）的完善和推广而逐渐下降。

（二）网络旅游更适应散客潮与个性化旅游趋势

目前，旅行社经营处于买方市场，市场需求从过去被动接受旅行社提供的"套餐"向追求多样化、个性化的主动选择转变，越来越多的商家已经意识到"适销对路"已经成为市场主流，逐渐从产品销售转向产品开发。然而面对自主化、个性化的国际散客潮自助出游趋势而感到力不从心，究竟选择开发哪一种个性市场成了老大难问题。网络旅游正是在个性化旅游的大环境中应运而生，充分满足了不同性格、心理需求的旅游者需求。网络旅游通过网站上的社区及时搜集不同旅游者的需求信息，获取生产者的销售反馈信息。旅游电子商务加强了生产者与生产者、消费者与生产者之间的联系，使自助线路、自助出游完全成为现实。

（三）网络的增值服务功能成为制胜关键

由于在网络世界中人们具有无限的选择权利，所以网上的竞争日益激烈。旅行社网站向"网客"推出的旅游服务项目越来越多，而且清晰明了，操作简单、快捷，迎合了网络时代人们的心理需求。例如，继新浪网推出"香格里拉摄影采风探险"之后，华夏旅游网和雅宝竞价交易网在北京、上海、广州联合推出"1 500 元游拉萨"特别活动，以吸引更多的"网客"参加。由此可见，网站仅仅只有技术和信息优势，仍无法成为最后的赢家；谁能提供更多的增值服务，才是制胜关键，而这又是传统旅行社难以做到的。

当国际互联网成为旅行社的竞争对手之后，会使旅行社失去一部分潜在的旅游者，致使旅行社利润下降。例如，美国人在国际互联网上获得的网上旅游服务大约 400 万人次，占美国总人口的 38%。这就意味着旅行社至少失去了为 400 万人次提供服务而获得赢利的机会。

（四）网络时代旅行社仍具有自身优势

虽然信息技术以其巨大的优势占据了旅行社市场，但并不意味着旅行社从此就退出历史舞台。在信息技术发展如火如荼的今天，静观旅行社仍会发现它具有一定的优势。

1. 目前网络旅游发展仍不完善。旅游电子商务的概念确实让人耳目一新，但电子商务时代的真正到来是建立在成熟、健全的网络基础上的。首先，网络的可操作性差。受电脑普及率、网上宣传的被动性、网上交易的技术性问题及人们的消费习惯等因素的影响，使得网上的消费者局限于受过良好教育者或高收入者。其次，安全性和速率是网络发展的瓶颈。网络虚拟性和网络黑客的侵袭增加了旅游产品的不可感知性和购买行为的风险性。网络速率远远达不到消费者的期望水平，很难想象一个消费者会在网上订购一份书摊上就能买到的当天的报纸。再次，网络信誉无法保证。尽管有网上预订、支付，但网上的"承诺"不一定能够兑现，这不仅需要靠较高的社会道德水平来支撑，而且还需要用法律的形式对这种"承诺"进行制约，以保证它的实现。

2. 旅行社的人性化服务永远是网络旅游服务的空缺。旅行社从事的是一种人性化的服务，随着社会经济的发展，人们对人性化的呼唤、对感情的渴望越来越强烈，而人的感情又是电子化、信息化所不能替代的。尤其是导游服务不可缺少，国际旅游界认为："没有导游的旅游是不完美的旅游，甚至是没有灵魂的旅游。"

三、旅行社的信息化管理

旅行社信息化管理，是指旅行社在旅游业领导部门统一组织和规划下，广泛运用现代信息技术，深入开展和有效运用旅游信息资源，提高旅游服务质量和旅行社的经营效益。

（一）创新管理思想

管理的每一步变革都来源于观念和思想上的创新。信息时代信息是最重要的资源和资本，凡能运用信息技术经营管理的都能取得显著的经济效益。目前，我国旅行社中实施信息化管理的还不是大多数，这其中管理思想陈旧是主要原因。因此，要实施信息化管理，首先要创新管理思想，要借助信息技术将管理思想、管理组织、管理方法和手段来一场革命，充分发挥信息技术和信息资源的优势，促进旅行社管理的不断完善。

（二）加强对广大员工的教育和培训，掌握和运用信息技术

信息化管理对每一位员工都是一个新的挑战，每一位员工都面临着提高自身素质、树立良好形象和良好信誉的问题。因此，要加强对旅行社内部员工的教育和培训。培训内容包括信息专业技术，员工都应掌握旅游信息的获取、制作、分析、加工、传递和运用等各个环节，使旅游信息能够尽快服务于旅游业，尽快成为效益和财富。加强员工职业道德修养，营造良好的人际关系环境，加强行业间的沟通与协作。

（三）发挥多维信息交流的功能

现在，因特网正在为游客提供越来越多的有关旅游目的地、旅游交通等多方面的信息。但是游客在因特网上不易进行特定信息的选择，对于初上网者来说，在茫茫网海中寻觅，会遇到费时、麻烦、上网费用高等问题。所以，旅行社可利用自己的网站集中大量的旅游信息，并进行分类编辑，方便上网者查询。为建立完善的信息库，旅行社可把旅游目的地的信息集中在一起，设计成专门的网页，供有意向的旅游者查询。如中国旅游资讯网、华夏旅游网、携程旅游网等，提供旅游咨询、在线行程预订和支付，一定程度上较好地整合了旅游服务资源和技术服务资源，为广大的散客旅游者服务，提供个性化的服务。另外，旅行社根据自己与旅游企业和旅游消费者都有广泛联系的特殊地位，主动对买卖双方进行调查，形成旅游需求和供给信息，有偿向旅游企业提供；也可与市场研究公司协作，进行市场发展的趋势分析，逐步形成信息中心。

（四）利用信息技术做好旅行社售后服务功能的延伸工作

游客这次旅行结束意味着下次旅行的开始，做好熟客的服务工作就可以使他

们下次旅行时再与本旅行社联系。做好售后服务工作是保持顾客和市场并不断扩大的极好措施，有方向、有基础、成本低、效果好。如可以在客人返回后的第二天向客人打电话问候、或在网上对客人致以问候、给客人送意见征询单、明信片等方式加强售后服务。旅行社可利用计算机管理来建立客户档案，还可利用网络加强与客户的联系，进行售后跟踪服务，了解他们的新需求，以便推出更符合其需求的旅游产品。

（五）利用信息技术促进旅行社内部管理运作的改革

因特网的使用有利于旅行社内部的业务运作和经营管理水平提高。旅游需求的个性化趋势使旅行社的工作量和复杂程度都空前增加，旅行社利用电子邮件和电子订单进行网上采购和预订，不仅可以节省大量的时间、人力和联络费用，而且由于网上联络频繁，修正容易，减少了由于计划采购量和实际采购量之间的差异而引起的纠纷。另外，旅行社也可利用因特网建立内部管理信息系统，建立统一的顾客档案库，以便旅行社所属各分社或营业网点掌握销售情况，做到信息资源共享；建立财务管理系统，更好控制所属各营业点的营业收入；建立网上培训课程，供分散在各地的员工随时学习；建立导游人员和各类人员的资料库，以便为内部员工提供定制化服务。内部网络可使旅行社内部管理信息畅通，管理透明度增大，经营管理水平得到提高。

四、旅行社网站建设

根据上述分析，可以断言，电脑与互联网将对本世纪旅行社的生存与发展产生关键性的影响，在互联网上没有网页的旅行社经营者将无法生存。世界旅行社协会联合会也要求旅行商尽快上网。在网络空间运作旅行社业务，首要的问题是要建立一个高效优质的网站。因为网站质量的优劣，是决定网上商务成败的关键之一。一个高效优质的旅行社网站应具有如下构成要素和功能：

（一）旅行社网页的内容

一个高效优质的旅游网站应当具备的基本内容可归纳为三种类型，即标准内容、旅游内容和其他内容。标准内容包括旅行社产品和服务的内容、旅行社产品和服务的价格、联系方式、E‑mail 地址、在线预订、有效性检验、旅行社产品和服务的搜索引擎、旅行社产品和服务热线、图片及内容索引和位置图等，这些内容一般出现在网上交易的主页上。旅游内容包括旅游线路和相关的节目和活动、旅游景点、食宿以及给旅游者的忠告等。这些特征一般出现在销售与旅行社相关产品的旅游网页上。其他内容有两项，即特殊优惠价和打折方面的规定，主要是旅行社产品和服务促销方面的内容，常常出现在试图使更多的网络浏览者成为游客的网页上。

成功的旅行社网页应该最大限度地利用网络特性，提供具有信息和服务双重功能的内容，以满足于旅游者的需求。

一些动态的内容需借助于一个电子代理人执行其功能，"网客"可利用它搜索感兴趣的内容。"电子代理人"通过信息处理过程（过滤、分析、分类、搜寻、推荐）、旅行或服务计划制订（整理、回收、综合、解决问题、支持决定、计划实施），或电子市场功能（谈判、比较、购买和支付），合理地综合各种信息源为"网客"或游客服务。

（二）网站内容的质量

游客或潜在的游客主要从通用性、广泛性、准确性、清楚性和有用性角度来判断内容质量，网客们不会回到一个稳定不变、内容陈旧的网站。因此，一个有效的网站需要不断地更新内容，新内容和旧内容必须组织成一个连贯的体系。

网站内容的准确性是确保网站内容质量的一个重要方面。一个高效、优质网站的信息应当是客观的，基于实际真实性，应当诚实、无偏见和值得信赖，而不使用傲慢的语调或欺骗的语言。客观的内容可以有效地增添网站的访问人次。

有效网页内容的有用性，是指网站要清楚地告诉潜在的游客在网页上能做什么和能发现什么，它应当具有使用性、个性化并集中于其客观目标。例如网站销售航空机票，它应当清楚地标明如何寻找航班号，并进行预订。

网站的实用性包含两层含义：首先是该网站是否可用，其次是是否有用。如果一个网站是可用的，但完全是不起作用的，那么没有人会关注它。因为无用的网站不会增加商业效益。有用性是指能够提供对每一个使用者可理解的、有用的和可以使用的内容和功能。每一个访问者带有各种目的来访问网站，因此提高网站有用性的一个重要方面是要了解访问者使用网站的目的，并且要尽力满足他们的要求。

网站的内容应清楚明白、准确和易于阅读，这可以通过一个倒金字塔的方式来实现，即首先表示最重要的信息。内容的清晰与易于使用的设计相关，绝大部分访问者在网络上主要是浏览信息。因此，为了改进网站内容的清晰性，可以使用装饰性文字、大号字体标题、图表、主题句和内容表格等。

（三）网页设计

旅游者要求有效网页的设计要便于使用、快速并有好的外观，具有互动性和可进入性。

有效的网站必须能够快速下载并便于使用的网站。便于使用的一个重要标志是网站应具备较强的漫游功能。如果漫游功能不强，那么会使访问者很快地离开网站，而易于漫游的网站可以通过将访问者转变为购买者而实现了商务交易。为了增强漫游功能，漫游工具要有一致的外观，并位于每一页的同一位置，使访问者尽可能通过较少的点击获得较多的信息。

优质高效的网站应当具有互动性，应当知道访问者要从网站得到什么以及他们对所看到的内容做出何种反映。

旅行社网站的外观设计也是重要的。一个精明的可视化设计可使访问者高度看重这个网站，特别是网站开始的两页应当图文并茂、具有吸引力。主页设计是非常重要的，因为这是访问者对旅行社的第一印象。主页是进入网站的大门，它是道路图和索引，让访问者发现他们所需要的信息，并使他们感到愉快和有收获，从而成为经常光顾的访问者。

应当注意的是，互联网上的网站已经有数万个，如果访问者不需要或者即使需要但是不知道网址，那么网络的访问率也会很低。所以，在网站的设计中，网站的"知名度"是旅行社获得盈利的最基本的要素。旅行社在将其产品积极推向互联网的同时，也要致力于网址的宣传，在公众场合或在与业务有关的在线杂志上刊登广告，发布网站地址，在搜索引擎上注册网站，列出索引和搜索网站，扩大"标志元"，以至网站易于被搜索引擎所搜索。这样有利于使更多的"网客"了解旅行社的站点，保证旅游网站有大量的访问者。例如，中国旅游商务网曾与广州饮食集团合作，开展网上年销售配送服务活动；中国旅游咨询网推出"网上课堂"，把网络与旅游时尚紧密结合起来，将娱乐性和知识性融为一体；华夏旅游网和雅宝竞价交易网在北京、上海、广州联合推出"1 500 元游拉萨"特别活动。通过这些公关活动，这些网站不同程度地扩大了影响，引起了人们的关注。

五、我国旅行社信息化经营实例分析

（一）上海春秋旅游网

上海春秋旅行社利用互联网技术为自己搭建了一个现代化的平台，走出了一条或许是网络与旅行社之间完美结合的道路。

上海春秋旅行社在全国较有影响的电脑实时预订系统诞生于 1994 年，由于这种电脑实时预订系统在内部运作中很快显示出了准确、迅速、方便的规范化统一操作的优势，从而迅速扩展，网络成员不断增加，形成了一个比较完善的代理商预订系统。目前，春秋旅行社在全国已有 22 个直属分社，网络代理 500 多家。2001 年 1 月，春秋旅行社将春秋旅游网从简单的信息发布功能改进为能够进行旅游电子商务的网站。春秋旅游网依靠春秋国际旅行社产品、品牌、服务上的优势，走上一条"信息→访问人流→电子商务→资金→整合发展"的道路。为此，规划建立与之相适应的网站结构和网页形式，以随时更新价格、开班日期、游程安排、供应标准等上网游客所能直接进行商务预订的数据，并推出了商务订房、订票以及自助旅游等产品，力求"化整为零"地服务。为了推进网上服务，还与招商银行和环迅公司合作，开通了20多家银行信用卡的网上支付平台。在短短三个季度，使得春秋旅游网的营收和利润很快进入了良性循环的创收轨道：2001年第一季度营业交易额达120万，第二季度达400万，第三季度将近600万，因而达到了很好的利润目标。

春秋旅游网利用春秋旅行社在北京、西安、广州、郑州、杭州、沈阳、南京、桂林、三亚等主要旅游城市均有分社的优势，形成了以上述城市为中心的网络服务系统，在旅游网的主页上设立了在线服务城市，发布该地区的产品内容和服务范围，同时又以这些地方分社为基点，将春秋旅游网的服务辐射到全国。这种网上预订服务触角的延伸使旅游者感受到春秋旅游网不仅仅是用电脑和电话线连接起来的一个虚拟空间，而是实实在在的服务网络。同时，企业规模化运作和互联网跨地区经营相互利用、相互促进，优劣互补、相得益彰，对于春秋旅游网的服务品质和活力起到保障催化作用，也使春秋旅游网在整合企业优势中发挥出独到的合力作用。

（二）"青旅在线"

"青旅在线"是我国第一大专门旅游门户网站，每天的访问量居全国各旅游网站的首位。"青旅在线"在创造了巨大经济价值的同时，也创造了巨大的社会效益，可谓一举两得。"青旅在线"成功的秘密在哪里呢？

我国唯一的一家上市旅行社——中青旅控股公司——改革传统旅游经营模式，成立了电子商务公司，创办并开通了综合性旅游网站——"青旅在线"，利用Internet平台进行网络营销，旅行社则只作为"后台"，主要从事具体的市场调研、产品研发、接待等环节的工作，由此而形成利用旅游网站与旅行社业务互补的旅游经营新格局，并带动传统旅游产业的升级。将传统和现代巧妙地结合在一起，各取所长，互为依托。"青旅在线"所走的道路不仅代表着传统旅游电子商务发展的方向，而且也代表了整个互联网电子商务发展的方向，用传统销售网络的后台作支持，建立实物与虚拟、创新与传统相结合的商务网站，是旅行社发展的大趋势。

在这一根本性的转变过程中，坚实、庞大的资金支持是极为重要的。中青旅控股公司通过发行上市公司股票来筹措资金是可行的办法。在过去的一年中，中青旅股票发行的成功表现证明它可以发挥在传统旅游企业向复合型旅游企业转型这一过程中的决定性作用；同时，也为旅行社业在网络时代如何发展自身规模并开拓新市场，转变"小、乱、差、弱"的落后状况指出了一条可行的途径。

"青旅在线"在建成的一年多的时间里，它的页面曾经多次改版，每一次改版都给人耳目一新的感觉，而且每一次改版都会增加许多新的内容，使人百看不厌。这也是"青旅在线"成功的秘密之一。

（三）广之旅中国旅行社热线

由广之旅主办的中国旅行社热线是一家典型的"鼠标加水泥"的旅游企业。自 2000 年 2 月正式推出后，它基本上没有投放硬性广告，而是举办"网上旅游大比拼"、"首个网上旅行团"等活动。在实际运作中，成功地联合了南方航空公司、广东省农业银行、163 网站以及 50 多家饭店和景点，为活动提供奖品或网上宣传。网站宣传总投入不到 50 万元，但收效明显。自推出后每月网上销售额已经超过了 100 万元，总体核算下来，略有盈余。这一实例表明，传统旅行社进行网络经营，盈利前景更为乐观。

"鼠标加水泥"非常形象地表明了在网络经济条件下网络与传统产业的关系。"鼠标加水泥"意味着一方面传统旅行社要积极利用互联网工具，把传统旅行社的优势更好地发挥出来；另一方面，网络企业要积极靠近传统旅行社，充分发挥网络的优势，把传统项目做出新意。

除了传统企业多年经营建立的品牌优势和社会关系之外，在控制人员规模、减少成本上也有优势。中国旅行社热线的员工仅 30 余人，除了增加少量针对商务市场和熟悉网络营运的业务人员之外，整体的宣传、产品组织、旅游服务的提供则由广之旅负责。由此可见，拥有资源优势的传统旅游企业与网络联手才能实现真正意义上的网络营销。实践再一次证明，在向网络经济过渡的过程中，传统经济并不是一无是处可以马上踢开，它的优势依然很明显，网络营销永远也不可能取代其他所有营销方式。所以，"鼠标加水泥"的运作模式，不论对传统企业还是网络企业都是最好的选择。对于传统企业，正如英特尔前总裁葛洛夫所说："所有公司都必须与网络联合，与网络无关的公司只有死亡。"

六、美国罗森布鲁斯旅行社信息化经营实例分析

RT 是美国罗森布鲁斯旅行社（Rosenbluth Travel）英文名的简称，它是美国费城一家典型的家庭企业。在 1980 年至 1990 年的 10 年间，RT 由一家名不见经传的地区性旅行社一跃成为全美五大旅行社之一，其销售额也由 1980 年的 4 000 万美元猛增至 1990 年的 10 亿美元。RT 的成功主要取决于两个方面，就外部环境而言，RT 的成功得益于其经营者准确预见了航空管制被取消对美国旅行业的

影响，并充分把握住这一变化为之提供的发展机会；就内部环境而言，RT 的成功取决于其经营者创造性地将信息技术作为其战略的基础和核心，使其技术条件一直处于行业领先地位。当然，RT 经营者独特的经营哲学是 RT 成功的必不可少的胜数，但信息技术的应用也是 RT 经营战略得以实现的保证，是其取得成功的关键所在，对世界范围内的旅行社同行都具有很强的示范效应。

（一）《航空管制取消法案》与 RT 的战略选择

RT 成立于 1892 年，是一家典型的家庭式企业，1978 年还只是一家地区性的零售商。1978 年美国颁布《航空管制取消法案》（The Airline Deregulation Act）为 RT 的发展提供了历史性的机遇。

由于历史和现实的原因，尽管美国旅行社行业的收入来源多种多样，但航空代理一直是美国旅行代理商最为重要的业务来源，航空管制取消对于美国旅行社行业的发展产生了巨大的影响。这主要表现在以下三个方面：

1. 航空管制的取消，使得美国航空运输业的航线和价格趋于多元化和复杂化，而旨在缓解这一复杂状况的 CRS（Computer Reservation System）自身的复杂性，使得人们迫切需要专业化的服务，旅行社代理商的作用日趋重要。

2. 随着世界经济一体化进程的加速，美国企业的公务旅行支出飞涨，这使得各企业认识到科学管理公务旅行支出的必要性，公务旅行市场成为美国旅行社业日益重要的细分市场。

3. 信息技术的高速发展为旅行社凭借信息技术提高规模经济水平提供了可能。与此同时，信息技术的高投入也要求规模经营。

在此情况下，RT 的经营者哈尔·罗森布鲁斯（Hal Rosenbluth）高瞻远瞩，准确地预见到公务旅行市场的巨大潜力，同时也强烈地意识到信息技术在新的经营环境中的重要作用和旅行社规模经营的必然性，并在此基础上确立了以公务旅行市场为目标、以信息技术为媒介、以全面满足公务旅行者需要为目的的企业扩张战略。

（二）信息技术与 RT 的迅速扩张

在哈尔·罗森布鲁斯战略思想的指导下，RT 从航空公司计算机预订系统的普通用户一跃成为信息技术开发与利用的排头兵。RT 在 CRS 的基础上，先后针对目标市场不断发展变化的需要，又不断地开发出 Readout、Vision、Uservision、Prevision 和 Ultravision 等系统，并以此为基础不断扩大企业的规模。

1981 年，RT 建立了美国第一家旅行社商务预订中心，目的在于通过服务于专业化的目标市场实现规模经济，并为收集和使用信息进行设备方面的准备，为提供高效的服务奠定基础。

1983 年，RT 成功地开发了 Readout 系统，改变了预订系统中航班表的排列方式，开始按照票价由高到低而非按照传统的起飞时间排列航班顺序。这一系统的应用使 RT 的服务独具特色，有助于企业在复杂多变的航空价格中最大限度地节省旅行费用，从而为 RT 获得了更为广阔的客源市场。1983 年至 1985 年的两年间，RT 的机票销量上升了 1 倍，并从一个地区性的旅行社一跃成为国际性的旅行社。

1986 年，RT 为了冲破 CRS 的束缚，主动开发了 Vision 系统。这是一个后台管理系统，它使 RT 能够运用 Vision 进行预订的同时，将 RT 的所有预订交易信息同步传入 Vision 系统，并可在 24 小时内完成有关预订交易信息的检查和处理。这一系统使得 RT 能够在预订交易发生 24 小时后获得准确、完整的预订记录，而其他使用 CRS 后台管理系统的旅行社要在交易发生 45 天后才能获得有关的交易记录。因此，Vision 系统不仅可以帮助 RT 及时向客户报告有关旅游支出情况，而且可以使 RT 随时掌握有关供应商（如航空公司）的预订数量。这些信息可以用来支持旅行社与供应商的谈判，以利于旅行社获得较低的价格。在这一系统的支持下，RT 不再像其他旅行社那样通过向客户提供回扣吸引公务旅游业务，而是在与供应商建立良好的服务和伙伴关系的基础上，确保其客户获得低廉的票价从而节省旅费支出。与此同时，RT 本身仍然能够获得 10% 的标准销售佣金。

此后，RT 又进一步开发出 Uservision 系统，为客户提供直接联机服务。这一系统使联机的客户不仅仅使 RT 自身能够在 24 小时或获得 Vision 系统中的信息，与其他系统 45 天的时代相比较具有明显的优势，从而使其所有客户能迅速获得其在旅游费用支出方面的最新信息，极大地方便了客户的经营决策。

1988 年，RT 应用 Apollo 预订系统提供的专卖应用权开发了 Prevision 系统。这是一个前台支持系统，可以为 RT 所有的营业点提供客户的公司政策档案和旅游者的旅行记录，大大地减少了数据的重复录入，使前台操作的精确性和工作效率均得到了提高，同时也大大方便了客户的预订。

RT 随后开发的 Ultravision 系统是信息自检系统，具有纠错功能。这一系统与正常的预订过程同步运行，应用从 Vision 系统中提取的数据监控当前交易的完备性与准确性，错误的识别与改正能够与预订同步进行，极大地提高了 RT 的服务质量。

此外，RT 为适应其客户业务不断国际化的发展趋势，将其服务范围延伸至其客户足迹所至的主要国家和地区，在当地选择可靠的合作伙伴，依照 RT 的服务模式向其客户提供标准化的旅游服务，并为此在 Apollo 系统和电子邮件的基础上建立起 RT 国际联盟（RIA – RT International Alliance），其全球分销网络（Global Distribution Network）在其国际化经营中起核心和基础的作用。

由上可以看出，RT 在航空管制取消后不断国际化扩张的发展过程中较好地体现了哈尔·罗森布鲁斯的战略思想，信息技术在这一战略思想的实施过程中成为不可或缺的技术保障。但是，无论是技术的研究开发，还是技术的有效利用，但最终起决定作用的还是人。这就使得我们不能不提及哈尔·罗森布鲁斯的人本主义经营哲学。

有人认为，哈尔·罗森布鲁斯缔造的公司不仅能够创造巨额利润，而且能够最大限度地实现他自己的人生观（Erick K. Clemons & Michael C. Rom，1991）。哈尔·罗森布鲁斯认为，公司应当对其员工的生活产生积极的影响，一个公司如何对待其员工会直接地影响其产品的质量。因此，哈尔·罗森布鲁斯提出了"只有当公司将员工置于首位，员工才会将顾客置于首位"的著名思想。哈尔·罗森布鲁斯的这一思想体现在 RT 经营活动的方方面面。哈尔·罗森布鲁斯给予了员工高度的尊重，但同时也给他们以很高的期望和要求。他认为，RT 没有什么思想或方向是固定不变的，因此他经常鼓励员工挑战现状；如何能将这做得更好？杜绝官僚主义和不断挑战现状是 RT 发现机会、创造机遇、把握机遇且发展至今的重要原因。

（三）RT 对我国旅行社的启示

毫无疑问，RT 的成功受到了很多因素的影响，RT 留给我们的启示也是多方面的。如准确把握时机，正确地选定目标市场，并不遗余力地满足目标市场不断变化的需求；又如罗森布鲁斯先生"员工至上"的思想，等等。但是，RT 对于信息技术的创造性应用和信息技术在 RT 成功中的决定性作用或许会给我国迅速发展中的旅行社带来更多有益的启示：

1. 信息技术可以帮助旅行社更好地满足顾客的需要，有利于市场的开拓。如 Readout 系统按票价高低排列航班顺序比按时间顺序更加符合顾客的要求，从而使顾客更加愿意寻求旅行社的专业化服务。

2. 信息技术有助于提高旅行社的经营效率。如 Vision 系统用于旅行社内部核算和客户情况报告，为旅行社及其客户进行经营状况分析提供了快速而准确的信息支持；Uservision 系统是有关预订的全部信息在一天之后就能传递到客户手中；Prevision 系统为 RT 所有的营业点提供各个所在公司的相关政策和旅行者档案，减少了信息的重复录入；Ultravision 系统具有在 Vision 系统基础上同步进行纠错的功能。以上各系统的应用多使企业的经营效率得到了显著的提高。

3. 信息技术为旅行社实现规模扩张和规模经济提供了可能。旅行社业务的特点决定了旅行社对相关信息具有很强的依赖性，而信息技术无疑可以帮助旅行社提高信息使用效率，并由此极大地提高旅行社的业务操作能力和经营效率，从而使旅行社业务规模的扩张和规模经济的实现变得现实可行。RT 的发展过程同时还表明，当旅行社业务运行中信息技术的含量达到一定的程度时，旅行社必须达到一定的业务规模才能收回其在信息技术设备和技术开发方面的投入。与此同时，旅行社也只有达到一定的业务规模，信息技术才能发挥出自身的优势，使企业获得规模收益。

4. 信息技术可以使旅行社获得竞争优势。RT 根据旅行市场客户需要状况的变化开发并使用新的信息技术为其获得了时间优势，而 RT 在信息技术支持下的规模经营又为其获得了信息方面的成本优势。这样，RT 使最大限度追求效率和效益的公务旅行社始终保持着竞争中的优势。

需要指出的是，RT 对同行的启示不仅体现在 RT 对信息技术的具体应用方面，更重要的是其创造性地将信息技术作为实现企业战略的手段，并充分应用信息技术最大限度地满足其客户不断变化的需求。与此同时，RT 在信息技术方面的长期积累和开发能力已经成为 RT 重要的资源壁垒，有效地抑制了竞争对手的竞争能力。此外，以现有信息技术（如 CRS 和 Apollo）为基础进行新技术开发也是 RT 留给同行的重要启示。

我国的旅行社业经过了近 20 年的发展，已经具备了一定的行业规模和经营基础，而且在信息技术的运用方面也已取得了初步的进展，如国旅集团、中国天鹅国际旅游公司等企业均在此领域做了有益的尝试。但是，目前中国旅行社同世界旅行社之间在信息技术应用方面还存在差距，主要表现在信息技术普及程度低、与相关部门和旅行社之间的联网系统尚不发达以及与世界影响巨大的计算机系统缺乏足够的联系等三个方面。与此同时，我国旅行社行业要想在不远的将来实现大型旅行社集团化、中型旅行社专业化和小型旅行社通过代理实现网络化的目标也离不开信息技术的支持。因此，对于我国旅行社行业信息技术应用的现状具有清醒的认识，并充分运用信息技术提高我国旅行社运行的技术含量，获得旅行社竞争优势，这是我国旅行社从 RT 的成功中所能获得的启示。

第6章 现代旅行社综合管理运作

第一节 旅行社质量管理

质量问题的实质是质量管理问题。质量管理是旅行社管理的中心环节。如何有效地搞好旅行社的质量管理，根本途径在于确立一套科学的管理思想和方法。

一、旅行社质量管理的概念

（一）旅行社质量内涵

旅行社产品质量，表现为旅游服务在使用价值方面适合并满足游客的物质和心理需求的程度。旅行社产品的质量包含它的产品设计质量，以及门市和导游的实际接待服务质量，还包括后勤各部门和外协单位的工作质量。例如，旅行社的业务、计调、接待等部门，以及景点、饭店、餐厅和车队等外协单位的工作质量，也就是环境质量。旅行社的质量管理所要求的就是这种广义的质量，要通过各部门、各单位的工作质量来保证直接为游客提供服务质量。

旅行社质量，概括地说，就是满足旅游者需求程度的总和。它包括物质和精神两个方面：对于旅行社来讲，满足旅游者物质需求，主要是设计出能够满足不同层次游客需求的旅游线路，要求食、住、行、游、购、娱等项目供应标准要质价相符；满足旅游者精神需求，主要是通过热情周到、舒适方便和迅速及时的服务，使旅游者得到精神上的享受。

（二）旅行社质量管理的概念

旅行社质量管理，是指旅行社为了保证和提高产品质量，综合运用一整套质量管理体系、思想、手段和方法所进行的系统管理活动。即旅行社全体员工及相关部门共同努力，把经营管理、服务技术、数理统计等方法和思想教育结合起来，建立起旅行社产品生产全过程的质量保证体系，从而用最经济的手段提供旅游者满意的产品。

质量管理包括过程因素和人员因素，因此旅行社质量管理是"三全"管理，即全面质量管理、全过程管理和全员参与管理。

　　1. 全面质量管理。全面质量管理，是指旅行社的一切经营活动都要立足于设法满足旅游者的需要。有的旅行社认为服务态度好就是服务质量好，单纯地要求接待服务人员做到主动、热情、耐心、周到，忽视了质量管理和优质服务的基本精神和主要内容。有的旅行社放弃质量教育，习惯于用突击和搞运动的方式代替正常的管理，或者把评比竞赛作为质量管理的诀窍，或为了应付检查，做些表面文章，使质量管理工作流于形式。所有这些，对旅行社质量管理工作弊多利少，甚至有损无益。而全面质量管理则要求旅行社从产品质量、服务质量与环境质量三方面进行全面的考察，实施全方位、全因素的管理。所以，也可以称这种管理为"横向管理"。

　　2. 全过程管理。全过程管理，是指旅行社对其产品质量形成的全过程实施系统管理。旅行社质量是伴随着旅行社产品的经营销售及接待服务活动的全过程而形成的。为了叙述方便，把这个过程划分为游前、游中和游后三个阶段。但在实际工作中，旅行社应该将这三个阶段有机地结合起来。

　　（1）游前阶段。游前阶段重点是管理好旅游产品的设计、宣传、销售和接待质量。对收集信息、经营决策、设计包装、操作实施和接待服务等环节实施质量控制，以保证旅行社产品的质量，防止无吸引力和名不副实的产品设计和销售。同时，旅行社通过积极的宣传和招徕、服务人员主动热情地介绍和接待，才能使旅游者近悦远来。

　　（2）游中阶段。游中阶段重点是管理好服务质量和环境质量。就服务质量而言，如前所述，实施标准化、程序化和个性化管理。环境质量管理是对各协作单位的服务质量实施监督管理。只有这样，在各个接待环节上形成有效的质量保证体系，才能使旅游者得到物质和精神上的满足。

　　（3）游后阶段。游后阶段是对前两个阶段服务的延续和补充，重点是做好旅行社产品质量的检查、评定和售后服务。当旅行社产品转化为旅游者的使用价值或效用时，很可能发生一些意想不到的质量问题，这就要求通过质量管理人员的回访，认真虚心地听取旅游者的反映、感受和意见，总结经验，以便进一步提高服务质量。这也是一种尊重和信任旅游者并通过严格的质量检查、获得正确的质量信息的有效方法。

　　3. 全员参与管理。全员参与管理，是指旅行社要求全体员工对服务质量作出保证与承诺，大家一起参与旅游者服务。旅行社员工要有很强的团体协作精神，共同为顾客的满意而努力。事实证明，旅行社仅仅由少数人员参与质量监督和管理，则不能从根本上解决质量问题。只有当旅行社的全体员工都从所在的岗位出发参与质量管理，提高服务质量才会有保证。质量管理提出全员参与管理是因为质量形成的全过程涉及每个部门、每个单位乃至每个环节、每个岗位的工作。因此，在每个岗位上工作的员工都来参与质量管理是必然的要求。故也可以称这种管理为"群体管理"。

总之，旅行社质量管理的概念，是从广义的质量出发，全面看待质量问题，系统地改善质量工作，运用群体的智慧，对服务质量进行综合治理。

二、旅行社质量管理的实施

旅行社质量管理程序包括制订适用的规范，按照规范要求进行服务，以及按照规范要求进行监督检查等内容。

（一）标准与规范控制

旅行社对于自己直接控制的环节（如导游服务、线路设计），一方面，应制定质量标准、操作规程和岗位责任，并通过与奖惩制度相结合使之得以贯彻。旅行社要明确规范服务人员的服务态度、服务语言、服务项目、服务技能、服务仪表、服务时间、服务时机等，同时，要求服务人员在服务过程中，力求做到规范化服务与个性化服务相结合。另一方面，旅行社应采用全面质量管理的方法，不断发现服务中的缺陷与质量隐患问题，并及时研究解决的措施，不断提高服务质量。

（二）合同约束

旅行社对于需要采购的食、住、行、游、购、娱等方面，要依靠完善合同的办法来保证服务质量。旅行社应严格选择并定期筛选、更换旅游服务供应商，并通过合同要求供应商保证服务质量。旅行社在采购合同中应明确有关服务的质量标准，以及达不到标准的违约责任。

（三）避免不确定性

旅行社对无法控制但又经常出问题的环节应尽力设法避免，如运力不足、客房供应紧张、严重传染病、恶劣天气等。

（四）补救措施

旅行社对已经发生的事故，要努力做好善后补救工作，尽可能减少其负面影响。如尽快恢复被打乱了的行程、为旅游者理赔等。旅行社工作人员要详细记录相关情况，总结经验教训。

（五）信息反馈与监督检查

旅行社应加强服务质量的信息反馈，及时发现问题并予以解决，同时，还要广泛听取旅游者的意见，不断改进和改善服务水平。旅游者的意见一般分为三个方面：一是对旅游线路、日程安排和节目内容的意见。这要通过改进旅游线路设计来解决。二是对住宿、餐饮、交通等方面的意见。旅行社要通过向相关单位反映与交涉，或另外选择供应商，或者改进采购来解决。三是对旅行社接待工作和接待人员的意见。这需要旅行社通过加强自身的质量管理予以解决。旅行社对旅游者的投诉，一定要查明细节，及时处理并作出答复。旅行社要经常对服务过程与企业员工进行监督检查以保证服务质量，坚决杜绝服务过程中的违纪现象，如私自带亲友、索要回扣和小费、私自增加旅游项目并自行收取费用等。

三、旅行社质量管理的趋势

（一）关注旅游者，以旅游者为中心

旅行社要以最小代价且和谐一致的方式领导和组织员工，去适应和持续关注旅游者的需求，以更快捷的方式满足旅游者的期望。在任何情况下，旅行社的经营目标必须为全体员工所了解和掌握，在日常工作中，力求消除各种偏差。随着旅游业竞争的日益激烈，只有富于创新、善于学习、灵活应变的旅行社才能迅速适应不断变化的环境。旅行社要为旅游者提供优质的服务，满足或超过旅游者的预期目标，就要在线路设计、产品定价、销售和售后服务整个过程中，为旅游者提供超值服务。

（二）采取科学有效的检测手段

即使运作程序具有能够提供满足旅游者百分之百期望值的能力，但由于旅游者的期望值也会随着社会经济的发展不断变化和提高，那么旅行社就必须具有能够持续的、科学有效的检测手段，不断进行衡量和监控，以保障食、住、行、游、购、娱等量化指标兑现，确保实现旅游者的期望值，创造旅行社企业的品牌效应。

（三）过程控制的目标是预防

成功企业的行为方式是具有过程目标，企业的目标就是要有一套运作程序，这一运作程序能够百分之百提供尽善尽美的服务，通过控制的手段达到预防旅游者可能提出的各种抱怨问题，直接满足旅游者提出的要求以及旅游者心理预期的感受，也就是每时每刻都满足旅游者的要求。

（四）技能培训和继续教育

旅行社企业应对员工开展培训和继续教育，把企业造就成一个学习型组织。在企业文化中，一个最基本的内容是企业应该具有为了不断提高服务质量而组织

员工学习新知识、新技能的动力。旅行社所提供的产品主要是文化精神产品，并不断加大产品文化含量，满足旅游者需求。通过组织员工持续不断地学习新知识、新技能，就像体育运动员那样，为了取得更新的成绩，要不断超越自我，不断打破纪录，并把此目标变成企业的使命。

（五）保障质量提高的发展战略和实施措施

保障质量提高的发展战略和实施措施是企业经营、保障质量的核心。一个企业要持续、快速发展，就必须具有清晰、完整的发展战略和一套切实可行的实施措施。我国加入 WTO 后，针对旅行社企业集团跨地区、跨国界经营的特点，应强化对质量工作的领导，如实行总经理领导下的质量总监负责制等。此外，众所周知的 ISO 9000 质量体系主要是通过制度标准来保证服务质量的方法，这在我国制造业中已被广泛地运用，而旅行社运用 ISO 9000 质量体系还处在起步阶段。我国加入 WTO 后，旅行社企业也将很快进入国际市场。因此，旅行社迅速接纳 ISO 9000 体系标准、运用 ISO 9000 质量标准对企业进行系统化、程序化和标准化的管理已刻不容缓。

第二节　旅行社风险管理

由于自然力和非自然力的作用，旅行社存在着大量的经营风险。各种经营风险的存在，不但会给旅行社带来效益上的损失，甚至会造成企业破产。为此，经营风险的管理便成为旅行社经营活动中的一项重要内容。

一、旅行社经营风险的特点和类型

旅行社经营风险，是指旅行社在经营过程中发生某种不利事件或损失的各种可能情况的总和。旅行社经营风险的特点主要体现在以下三个方面：

（一）旅行社是高风险型企业

旅行社业务经营的各个环节都面临着风险，这意味着旅行社属于高风险型的企业。旅行社从产品开发到接待的全过程面临着市场风险、违约责任风险、赔偿责任风险、财产风险、人身风险和财务风险等。尤其是较高的市场风险和违约责任风险、赔偿责任风险更使得旅行社区别于其他传统的企业而成为较高风险的企业。

（二）责任风险巨大

旅行社所承担的违约责任风险和赔偿责任风险实际上都属于责任风险范畴，

它是旅行社面临的最主要的风险。一方面，旅行社的责任风险与契约、承诺和相关法律的约束有关。旅行社业务操作过程中契约关系较多，旅行社对契约的履行容易受到不确定性的影响。另一方面，各国有关旅游的法律日趋健全，立法和执法中出于遵循"保护弱者"的原则，强调保护旅游者权益，这便对旅行社提出了更高的要求。在一些国家和案例中，旅行社实际上处于相当无助的境地。例如，日本新颁布的《旅行业法》规定，对非旅行社责任所引起的对合同记载事项的变更，也应由旅行社给旅游者以赔偿。此外，责任风险的一个特点是风险事故发生后，结果复杂而又难以控制，发生的赔偿金额可能是巨大的。例如旅行社接待过程中涉及旅游者人身伤亡和财产损失的赔偿。一些国家的法律或案例中还规定了对旅游者的精神损失的赔偿，从而进一步加大了旅行社的责任风险。

（三）旅行社面临的风险多数为可管理风险

"可管理风险"是与"不可管理风险"相对应的概念。它是指在特定管理手段和条件下，能够通过一定的方法加以预测和控制的风险。尽管旅行社在经营中面临多种风险，但是旅行社面临的风险多数是可以通过一定的方法加以预测和控制的，而且多数是可以投保的风险。相比而言，一些不确定性大、探索性强而成功率低的风险企业，由于多以尚不成熟的创新技术、尖端技术为主要生产力，加之新技术系统本身的复杂性和脆弱性，企业面临更高的风险，而且这些风险是难以预测或难以有效控制的。

二、旅行社经营风险的识别

（一）旅行社风险识别的界定

风险识别是旅行社风险管理的重要内容。由于风险是旅行社经营活动中可能发生的某种损失，因此旅行社风险识别应从损失对象、损失原因、损失数量和损失单位四个方面入手。

1. 损失对象。损失对象是旅行社风险识别界定的首要内容，它主要解决旅行社风险是什么的问题。一般来讲，旅行社损失对象主要有下面三种情况：

（1）财产损失。旅行社财产损失主要包括有形财产损失和无形财产损失两大类。有形财产由动产与不动产两部分组成；无形财产是旅行社信息、版权、专利权、许可证权、租赁权等由所有者独占的财产。有形财产会因物质损坏或不正确使用给旅行社带来损失；无形财产则会因非法使用而使旅行社蒙受损失。

（2）净收入损失。旅行社净收入损失是指旅行社销售收入减少或销售费用增加，以及两者同时发生变化而形成的损失。在旅行社经营活动中，销售收入的减少是形成旅行社净收入损失的一个主要因素。最常见的原因是意外事故造成旅行社经营的中断，或者因不能如期收回欠款，使得旅行社收入减少。如果旅行社的经营成本不变，销售收入减少，就意味着净收入减少；当意外事故发生后，旅行社或许倒闭，或许部分经营，无论是哪一种情况的出现，都会增加旅行社的经营费用，造成旅行社经营费用的损失。

（3）法律责任损失。法律责任损失是指旅行社在经营过程中，由于意外事故的发生承担各项法律责任而形成的损失。主要有刑事责任损失和民事责任损失两种形式。刑事责任损失，是对违反国家刑法的犯罪行为所负的责任损失；民事责任损失，是旅行社无正当理由而不履行合同或民事义务，对他人造成损害而形成的经济赔偿损失。

2. 损失的原因。损失的原因，主要解决旅行社为什么产生风险的问题。一般来讲，造成旅行社损失的原因主要有自然、人为和经济三种情况。

3. 损失的数量。损失的数量，主要解决旅行社风险的程度问题。损失的数量是旅行社识别风险损失严重程度的重要因素。如果某种事故给经营活动带来一定的负面影响，旅行社就要估算这种风险损失的大小，以便采取相应的对策。

4. 损失的单位。损失的单位，主要是指解决谁受损失的问题。旅行社某种风险所造成的损失可能是个人，也可能是部门和企业。

（二）旅行社经营风险识别的方法

识别旅行社经营风险的方法主要有以下两种：

1. 风险调查分析法。风险调查分析法，是旅行社通过现场观察和请教专家而获得各种信息，以识别经营风险的一种方法。

2. 财务报表分析法。财务报表分析法，是旅行社通过对资产负债表、损益表和现金流量表的研究与分析，以识别经营风险的一种方法。

三、美国旅行社的风险管理手段

由于旅行社面临的风险多为可管理风险，因此美国的旅行社通过一系列的措施，对风险进行了准确的预测和严格的控制。首先，通过教育、培训的方式不断提高从业人员的风险意识和责任意识，使其在工作中保持应有的职业谨慎。其次，通过建立风险管理组织，突出对风险管理的重视，明确风险管理在旅行社经营中的地位和作用。同时，明确旅行社风险管理的职能，促使各部门就降低旅行社经营风险进行有效协作，以便更好地实施风险管理方案，保证风险管理效果，再次，将风险管理制度化。由于风险管理本身已成为一种特定目标、方法和程序的科学管理体系，且风险管理的效果短期内又难以显现。因此，只有将其制度化，才能充分发挥其效果，做到长治久安。

美国旅行社的先进经验对于我国旅行社经营来说有着极大的借鉴作用，我国旅行社应该认真研究并学习他们的先进经验，结合自身的经营实践，建立一套完整的行之有效的管理模式。

四、我国旅行社经营风险控制和处理的实践经验

由于旅行社面临的风险类型不同，其控制和处理的方法也不同。对旅行社的财产风险可以通过投保和财产监察加以转移和控制；人身风险控制的基本方法是为旅行社员工安排一个有效的社会保险计划；市场风险难以处理，但旅行社可以通过一定的方法来分散或降低。

（一）　旅行社市场风险的基本控制方法如下

1. 谨慎选择目标市场；
2. 进行产品开发的可行性分析；
3. 使用产品多样化和市场多样化方法以分散风险；
4. 新产品的试投放措施。

（二）　旅行社财务风险的基本控制方法如下

1. 经常分析财务报表，及时发现问题；
2. 制定旅行社有效的信用政策；
3. 提取风险损失准备金，防止财务危机；
4. 有效规避外汇风险，如外汇贬值时催收欠款，外汇升值时推迟款项的结算。

（三）　旅行社责任风险的基本控制方法如下

1. 购买保险。旅行社针对旅游者旅游过程中可能出现的人身伤亡和财产损失等，向保险公司办理旅游保险。

2. 进行风险教育。针对旅行社员工，通过教育的方式增强其服务技能和风险意识，使其保持谨慎态度，预防服务过程中出现偏差。

3. 慎重选择合作伙伴。旅行社的合作伙伴主要包括为旅游者提供食、住、行、游、购、娱等项服务的饭店、交通运输以及游览、娱乐等部门。旅行社接待过程中发生的风险事故有很大一部分与合作伙伴有关，慎重选择合作伙伴对避免旅行社的风险至关重要。

4. 降低承诺和规避风险。旅行社涉及对旅游者的承诺时，对于不确定性较大的事项宜适当减少承诺，在可能的情况下，尽量争取更大的缓冲余地。规避风险是旅行社在考虑某项活动发生风险损失的可能性很大时，采取主动放弃或改变此项活动的方式，以消除风险因素的做法。例如，旅行社因天气的变化而放弃或

推延某项登山计划等。

5. 财务型非保险转移风险。旅行社在与合作伙伴签订合同时，将风险损失或与风险损失有关的财务后果转移给对方，其结果是可以从对方得到外来资金，以补偿风险事故发生后所造成的损失。非保险转移风险还包括与旅游者签订开脱责任合同。例如，旅行社在合同中要求旅游者所携带贵重物品必须向旅行社声明，否则发生丢失后果自负。

6. 风险事故发生后的损失控制。比如违约或其他风险事故发生后，要积极寻求补救或补偿措施，以避免法律诉讼；在法律诉讼已成事实的情况下，保留和搜集证据、聘请有经验的律师等。

第三节　旅行社集团化经营

在国际旅游市场竞争日益激烈的情况下，如何提高我国旅行社企业的综合竞争力，是关系我国旅行社前途的一个大问题。国内外的大量事实表明，集团化是旅行社企业进一步发展、壮大的根本途径和必由之路。

一、旅行社企业集团的特征

旅游企业集团，是指经济上与业务活动方面统一控制、协调，而法律上又各自保持独立的多法人联合体；具有独立法人资格的是集团有限公司。从旅行社企业集团的发展情况看，旅行社企业集团作为"大型舰船"，具有以下特征：

（一）旅行社企业集团必须由若干独立的旅游企业组成

旅行社企业集团的每个成员都具有独立的法人地位，旅行社企业集团则是这些法人企业的联合。这是区别旅行社集团公司的主要特征。旅行社企业集团主要通过控股或参股，使若干企业形成多种产权紧密连接的有机整体。

（二）旅行社企业集团必须有多层次的组织机构

一是旅行社企业集团核心，即具有母公司性质的集团公司；二是紧密层内集团公司控股的子公司；三是半紧密层集团内参股企业；四是松散层内承认企业集团章程、与集团公司有互惠性稳定关系的关联企业。企业集团的核心——集团公司——必须具有法人地位，必须有强大的经济实力，必须有相当多数量的子公司，并具有投资中心的功能。

（三）规模庞大、实力雄厚、关系复杂、功能繁多

目前，我国旅游业大型骨干企业国旅、中旅、青旅等组织接待入境游客占全

国接待总数的 50% 左右。由于这些大型骨干企业把握好发展方向，必然能走投入少、效益大的经济发展新路子。旅行社企业集团和其他集团之间关系错综复杂，形成了一张巨大的网络。旅行社企业集团之间通常有广泛的资金联系和业务往来，因而不可能完全隔离。例如，中旅集团和大饭店也可能是国际某大饭店集团的成员，它接待的游客绝不会只是中旅系统的游客；国旅总社组团到各地，也绝不会只让各地国旅来接待。

（四）相互持股是旅游企业界的一个普遍现象

既有旅行社企业集团内部主要企业之间的相互持股，也有旅行社企业集团之间和之外的相互持股。相互持股能使成员企业之间保持一种良好的利益关系，形成一种你中有我、我中有你的利益共同体和利益相关、风险分担的巨大网络。金融机构在旅行社集团中的地位越来越重要，企业集团越发展，金融机构在集团中的地位越举足轻重。规模巨大的银行，必将成为集团的主要大股东。

（五）旅行社集团最高管理机构为"董事会"，它对集团内的重大问题进行洽商和决策

"董事会"主要对确定集团的经营发展战略、开发新旅游景区、筹集巨额资金、合并改组有关企业、重要的人事安排等问题进行洽商和决策。"董事会"还是各公司董事经理间的横向组织，执行少数服从多数的裁决原则。

（六）旅行社企业集团内自主性较强

各企业成员之间虽有相互持股、融资、人事和业务往来等关系，但都有独立的法人资格，自主性较强。作为企业，一方面，股东比较分散，不受某一特定公司的直接控制；另一方面，企业之间不存在强制性业务联系，也不存在支配与被支配的关系。各成员企业资金根据经济合理性原则，进行自主决策。例如，A 旅行社虽然是某一旅行社集团的成员，但是当集团外的旅行社企业接待质量、接待价格均十分优惠于集团内部成员时，A 旅行社可以与集团外的旅行社企业进行交易。

二、旅行社企业集团化经营优势分析

（一）获得规模经济与范围经济

获得规模经济与范围经济是集团形成的主要动因。旅行社产品具有公共物品的性质，而且旅游活动要涉及食、住、行、游、购、娱，增加客源和扩大经营范围都可以增加利润。旅游业中规模经济和范围经济主要来自成本的节约、专属资产的转移、研发工作和人力资源的贡献。

1. 成本的节约。小规模旅行社的大量固定成本（如人员工资、服务设施等

成本）需要分摊在少量游客身上，而旅行社集团化经营则可以充分利用人力、物力，降低单位固定成本。在日常运营中，旅行社集团化企业一般有专门的采购部门为下属企业统一采购某些原材料。由于采购量比较大而且支付能力强，因此可以压低价格或在货源紧张时保证供应，供给方不敢轻易终止与大集团的商业关系。这种市场优势使旅行社集团可以获得更多的优惠和让步，统一采购也节约了各个成员企业的采购成本。在融资方面，旅行社企业集团除了能够凭借自己的实力和偿还能力在商业银行取得大量贷款或在资本市场上取得社会资金外，资金流动也比较快。由于旅游企业投资往往是间断性的大额投资，如开发新项目，单体企业常常会出现资金不足或闲置的情况，旅行社集团化就可以通过管理来优化资金配置，使资金在各个企业之间合理流动，从而降低了自己的使用成本。促销宣传是保证客源的重要条件，集团化经营可以联合促销宣传，可以建立整体营销网络，集团内可以互相推介或推出互惠措施吸引游客，降低单位销售成本。

2. 专属资产的转移。专属资产包括信息、技术、品牌、管理经验等，它的使用边际成本很小，但专属资产的转移却可以使无形资产有形化。旅游业是服务行业，专属资产发挥的作用更大，旅行社集团化经营物流、信息流流量较大，人力资源也比较充足，更容易形成专有资产。有效的信息、技术、管理经验在集团内推广时，能够为集团增加巨额利润，而且集团成员也可以获得很大利益。专属资产是一种垄断资产，一些旅行社集团只靠品牌、管理经验的输出就迅速扩大了集团规模，壮大了实力。

3. 研发工作和人力资源的贡献。人力资源部门所进行的研发工作常常使一个企业处于行业的前沿。旅游是一种个性化消费品，收入弹性较高，替代效应也比较显著，客源市场的研究和相应产品的开发极为重要。研究部门还可以使整个集团以市场为导向，对市场变化做出预警并给出应对措施，减少集团经营的风险。

在人力资源方面，大集团被普遍认为在吸引人才上更具有优势，集团被看做有更大的发展空间和更多的成长机会，并有实力提供更高的薪酬。事实也是如此，大集团中职位层次和类别都比较多，岗位轮换可以使各层次的管理者得以完善，而提升可以使他们有更大的发展空间，有些集团就通过考察各子公司的管理业绩，调整经理阶层，采用取长补短的办法使管理者和公司都得到完善。

（二）交易成本的节约

一种理论认为交易成本过高是企业集团形成的原因，如果市场活动交易成本过高或存在失效，企业会考虑实施内部交易取代市场交易。企业集团即是这种交易固定化的组织模式，由于旅游产品的无形性、不可转移性和不可贮存性，旅游活动涉及的环境复杂，地域较多，交易成本过高和市场失效是经常的，因而更适合采取集团化的形式使交易固定下来。尤其在旅行社与其他旅游企业的交易中，谈判成本是比较高的。旅行社、饭店、旅游交通部门、旅游景区之间要对产品的质量和价格进行经常性谈判，旅行社产品受原材料市场和季节性影响显著，谈判成本也因此升高，而集团化就能降低这些成本。

（三）多元化经营优势

旅行社企业集团化经营既有专业化又有多元化。为回避风险，许多旅游企业集团采取多元化经营方式。集团化经营可以有充足的资金拓展经营边界，或者只需凭借专属资产的输出来扩张集团优势，这种拓展与扩张可能在相关行业进行。许多旅行社集团本身可以提供食、住、行、游、购、娱的多项服务，获得了范围经济，还有的涉足交通运输业、房地产业，也取得了协同优势。由于旅游业的脆弱以及利益驱动，经营旅行社集团也可能经营和旅游业无关的行业，这种经营方式可能为整个集团带来高额利润，更重要的是分散了一部分经营风险。旅行社集团化经营的主要优势在于可以凭借实力和品牌，采用多种资产运作方式拓展经营边界，整合资产，调整产品结构，从而有利于集团的发展方向。

（四）垄断优势

旅游产品中的景区、特殊服务设施基本上处于绝对垄断地位或寡头垄断地位，旅行社和饭店也由于条件、服务质量不同而形成垄断市场，因此集团化经营可以获得更多的垄断利润。在同一旅游区域，集团可以凭借规模优势控制着本区域内的大部分住宿设施或服务设施，或者提供了具有垄断性的旅游产品，就可以部分控制旅行社产品价格和原材料价格，获得垄断利润。在不同的区域中，旅行社集团可以凭借品牌区分竞争者，提供不同于竞争者的产品，或投资游乐设施或景区，也可以获取高额垄断利润。

三、我国旅行社集团化经营实例分析

目前，我国旅行社行业中的企业集团尚不是很多，但从已经建立起来的旅行社集团看，是有利于发挥集团群体的威力的。

（一）中旅集团并购、编织"中旅系"

中国旅行社是新中国的第一家旅行社，是中国旅游业大型骨干企业之一。1990 年，中国中旅集团成立，在发展战略、联合经营、开拓新经营领域，对集团各行各业进行业务指导等方面运作良好。目前，中旅集团在全国各地拥有 200多家旅行社、117 座不同等级的旅游饭店、46 家外汇免税商场、62 家旅游汽车服务公司，拥有各种语种的翻译、导游和其他员工 5 万多人。中旅集团已形成入境旅游、出境旅游、国内旅游三方面并进以及多元化经营、全面发展的格局。

中旅集团彻底摒弃"等、靠、要"思想和依靠企业经营积累、缓步发展的传统模式，确立了通过资产运作实现超常规跨越式发展的新思路。同时，重新调整、制定了《中国中旅（集团）公司 2002 年—2010 年发展战略纲要》，确立"以旅行社和饭店业为主，相关适度多元化为辅"的产业结构，并把远景目标锁定为"主要经济指标达到国际同行业先进水平，成为具有持续盈利能力和抵御风险能力的国际知名旅游企业集团"。

中旅总社与各地方旅行社之间，经过半个多世纪的发展，形成了很强的业务联系，但这种没有资产关系的网络是非常松散和脆弱的。为此，中旅确定了通过以产权重组为核心的制度创新，实现内外双向扩张的发展策略。通过改制，中旅进一步规范了集团公司同所属企业的母子公司体制，明确了集团公司受托代表国家作为出资人、所属企业作为经营者的定位和责任；清理整顿、关停并转了 10 多家三级公司和全部四级公司；成功完成了对所属中旅首都旅行社的股份制改造，实行由总社控股、经营者持股的新型产权结构。在与地方旅行社重组中，中旅采取了"资产组合＋业务组合"的方式，成功控股了大连、河北、江苏航服、湖北、广西、珠海拱北口岸中旅，以及中旅首都旅行社和中旅现代旅行社共 13家旅行社。

旅行社的主要资本是人力资源，导游随意跳槽已成业界通病。中旅总社并购重组的国内 13 家旅行社，并购前都是国有独资性质，在并购改制过程中，多数企业实施了员工及主要经营者个人持股的计划。据了解，由于各地业务基础不同，各地的经营者持股比例从 10% 到 40% 不等。此举稳定了主要业务人员和经营管理者队伍，从机制上确保了企业持续、健康地发展。

由于客源、产品、采购、服务等资源的共享和优势互补，并购后企业总体市场规模和盈利能力迅速提高，主营业务收入增加 70%，利润增长超过 30%，高于行业平均水平，使中旅总社的经营收入、接待人数比 20 世纪 90 年代翻了两番；并购后企业单体经营状况得到改善，控股重组、改制后的旅行社中有 6 家进入全国国际、国内旅行社"百强"。

在对外扩张上，中旅成功地收购了北欧经营中国旅游规模最大、时间最长、品牌和资信良好的瑞典中国旅行社，改变了中旅总社入境旅游业务长期作为海外旅行社代理的被动状况，为下一步向整个北欧的扩张奠定了基础。在 2002 年瑞典旅游消费持续下降幅度为 11.5% 的情况下，瑞典中国旅行社 1—8 月份实现了500 多万美元的销售业绩。

通过与国外跨国公司的合作，借助外力提升规模，实现产品、管理和服务的升级换代，是中旅的另一发展思路。TUI 集团是国际著名的跨国旅游企业，旗下拥有 70 多家旅游批发商、3 700 多家旅游零售商，旅游业务年营业收入 100 多亿欧元，年接待 2 000 多万人次。双方已签署成立合资旅行社合作意向书。这一合作的成功，无疑将给中国中旅带来大量客源。同时，借鉴 TUI 集团的经营管理模式与经验，也有助于提高中国中旅的经营管理水平。

至此，中旅总社初步形成了以北京为中心、以资本为纽带、辐射全国各大区域的新型旅行社网络，并成功地向国外经营辐射迈出了第一步。

（二）"广之旅"通过品牌入股实现集团化经营

1998 年，"广之旅"被批准转制。其改革思路是，国有股不占绝对控股地位，吸引多种经济成分参股，建立以产权为纽带的混合经济模式，使企业经营者、全体员工的利益与企业利益一体化。"广之旅"的控股除了原有股份外，还"发"给了企业法人股、工会法人代职工持股，并特别设置了业务骨干个人出资参股的自然人股，即企业经营者持股。

"广之旅"认为，现在当务之急是实现国内旅行社的集团化、网络化和国际化。为此，"广之旅"通过品牌入股、特许经营，在珠江三角洲广泛撒网。2001年 8 月，全国首家品牌特许经营旅行社——顺德广之旅——挂牌成立。不久，惠州、茂名两地也在当年成立了品牌特许经营旅行社。随后新加盟的又有中山、佛山、清远三家。

"广之旅"为何选用品牌入股、特许经营呢？一方面，自从"广之旅"尝到品牌特许经营的甜头后，特许加盟是品牌经营发展战略很好的方式，也是有效网络发展的路子。特许加盟不仅是一个品牌问题，也是一个管理输出的问题。另一方面，这是一种最低成本的扩张，旅行社不是资金密集型产业，没有那么多的资金，而且与地方旅行社合作也是双赢的结果。品牌入股还可以做出一些新花样。例如，全国首家由旅行社与景点合资开办的旅行社——四川峨眉广之旅——在成都开业。此举开创了我国旅行社与景区品牌联合的先例。旅行社与风景区的品牌联合，有效实现了资源和客源的互补。

"广之旅"集团化经营，是当地旅游资源与"广之旅"旅游品牌输出的结合。各地广之旅的价格、线路、服务、管理、经营等方面均要严格按照"广之旅"的企业模式来做，与"广之旅"共享股份、网络等资源。力争实现"广之旅"低成本扩张与提高当地旅游服务质量、产品多元化、价格合理化的多赢局面。

在国内发展战略上，"广之旅"的另外一条途径是控股。这是一种战略布局，主要在重要城市与区域性的中心城市形成控股公司。目前，北京、上海、成都三家，分别向华北、华东和西南辐射。在国内、国际市场方面，"广之旅"在中国香港、马来西亚、泰国、中国澳门都成立了分支机构，基本上也是采取控股策略。

（三）通过网络化经营发展旅行社集团经营

上海有一家旅行社，将欧美经验与我国国情相结合，通过网络化经营发展旅行社集团经营颇具特色。目前，已在全国各省、市、自治区发展网络单位900多家，并分成若干区域网络，运用电脑实时交换、操作旅游业务。其主要做法如下：

1. 零售与批发相结合。零售能够及时把握市场动态，便于开发新产品，促进市场发展；批发是利用自己的品牌输出产品，扩大市场占有率。

2. 建立旗舰店。通过旗舰店能够检验经营思想是否正确，网络产品是否贴近市场，引导代理店的经营。

3. 建立全资代理店。全资代理店的经营理念、销售经验可对代理商起到示范作用和指导作用。

4. 建立协议代理店。与众多旅行社建立长期连锁联盟，这种联盟没有资产关系，而以销售旅游产品为纽带，通过不断扩大生产和销售旅游产品份额，创造和共享规模效应，不断降低成本，提高盈利，求得生存和发展。

5. 实行扁平化管理。仅将管理层次分为上海网络中心、区域网络中心和区域网络分中心，即使最偏远的代理店反映的有关问题，上海总部都能及时了解，并及时指示、解决，对整个网络系统保持快捷、高效的管理。

（四）香港中旅集团

香港中旅集团是我国在香港的最大的中资旅游企业，也是一个以旅游为核心的国际化、集团化的大型跨国经营企业。1993年，香港中旅集团整合了部分业务后在香港成功上市，迈开了集团化经营的第一步。随后上市的公司又通过收购、兼并的手段发行可控股债券和扩股，成功地为企业发展筹集了大量的资金，进一步促进了企业的发展。香港中旅自1985年集团成立至1995年的10年间，不但在香港及海外10多个国家初步形成了自己的跨国经营网络，设立了10多家海外旅游公司，还在香港、澳门、海外、中国内地购置了20家酒店（其中全资酒店9家），拥有全资或合资的汽车公司、航空公司、船务公司和游船公司，在深圳特区投资开发了占地5平方公里的华侨城，成功地开发了"锦绣中华"、"中国民俗文化村"和"世界之窗"3个人造景观，并使之相继在香港和内地上市。

（五）中国国际旅行社总社

中国国际旅行社总社是中国最大的旅行社集团企业，其国际化跨国经营的发展取得了卓越的成绩，在我国国际旅游中一直保持着龙头地位。20 世纪 90 年代前后，国旅总社先后在日本、丹麦、瑞典、法国、美国等地区设立了 10 个以 CITS 冠名的海外旅游公司，加上香港中国国际旅行社，共有 11 家海外分支机构。这些海外分支机构有力地促进了国旅总社的组团能力。国旅总社也是近年开展出境旅游业务的最大组团社之一，已形成了国际、国内业务互相促进发展的客源对流趋势。国旅总社的海外机构和国内接待机构，已构成了双赢的局面，海外机构能够做到基本盈利，国内机构做到良好的盈利。海外机构和国内机构具有资本关系，可以产生综合利润。即使海外机构为扩大市场占有率出现盈亏持平的状态，国内公司也可以从接待中获取更大的利润，加权平均后，收益都是在一个业主手上，平均收益也相当可观。以这样一种跨国型架构来面对当今竞争激烈的旅游市场，应当说其竞争能力、抗风险能力都很强，当然并不是每一家旅行社都可以做到这样的规模，其国际化发展取决于实力，只有大型集团式企业才能出现这一特征。

（六）中国招商国际旅行社

中国招商国际旅行社是香港招商局在中国内地的旅游企业集团。该集团在抓服务质量的前提下，遵循市场促销投入越多、客流增长越快、效益增长越显著的良性循环原则，大力抓市场促销。同时，遵守自组旅游有关规定，实行一团一清，应收应付款绝不拖欠，又特别注意对业务骨干在福利上的倾斜，着眼于多种经营，着眼于高层次产业，起点高，定位准，多种项目，多业开发，多向发展。在短短的几年时间里，招商国旅在国内已发展成为具有相当规模的旅游企业集团。1995 年，招商国旅成功地收购了英国文化旅行社，其运作模式大致和国旅总社相同。收购英国文化旅行社的目的并不是指望这家旅行社盈利，目的是使英国文化旅行社成为国内旅行社的客源基地，其任务是最大限度地组织来华客源，扩大市场占有率，创造中国境内最好的营业收入。英国文化旅行社是一家专门组织来华观光的旅行社，年客源量 400～500 人，以散客业务为主。中国招商国际旅游总公司通过其北京总部接待文化旅行社的客源，年创利 50 万元人民币。而英国文化旅行社本身只做到持平或略有亏损，但综合利润效果很好，基本上在两年内收回了其全部投资，年回报率约 50%，且市场占有率不断增大，未来综合盈利能力得到了保证。这一案例虽小，但反映了一种趋势，使集团企业的内部交易成为可能。

（七）中国康辉旅游企业集团

中国康辉旅游企业集团经过多年的发展，目前在全国拥有 29 家国际或国内旅行社和 27 家与旅游相关的服务企业。康辉从单一经营旅行社业务到食、住、行、游、购、娱多元化综合型经营发展，同时还将经营活动渗透到其他产业和行业中，使企业经营规模逐步扩大，企业效益逐年提高。康辉旅游企业集团主要是抓了以实现利润为主要内容的经营目标责任制，各下属企业真正成为自主经营、自负盈亏、自我约束、自我发展的法人实体。在分配上突出效益原则，吸引了一批有志实现自我价值的能人，提高了员工的素质，使企业不断发展。

现代旅行社的发展趋势

21世纪是知识经济的时代。知识经济的崛起给旅行社的经营与管理提出了新的挑战和机遇。如何应对这一变化，迅速地调整旅行社的经营与管理策略，以适应时代的发展趋势，这是旅行社经营与管理所面临的刻不容缓的重大课题。

第一节 知识经济下的旅行社管理

知识经济是建立在知识和信息基础上的经济，是以知识和信息的生产、传播和应用为直接依据的经济。知识是提高生产率和实现经济增长的驱动器。这种新经济形态是高科技和信息革命的产物。知识经济的到来为21世纪旅行社的发展带来了新的挑战和冲击。旅行社不是直接进行物质生产的企业，而是满足人们高层次的精神需求，与人们的审美倾向和社会价值取向密切相关的企业。旅行社企业的成长壮大、持续发展是建立在企业对社会需求信息的有效捕捉、利用和创新的基础上的。而以信息化、网络化为基础的知识经济恰恰对知识、信息这一影响企业发展的因素和动力提出了新的要求。旅行社在知识经济时代如何保持强大的竞争力就必须从管理体制、管理方式等方面进行研究。只有管理的创新、变革才能使知识与信息转化为推动旅行社发展的真正动力。

一、知识经济在旅行社发展中的作用

（一）旅行社经营的内在要求契合了知识经济的内在本质

1. 旅行社是知识性的服务企业。旅行社作为中间服务商，是联系旅游者和旅游产品供给者之间的桥梁。其主要职能是提供咨询服务、票务服务以及设计、组合和推销旅游产品。这些职能的实现都需要旅行社有畅通的信息渠道，及时、有效地获取旅游者需求的信息和旅游供给的信息。在知识经济条件下，旅行社经营者可借助网络系统及时、准确地收集、处理各种信息，并进行及时决策，妥善处理各种突发情况，将由于信息传递原因而造成的损失降到最低程度。旅行社经

营者在组合旅游产品时，由于旅游产品（即旅游服务）的无形性在一定程度上使游客在购买时往往因为不能确定产品质量而犹豫不决。在知识经济条件下，经营者可借助网络开设服务站点，向潜在游客直观地展示旅游产品的质量和特征，甚至还可以运用可视系统等技术对其销售产品的声音、形态等要素进行信息转换，使游客更具体、更真切地感受到其旅游产品，从而大大激发潜在游客的购买欲望。

2. 旅游产品本质上就是一种知识型产品。旅游活动究其本质表现为旅游主体在审美意识的支配下与客体之间建立的一种关系，并以审美活动的形式表现出来。因此，旅游产品尽管其种类丰富，形式各异，满足旅游者各种旅游需求和动机，其深层次上具有强烈的文化性，是为了满足旅游者精神上的审美需求和心理的自我愉悦。这也就是我们所说的旅游产品是一种知识型产品的根本原因所在。

（二）知识经济给旅行社带来的冲击

1. 环境的变化。知识经济是知识以直接附着于技术进步的形式发挥作用为主的经济，是以不断创新的知识为基础的典型的知识密集型经济形态。这是知识经济的一个根本特征。在这样一个大的环境下，旅行社传统的企业组织结构、管理方式等都面临着冲击。

首先，从旅行社企业经营的外部环境看，知识经济条件下企业之间的竞争表现为对知识、技术的生产、占有和利用的竞争。为了提高旅行社应付外来竞争的能力，企业必须提高获取知识与应用知识的能力，企业必须更多地关注国际信息网络所创造出来的信息市场，提高对信息的收集、综合、提炼、创新的能力并形成自己独特的竞争优势。

其次，从旅行社内部来看，由于知识信息传播方式的变化，信息网络覆盖了旅行社内部各个部门、岗位，大大节省了指令、报表、数据等在不同部门和作业流程之间的流转时间，并避免了延误，缩短了周期，精简了管理机构和人员设置，使建立在专业细分基础之上的逐级上传下达方式的金字塔等级制结构正在逐步解体，而被新的组织形式所取代。这种新的组织形式将是以信息的收集、传输、利用、创新为主而建立起来的具有灵活性、反应迅速的特征。每个员工在自己的岗位上能了解全局、关心全局、更好地适应以顾客为主、竞争激烈、变化迅速的现代经营环境。

2. 竞争焦点的转变。知识经济中竞争的焦点在于谁能创造最适合人们新的需求的产品，引导时代潮流，谁就能在竞争中独领风骚。旅行社将从传统的以资源、客源为主的竞争转向以知识、技术、信息为主的竞争，旅行社将主要依靠领先为消费者提供更加新颖、实用、方便的旅游产品，提供更加优质的令人满意的服务来赢得消费者。在销售方式，网络化销售将成为重要趋势。旅行社企业的信息提供、生产与创造能力的大小，将直接影响到企业的竞争力与发展前景。因此，旅行社要把更多的精力放在捕捉游客需求变化、市场变化的信息，抢先一步利用先进的技术组合旅游产品，利用网络技术进行网上营销，充分发挥网络媒介的全球性、交互性的优势。

3. 旅行社企业战略的调整。当旅行社赖以生存的经营环境发生变化时，其战略目标的调整、转变是旅行社求生存、求发展的必然选择。

在投资战略上，旅行社的投资重点将由以前主要投资于市场开发、产品销售等环节及时调整到人才培训、鼓励创新等方面。由于人是生产知识、传授知识和应用知识的主体，因而人力资源将是企业经济的灵魂。

在竞争战略上，要注意拿起知识产权这一武器，把蕴涵在旅游产品和服务中的知识量作为在竞争中取胜的关键。目前，旅游线路、旅游服务等产品极易被模仿，没有产权保护和垄断性，造成了旅游市场的混乱和盲目竞争。

在发展战略上，由过去主要靠规模经济谋求旅行社的成长，变为以依靠无形资产的创造和增殖来实现旅行社的成长。近年来发生在旅游企业之间的大规模合并、并购、品牌转让等已有力地证明了这一点。

（三）知识经济对旅行社作用的具体表现

1. 知识经济给旅行社的发展带来了机遇。知识经济提高了旅游需求的广度，刺激了旅游需求量的增加。旅游需求量的大小与知识和技术的发展水平成正比关系。如声控技术和光学技术在人造景观上的运用，强化了模拟功能，增加了景点对旅游者的吸引力，扩大了需求量；知识经济的发展，造就了大量熟悉各类高科技产品的旅游者，使旅游消费表现出多元化和高层次化，一改过去单一的观光、娱乐的旅游消费形式，知识和技术含量高的旅游产品更能刺激旅游需求，使旅游需求呈现出高层次的发展趋势；由于知识、技术的发展，社会劳动生产率得到极大提高，社会财富积累越多，人们越需要旅游，将有越来越多的人参加旅游，这就必然出现更丰富、更有活力、更有知识、更高技术的旅游项目。

知识经济提高了供给的质量。如旅游服务中，由于知识和技术的普遍运用，服务水准大大提高；由于广泛使用网络技术，旅行社各部门的工作日趋规范，准确程度大大增加，在票务、客房预订、日程安排等方面出现差错越来越少。

2. 知识经济增强了旅行社的创新能力。创新是经济增长的主题，知识经济的核心就是创新。知识经济以信息技术等高新技术为基础，强调产品和服务的数字化、网络化、智能化，主张个性化产品的设计和生产，表现为人类物质财富和精神财富的长期积累，是科学技术对现代社会作用的日益深化。由于旅行社企业中普遍使用高新技术，使企业自身的管理和技术创新能力不断提高，为企业发展提供源源不断的动力，成为企业发展的源泉。旅行社中运用旅行社业务信息管理系统、旅游目的地信息系统、旅游业宏观管理信息系统等信息系统提高了旅行社的效率，增加了效益。

3. 知识经济改革了旅游信息的传递模式。以往旅游信息的传递很大程度上是依靠人与人之间的交往，依靠普通的大众传媒，如报纸、杂志、电视、广告等。但传统媒体已很难满足旅游信息传递的需要。现在，信息化时代的互联网实现了海量信息的低成本高速传递，为旅行社提供了全新的信息传播和处理手段。目的地的风土人情、美食特产等方面的信息可以通过显示屏呈现在我们眼前，旅游者还可通过浏览旅游网站了解世界各地食、宿、行、游、购、娱的信息。

4. 知识经济使旅游产品结构高级化、多元化。旅游的形式从最原始的部落迁徙、古代的外交之旅发展到今天的观光休闲、探亲访友、健康娱乐、商务会议、探险等多种旅游类型，明显地表现出向知识型旅游方向发展的趋势。在知识经济条件下，人们对于知识需求的迫切渴望，民俗风情游、考古旅游、科技旅游、工业农业旅游、环保旅游、高校旅游等知识性强的专项旅游将使旅游业步入一个崭新的高层次发展阶段。在知识经济的推动下，人们的旅游需求日益向多样化、个性化方向发展，旅游产品需要通过本身的不同形态和内容来满足这些特定的旅游需求。

二、知识经济下的旅行社管理

随着知识经济的发展，企业在知识创新中的地位越来越得到加强。知识经济带来了人们管理观念上天翻地覆的变化，知识经济的观念从根本上强调最大限度地发挥人的主观能动性和创造性，是管理的最主要目标。西方发达国家尤其是美国，近年来提出一些管理模式的创新，值得借鉴。

（一）突出全球化的"现代意识管理"

由于旅游具有的本质属性（如异地消费、文化求异等）决定了旅行社必定是全球化、开放型的企业。也只有在这样的大环境下，旅行社才能显示其无限生机与活力。

突出全球化的"现代意识管理"具体表现在：一方面，旅行社管理者必须面向全球，积极参与国际合作和竞争，依不同国家和地区的经济、技术发展水平和优势实现跨国经营；利用国际信息网络，建立信息交流机制，提高信息共享程度，充分利用智力资源，力争在世界大市场中占有一席之地。另一方面，进行多元文化管理。旅游业是一个以多元文化环境为背景的行业，经营者及从业者需要认识不同的文化背景知识、不同的价值观、不同的宗教信仰和不同的风俗习惯。应重视培养员工和管理人员具备多元文化交流与合作的技巧，即"了解自己"，并通过自己和他人的文化交流以达到共同目标，学习其他文化，与其他文化背景的人一起工作，培养敏锐的洞察力、灵活的适应性、新观念的判断能力。在承认文化差异和国际环境差异存在的客观基础上，为作为多元文化主体的旅游者创造一个求同存异、互相尊重、互相学习的氛围。

（二）突出智力化的"知识资本"管理

知识经济时代的到来是以知识资本的成长为前提和基础的。知识资本将成为经济知识时代旅行社企业基本的资本形态，包括企业品牌资产、人力资产、知识产权资产、企业文化资产等。要加强对知识资本的审核、评估和管理，通过对知识资本的运营和扩张，不断增强旅行社的实力。

在这方面，世界一些知名企业例如惠普公司等进行了有效实践，他们认为知识是有机的；他们通过试验化和多样化的方式来研究知识是如何流动和组织的，倡导在企业内部以及企业之间的知识流动与共享，善于从竞争者那里获得知识并使之增殖，以提升企业自身竞争力。

（三）突出网络化的"模块组织管理"

传统的旅行社企业将依据知识流程的顺序被组建成许多"模块式"企业群，使旅行社具有"航空母舰"抗风浪的优势，又具有"快调头"的能力。在这种组织管理模式中，重视的是知识、信息，一切围绕知识组织起来，既不为等级所阻隔，也不为专业所阻隔。围绕知识的任务一旦完成，组织的使命也告结束，在网络中将重新结集。所以突出网络化的"模块式"组织机构具有灵活应变性和开放交互性，更能促进知识交汇和知识创新。

我国一些著名的旅行社如国旅、青旅、中旅等都已全部或部分地改变了企业运作方式，利用网络组织生产、经营、营销等获得了成功。这种"模块式"组织结构不仅要求旅行社建立在网络利用等高科技手段之上，更重要的是管理理念的转变，"以知识为中心"，实现旅行社整体决策力提高、交流成本降低、凝聚力提高的优势，发挥企业的团体绩效。

（四）突出可持续的"生态管理"

旅游业对生态环境的依附具有天然性，二者是对立统一的关系。知识经济时代的到来，产生了新的旅游需求，也创造了新的旅行社产品。高科技成果的采用使旅游者的活动空间和体验突破了极限，达到了前所未有的水平。如21世纪的旅游者能够进行星际旅游，到北极、南极、高山、深海去做探险旅游。在这样一个旅游需求迅速膨胀、旅行社产品空间无限延伸的背景下，"可持续发展"的价值观是人们对下世纪发展的理智选择。生态管理是可持续价值观的具体化，是一种管理理念。它强调将顾客需求、旅游产品生产商、供应商等多个服务群体有效结合，共同遵循生态环境的自然规律，在保护为主的原则下可持续发展，共同担负起企业对社会的责任。

（五）突出竞争性的人才激励管理

"知识不是一种能被管理的东西。它是为了迎接新的挑战和机遇，在交谈中不断产生和更新的人和组织的能力。负责创造知识价值的人能够被激励和支持，但他们不可能像在工业时代那样，仅作为机械的延伸被管理。"这段话精辟地阐述了人才是知识的载体，人才是知识经济时代企业制胜的重要资源，同时也表明了人才激励是使这种竞争获得持久优势的关键。在知识经济时代的旅行社发展中，精神激励比物质激励更为重要，尤其是通过赋予员工更大的权利和责任，可使被管理者意识到自己也是管理者的一员，进而更好地发挥自己的自觉性、主动性、创造性，充分发挥自己的潜能，在实现自身的人身价值的同时，为企业作出更大的贡献。

三、我国旅行社管理的变革

（一）旅行社应重视知识的积累和创新，建立旅游信息网络

知识价值是由包含在产品和服务中的知识含量决定的。知识能大大增加旅行社产品和服务的价值。在知识经济时代，经济增长的贡献率主要来自知识价值。目前最为关键的是旅行社应建立一个能公开交流，并能提供完善的基础设施的信息网络；通过先进的网络技术获取知识并使知识扩散，实现知识共享。这样可实现旅行社经营过程的创新，降低建立旅行社管理所需的费用。与发达国家相比，我国的旅行信息网络技术差距较大。因此，这是我国旅行社进行管理变革的必由之路。

（二）重视品牌等无形资产的效应，优化旅行社综合形象

旅行社是一个口碑关联效应很强的行业。品牌是形成客源的重要因素。目前，我国旅行社存在着盲目效仿、经营雷同的现象，致使众多的旅行社在有限的客源市场上进行着恶性竞争。知识经济时代，产品和服务中知识含量的高低是决定产品价值的关键。这就要求旅行社要善于挖掘产品和服务中的知识含量，拿起知识产权这一武器，造就本旅行社的品牌，形成垄断性的客源市场，并不断创新，保持旅行社的持久优势，优化旅行社综合形象。

（三）以人为本，尊重知识，建立一套有利于员工潜能发挥的人才激励机制

知识经济时代对员工素质提出了越来越高的要求，如何造就一批具有创新意识、掌握先进技术的人才是旅行社制胜的关键。企业应将员工作为一种具有建设性潜力的资源来刻意挖掘、培养，营造一个有利于人才发挥、充满竞争的机制，使旅行社发展能获得持久的活力。为此，在提高物质激励的同时，应注重精神激励，尤其是把专业和个人成就视为激发器。有利的工作环境和被激励的状态相互作用，使个体能力中被激励的能量释放出来，并能获得知识信息平等交换这样一种环境，则有利于专业和个人在成就上的发展，同时辅之以物质和精神激励手段，将会对员工产生持久的激励效果。

第二节　WTO 下的旅行社管理

我国的旅行社在改革开放 20 多年来取得了很大成绩，然而由于一直受到政府倾力保护，与酒店业、餐饮业的全面开放形成了鲜明对比。加入 WTO 给我国的旅行社业带来了什么样的机遇和挑战？我国旅行社应该如何应对和全面创新？

一、WTO 框架内旅游服务贸易涵盖的范围和基本原则

WTO 即"世界贸易组织"，其前身是"关税与贸易总协定"（英文简写为GATT，中文简称为"关贸总协定"）。1986 年 9 月，"关贸总协定"在乌拉圭召开部长级会议，进行了多国贸易谈判，成立了关税、非关税措施、纺织品和服装、农产品、多边贸易协定、补贴与反补贴、与贸易有关的知识产权问题、与贸易有关的投资措施等 15 个谈判组。由于各种原因，此轮乌拉圭回合的谈判被迫推延至 1994年 4 月 15 日举行的会议上进行，124 个参加国才就乌拉圭回合谈判的最后文本和关于建立世界贸易组织协议问题达成共识。该文本于 1995 年 1 月 1 日正式生效。这一天也就是世界贸易组织正式成立。世界贸易组织奉行最惠国待遇原则、国民待遇原则、透明度原则、自由贸易原则和公平竞争原则。我国政府经过 15 年的复关及入世谈判，于 2001 年 11 月 11 日签署了关于我国加入世界贸易组织的协议。到 12月 11 日，我国即成为 WTO 的正式会员。

我国加入 WTO 后，分析与旅游市场开放相联系的问题，无疑要以 WTO 准则作为其基本的制度环境。根据世贸组织对"服务贸易"的定义，服务贸易共包括 12 项大内容：商业性服务、通信服务、建筑服务、分销服务、教育服务、环

境服务、金融服务、健康及社会服务、交通运输服务、旅游及相关服务、文化娱乐及体育服务、其他服务。显然旅游服务被定义在服务贸易范围内。服务贸易是原关税与贸易总协定（GATT）乌拉圭回合谈判的三大议题之一，1991 年底制定的《服务贸易协定》（GATS），为包括旅游服务贸易在内的世界服务贸易的自由化第一次提出了体制上的安排与保护。在 GATS 谈判框架中，"旅游及相关服务"是部门分类中的第九类，代号为 MIN. GNS/W/120，这一分类下又分为 4 个子部门，可以理解为它所涵盖的一般范围，即：A. 旅游与餐馆（包括餐饮业）；B. 旅行代理商和旅游经营商；C. 旅游导游服务；D. 其他。我国关于旅游业开放的承诺如下（见表 7-1）：

表 7-1　中国关于旅游业开放的承诺表

部门和子部门	提供方式	市场准入限制及条件	对国民待遇限制
旅游服务	跨境提供	无承诺	无承诺
	跨境消费	无限制	无限制
A. 旅馆和餐馆（包括餐饮业）	商业存在（外国直接投资）	外国的服务提供者可以通过合资、合作等方式在中国开办、建设旅馆和餐馆，合资经营的饭店企业必须经国家计委、外经贸部、旅游局等批准，合资餐馆由地方政府据需要审批。	
	自然人存在（自然人暂时入境）	与中国合资饭店及旅馆签订合同的外国经理、专家、高级管理人员在中国获准提供服务。	
B. 旅行代理商和旅游经营商	跨境消费	无承诺	无承诺
	跨境消费	无承诺	无限制
	商业存在（外国直接投资）	外国的服务提供者可以通过合资的方式在中国设立旅行社，其中中方出资占注册资本的比例不低于51％。合资旅行社须经国家旅游局和外经贸部审批。外国合资者只能在中国境内设立一家合资旅行社。合资旅行社不得经营中国公民境外旅游服务。	

续　表

部门和子部门	提供方式	市场准入限制及条件	对国民待遇限制
C. 旅游导游服务	未承诺开放		
D. 其他	未承诺开放		

GATS 关于服务贸易的六大原则无一例外地都涉及对旅游服务贸易的约束。它们是：服务贸易透明度原则、区别于货物贸易的逐步自由化原则、最惠国待遇原则、发展中国家更多参与原则、服务贸易的限制和禁止原则、服务提供申请获准原则。成员国提供的市场准入和国民待遇两项义务均是以上原则的具体表现。

从我国入世旅游服务的部门承诺来看，其内容主要集中在饭店和旅行社。根据承诺，在饭店（包括公寓楼）和餐馆方面：

1. 外国服务提供者可以合资企业形式在中国建设、改造和经营饭店和餐馆设施，允许外资拥有多数股权。

2. 中国入世后 4 年内，取消限制，将允许设立外资独资子公司。

3. 允许与中国的合资饭店和餐馆签订合同的外国经理、专家和高级管理人员在中国提供服务。

在旅行社和旅游经营者方面：

1. 凡满足下列条件的外国服务提供者可以自加入时起以合资旅行社和旅游经营者的形式在中国政府指定的旅游度假区和北京、上海、广州和西安提供服务，即：

（1）旅行社和旅游经营者主要从事旅游业务。

（2）全球年收入超过 4 000 万美元。

2. 合资旅行社或旅游经营者的注册资本不得少于 400 万元人民币。

3. 中国入世后 3 年内，注册资本不得少于 250 万元人民币。

4. 入世后 3 年内，将允许外资拥有多数股权。

5. 中国入世后 6 年内，将允许设立外资独资子公司，将取消地域限制。

6. 中国入世后 6 年内，将取消对合资旅行社或旅游经营者设立分支机构的限制，且对于外资旅行社或旅游经营者的注册资本要求将与国内旅行社或旅游经营者的要求相同。

此外，根据承诺，中外合资旅行社、外商独资旅行社或旅游经营者的业务范围为：

1. 向外国旅游者提供可由在中国的交通和饭店经营者直接完成的旅行和饭店住宿服务。

2. 向国内旅游者提供可由在中国的交通和饭店经营者直接完成的旅行和饭店住宿服务。

3. 在中国境内为中外旅游者提供导游服务。

4. 在中国境内的旅行支票兑现业务。

中外合资或独资旅行社和旅游经营者不允许从事中国公民出境及赴中国香港、中国澳门和中国台湾旅游的旅游业务。

在仔细分析了旅游服务的部门承诺所有内容后可以看出，在旅游业应对入世的谈判中，国家旅游局尽量维护了我国旅游业和旅游企业的权利，防止外国旅游企业大举进军我国旅游市场，扰乱我国旅游市场秩序。

二、加入 WTO 给我国旅行社带来的机遇和挑战

在旅游业多年的加入 WTO 谈判中，旅行社一直是谈判的重点。从最后谈定的有关旅行社的具体承诺可以看出，加入 WTO 以后，旅行社市场的开放是有条件的逐步到位。从客观角度来看，加入 WTO 对我国旅行社而言，是机遇与挑战并存。它主要表现在以下几个方面：

（一）有利于国际客源量的增加，但国外旅行社将参与瓜分市场

加入 WTO 后，设立中外合资旅行社和外商独资旅行社条件的放开，将促进外资旅行社对我国市场的拓展。外资旅行社通常都具有自成体系的国际销售网络，有较强的国际促销能力和较稳定的客源。随着其对我国市场的拓展，新的利益导向将大大提高这些旅行社经营我国旅游业务的积极性，从而使其将更多的精力和更强大的促销攻势用于对我国旅游产品的促销，这将促进我国国际客源市场的开发，有利于国际客源总量和旅游业综合效益的提高。

然而，由于这些外资旅行社来自于我国国际入境游客的客源国，在旅游市场上的销售渠道比较短，具有交易费用低的优势，与千里迢迢赶赴异国进行招徕的我国旅行社相比，更容易占领旅游消费市场，因此对我国的旅行社保持在境外市场上的份额具有致命的威胁。而且，2005 年以后，随着我国旅行社市场的全面开放，一些独资的外国旅行社可能与其国家在我国的航空公司、饭店、商场及餐厅形成全面合作，实现入境接待"一条龙"服务，使大量的旅游支出在其合作企业内部循环，形成对其他企业排斥和部分旅游经营利润的外流。届时，外资旅行社将发挥旅行社的纽带作用，全面瓜分我国旅游业的利益。

（二）有利于引进新的旅行社运行机制和企业制度的改革，但也会使部分中资旅行社面临生存危机

我国的旅行社企业规模比较小，基本保持着作坊式的运作方式。旅行社与协

作单位的关系并不密切，在旅游者市场上也没有深入人心。这决定了我国旅行社在我国旅游市场上的尴尬地位，影响了旅行社的运营效率。在旅游业发达的国家中，作为交通部门的主要分销渠道之一和旅游者出游的主要媒介之一，旅行社在旅游业中发挥着枢纽作用，具有比较高的运营效率。而且西方发达国家的旅行社业已经发展了 100 多年，积累了丰富的管理经验，在战略管理、产品管理和参与市场竞争等方面有很多独到的做法。外国旅行社进入以后，我国旅行社将与之短兵相接。而我国的旅行社总体上是一个弱势群体，在竞争中处于劣势地位，一些在原本较封闭的市场竞争中惨淡经营的中小旅行社必将很快遭到淘汰，而幸存下来的旅行社势必会引入新的旅行社运营机制。这样做将不仅有利于我国旅行社管理的升级换代，加速我国旅行社业与国际旅行社业的接轨，而且有助于改变国内的旅游相关部门和旅游者对旅行社的认识，有助于促进旅行社运行效率的提高。

（三）加速中资旅行社人才的外流，但有利于从业人员整体素质的提高

一旦外资旅行社进入到我国的旅行社市场，旅行社业将出现中资旅行社的业务骨干大量流失到合资或外商独资旅行社的现象。因为合资或独资的旅行社具有先进的管理经验和技术手段，灵活的运营机制和用人政策，又能提供比较高的薪酬，这些都会对优秀的国内人才有很强的吸引力，所以开放初期人员的流动将呈现一边倒的趋势，但人才的大量流失必将迫使国内的旅行社改革用人机制，加强人员培训和人力资源的开发，并最终促使人才的回流。而这个人才外流和回流的过程也将成为旅行社从业人员的整体素质得到巨大提高的过程。

（四）有利于加速企业制度改革和分工体系的调整

受传统经济体制的制约，多年来国家对旅行社的保护，使旅行社的企业制度未能实施根本性的改革。这种保守的企业制度和落后的经营观念与加入 WTO 后开放的市场格局显然格格不入。加入 WTO 会促使我国的旅行社更新经营观念，变革其保守的企业制度。外国旅行社的进入将为旅行社的企业制度改革提供可资借鉴的模式。目前，我国旅行社经营表现出"小而全"的特点，在为数不多的大企业和众多的小企业之间并没有按照旅行社的职能进行行业内分工，而沿用了水平分工模式。加入 WTO 后参与国际竞争的经常化必然要求旅行社行业分工与国际接轨，同时外国旅行社的进入也会加快我国旅行社业分工体系的调整。

三、WTO 下我国旅行社的总体应对和全面创新

（一）总体应对

加入 WTO 后，我国旅行社的总体应对就是改革开放，扬长避短，主动出击，

举国竞争。

改革开放的核心就是要培育和形成制度竞争力;扬长避短的核心就是要培育我们的国际竞争力;主动出击的核心是从中国旅游的国际化到国际化的中国旅游;举国竞争体制现在已经是世界国际旅游市场上的一个通行模式,也是旅游自身的特点和发展的需求所致。所谓"举国竞争体制"就是以企业竞争为基础,以联合竞争为龙头,以国家级的大型活动为导向。

(二)全面创新

我国旅行社行业的创新现在已经形成了几种模式,基本上是根据旅行社企业的实际情况发展起来的。

第一种模式是经营创新。体现得比较充分的是"中青旅"。"中青旅"是两个层面的运营:一个是资本运营,另一个是实体运营。以资本运营拉动实体运营,以实体运营再进一步推动资本运营。

第二种模式是市场创新。这就是上海春秋国际旅行社的模式。上海春秋国旅从一开始就抓质量,通过质量在市场上创新,进而开始经营的创新、产品的创新。

第三种模式是体制创新。这是"康辉国旅"的模式。"康辉国旅"一开始就以资本为纽带,形成网络化经营。

第四种模式是产品创新。如"广铁青"借助铁路旅游的优势,与传统的"东方快车"相对应。

第五种模式是品牌的创新。典型的是"广之旅",经过一个比较完整的企业策划,"广之旅"已成为一个很响亮的品牌。

第六种模式是转换模式。就是优势转换,通过转换,形式创新。

第七种模式是综合性的创新。主要体现在大的旅游集团上。

第三节 我国旅行社业的发展战略与经营策略

面对全新的环境和转折的时代,尚处于市场化进程中的我国旅行社业不得不以超常规的创新精神,全力以赴,全面谋划自己面向 21 世纪的发展战略和管理策略。为实现这一目标,需要政府的旅游主管部门、企业经营管理人员和专家学者的共同努力。政府通过产业政策的调整和行政管理行为的优化提供一个中国旅行社产业化和市场化运作所需要的宽松有序的制度环境,政府和投资机构致力于分工体系的调整,为旅行社运营提供符合市场经济发展旅行社业自然要求的市场环境体系。在制度环境和市场环境得以优化的同时，以产业制度改革为核心的企业运营机制的构建是中国旅行社企业活力的微观基础。正是在此基础上，我国旅行社企业家和经理人才能得以通过自己的持续创新活力来运作经营管理策略，从而将中国旅行社业导入一个科学化管理、市场化经营、可持续发展的良性轨道。为此，我国旅行社协会立项课题《中国旅行社业发展现状与发展对策研究》中，对我国旅行社业现状和面向 21 世纪的我国旅行社业发展战略与经营策略进行了如下研究。

一、我国旅行社业现状分析

经过 20 多年的市场化进程，我国旅行社业已具备了相当大的规模，旅行社通过市场化运作也积累了不少宝贵的经营意识和管理经验。

（一）从旅行社企业数量看

行业内的旅行社企业数量规模与我国旅游市场发展需要大体上是相适应的，在部分细分市场上（如商务旅行代理领域）还存在结构性供给不足的现象。到 2000 年底，全国共有旅行社 8 993 家，其中，国际旅行社 1 268 家、国内旅行社 7 725 家；全国旅行社资产总额为 365. 92 亿元，其中，所有者权益 170. 87 亿元、负债 195. 05 亿元；直接从业人员 16. 43 万人。

（二）从市场结构上看

从 20 世纪 80 年代开始，以三大旅行社为代表的我国旅行社产业集中度在不断下降。1980 年，三大旅行社的市场份额为 79. 6%，1993 年为 25%，现在为不到 15%。在此过程中，市场结构先后经历了寡头垄断和垄断竞争阶段。现在从总体上看处于比较完全的竞争态势。随着越来越多的投资主体的进入，这种产业态势的分散化仍在进行中。值得注意的是，市场竞争使得一些大型旅行社，特别是大都市和沿海经济发达地区位居"双百强"前列的一些大型旅行社，重新呈现出基于市场竞争基础上的规模化发展态势。

（三）从企业行为上看

我国旅行社业的专业化程度是逐年升高的：1996 年、1998 年、1999 年和 2000 年的行业平均专业化率（主营旅游业务收入/全部营业收入）分别为 75. 5%、89%、92. 5% 和 94. 5%。可以说，绝大多数中国旅行社是主导产品经营型企业，并且正在日渐强化这种专业化经营的色彩，表现在现实中就是旅行社横向扩张的冲动。

（四）从表面上看

全国旅行社业处于微利运行状态，但是考虑到企业合理避税、国有企业激励约束机制不健全、法人治理结构不完善等原因，我国旅行社业还是有较大的利润增长空间的。否则，就无法解释为什么一方面行业利润越来越低而另一方面进入主体越来越多的"市场悖论"。在今后一个时期，我国旅行社业的利润增长空间将主要由"制度创新利润"构成。

（五）从实地调研看

我国旅行社业的竞争力结构呈比较明显的非均衡态势，国际旅行社强于国内旅行社、大旅行社优于小旅行社的特征在全国旅行社行业中是一种普遍现象。这种不均衡表现为地区性的东、中、西部的差异，也表现为不同企业之间（比如国际旅行社与国内旅行社之间）经营管理水平和竞争能力的差异。旅行社业的区域性非均衡发展态势与东、中、西部的社会经济发展水平、交通等旅游基础设施，旅游接待设施和经营管理观念存在差异密切相关。

（六）从核心竞争力要素看

从旅行社产品创新能力、品牌建设、网络构建等企业核心竞争力要素方面分析，我国旅行社同国际同类企业相比还存在着相当大的差距。旅行社战略管理人才，特别是能够驾驭开放经济中的国际市场竞争能力的发展战略人才储备不足。这体现在企业行为上就是分工体系调整和市场资源的整合能力不足。就此而言，不能够笼统地说中国旅行社人员素质低下，正确的判断是结构失衡。

（七）从信息技术的应用深度和应用效果上看

从信息技术的应用深度和应用效果上看，我国旅行社的差距还是十分明显的。我国旅行社信息技术普及程度低。目前只有为数不多的旅行社采用信息技术；旅行社与饭店业、交通运输业等相关部门和旅行社之间的联网系统尚不发达；旅行社与世界上影响巨大的计算机系统缺乏足够的联系，联网工作也只是刚刚起步。之所以有如此差距，既有旅行社自身的原因，也有产业关系和宏观制度环境方面的原因。比如在线付款难以实现，网络价格不透明，预期收益与现实收益之间存在差距，等等。

（八）从旅行社内部产权看

旅行社内部产权不明晰，导致旅行社经营效益低下。产权不明晰使得生产关系严重制约了生产力的发展，影响了经营者的积极性。由于在旅行社的审批过程中，行业管理部门主要倾向于批准国有旅行社，不允许有自然法人存在，因此云南、四川两省的旅行社目前仍以国有旅行社为主。而国企的责、权、利的欠明晰，使得这类旅行社内部大量存在业绩与分配脱钩的现象，严重影响了职工的工作热情和创造性，致使旅行社经营效益低下，甚至连年亏损。为改变这种局面，有的旅行社实行了承包，但由于产权的限制，这种承包往往透支国有资产，有些承包者还偷税漏税，造成国有财产的损失。目前，云南、四川境内许多旅行社实际上已变成集体和私人所有，如果通过法规使其合法化，使企业责、权、利真正得到统一，这将是市场发展的需要。

（九）从旅行社的产业现状看

分析我国旅行社产业现状，不能不看到我国合资旅行社的运作及其影响。尽管合资旅行社只占很小的一部分，对市场结构的现实冲击也不是很大，但是它们对我国旅行社产业发展和企业运营的影响将是深远的。这些影响主要体现在以下几个方面：法律意识强化；注重现代管理制度的引进与落实；明确的发展战略导向。

二、我国旅行社业发展战略与经营策略

（一）产业政策

1. 按国民待遇原则平等地对待所有的市场主体。加入 WTO 后，以"国民待遇"等原则为核心的市场经济规则将是我国旅行社产业政策调整的主要依据。需要明确的是，国民待遇原则不仅仅是针对外资而言，对于民营经济为代表的内资也存在着这一问题。我们必须在法律、法规的框架内明确非国有资本可以进入包括入境旅游、出境旅游在内的经营范围，旅游主管部门不要设置所有制方面的限制门槛。说到底，进入与否、盈利还是亏损，那是投资者的事情，旅游主管部门只要管好市场主体是否遵守规则就可以了。为此，政府及旅游主管部门需要出台相应的产业政策，鼓励民营经济通过新设、参股、控股、并购等途径进入旅行社业，并允许它们享有同国有企业一样的经营范围。

2. 建立更加开放的市场体系。21 世纪的我国旅游业不仅面临着对外市场开放，还面临着国内区域市场开放的问题。现在，区域市场之间的贸易壁垒已经严重阻碍了全国统一市场的建立和完善，并进而影响了民族旅游企业的发展壮大。在这方面的政策取向应该是鼓励和扶持旅行社在全国范围内设立跨区域的分支机构，促进人力资源生产要素的全国性流动，并在旅行社连锁经营和特许经营方面给予更为宽松的产业环境。同时，给予相应的制度援助。例如，目前导游人员和旅行社经理人员的资格认证下放到省一级旅游主管部门以后，客观上造成了甲地的导游和经理不能到乙地服务（除非另行通过乙地的资格考试），从而助长了地方保护主义的盛行。再例如，现在各地方旅游主管部门负责国内旅行社的审批，从保护地方利益的目的出发，往往对外地旅行社的设立设置种种障碍。结果是产业形态成长与优化过程中的"近亲繁殖"和"诸侯经济"横行，而那些有实力、有愿望构建全国性集团的旅行社在战略实施过程中处处受限。要解决这一问

题，绝不仅仅是设立一些旅游超市或旅游电子商务平台就可以解决的，必须在大型旅行社集团异地设立分公司的审批环节等政策方面作出大的调整，以有效降低网络化、集团化发展进程中的政策性交易费用。

3. 开展对港、澳游和台湾游的专项政策调整。即中国内地、中国香港、中国澳门和中国台湾地区同时成为 WTO 组织成员的现实，需要我们重新审视有关的法规与政策。例如，中国香港和中国澳门的旅行社进入内地如果继续视为外资旅行社，那么其他国家和地区就会援引最惠国待遇条款，要求得到与港、澳旅行社收购内资旅行社同等的待遇；还有，内地公民赴港、澳旅游是否还需要执行特许旅行社制度，如何更有效地促进三地旅行社的互动发展；以及随着台湾地区即将开放的大陆旅游者赴台湾观光市场，都需要进行专题的调查研究，为制定相应的产业政策和管理办法做好准备。

4. 做好外商控股、独资旅行社的试点与监管法规的起草工作。降低国外资本的进入壁垒，在确定的范围和条件下允许境外资本控股甚至独资试点，其实质是把市场投资行为与行业管理行为分开。加入 WTO 后，银行这样重要的金融行业都可以允许外资银行经营人民币业务，汽车业也有明确的开放承诺表。在这种情况下，旅行社的有限度地开放的理由已经基本不存在了。必须认清形势，在全球化进程不断加快的今天，只有融入这一体系，才能培育出真正具有竞争力的旅行社。必须明确，外资进入我国旅行社市场是要赚钱的，只有让它有钱可赚，跨国公司才会把更多的资本投入到本地企业规模的扩大上来。不可能一方面希望它进来，另一方面又希望只产生积极影响而不产生消极影响，关键看哪一方面是主要的，要按市场规则来管理市场。如果怕外资旅行社扰乱市场，我国还可以通过相关的法律、法规制约它，就像制约内资旅行社一样。

5. 调整出境旅游产业政策，从抑制型向促进型转变。为适应我国公民出境旅游快速发展的局面，培育我国旅行社业跨国经营的能力，有必要调整出境旅游产业政策，从"适度发展"转向"稳步增长"。与此同时，在有序开放我国公民出境目的地的同时，要求对方开放市场，允许我国旅行社在当地设立分支机构。

（二）分工体系

1. 修订《旅行社管理条例》，构建市场化导向的产业分工体系。按旅游经营商/旅游批发商、旅游与旅行代理商的垂直分工体系，而不是按国际、国内这种水平分工为导向的管理体系对旅行社进行管理。针对不同类型的旅行社设立不同的进入与退出管理机制。例如，旅游批发商/旅游经营商的注册资金和质量保证金以及违规处理办法，就要比旅游代理商要求高一些。而对于旅游与旅行代理商以及旅游经营商自设的分支代理机构，减少进入的政策壁垒。另外，要求进入市场的企业不分所有制、不分内外资，必须加入某一相应的行业协会。

　　旅游行政管理部门可以为旅行社特定的业务设置进入壁垒，但是至少在国内市场上要对不同所有制、不同背景的企业同时开放。在目前形势下，旅行社产业规模的壮大，特别是厂商数量的增加应成为优先的制度创新的目标。这是因为旅行社业的发展目标是为旅游业发展目标服务的。正是从这个意义上说，只要是为了这一目标的实现，不管你叫不叫"旅行社"的名称，不管是什么背景的投资与运作主体，在不违反法律、法规的前提下，政府行业主管部门都应大力支持。

　　2. 引导和扶持大型旅行社集团的构建与发展。主要通过各种行政的、市场的手段让境内外不同所有制的其他行业的大型企业集团和投资主体进入到行业中来，或者并购大中型旅行社，或者通过大中型旅行社之间的市场行为，构建行业领导者。也要鼓励大型旅行社进行关联型多元化发展，通过投资、合作等方式进入交通、景区景点、饭店等企业。面对加入 WTO 后的挑战与机遇，再不抓紧时间构建出数家有国际竞争力的大集团，我们的民族产业发展很可能会滞后相当长一段时间。从政府的角度来说，引导和扶持大型旅行社集团还包括综合利用各类政策促进我国旅行社业的国际化经营。例如，利用加入 WTO 的机遇，在开放中国公民自费出境旅游目的地的双边和多边谈判中，同时要求对方开放市场，并允许中国旅行社在该国家或地区的商业存在。

　　政府的"抓大放小"并不意味着对中、小型旅行社不管不问了。相反，越是要发展大型旅行社集团，越是要加强对中、小型旅游企业，特别是旅行代理企业的扶持与服务工作，这是产业结构得以优化和持续增长的基础所在。

　　3. 通过资本运作与资产管理，加快产业集聚化进程。在服务自由化和全球经济一体化的大背景下，世界上各行各业的重组与兼并已经成为一种发展趋势。国际旅游市场上那些跨国经营的大型旅行社集团，或者有旅行社成分的旅游企业集团在发展壮大的进程中，无一不是通过资本运作手段，特别是上市、并购、重组等方式实现的。反观中国的旅行产业，除了国旅总社、中青旅、上海国旅、神舟国旅、广之旅、春秋国旅等少数几家旅行社接触到了企业经营的资本运作层面外，绝大多数的旅行社还只是着重于找关系、拉客源、派导游、拿折扣的产品层面上。但是从当前制度环境和市场环境的大背景上看，我国的旅行社业正处于分化、定位、收购、兼并和联合发展的大重组的前夜。谁能抢先一步在产业集聚化进程中占得先机，谁就能够在未来的旅游市场竞争中占据制高点和主动地位。

　　4. 旅行社协会在会员范围方面要从国际惯例出发，把航空、火车、游船、饭店等代理机构纳入到旅行服务商的范畴中。特别是一些订房公司和票务公司，包括利用互联网开展业务的这类公司，在做相关的延伸服务的时候，实质上就是在操作旅行社业务。还有大量的培训机构组团前往未开放旅游目的地的国家和地区考察，也是在做旅行社业务。但是按现有的《旅行社管理条例》，却无法对这部分机构实施有效的管理。为进一步规范市场，给现有旅行社以公平、公正的市场环境，必须把他们纳入到行业管理的范畴中来。这可能需要国家旅游局对旅行社的概念重新定义，即把只从事旅游或旅游服务产品中某一项目代理的机构也作为旅行社的一种形态，而不是现在这样过于强调旅行社的"招徕、接待，为旅游者安排食宿"。

5. 以分工体系调整为突破口，培育大型旅游批发商和小型旅游代理商。随着民航、铁路等交通产业市场化进程的加快及其产业内部企业竞争的加剧，他们也存在着与旅行代理服务商的合作。在此过程中，我国旅行社业要及时调整自己的分工体系，小型旅行社一方面拓展以交通工具为主的票务代理业务领域，另一方面做好大型旅行社的产品销售代理。要想达到这一目标，需要在产业政策上降低旅行代理商的进入门槛。例如，通过减少设立分支旅行社特别是门市部的注册资本金和质量金的数量等方法来鼓励大型旅行社发展自己的销售网络，而自身则向旅游批发商或旅游经营商转化。还可以通过中国旅行社协会的途径组织各类票务代理机构、旅游代理商、小型国内旅行社成立中国旅游与旅行代理商协会，优化我国旅行社市场结构。

6. 加快合资旅行社建设步伐，扩大产业规模。合资范围的中方主体可以进一步扩大，不一定要搞入、出挂钩，可以有更多的外资进入到我国旅行社产业领域。对于已经进入到境内的合资旅行社，应延续它们通过设立分社、门市、代理等途径扩大自己的业务范围，促进中国旅行社业的产权多元化。对于中国香港、中国澳门地区的旅游企业集团，应当允许它们相对控股，甚至设立独资的旅行社，或者鼓励其收购、兼并内地中小型旅行社。

（三）企业制度

1. 国有旅行社的所有制改革与现代企业制度的建立。对于国有旅行社来说，可以通过股份制或其他相关途径完成公司制改造，建立现代企业制度，完善公司治理结构。为此，各地旅行社要积极探索各种形式的中外合资、多类型法人相互支持、员工持股、经理层持股等多种形式的改制途径。

2. 旅行社产业内、外部资金的相互流动。旅行社产业内、外部资金要相互流动，当前主要是让更多的产业外资金进来，争取用5～8年的时间组建3～5家全国性的综合旅游批发商集团、10家左右区域性的以专业化为特色的旅行社集团。

3. 深化产权改革，完善现代企业法人治理结构。旅行社应致力于建立、健全决策民主、运作科学的内部经营管理机制。在内部组织构架上，从以导游外联人员为中心向以职业经理人员为中心转变。大力加强企业管理制度和企业文化建设，构建正规企业的长期竞争优势和发展基础。对于那些目前比较活跃的旅行社，一定要注意企业文化和管理制度的构建，决不可以把企业未来的发展维系在一两个精英人物身上。必须看到，现代旅行社业务的发展，绝不仅仅是我们自以为是的那种以为有一些关系网拉拉客源，有几个导游举着小旗，带着一队人马走街串巷，拿点回扣所能解决的了。只有从管理、从投资、从产业发展和社会进步的角度来思考问题，旅行社企业才可能真正地壮大起来。为此，政府要引导企业多从产业创新、市场创新和战略创新等方面思考和行动。

（四）行业管理

1. 政府主管部门的价值取向与行为导向。随着市场的发展，旅行社企业的一般特性会越来越明显，政府对旅行社业的管理也会随之采取相应的变化，不再从一些主观的特殊性出发进行各种各样的行政干预。相应的，政府的旅游行政管理部门将把更多的资源配置到制定规则、市场监管和提供公共产品等目标上来。这是一个总体的发展趋势。为顺应这一发展趋势，政府要减少行政审批环节，要把社会可以自我调节和管理的职能交给社会中介组织。由此出发，政府主管部门应加大信息化平台、信息采集与公布、行业统一惯例等公共产品的供给。

2. 加强行业协会在市场规范与管理方面的作用。政府要积极培育旅行社行业组织的建设，要实现旅行社行业组织的独立地位，使其真正代表旅行社行业的整体利益。旅游行政主管部门可以根据管理有效的原则和旅游市场的成熟度逐步转移一些管理、服务职能给旅行社行业组织。在现阶段，主要是健全行业组织，每家旅行社至少要加入一个行业组织，使每一个旅行社都能在组织中活动。随着旅行社业的发展，逐步按照旅行社的需要成立更有特点和特殊性质的行业组织。例如批发商组织、零售商组织等。在政府给予若干扶持政策、解决行业组织经费来源和全国网络形成与运作的基础上，协会也要加强行业组织的自身建设。

3. 加强旅行社管理高层次人力资源培训工作。在今后一个发展阶段，旅行社业尤其需要懂计算机、外语、旅行社业务和专业知识的复合型的金融、投资、战略管理、人力资源管理、市场开发与管理方面的高层次人才。

（五）经营策略

1. 树立全球化视角的战略观念。旅行社要有意识、有能力站在全球旅游市场发展和旅行社竞争的高度来思考自己的发展规划和管理战略。从更高层面上来看，一个优秀的旅行社管理者必须把旅行社本身也当做"产品"来经营。这就要求现有的旅行社管理理论与实践工作者必须熟悉现代市场经济和企业运作制度，并把思考的触角延伸到企业外部的旅游市场、物业市场、金融与证券市场，通过资本运营、品牌培育、营销网络构建、人力资源开发等市场创新和管理创新等手段来经营旅行社，努力使自己所管理的旅行社成为满足业主利益最大化需要的公众型公司。国际化的战略眼光还要求我国的旅行社企业必须关注中国公民的出境旅游市场的发展，在政府的服务贸易采购战略、对等开放市场政策引导下，积极主动地开展高层次的跨国经营活动。

2. 树立品牌竞争的意识。相对于价格竞争而言，品牌竞争是旅行社更高层面进行的竞争，也是我国旅行社业走出价格竞争低谷的有效途径。旅行社在良好的企业品牌之下，可以组织不同系列或不同类型的旅游活动，诸如"丝绸之路游"、"长江三峡游"、"欧洲风情游"、"夏威夷亲子游"，等等。从理论上讲，旅行社也可以将上述名称进行注册，但这只是表明该旅行社对于这些特有的文字组合具有排他性使用权，并不表明其他旅行社无权经营类似的旅游活动。旅游者会根据自己需求、期望以及产品的价格、方便程度和品牌等因素选择自己中意的旅行社，会仰慕旅行社良好的声誉而参加其组织的不同系列或不同类型的旅游活动。

3. 高度重视中国公民的国内旅游市场。我国公民的国内旅游是我国旅游业的基础，也是中国旅行社与外资旅行社竞争的优势之所在。

（1）重视人力资源开发与使用，特别是高素质经理人员的激励机制建设。这里有三个层面的问题，企业家和战略投资者层面、职业经理人层面、企业经营领域的职业技术人员队伍层面。在市场经济条件下，只有流动，生产要素才会有价格，人才才能够通过市场竞争发现自己的长处和不足，才能够持续学习和创新，以保持自己在要素市场上的竞争地位。随后，要转变企业的用人机制，要勇于打破一些诸如"论资排辈"、"内部选拔"、"只能上、不能下"之类的条条框框。

（2）适应旅游者消费需求变迁，采取灵活多样的产品组合策略。针对旅游者消费模式的发展变化，我国旅行社的企业定位、产品组合和技术创新都需要作相应的调整。首先，应该明确定位为"意义服务提供企业"。其次，我国旅行社的主营业务应该进行一系列的战略转移。再次，考虑到旅游市场结构的变化，我国旅行社应该改变目前的经营模式。

（3）应用、推广和普及信息技术。第一个阶段，信息技术主要应用于企业内部管理，尤其是规模较大企业的内部管理。第二个阶段，信息技术主要应用于旅行社外部网络的建设。第三个阶段，信息技术的应用主要表现为旅行社应用互联网和通信技术整合营销系统，加强市场信息搜集、促销、分销与客户关系管理工作等。

信息技术的应用已经在全球范围内对各行各业产生了广泛的冲击，电子商务已经成为企业转型时所必须学习与应用的概念。其他类型的企业，尤其是服务企业所运用的电子商务手段在中国的旅行社中都可以运用，关键是我国旅行社首先要完善自身的建设，强化科学管理的理念。在市场经济中，企业以效率和效益取胜，信息技术为企业提高效率与效益提供了共同的技术基础。信息技术毕竟只是一种技术手段，不应用信息技术的旅行社不会成为具有国际竞争力的旅行社，而应用信息技术的旅行社要依靠对信息技术的把握和充分利用，通过学习技术所获得的信息来寻找商机才能实现发展目标。我国旅行社运用信息技术的现状不足以迎接加入 WTO 后来自国际市场的挑战，但是只要抓住信息技术提供的机遇，并将信息技术的应用与行业变革紧密结合，我国旅行社终将找到适合自身的信息技术发展之路。

（六）加强对国外旅行社发展战略与运作策略的研究

加入 WTO 后，我国旅行社业必将面临更为直接的国际竞争，只有做到知己知彼，了解那些在旅游市场上具有较强竞争力的旅游企业的发展战略和运作策略，我国旅行社才能够实现"积极参与、趋利避害"的目标；才能够增强民族旅行社企业的核心竞争力。

自 20 世纪 90 年代以来，发达国家的旅行社出现了很大的变化，并有加速发展的趋势。这主要表现在：市场的合并；企业所有权的变化；国际企业集团通过并购旅行社集团进入大旅行社行业；信息技术的发展和互联网的出现正在引发旅行社经营方式的一场革命。

在这些特征中，尤其需要关注和研究的是那些加速了向国外扩张的进程，采取企业兼并、并购等投资战略来扩大企业的规模和直接进入客源国市场的大型跨国经营的旅游企业集团。实际上，加入 WTO 后对我国旅行社产生影响并会成为直接竞争者的也正是这些旅游领域的跨国公司。但是，对这一领域的研究仅仅依靠单个企业的力量是不现实的，政府的旅游主管部门、行业协会、专业研究机构与大型旅行社企业集团要相互沟通并共同承担研究任务。

下　篇

现代旅行社管理与运作案例

旅行社经营案例

案例一　旅行社也可状告游客

（一）案情

南京一家旅行社将游客告上法庭。事情是这样的：该旅行社与游客高某签订了一份"天柱山—庐山专船五日游"的合同，其中规定游客住宿在船上，游船抵达九江港后，旅行社派车送游客到庐山参观游览。当游船驶入九江港时，导游再三强调，要求所有游客要在当晚 19 点以前上船，过时不候。到了晚上 19 点，船上 400 多名游客都准时上了船，唯独不见那位高先生人影。游船等了一个半小时，有关部门通知游船必须离岸时，该旅行社只得派一名导游在船码头等候游客。大约在 21 点时高某才出现，由于此时游船早已开走，两人只得在附近旅馆投宿。一夜的住宿费为每人 140 元，当时由导游垫付。事后导游多次向高某收取住宿费，但遭到高某的拒绝。为此，该旅行社出于无奈，将高某告上法庭，要求法庭判高某交付 140 元住宿费以及承担该案的全部诉讼费。

（二）案例评析

该起旅游案例主要是由于游客高某不遵守开船时间并拒绝支付 140 元住宿费而引起的。其实，此案例并不复杂，案情也很清楚。正如该旅行社经理所说的那样："如果只算经济账，旅行社打这场官司肯定不合算，但我们是想通过这个案例告诉大家，旅游产品有其特殊性，游客的积极配合是十分重要的，如果个别人不遵守时间和纪律，不听从有关人员的正确劝告，这不仅会使其他游客利益受损，旅行社的利益也会受损，最终大家的利益都会受损。"

旅行社状告游客之事并不多见。试想，游客掏钱去旅游，到头来反而成为法庭上的被告，并且还要赔偿经济损失，真是不可思议。但是，人们冷静地想一想，便能受到启发。如今是法制社会，旅游企业和游客在法律上是平等的，双方都要遵守合同的条款，谁违规，谁就得承担责任。但是，许多界外人士往往不理解旅游产品是一种动态产品，也是一种特殊产品，旅游中的六大要素——吃、住、行、游、购、娱——往往会出现不可预料的情况，有时旅行社确实也无能为力。

案例二 "先旅游，后结账"弊大利小

（一）案情

某合资公司与旅行社签订了一份"哈尔滨、二龙山双飞三日游"旅游合同。合同规定："先旅游，后结账"。由于该公司是被邀请作为合作伙伴去参加联谊活动的，所以在确定何人参加活动的问题上出现了一些麻烦，而这些麻烦又给旅行社和当地接待社带来预订返程机票不能确定的困难（旅行社为了降低成本，该批旅游团采取了由当地出返程机票的做法）。等到旅游团临出发前的一天，该公司才把正式名单交给了旅行社。由于过了预订旅游团体特价机票的时效，当地接待社只能想办法预订下一趟航班（合同上规定为返程日的下午 15 点左右起飞，现改为下午 17 点左右的航班）。当旅行社接到地接社的传真后，马上通知该公司的领导，但不巧，该公司已经下班了（那天凑巧又是星期五）。

到了出游的那一天，旅行社导游立刻将航班变更的消息通知了该旅游团的领队与游客。当时公司没有一个人提出疑问和反对，也没有坚持按原先商定的航班返回的意见。抵达目的地后，大家玩得很高兴。但是，在最后一顿晚餐的问题上，导游和领队发生了一些矛盾，为解决矛盾双方都花费了很多的时间和人力。最终，还是由双方最高领导出面协商解决了旅游团款的问题。

（二）案例评析

"款到发团"、"先付款，后旅游"，这是旅行社的"行规"。多年来的实践也证明，"先旅游，后结账"的做法弊大利小。其根本原因是当今旅游市场还不成熟，旅游者的消费心理也不成熟。在这种情况下，旅游后客人的满意程度会出现很大的差别，甚至在一个旅游团中发生有的写表扬信、而有的写投诉信的情况。因此，国家旅游行政部门以及有关法律都规定要签订旅游合同。旅行社要坚持"行规"。"先旅游，后结账"，虽然可以吸引一些游客，但旅行社的生意做得过于迁就则容易出现问题，到头来还是要花费大量的精力甚至财力去处理旅游团款问题。

尽管旅行社尽到了最大的努力，但在整个旅游活动过程中还是有可能出现一些缺陷和意想不到的情况。如果旅行社把希望寄托在"一帆风顺"的基础上，那是不现实的，因为旅游所构成的几大内容都不是旅行社所能左右的。再说，每位游客的心里"价位"也不一致，众口难调。如果在旅途中出现一些不尽如人意的事情，旅行社想收回团款就会很困难。

案例三 旅行社的"承诺"是有时间性的

（一）案情

一天，一家旅行社质监部门接待一位投诉者。那位李女士开口就问："你们旅行社说话算数吗？""旅行社说话当然要算数嘛！"质监部门的同志微笑着回答了她的问话，"那你们旅行社为什么说话不算数呢？"

原来，李女士准备参加"海南岛五日特价游"，原先就打电话和旅行社联系过，营业部的接待小姐告诉她还有余票，请她尽快前来办理报名手续。谁知李女士刚要前往报名时，公司突然有紧急事情要她去处理，临走前她又向旅行社营业部通了电话，说是第二天上午 10 点之前参加报名，并希望保留旅游票。

第二天一早，李女士急急忙忙地赶往旅行社，但由于路上堵车，加上电话又占线打不通，她于 10 点 10 分才到达，但此时营业部接待小姐告诉她特价票已售完。李女士顿时恼火，于是发生了以上的那一幕。

（二）案例评析

李女士的心情是可以理解的，但李女士关于旅行社的承诺问题提法欠妥。要知道，对旅行社而言承诺是极其重要的，珍惜自己的承诺就是珍惜自己的名誉。旅行社为游客做好服务工作是其永久的承诺，也是每位员工应遵循的职业道德。但是，作为销售产品来说，旅行社的"承诺"是有时间性的。如果李女士在上午 10 点钟之前赶到而买不到旅游票，那么旅行社就是完全违反承诺；如果是过了承诺的时间，责任应该由那个违反承诺的人负责。所以，李女士把旅行社的永久承诺和具体销售时间概念上的承诺混为一谈，是没有道理的，投诉理由是站不住脚的。况且旅行社根本没有错。

如今许多旅行社都采用了现代化的电脑管理技术，而旅行社的各营业部也都联网销售。营业部接待小姐将李女士预订的旅游票保留到次日上午 10 点钟，到了规定的时间，"保留"即会自动取消，其他营业部的接待人员很可能就会在此后将保留票卖给了其他的游客。关于这一点，相信李女士也应该理解的。

案例四　广告不实引起的投诉

（一）案情

一天，杨女士怒气冲冲地来到一家旅行社的总经理室，对着旅行社领导诉说着心中的不满。事情的经过是这样的：这家旅行社在新闻媒体上刊登了几条旅游线路的宣传广告，杨女士对其中一条旅游线路颇感兴趣，于是决定利用寒假带儿子出游。事先也多次打电话向旅行社咨询联系，旅行社回答没问题，并且请她赶快前来报名。可当杨女士冒着寒风赶到离家很远的旅行社报名付款时，却被旅行社告知这条旅游线路已经改了。当杨女士责问旅行社接待人员时，她们只是轻描淡写地说了声"不好意思"。此时，杨女士十分生气地说："你们旅行社轻松一声'不好意思'，却让我折腾了好几天！"

（二）案例评析

该起旅游案例主要是由于旅行社广告宣传不实引起游客不满而造成的。一般来说，游客在选择出游的时候，都要经过一番认真、仔细的考虑，不仅要在经济上、时间上有所打算，而且也要在工作上、条件上有所安排，一旦游客考虑成熟就会到旅行社报名参加旅游。但是，如今一些旅行社就不太了解旅游消费者的心理，对待自己的产品也不太负责，他们往往只考虑自己赚钱的一面，却忘了游客出游前是如何准备的一面。从根本上说，这些旅游企业缺乏诚信度，内部管理混乱，从业人员职业素质较差。要想赢利，应树立好的信誉。旅游从业人员要像爱护自己的眼睛一样爱护自己的承诺，那么，旅行社的产品才会更加取信于民。

现在有一些旅行社在广告宣传上出现不少问题，有的宣传不实，有的广告过时，也有的存在虚假成分等。许多旅游消费者发现旅行社在报刊上登的广告与门市接待人员介绍的不一样，旅行社在墙上贴的内容与实际情况不一样，等等。这些问题，都应引起旅游从业人员的高度重视。《消费者权益保护法》明确规定："消费者因经营者利用虚假广告提供商品或者服务，其合法权益受到损害的，可以向经营者要求赔偿。广告的经营者发布虚假广告的，消费者可以请求行政主管部门予以惩处。广告的经营者不能提供经营者的真实名称、地址的，应当承担赔偿责任。"根据上述情况，该旅行社应当对杨女士有个交代，而不是一句"不好意思"就一推了之。

案例五　旅行社承包挂靠　承包者卷款潜逃

（一）案情

2000 年 12 月至 2001 年 1 月间，黎剑、杜伟（均为湖南张家界人）等人，以北京中天旅行社接待部名义，租用北京崇文门饭店 203 房间作为经营场所，并以北京中天旅行社名义发布广告，在收取游客大量旅游款和购票订金后携款潜逃。此案共涉及游客 355 人，金额 99 万余元，堪称旅游业大案。此案系中天旅行社内部管理混乱、将部门随意承包所造成的。北京市旅游局在认定责任后，依据有关规定对该社进行了停业整顿的处罚，并动用了其 10 万元服务质量保证金对游客进行补偿。

（二）案例评析

旅行社的随意承包挂靠，实质是非法转让或变相转让许可证的违规经营行为。北京中天旅行社的行为就是自酿恶果的典型事件。在此，要告诫旅游者，报名时不要怕麻烦，须细心核查组团单位的资质，问明情况，如在门市部报名不妨找总社核实。此案的受害者交款后拿到的都不是正式发票而是收据，有的甚至是白条，而且所签旅游合同和收据上的公章都是部门章，而部门章是不具有法律效应的。

案例六　越权经营出境游　境外代办被查处

（一）案情

2001 年 1 月，北京市旅游局执法大队根据举报，对位于朝阳区团结湖京龙大厦内的意大利米斯特拉旅行社北京代表处进行突击检查。该代表处是经国家旅游局批准的非经营性旅游办事处，业务范围为旅游方面的咨询和联络。而检查中执法人员发现，该代表处自 1999 年 12 月至案发前，一直在进行组织中国公民赴意大利、法国等欧洲国家旅游的活动，并收取费用。北京市旅游局依法对其进行了查处。

（二）案例评析

根据《旅行社管理条例》有关规定，境外旅行社驻华联络处（代表处）只能从事旅游咨询、联络、宣传活动，不得经营旅游业务。旅游者参团旅游要找正规有资质的旅行社。目前，北京市只有 40 多家旅行社被允许经营中国公民出境旅游业务，其他旅行社不得超范围经营此项业务。而某些机构打着咨询、中介幌子经营"出国游"更属非法，如发生纠纷旅游者也无法得到旅游部门的有效保护。

案例七　运输公司搞旅游　游客遇险无人赔

（一）案情

"五一"黄金周期间，一名陕西游客投诉陕西省某运输公司，称他们一家三口参加了该公司组织的"陕西—山西—绵山五日游"，交纳了 1 000 元费用。旅游过程中，一名游客意外受伤并终身致残，运输公司虽然积极参与抢救，但拒绝为他们的过失而赔付受害者。

（二）案例评析

参团旅游要找正规旅行社已是老生常谈，但有些旅游者出于种种原因还是上当受骗。运输公司怎么能经营旅游业务呢？这名游客在该公司的宣传海报中甚至发现了这样荒唐的话："为了拓宽公司收入渠道，积极走向外部市场，我公司从1999 年开始增加旅游业务，先后推出 16 条长途和 12 条短途路线，并成功运营，创收 30 万元。"消费者参加这样的旅游团，一是得不到正规旅行社所能提供的旅游保险的保障，二是由于运输公司不属于旅游行业，因此旅游部门也无法对其进行有效的查处。

案例八　国内社屡做出境　许可证终被吊销

（一）案情

九江青旅的资质系国内旅行社，根据有关规定，国内社不得经营出境旅游业务，但该社近年来一直超范围广告宣传和经营出境旅游业务。2000 年 4 月，九江市旅游局曾对其进行查处。查处后该社非但不改，2001 年 11 月 29 日又被发现组织九江市 18 名老干部赴港、澳、泰旅游。日前，江西省旅游局已正式吊销了九江青旅的《国内旅行社经营许可证》。

（二）案例评析

选择出境社并非没有意义，因为出境社在旅游局交纳的质量保证金是 160 万，而国内社仅为 10 万元，一旦发生纠纷需要动用"保证金"来赔偿消费者，这 160 万和 10 万元间的差距可就明显了。

案例九　出境旅游派领队　法定义务不可少

（一）案情

几名游客参加某旅行社组织的"新、马、泰 15 日游"。在临登机时游客发现，该团是由 5 家旅行社共同组织的，并且这个旅游团没有领队。旅游团在途中遇到了许多困难，在国外如何转机、入境卡怎么填、怎样与境外旅行社接洽等均无人过问。在新加坡入境时，因不熟悉情况，旅游团被边检部门盘查一个半小时之久。旅游过程中，因没有领队与境外社协调，原来的日程被多次变更。旅游团在异国他乡，人生地不熟，只好听从境外导游摆布。

（二）案例评析

领队是由旅行社派出，为出境旅游者提供协助、服务，同境外旅行社接洽，督促其履行接待计划，调解纠纷，协助处理意外事件的人员。根据规定，旅行社组织中国公民赴外国和我国港、澳地区旅游，必须安排领队。这是旅行社的法定义务。

案例十　取消旅游计划，旅行社应否负责

（一）案情

张某受其公司委托，组织 20 名职员赴海南旅游。张某与某旅行社国内部达

成旅游协议，定于 9 月 30 日出团，并按该旅行社的要求交纳了 6 万元预付款。9 月 29 日，旅行社经办人朱某电话通知张某，由于海南接待能力有限、返程机票无法保障等不可抗力因素，原定的旅游计划不得不取消。张某即与其他旅行社联系。由于时间太紧，没有一家旅行社可以接待，张某只好自行组织职工赴海南旅游。因没有提前联系食宿，给此次出游带来诸多不便，花费也比随旅行社出游高出一倍多。张某认为，旅行社有欺诈行为，应依照《中华人民共和国消费者权益保护法》第 49 条的规定双倍予以赔偿。旅行社则辩称，经办人朱某并非本单位正式工作人员，在运作此次海南旅游的过程中，完全是二人之间口头的私下交易，朱某没有按组织程序运作旅游业务，且所收团款并未交给旅行社的财务部门，因此，朱某完全是个人行为，旅行社不应承担法律责任，且此团被取消是不可抗力因素造成的，依法不应承担责任。

（二）案例评析

旅游质量监督管理部门审理认为，旅行社的辩解于法无据，不能成立，应承担违约责任，依照《旅行社质量保证金赔偿试行标准》第 4 条规定，应向张某等 20 名旅游者支付预付款 10% 的违约金。另外，张某等 20 名游客投诉旅行社有欺诈行为，提出按《中华人民共和国消费者权益保护法》第 49 条规定予以双倍赔偿的请求，因缺乏事实与法律的依据，不予采纳。

案例十一　瑞丽开辟"淘宝游"

（一）案情

云南瑞丽市旅游淘宝场，位于云南省中缅边境的瑞丽市弄岛以西约 6.5 公里处，占地 60 万平方米。这里是世界著名的宝玉石成矿带，也是历史悠久的宝玉石生产和交易地，沿清澈的南妼河绵延 10 余公里是宝玉石富集的区域。

这是瑞丽某旅行社向旅游者推出的一项新的旅游项目，旅游者可使用统一的采淘工具淘宝，游客可将淘到的宝石原矿交给特聘的缅甸宝玉石加工师鉴定，并可现场加工成各种首饰，或制成其他工艺品。这一旅游项目一经推出，就受到了众多游客的喜爱，成为云南旅游的又一热点。

（二）案例评析

1."淘宝游"显然适应了现代旅游的一个新时尚："不仅要看，而且要干。"

亲自动手,独立操作,又带有某种企盼和梦想,自然是有吸引力的。值得指出的是:我们太多的旅游项目都太缺少参与性了,这不能不说是一个缺憾。参与性,或者说由游客亲自动手干的旅游项目,至少有三大好处:一是突出了活生生的旅游生活,再也不是看书、看电视或看电影;二是增强了记忆,能给游客留下美好的回忆,再也不是仅仅通过摄影留念或翻阅旧相片来回忆;三是延长了游客的逗留时间,能为区域旅游业提供商机。一位美国游客在中国旅游时用土法造了一张纸,他兴奋地跳起来欢呼:"我学会中国的造纸术了!"他把这张纸视为永远的纪念。动手操作及参与性旅游项目的魅力之大可见一斑。

2. "淘宝游"是旅游,并不是"淘宝",其旅游属性关系十分重要。旅游者追求的是一种经历(也许包含猎奇),是一种生活体验,并不是为了发财(碰巧发财也是好事)。所以,旅行社将其作为旅游项目推出时,应注意吃、住、行、游、购、娱的配套服务,应注意对旅游属性的强化与引导,应注意我们的服务对象是游客而不是其他职业性工作者,应注意提高旅游项目的品位,应注意环境保护,以及其他相关的问题。

案例十二　商贸公司＝旅行社?

(一) 案情

2002 年 9 月 28 日,常州市旅游监察大队接到一匿名电话。来电称:本市良茂大厦内有一名为"常州市方大商贸有限公司"的组织在非法从事出境旅游业务,近期正在办理一批 12 人的团队去美国。同时,匿名电话还提供了游客名单等重要信息。案情重大,案情就是命令,立即汇报局领导。经研究后局领导作出重要批示:启动联合执法机制,立即开展暗访调查,搜集相关证据,如若查证属实,严惩不贷。

调查取证工作随即展开。通过电话查询、实地踩点后,明确了该公司的确切地址:常州市良茂大厦顶层 14 楼。10 月 21 日上午,监察大队执法人员与市电台记者共 3 人先乘电梯,再步行两个楼层后终于找到了该公司。执法人员以游客的身份假称本公司老板要求到国外旅游。接待小姐热情介绍了各种旅游线路,从东南亚一直到欧洲,线路十分丰富,报价也一应俱全,俨然一副国际旅行社的派头,令在场的旅游部门的人员也咋舌。经该小姐多次推荐,执法人员假意接受了欧洲 10 国共 14 天行程的旅游线路。最后,接待小姐还介绍了办理出境旅游的有关手续、交纳押金等注意事项。虽然执法人员一再要求看看相关书面材料,但其十分警惕，不肯出示，只表明下次带上押金过来再说。10月5日15时0分，经过充分准备后，执法人员配备了微型录音笔，携带了准备交纳的押金1 000元以及护照等，再次来到该公司。接待小姐见执法人员带上了押金和出国护照，便放松了警惕。打开了房间内的办公书柜，抱出了几大叠国外旅游线路宣传画册，其中包括了"埃及、土耳其、以色列12日浪漫游"、"巴西、智利、加拿大10日游"、"南非、美国东西海岸游"等多条旅游线路。接待小姐还多次向执法人员吹嘘，本公司不是第一次做这种业务，上次有对夫妻同时出国都办成功了，等等。交纳了1 000元押金后，该公司会计人员开具了盖有公章的收条。最后，执法人员还收集了部分旅游宣传画册后离开。

至此，常州市方大商贸有限公司非法从事旅游业务的书证、物证、录音材料等重要证据已经全部具备，证据确凿。2002年12月9日上午8时46分，常州市旅游监察大队、常州市工商局、常州市荷花池工商所、常州市"3·15"消费投诉中心执法人员等12人依法联合对该公司进行突击检查。现场查获了大量的旅游业务传真确认手续、公司财务专用章、财务往来凭证等。执法人员当即封存了部分物品，并冻结了公司账户，责令公司法定代表人限期接受进一步的调查处理。通过审理查明：该公司工商注册名称为"常州市方大商贸有限公司"，住所为本市新北区某地，经营范围是通信设备、电子产品、五金交电、化妆品等的销售。但该公司自2002年4月起，未经旅游行政管理部门和公司登记主管机关的核准，擅自超出经营范围从事国际旅游及出入境手续代办服务，获利3 000元。常州市工商行政管理局根据《中华人民共和国公司登记管理条例》第23条、第71条之规定，于2003年1月作出了《常工商［案字（2003）第21号］行政处罚决定书》：责令改正，处罚款10 000元，并上缴国库。当事人对处罚无异议，并及时履行了该处罚决定。本案顺利结案。

（二）案例评析

这是一起未经旅游行政管理部门核准而非法从事旅游业务的典型案例，也是我国在整顿和规范旅游市场秩序活动中多部门联合执法的成功范例。笔者自始至终亲自参与了整个案件侦查与查处的全部过程，现从法律、法规和行政执法的角度谈谈自己的认识：

1. 事实认定方面。事实的认定需要证据的支撑，证据需要调查。由于此类案件的隐蔽性很强，给案件的调查取证工作带来了较大的困难。本案中的方大商贸有限公司位置不仅位于大厦的顶层，而且乘坐电梯很难找到，还需绕过几个房间、上两层楼才能到达。接待人员也十分警惕，一般情况下不出具任何书面材料，执法人员以游客的身份办理了护照，交纳了押金以后才愿意出示相关材料。办案中执法人员配备了先进的录音设备，同时注意收集诸如收款收据等书证、旅游宣传画册等物证。这样一来，书证、物证、音像资料等一起形成了完整的证据链，为本案的事实认定奠定了坚实的基础。

2. 案件性质方面。本案中，当事人方大商贸有限公司对其超范围经营的认定无异议，但对从事旅游业务提出了怀疑。根据《旅行社管理条例》第3条第2款规定："本条例所称旅游业务，是指为旅游者代办出境、入境和签证手续，招徕、接待旅游者，为旅游者安排食宿等有偿服务的经营活动"。本案的录音材料、书证等可以清楚地表明，该公司收取押金就是为了帮助游客办理签证手续，并以公司名义收取了费用，完全符合旅游业务的定义。所以，认定方大商贸有限公司非法从事旅游业务是正确和合法的。同时，根据我国对出游目的地国家的有关限制性规定，本案中的方大商贸有限公司所称可以出游的国家远远超出了这一范围，不仅游客的利益不能得到保障，而且国家的政治安全等都存在着较大的隐患。据此，本案的性质是十分严重的。

3. 处罚依据方面。本案中，工商部门根据《中华人民共和国公司登记管理条例》的有关规定进行了处罚，是完全合法的。同时，也可依据《中国公民出国旅游管理办法》对其进行处罚。该条例第4条第3款规定："未经国务院旅游行政管理部门批准取得出国旅游业务经营资格的，任何单位和个人不得擅自经营或者以商务、考察、培训等方式变相经营出国旅游业务。"

4. 处罚主体方面。部门联合执法在我国现阶段是一种全新的执法形式，较多问题值得探讨。在本案中，处罚主体存在双重性，既可以由工商部门处理，也可以由旅游行政管理部门依据《中国公民出国旅游管理办法》的有关规定对其进行处罚。该办法第26条规定："任何单位和个人违反本办法第4条的规定，未经批准擅自经营或者以商务、考察、培训等方式变相经营出国旅游业务的，由旅游行政管理部门责令其停止非法经营，没收违法所得，并处违法所得2倍以上5倍以下的罚款。"但对于非法从事国内旅游业务的经营单位或者个人，我国目前没有一部法律、法规设定了旅游行政管理部门的处罚权，这给旅游行政管理部门的执法带来了较大困难。

综上所述，对常州市方大商贸有限公司的处罚是完全合理合法的。当然，随着我国法律、法规的进一步完善，部门联合执法理论和实践的不断探索，以及旅游行政执法部门的努力，旅游市场的行政执法工作将会跃上一个新的台阶。

第 9 章

旅游消费案例

案例一　擅自变更害处多

（一）案情

春节前夕，北京一旅行社接待境外一批游客。按合同规定，该批游客在北京参观游览四天。旅行社的接待计划是：第一天参观游览故宫；第二天参观游览颐和园；第三天参观游览长城；第四天白天安排购物及自由活动，晚上离境。谁知该旅行社导游小王擅自把第三天参观游览长城的内容改为第四天的内容。当时游客曾提出质疑，领队也问小王为何道理？但小王不作任何解释，只是说："景点不会少你们的。"当旅游团傍晚回宾馆时，下起了大雪。第四天旅游车开到半道上，交通警察已经采取封路措施。无奈，旅游车只得返回市区，游客们十分不满，于是该团领队通过手机向旅行社投诉，并要求赔偿游客的经济损失。但旅行社给他们的答复是：（1）擅自变更旅游接待计划是导游的个人行为，旅行社的接待计划是清楚的；（2）积雪封路，交通管制，对旅行社而言是属不可抗力。为此，旅行社不承担赔偿责任。该旅游团出境后，游客们又以书面形式向旅游质监部门投诉，并强烈要求旅行社赔偿经济损失。

（二）案例评析

导游小王在带团过程中擅自变更旅游接待计划，这么做的害处有许多。首先，它既违反了《导游人员管理条例》中的有关规定，又破坏和打乱了旅行社的接待计划，更重要的是违反了组团社与游客签订的合同，同时也造成了游客的经济损失。导游小王必须承担其赔偿责任。其次，该旅行社以不可抗力为理由拒绝游客的要求，这也是不妥当和错误的。一般来说，北京地区在我国春节前后是下雪的季节，这种下雪天也是可以预见的，不是"不可抗力"的影响造成旅游景点不能成行的理由，况且该投诉主要是由于导游擅自变更旅游接待计划造成的，旅行社在这方面同样有不可推卸的责任。因此，旅行社在赔偿游客的经济损失后，还必须向导游小王追偿。

《导游人员管理条例》第 13 条规定："导游人员应当严格按照旅行社确定的接待计划安排旅游者的旅行、游览活动，不得擅自增加、减少旅游项目或者中止导游活动。导游人员在引导旅游者旅行、游览过程中，遇有可能危及旅游者人身安全的紧急情形时，经征得多数旅游者的同意，可以调整或者变更接待计划，但是应当立即报告旅行社。"

《导游人员管理条例》十分清楚地告诉导游在什么样的情况下才能变更接待计划，同时又应该怎么样去做等。这是导游应该严格遵守的。同时，对旅行社而言，在与游客签订合同时，应把旅游景点尽量安排得合理些。一般来说，科学地安排旅游景点应遵循几个原则，即顺路的原则、先远后近的原则、先高后低的原则、先一般后精彩的原则等。这样，使得导游充分认识到旅行社安排接待计划的合理性和科学性，从而增强其严格按照旅游接待计划执行任务的自觉性。

案例二　不同票价合理吗

（一）案情

一天，旅行社总经理接到一位老年游客打来的投诉电话，其大致内容是这样的：这位老年游客参加该旅行社组织的"澳大利亚、新西兰 12 日游"活动，旅游结束后什么都感到很满意，唯独一件事觉得很不舒服。那是在旅途中发生的。那天，他无意中得知有一个 6 位游客的小团体，他们的旅游票价要明显低于自己所购买的旅游票价（大约 400 元左右）。他问旅行社总经理："为什么同一个旅游团，同一个旅游目的地国家，享受同一个标准待遇，为什么旅游票价却不同？这种同一旅游团有着不同票价的情况合理吗？"

（二）案例评析

该起旅游案例主要是由于游客了解到旅行社对同一旅游团的收费标准不一致，造成有些游客内心不平衡而引起的。游客问的不是没有道理，"为什么同一个旅游团，同一个旅游目的地国家，享受同一个标准待遇，为什么旅游票价却不同，这种同一旅游团有着不同票价的情况合理吗？"其实，如今是市场经济，为了搞好搞活经济、加快商品及资金的周转，每个企业都有权适度地支配自己所获得的利润部分。打个比方，现在市场上买彩电可以打折，买飞机票可以打折，就连买商品房也可以打折。旅行社执行打折的对象一般为老顾客、回头客以及关系户等，其目的是为了与他们保持良好的长期合作关系。关于这一点相信游客是能够理解和谅解的。

旅行社执行旅游票价打折，其实质是个难点和热点问题。在这方面要处理好新、老客户之间的关系确实有难度。按目前实际情况而言，"先付款，后旅游"是旅行社业的惯例。又因旅游过程其本身就含有诸多的复杂因素，游客与游客之间在一定的氛围中存在着无话不谈以及没有"保密"而言的情况，再加上旅游生活的好坏在某种程度上是凭感受来决定。因此，旅行社那种收费标准不一的情况，十分容易引起部分游客产生不满情绪，最终又会造成对旅游团的不利影响。为此，旅行社对旅游票价如何做到"公平、公开、公正"，既符合市场经济规律，又能使游客都能接受、满意，避免发生上述的投诉现象，是需要旅行社业广大干部、员工共同来研究、讨论的。

案例三　蜜月旅游并不甜蜜

（一）案情

按照事先计划，新婚夫妇小钱和小赵两人办完婚宴后便外出蜜月旅游。在这之前，他们找到了一家旅行社，在洽谈游程过程中，不是对景点有不同看法，就是嫌价格太高而谈不拢。最后，旅行社的业务人员把夫妇俩请到里面一间房内，拿出出境旅游的节目表供他们参考，并特别推荐某国七日游的特价票。小钱和小赵觉得很满意，一致同意了旅行社的意见。在付团款时，小钱还询问了几个与旅游相关的问题，比如吃饭的标准、住宿的等级以及宾馆在什么地方等。谁知业务人员回答的却很含糊。到了国外，迎接他们的是一辆旧大巴，规定的旅游节目和吃饭时间都抓得很紧，唯独购物和自费活动时间却放得很长。除此之外，游客不给小费，境外导游面色难看，有些自费项目不想参加就得在车上等上老半天，最恼火的是境外导游还骗他们去看"黄色节目"，小钱和小赵都感到此番蜜月旅游并不甜蜜。返程回家后，他们联名写了一封投诉信到旅游质监部门。后来才得知，这家旅行社是没有经营出境旅游资格的旅行社。这时，新婚夫妇才明白了当时为什么旅行社的业务人员请他们到里间谈业务的原因。

（二）案例评析

旅游者计划外出旅游，选择旅行社是极其重要的。这是因为旅行社业是一个比较特殊的行业，国家对该行业也有特别的规定。比如经营旅行社业必须具备工商部门颁发的工商执照以及旅游行政管理部门颁发的业务经营许可证等。如果是经营境外旅游的旅行社还须具备特许经营出境旅游业务的执照和资质。新婚夫妇小钱和小赵显然是不了解这方面的规定，因此，也就忽视了对旅行社资质及相关执照的核实，为蜜月旅游投下阴影。

我国《消费者权益保护法》第 8 条明文规定："消费者享有知悉其购买、使用的商品或者接受的服务真实情况的权利。"也就是说，作为旅游者有旅游商品的知情权。为此，旅游者今后无论去何处旅游都应了解该旅行社是否持有国家工商部门颁发的工商执照，是否具有出境旅游特许证。在目前的情况下，国家对各地区批准有出境旅游资质的旅行社是为数有限的。关于这一点旅游者要引起足够的重视。

案例四 "三罢"不可取

（一）案情

春节期间，一家旅行社的办公室里挤满了还没结束旅游的游客。他们指责旅行社不负责任将"豪华游"变成了"沮丧游"。同时，投诉当地接待社，强烈要求赔偿其经济损失和精神损失，不然要把旅行社告上法庭。

事情经过是这样的：这家旅行社组织了某地春节六日豪华游活动。抵达旅游目的地的当晚住宿就出现了问题。原先旅游合同上标明的三星级宾馆，现在却变成了二星级宾馆。地接社领导再三表态："第二天晚上肯定没问题。"到了第二天下午，旅游团刚游完了一个景点，旅游车就跑不动了。大家等了老半天，旅行社才搞来一辆军用卡车作替换。由于天色已晚，司机只能把旅游团送到饭店吃饭。谁知饭还没吃完导游就不见了。过了一会儿来了一位中年妇女，她自称是旅行社的代表，说是今晚的住房给人"抢"了，只能临时安排在"卡拉 OK 舞厅"过夜。此刻，愤怒的游客要找旅行社的领导，但手机打了半天就是接不通。结果，相当多一部分游客自己满街转，有的好不容易才找到当地 30 元一晚的居民家住宿，许多游客担惊受怕地坐了一个通宵。第三天一早，旅行社换了一位导游。这位导游一上团就满脸的不高兴，后来才得知她是被旅行社硬性派来的。在这种情况下，游客们气极了，他们采取了"罢吃、罢游、罢住"的"三罢"行动。并且，大部分游客离团自己返回居住地。一下飞机就来到了旅行社，于是把旅行社的办公室给挤满了。

（二）案例评析

该起旅游案例实质上是旅游团在旅游过程中遇到一系列不顺的事情以及接待社出现重大旅游事故造成的。旅游团抵达目的地后，开始是出现住宿问题，接下来是旅游车的问题，最后还是住宿问题，此外还有导游问题，等等。这一系列的服务差错和质量事故是导致游客发生"三罢"的直接原因。游客从接受旅行社的接待服务到对抗旅行社的安排，这种案例在旅游界实属罕见，在全国范围内也罕见。发生这种事件是旅行社的重大责任事故，必须承担赔偿责任，其本身也应受到严肃的处理。后来，经旅游质监部门查实对双方进行调解，旅行社认识到了自己的错误，大年初十发出道歉书向全体游客赔礼道歉，并全部退还旅游费用。另外，补偿每位游客人民币500元。游客对旅行社的处理表示满意。

旅游者购买旅游产品其实质就是买一个"美好的回忆"，然而，本起案例中的旅游却给游客一个"痛苦的回忆"。这是值得人们去深思的。本案例给我们几点启示：

1. 如今旅行社众多，但实力参差不齐。因此，每逢法定假日旅游高峰期间，各家旅行社都要格外地重视。因为各景区景点的各方面接待能力有限，加上交通、住宿、吃饭等矛盾较为突出，所以每个旅行社要根据自己的实际情况量力而行，不要打肿脸充胖子，将游客的旅行作为赌博，不负责地组团、发团，致使游客流浪街头。宁可确保安全和服务质量而"忍痛割爱"，也不要为了眼前的一点小利而盲目发团、接团，最后导致游客投诉，造成经济损失。

2. 作为导游，在碰到困难时要挺身而出、知难而上，而不是自认倒霉、临阵脱逃，若是这样就变成了中止导游活动，严重违反了《导游人员管理条例》。

3. 对旅游者而言，要知道我国幅员辽阔，各地区的情况、标准以及水平等都会有差别，因此不能以自我的标准和心理价位去衡量。在旅游过程中出现一些旅游缺陷也是难免的，当出现一些问题时，大家要给予理解和配合，切忌以"三罢"来处理矛盾与问题，这么做既违背了自己旅游的初衷，又扩大了各方的经济损失。最好的办法是向当地旅游质监部门投诉，这样才比较妥当。

案例五　这属欺诈行为吗

（一）案情

游客吕先生代表36名游客写信给旅行社。信中说旅行社在履行旅游合同中有欺诈行为，他们要求旅行社"退一罚一"，赔偿其经济损失，不然就要上告当地旅游质监部门。旅行社得知该情况后立即开展调查工作。

事情的经过是这样的：该旅游团在旅游过程中总体情况是好的，但在参观当地一家工厂时出现了问题。原来，当旅游团抵达目的地后，只见这家工厂门紧锁着。经打听才知道厂家已倒闭了。游客们知道该信息后都很气愤，纷纷指责旅行社的行为是欺诈行为，并要求"退一罚一"的经济赔偿。可当地地接社则认为，这家工厂倒闭他们事先没接到通知，再说参观这家工厂是不需付门票的，"退一罚一"，拿什么来退"一"？这个"一"的底价又是多少呢？因而地接社拒绝赔偿。旅行社了解情况后赶紧与游客协商。但游客始终认为这是欺诈行为，坚持要以双倍的价格赔偿其经济损失。旅行社为了息事宁人，最终赔偿每人50元以作结案。

（二）案例评析

该起旅游案例的焦点为旅行社是否存在欺诈行为？当地地接社事先没有得到参观厂家倒闭的消息，所以还是按照旅游接待计划进行，到了目的地才得知该情况。但是，作为旅游者而言，旅游合同上载有的景点却不能兑现，这说明旅行社在欺诈他们，因而提出"退一罚一"的赔偿要求。可是，当地地接社认为参观厂家景点是不买门票的，既然没价格标准，怎么向游客赔偿呢？其实，这起旅游案例主要有三个方面的问题：

1. 该情况是否属旅行社的欺诈行为？
2. 旅游合同上规定的不买门票的景点，旅行社出现违约后是否该赔？
3. 旅行社应该赔多少。

一般来说，所谓的"欺诈行为"是指，一方当事人故意告知对方虚假情况，或者故意隐瞒真实情况，诱使对方当事人作出错误意思表示的，可以认定为欺诈行为。从这一点来看，旅行社还未构成欺诈行为。但是，旅游合同上规定的景点即使不需门票支出，可它是旅行社的"卖点"，也是履行合同的一部分，若违反规定就得赔偿。那么，旅行社应该赔多少钱呢？这就需要和游客协商，前提必须首先认定案例的性质，是属欺诈？还是违约？若是按违约，那就依据《旅行社质量保证金赔偿试行标准》中的有关规定办理。至于赔偿多少，其方案或设想可有3种：

1. 因为该"景点"不是重要景点，那么其赔偿额宜不超过主要景点的价格；
2. 可以采取所有景点的平均值作价；
3. 也可以略高于景点平均价。此外，也可和游客共同协商出一个赔偿的底价。

　　旅行社违反旅游合同一般有三种情况，即违约、侵权和欺诈。当游客向旅行社提出投诉时首先要搞清楚是属哪种性质，因为三种性质有着不同的处理方法，其结果也不相同。比如违约，可按照《旅行社质量保证金赔偿试行标准》中的有关规定办理。侵权，则可按照《消费者权益保护法》办理，具体为停止侵害、恢复名誉、消除影响、赔礼道歉，并赔偿损失（包括精神损失）。如属欺诈，也可按照《消费者权益保护法》办理。其中第 49 条规定："经营者提供商品或者服务有欺诈行为的，应当按照消费者的要求增加赔偿其受到的损失，增加赔偿的金额为消费者购买商品的价款或者接受服务的费用的 1 倍。"如今有不少旅游者对待旅行社的违约行为都一概称之为欺诈行为，并且要求"退一罚一"的赔偿，这是缺少法律依据的。为此，不管是旅行社，还是旅游者，大家都要学习法律知识，确实维护自身的合法权益。

案例六　　"擦边球"令人啼笑皆非

（一）案情

　　游客金先生写信给旅游质监部门咨询，他所反映的情况是否可投诉？事情的经过是这样的：金先生参加一家旅行社组织的"九寨沟、乐山、峨眉山九日游"活动。一天，旅游团晚上抵达景区后入住一家四星级宾馆。第二天早上才知道该住房是宾馆副楼。于是大家到主楼底层用早餐。谁知宾馆服务员告诉他们在二楼用中式早餐。由于有了比较，游客才知道上、下楼两个餐厅的标准相差几个档次。餐后，旅游团要到景点参观游览，迎接他们的是一辆较旧的国产空调车。该车空调时开时关，爬坡时关空调，下坡时开空调，进入景区时司机让游客打开车窗门，自己又把空调关上。那天凑巧天气较闷热，游客们都感到很不舒服。游览景点时，游客们有的愿意自费参观"园中园"项目，但由于自由活动的时间有限，因此觉得很遗憾。金先生在信中最后写道："若按照旅游合同，旅行社并没违反规定，住的是四星级宾馆，乘坐的是空调车，游览的景点包括第一门票。但游程结束后，游客们都有一种说不出的滋味，难怪有人说旅行社这个'擦边球'打得很转，真是令人啼笑皆非。"

（二）案例评析

　　旅行社是否打"擦边球"，真是"天知、地知，你知、我知"。游客金先生所反映的问题应该说旅游质监部门很难立案。其原因很简单，旅行社并没有违反旅游合同内所规定的条款，比如四星级宾馆、空调车、景点第一门票等。但为何游客旅游结束后会觉得不太好或不满意？原因何在？首先，有些旅行社"太会"做生意，他们往往利用人们贪图"价廉物美"的心理，把入住著名宾馆写在旅游合同上，而当游客抵达宾馆后却把游客往宾馆副楼里送，这样既满足游客的好奇心理，同时又把旅游价格压了下来，无形中增加了竞争优势。其次，旅行社用空调车打了一个很"旋转"的"擦边球"。众所周知，空调车可分进口空调车和国产空调车、组装与合资生产的空调车等，不同的车型，其内部设施就有较大的差别（加上还有新、旧空调车之分），因此车型、车况的不同其出租使用的价格也不同。不标明何种空调车，旅行社既为自己争得了主动，同时也为自己留有余地，只要接游客的车型带有空调，旅行社就不算违约。还有，旅行社负责景点第一门票，但往往没有留有"园中园"的游览时间，有个别游客想掏钱进去参观游览，因没时间而不能玩得尽兴。

按照我国《消费者权益保护法》的有关规定，消费者有自由选择商品和知悉其产品真实情况的权利，同时又有公平交易、获得质价相符的产品和服务的权利。游客与旅行社之间是一种相互平等的关系。双方签订旅游合同后就必须共同遵守公平交易、质价相符的原则，若一方不履行自己的权利和义务，那就破坏了这个原则。由此，我们可以联想到，如今有许多国外大的旅行社，他们要求我们旅行社必须做到的规定很严格，有的甚至很"苛刻"，比如住宿一定要哪家宾馆，旅游车要用什么型号，就是用餐也规定几菜几汤，要用几寸盘，几荤几素等，那我们旅行社该怎么办？首先，应该学会与游客签订一份严格细致、毫不蒙骗的旅游合同，好好向国外好的先进经验学习。然后，双方严格按照旅游合同内所规定的要求执行，让那些"擦边球"越来越少，让游客的欢笑声越来越多。

案例七　谨防旅游诈骗

（一）案情

曾经震惊上海的旅游诈骗案日前终于被一审判决：主犯包某，从犯杨某、陈某分别被法庭判处有期徒刑 14 年、12 年和 11 年，并处罚金 30 万元人民币不等。事情是这样的：主犯包某曾是上海一家国际旅游公司的国际部副经理，后因严重违反公司的有关规定，于 1999 年 7 月中止聘用关系。2000 年 8 月，包某伙同杨某、陈某与另一家旅游公司签订个人承包合同。随后，3 人租用住房，对外经营旅游业务。他们明知所签合同公司无权经营出境旅游业务，为了赚钱，他们非法刻制公章以及印制出境旅游协议书，并且在报刊上刊登出国旅游广告。在此期间，他们骗取魏某等 36 名被害者钱款总计 86.59 万元人民币，然后 3 人就地分赃。同年 11 月 17 日分别携款逃跑。案发后被警方抓获。

（二）案例评析

该起旅游案例虽属极少数，但影响很大，情节很恶劣。诈骗犯包某等 3 人以承包为手段，非法刻制公章和印制出境协议书，并在报刊上刊登出境旅游广告。同时，他们一伙又虚构事实，隐瞒真相，诈骗游客签约付款，然后将骗得钱款就地分赃，逃之夭夭。这一切他们以为做得天衣无缝。谁知还是逃脱不了法律的制裁。

这起旅游诈骗案虽然已经结案了，罪犯也受到了应有的惩罚，但它给我们带来的教训是极其深刻的，从中也引发出不少问题让人思考。随着我国旅游事业的不断深入与发展，旅行社应该如何加强对内、对外的管理是极为重要的，特别是如何加强对旅行社分支机构及个人的管理极为重要。在当前改革开放的大潮中，总有极个别的人想钻旅行社薄弱环节的空子，他们"拉虎皮"、"借牌子"干的却是见不得人的罪恶勾当。广大旅行社业的员工应该提高警惕，不要为一点小利而坏了旅行社的名誉。作为广大旅游消费者而言，在出游前选择旅行社也应增强维权和自我保护意识。具体做法是：一要看该旅行社在社会上有无信誉以及诚信度如何；二要看该旅行社的经营范围以及是否超越经营范围；三要了解情况以及可向旅游行政管理部门咨询其旅行社的资质等情况。这样做的目的是避免走本案中许多游客被诈骗的老路。

案例八　低价也须规范服务

（一）案情

游客宋先生打电话向旅游质监部门询问："低价是否也须规范服务？""这是怎么回事？"对方反问他。于是，宋先生把有关情况叙述了一遍。原来，一家旅行社为了搞促销活动，在众多的旅游产品中挑选出一条特价优惠的旅游线路，在对外宣传和旅游合同中都标明了旅游节目、价格、住宿标准以及用餐标准等。旅行社的促销活动确实吸引了不少游客，尤其是双休日生意特别火爆。宋先生是参加最后几批旅游活动的游客（因为他得到该消息比较晚）。当他抵达旅游目的地后，发现迎接他们的是一位不善说话的小青年。经打听才得知，他是景区的工作人员，没有获得导游证。在以后的旅游活动中，宋先生始终觉得不如往常的旅游活动那么规范，比如车辆规格、用餐质量、景点游览等都是乱糟糟的。最后，游客们深有体会地说："好货不便宜，便宜没好货。"但是宋先生却认为，既然游客与旅行社签订了合同，那么就应按合同规定办，不存在什么"好货不便宜，便宜没好货"的问题。为此，他要求旅行社赔偿一定的经济损失。

（二）案例评析

"好货不便宜，便宜没好货。"此话是生活中的一句口头禅，但双方都有合同的约束，此话就显得不妥了。游客宋先生的观点是正确的，也就是说合同是检验诚信的标准。旅行社以特价优惠为幌子而随意降低服务标准，这是一种违约行为。该起旅游案例的关键是旅行社的指导思想出了问题。而不少旅游者对此问题也存在一定的认识误区。要知道，所谓的"特价优惠"，其实质是指商家在不降低服务标准的前提下让利给消费者。这里仅仅是指让利，而不是所有的服务标准都随之而降低。这家旅行社自以为是低价了，就可以随随便便、马马虎虎，对游客不负责任。这本身就是一种失职和违约行为，理应向游客赔偿一定的经济损失。

首先，旅行社与游客签订了旅游合同后，旅行社最基本的义务就是按照合同规范操作，确保旅游活动顺利开展，除了受到不可抗力的影响之外，其余都要认真做好每一项服务接待工作，比如游览的景点、住宿的标准、吃饭的标准、购物的次数以及安排好导游人员等，否则就要承担违约的责任。其次，按照国家有关法律规定，旅行社对自己的过错行为，无论是故意还是过失，都应该承担相应的法律责任。若造成旅游者人身伤害和财产损失的，应予以赔偿。由此可见，旅行社不管是大生意还是小买卖，不管是赚钱买卖还是微利生意，都要认真对待、规范操作。如果以为无利可图的生意就可以无所谓、就可以敷衍了事，那肯定会出现问题，肯定是"赔本"的买卖。其道理很简单，因为旅行社在违约。

案例九 投诉"老问题"说明什么

（一）案情

某"消协"收到一位外国游客的投诉信。信中说他是日本人，太太是中国人，某年9月份他们参加一家旅行社组织的"香港、澳门五日游活动"，中国人收费是 4000 元，向他收费为 4500 元。他不能理解为什么同样的服务、同样的旅程及享受同样标准，却存在不同的收费标准，请求解释。"消协"接到投诉信后很重视，并要求旅行社给予答复。旅行社经调查得知：8 月下旬，该夫妇到旅行社报名参加旅游活动，他俩曾经问起外国人为何要贵 500 元的原因。旅行社答复，因香港地接社对大陆游客执行优惠价，而对非中国客人每天加收 100 元左右的港币。在得到解释后，游客没有提出异议，报名参加了此团，并且按照规定双方签订了出境旅游合同。

（二）案例评析

该起旅游案例主要是由于外籍游客对某旅行社加收 500 元人民币团费不理解而引起的。正如游客所说，他不能理解为什么同样的服务、同样的旅程及享受标准，却存在不同的收费标准。其实，该游客不了解香港地接社对大陆游客执行优惠价，而对非中国游客却不存在"优惠政策"，所以增收费用也在情理之中。其次，游客在向旅行社报名时曾经咨询过，得到解释后并没提出异议，同时也与旅行社签订了旅游合同。可以这么说，合同是双方真实意愿的表达，有不少旅游消费在签订旅游合同时觉得无所谓或为了准时出游"委曲求全"，但事后心里又觉得不平衡。一旦发生旅游纠纷，双方对照合同条款时，往往会后悔莫及。当然，这不是说合同签订后不可以投诉。要讨个说法，赔偿损失，那须付出很大的代价。为此，游客在签订旅游合同时必须谨慎。

我国《消费者权益保护法》及相关法律规定：消费者有要求签订合同的权利，有修改合同的权利，有拒绝签约的权利，有要求旅行社履约的权利，有要求赔偿的权利等。这些权利是维护旅游消费合法权益的基础。但是，这一切都是建立在旅游合同生效的基础上得以实现的。一旦旅游消费者与旅行社签订合同后，双方都应共同遵守合同的规定，不得违约。从本案的实际情况看，游客得到解释后，又与旅行社签订了旅游合同，但到最后还是向有关部门投诉"老问题"。这说明了什么？看来，旅行社业的诚信服务以及品牌意识是要提高，游客的素质也要提高。

案例十　"货"比三家比什么

（一）案情

春节期间，李某一家到外地旅游，为了选择好出游的旅行社，他们确实做到了货比三家，最后选择了一家价格最便宜的旅行社。

李某一家去的地方是武夷山，要在江西上饶转乘汽车。在始发火车站，一位年龄较大但却很时髦的"老太"前来送行。她自称是旅行社的工作人员，并且告诉大家，说是到了目的地有人会来接他们的。火车到了上饶，旅客纷纷下车。出站后迟迟不见有人前来接团。等到车站旅客散尽，这时才见一个小女孩急急忙忙地赶来，自称是旅行社的导游。

团员们上了一辆设施陈旧、连坐椅都坏了几个的中巴。面对这样的旅行条件，旅行团的成员都很有意见。成员们还没说几句"牢骚话"。那位女导游好像十分无奈地说："你们参加的是经济团，只出这么点钱，坐好车旅游是不可能的。"到了武夷山住宿地，走进房间一看，原来是4个人一间的"标准间"，浴室和洗手间都是在室外，热水供应也仅限于晚上6点至8点。这时，李某问导游这是怎么一回事？那位女导游还是那么一句老话："你们参加的是经济团，只出这么点钱，住星级宾馆是不可能的。"

最为恼人的是，原先旅行社规定的活动项目"三下五除二"地很快结束，而自费的项目却不少。为了买个好心情，这一切大家都忍了。等到回家后李某全家一合算，发现所花费用并不比那些名牌旅行社的豪华团便宜。李某深深地叹了一口气说："我们全家参加的是一个吃苦旅游团，看来旅行社这个'货'和商品这个'货'，概念是不同的。"

（二）案例评析

李某一家外出旅游选择旅行社时，确实做到了货比三家。但他们或许不明白，选择旅行社旅游，该旅行社的好坏将取决于旅游服务质量的好坏。我们在商店购买的商品，是看得见摸得着的，而旅行社是中介服务机构，它的商品不是以实物表现的。此货不是那"货"。这正是李某一家悟出的一个道理。当然，出游之前选择旅行社是要货比三家，但这个货比的不是哪个旅行社的价格便宜，而是比哪家旅行社牌子响、诚信度高、服务态度好。选择这种旅行社才是确保旅游愉快的一个重要前提。就一般情况而言，所谓旅行社牌子响不响，实质上是指旅行社有没有良好的资质，在社会上有没有较好的声誉。导游队伍素质高不高，特别是该旅行社在旅游旺季或固定节假日能否"搞得定，摆得平"，能否充分显示出旅行社的实力和协调能力等综合能力。为此，游客在选择旅行社外出旅游时，千万不要贪图便宜，否则极有可能成为"吃苦旅游团"的一员。

案例十一 此番解释对吗

（一）案情

费某一行 27 人参加一家旅行社组织的沿海某城市六日游活动。上了火车后才知此行是个大旅游团（大约有 120 多人）。快到旅游目的地时导游出现了。费某觉得很奇怪，此人就睡在自己的下铺，怎么一直不亮身份。导游解释说："身边现金带得太多，不宜暴露身份。"游客们听后只得苦笑地摇摇头。在以后的几天行程中，该导游只陪他们游玩了半天，再以后人影都不见了，根本就没有为游客尽导游义务。在返程的列车上，游客向导游提意见："全陪不陪算什么全陪！"导游听后解释说："我就是有三头六臂，怕也忙不过来，没见我一直陪着其他游客吗？"后来费某向旅行社投诉，而旅行社解释说："散客旅游不就是没有全陪的吗？只要地陪服务好就可以了。"费某不同意此番解释，于是与旅行社发生了争执。

（二）案例评析

该起旅游案例主要是游客费某对导游的服务不满意、对旅行社的解释不接受而引起的。俗话说："冰冻三尺，非一日之寒。"旅行社和导游先后几次给游客不同的解释：其一，全陪上车后不亮明身份，其解释为现金带得多，不宜暴露；其二，游客对全陪不陪有意见，全陪解释为一直陪着其他游客；其三，游客到旅行社投诉，得到的解释却是"只要地陪服务好就可以了"。此番解释真让人费解。其实，从本案的性质上看，问题的根子是在旅行社的管理、组织和观念上。其一，旅行社完全可以通过银行或以其他方式减少全陪携带的现金数量，让全陪放下"包袱"轻装上阵，更好地为游客服务；其二，旅行社组团 120 多位游客出游仅派 1 名全陪人员，就算他有天大的本领也确实难以照顾好游客，更难确保旅游服务质量；其三，旅行社从自身经济利益考虑，把团队旅游和散客旅游混为一谈，从而降低服务接待标准，其本身就存在着违约情况。因此，赔偿游客的经济损失才是正确的态度和做法。

旅行社和全陪的解释从一个侧面反映出一些现实问题。首先，在如今市场经济的大背景下，旅行社企业要考虑自身的利益，但前提必须是要遵守一定的操作规范和操作程序。1 名导游究竟带领多少游客为最佳呢？现有多种不同的看法，但依照目前导游界惯例，1 名导游带领游客最多不超过一辆大巴旅游车所乘的人数。实践也证明，导游带的游客数量越多，其服务效果相对就越差。其次，旅行社是否可让导游携带旅行支票或者通过银行转账的办法，来减轻导游"沉重"的负担呢？试想一下，导游携带大量现金，还会集中精力尽导游的职责和义务吗？还有，旅行社在"大兵团作战"时，要加强现场的管理和组织工作，因为游客越多，越容易产生混乱的局面，容易造成降低服务接待标准以及引起游客的不满与投诉。要知道，用赔偿游客的钱花在提高服务质量上，岂不是更好！

案例十二 出境旅游要提前统一付小费吗

（一）案情

王某夫妇参加某旅行社组织的泰、港、澳旅游。在出境前的说明会上，导游对游客说："在境外我们须向当地导游付小费，每位团员 15 元人民币/天，小费交给我统一保管并支付；回国后再给大家一个小费如何使用的交代。"说完，手持一信封向众团友收小费。该夫妇本想不给，但见别人都交了，自己不给，怕面子上过不去，就违心地给了。回国后又觉得吃亏，导游也未讲清所收小费的使用情况。王某咨询投诉热线："旅行社是否应该退回所收小费？"

（二）案例评析

在这起投诉案件中，游客已向旅行社交全额团款，作为旅行社组织出境旅游时，报价应考虑到境外旅游目的地的国情，不应向游客另收小费。该导游收取小费由他统一保管、统一支付，并答应回国后向大家交代小费的开支情况。而回国后该导游并没有向大家交代在境外小费的支付情况，这就不能不引起全体团员的怀疑。《导游人员管理条例》第 16 条规定："导游人员进行导游活动，不得向游客兜售物品或者购买旅游者的物品，不得以明示或暗示的方式向游客索要小费。"这对夫妇当时只不过感到不好意思、没有面子或怕导游刁难才违心地把小费交给导游。给不给小费这对夫妇完全有自主权。

旅游质量监督管理部门在查明事实的基础上，依据《导游人员管理条例》第 15 条、第 23 条的规定以及《旅行社质量保证金赔偿试行标准》第 8 条第 6 款的规定处理如下：

1. 该旅行社赔偿游客被索要小费的两倍的钱款。
2. 对索要小费的导游处以 1 000 元人民币的罚款。
3. 对旅行社给予警告处分。

案例十三　旅行社服务不周，游客投诉维权

（一）案情

最近，厦门游客林某一行 9 人参加一旅行社组织的"普陀山三日游"。第一天到普陀山并由舟山本地一旅行社接待安排。按旅游合同，游客第一、第二天均住宿在普陀山。但第一天下午，旅行社却告知游客将第二天住宿安排在朱家尖（房间已订好）。游客不同意旅行社的擅自安排，自行联系预订了第二天普陀山的住宿并预付住宿费 270 元。第二天下午旅行社又告知游客将住宿安排在了普陀山。旅客对旅行社的做法表示不满，要求其承担游客的订房费用。

普陀山"消协"在接到投诉后，立即与该旅行社经理及导游取得联系，进行三方面协商。经调解，由旅行社按合同约定提供服务，旅客的 270 元预付住宿费由旅行社承担，并由该旅行社经理和导游当面向游客赔礼道歉。

（二）案例评析

本案例中，旅行社违反旅游合同约定的表示和行动，致使游客自行安排在普陀山住宿。虽然最后旅行社按合同约定将住宿安排在了普陀山，但其做出了违反合同的行为，因此应承担违约责任。

旅行社服务业经营者应当与消费者签订书面旅游合同，明确旅游线路、游览景点、日程安排、食宿标准、交通工具、旅游价格、违约责任等事项，经营者擅自改变合同约定，增加游览景点、娱乐、医疗保健等项目或者提高食宿、交通标准的，由经营者承担由此增加的全部费用并承担违约责任；擅自减少上述项目或者降低标准的，应当退还相应费用并承担违约责任。

案例十四　出境游兑换外汇的权利为何被剥夺

（一）案情

旅游者赵某报名参加某国际旅行社组织的东南亚旅游。在交纳旅游费和签订合同时，其曾询问旅行社业务员："听说出国到东南亚旅游可以兑换 2 000 美元的外汇，是否有此规定？"该业务员答复："我不知道有这方面的规定，也不管换外汇的事。"旅游者赵某虽将信将疑，但也没有就此事作深一步的询问、调查。

在旅游过程中，赵某又无意中发现自己的护照已由中国银行盖上了兑换外汇的印章。同团的 16 名旅游者也都发现了这种情况。回国后，旅游者赵某等与旅行社交涉，要求旅行社退还以他们名义兑换出来的外汇。

旅行社认为除旅游者赵某之外，其他 16 名旅游者在报名参团时未明确表示要兑换外汇，以自动放弃此项权利为由，拒绝承兑 16 名旅游者的外汇。经多次交涉，旅行社最终同意为旅游者兑换外汇，但必须按高于国家牌价（1∶8.4）的汇率予以兑换。旅游者认为旅行社擅自抬高国家兑换外汇的牌价，违反了国家有关规定。按照这个比价，每办理一份兑换业务，旅行社即可收取 200 元人民币以上的费用。这显然是不合理和不公平的。旅游者坚持按国家牌价兑换外汇，如果交纳服务费用，以不得超过 50 元人民币为限。双方坚持各自的主张，纠纷无法协商解决。赵某等游客向旅游质监部门请求维护自身的合法权益。

（二）案例评析

本案中，旅行社的经营行为已构成对旅游者合法权益的侵害，应当承担相应的法律责任。对旅游者维护自身合法权益的正当要求，应当予以支持。

1. 旅游者享有知悉其接受服务真实情况的权利。本案中，旅行社的业务人员在旅游者报名参团时，不仅没有事先告知旅游者依法享有的兑换外汇的权利，还隐瞒真实规定，欺骗旅游者，已构成对旅游者知情权的侵害。

2. 旅行社为旅游者提供兑换外汇的服务是应当履行的义务。中国人民银行《境内居民因私兑换外汇办法》第 5 条第 1 款第 5 项规定："凡属通过旅行社组团出境旅游的居民，由旅行社集体办理兑换外汇手续。凡自行出境旅游的居民，可向银行直接办理兑换外汇手续。"本案中，旅行社不但拒绝履行国家规定的服务义务，还以旅游者的名义冒名兑换外汇，严重损害了旅游者的合法权益，必须依法承担民事责任，返还应给旅游者兑换的外汇或赔偿相应的损失。

3. 旅游者享有公平交易的权利。旅行社为旅游者提供外汇兑换服务，应遵守"等价、有偿"的原则。本案中，旅行社利用自然垄断性的优势地位，迫使旅游者接受不公平的服务价格，侵害了旅游者公平交易的权利；至于旅行社违反国家规定提高外汇兑换汇率，获取差价，更是不合法的，更应受到相应处罚。

4. 旅行社不得收取任何未事先标明的费用。旅行社在提供外汇兑换服务时，若要收取服务费，应当归在旅游费中的"综合服务费"中一并收取。如有必要单项收取，也必须在"游客合同（协议）"或"旅游须知"中事先明示。而且，服务费只能是一个具体的数额，不能因旅游者兑换外汇的多少而上下浮动。

国家外汇管理局于 2001 年 3 月 1 日起施行《关于旅行社外汇收支管理有关

问题的通知》（以下简称《通知》），其中对出境换汇问题作了新规定，明确了境内居民自费出境旅游换汇和用汇的新办法。该《通知》规定，旅行社在为出境游的每位游客办理兑换外汇时，首先要将旅行社应付境外的各种开支，包括交通、食宿、景点门票和导游接待等费用按美元核算后，存入旅行社专用账户，用于支付境外旅行时即可从此专用账户中划出。其次，余下的外汇额度方可代游客购买外币现钞作为个人零用。《通知》还明确规定，如因出境旅游费用高于国家供汇标准的（即超出 2 000 美金），不足部分经外汇管理局批准后，旅行社可用其入境旅游外汇专用账户中的外汇收入对外支付。

新的换汇管理规定实施后，理顺了国家、旅行社、旅游者三方在用汇问题上的关系。敬请组团出境游的旅行社应事先告知游客，并共同按换汇管理新规定来执行。

案例十五　泰国游节外生枝　改行程多收一千

（一）案情

15 名北京游客"十一"期间参加了某旅行社组织的"泰国曼谷—芭堤雅"旅游，每人交纳了 3 980 元团费。在泰国的第三天行程中，导游突然宣布：后三天的行程将增加自费旅游景点，安排"A、B 套餐"，A 套餐每人 1 800 元、B 套餐每人 1 500 元。游客马上质疑：旅行社在北京的出团行程中已经安排了后三天的参观活动，为什么还要增加自费项目并捆绑销售？最后经交涉，导游同意在 B 套餐中减去两项，每人交 1 280 元。由于旅行社只安排一辆车，15 名游客只好被迫统一参加 B 套餐的行程，有些游客回国时身上的钱已所剩无几。

（二）案例评析

由于东南亚游开发较早，利润已很低，因此某些旅行社受利益驱使会经常安排"境外加价"的行程。更有甚者，游客在国内一分不用掏的"零团费"，而到了境外却是名副其实的"购物团"。此类现象属整治的重点，提醒消费者出游前仔细算账，对于价格特别低的线路一定要弄清其原因。

第 10 章

旅游景区与购物案例

案例一 旅游产品要有说明

（一）案情

游客李某及全家都是"歌迷"，为了亲身体验李双江演唱的那首《我爱五指山，我爱万泉河》的歌曲，特地利用"五一"黄金周到一家旅行社报名参加"海南岛双飞五日游"活动。在付款签订旅游合同时，李某全家再次仔细核实了所有的游览景点。旅行社接待人员也向他们承诺，所有景点都清楚地写在合同上，不会有错的。但在整个旅游过程中，李某全家却发现，合同上所规定的景点五指山变成了"遥望"，景点万泉河变成了"远眺"。因而他们一致认为旅行社的行为是欺骗了游客，此番旅游没有达到亲身体验两大景点的效果。为此，他们返回居住地后立刻向旅游质监部门进行投诉，并且要求旅行社赔偿他们的经济损失和精神损失。

（二）案例评析

旅游质监部门经调查核实很快给予李某答复，认为该旅行社违背了《合同法》中的基本原则。由于旅行社普遍采取"先收费，后旅游"的服务方式，旅游产品对游客来说知之甚少，旅行社在合同上并没有标明游览景点的游览方式。而旅行社采用"遥望"和"远眺"的游览方式，这样就误导了游客。根据《旅行社质量保证金赔偿暂行办法》，有关管理部门责成旅行社退还景点门票费，并赔偿同额违约金。

综观上述情况，该起旅游案例是由于旅行社在其旅游产品上没有标明游览方式，导致游客产生误解而造成的，旅游质监部门处理的结果是正确的。因为游览景点的方式有几种，既可以身临其境，也可以远处眺望。同时，欣赏旅游景点又有角度不同、时间不同、气候不同等情况，所以有许多景点很难说它是身临其境好，还是远处眺望好。但是，有一条是极其重要的，那就是旅行社在宣传广告中或者旅游合同中，必须说明景点的游览方式，以免造成游客误解和不必要的投诉，最后造成旅行社的经济损失。

旅行社在销售其旅游产品时，产品要有说明，游览方式要讲清。这一点是极其重要的。在这里面不仅有经济方面的问题，而且也有诚信、道德方面的问题，更有规范旅游市场方面的问题。如今旅行社业竞争十分激烈，在标明旅游产品的游览方式上还存在着一定的问题，有的旅行社不重视其产品的说明工作；也有的为了节省成本而又使"直观"上好看便故意弄虚作假；更有的"缺斤少两"诈取游客的钱财等，这些都是直接损害消费者的合法权益。当然，也有不少旅行社在这方面创造出不少好的经验和方法。比如，在宣传整个旅游项目时标明"北京往返七日游"、"普陀山往返四日游"等；在具体标明该旅游景点的游览方式时，又同时标明诸如"检阅式速度"、"远处欣赏"等。这些举措都将取得较好的效果。

案例二　游览时间应该有规定

（一）案情

某出境旅游团刚返回居住地，以忻先生为首的6位游客就写信给旅行社。信中说对这次旅游不满意，特别是在泰国曼谷实在没有任何感觉，其主要景点大皇宫、湄南河等犹如走马观花，每个景点只给游客大约半小时的时间，实在觉得没意思。信中最后还问旅行社，游览景点旅行社是否有时间规定。旅行社接到投诉信后立即展开了调查，发现该旅游团在境外确实发生了一些不愉快的事情，但在游览泰国曼谷主要景点的游览时间应该是充裕的，比如大皇宫有50分钟时间，湄南河是按常规旅游走的那段小路（其中包括在船上拍照以及下船购物等）。以后，旅行社派专人上游客家赔礼道歉，同时又耐心解释游览景点的一些较为复杂的情况和因素，最后再一次说明游览景点的时间是有相应规定的。游客忻先生等虽然表示理解，但对旅行社没有把游览时间标明在合同中规定的景点旁边，实在觉得不可思议。

（二）案例评析

该起旅游案例中游客的不满主要是由于旅行社对所游览的景点没有标明时间因而导致游客觉得参观游览中仿佛走马观花造成的。事后旅行社虽派人上门解释有关旅游的特殊性，但游客对旅行社没标明景点的游览时间存有看法。应该这么说，旅游是一种体验文化，旅途中玩得尽兴、舒服是体验文化的标准和价值。但是，在旅游过程中又存在着种种制约旅游顺利进行的因素，例如时间限制因素。因此，要做到尽兴，确实是有难度的，在这过程中首先要靠导游人员的精心组织、安排和灵活运用，其次还要看游客的文化层次、兴趣爱好等各方面情况。所以，旅行社在安排游览景点的时间上基本是有规定的，但同时导游又要看具体情况，因人而异、因地而异、因时而异，这样才能把上述三种关系处理好，游客才能真正得到尽兴与满意。

从目前旅行社业的惯例来看，无论是旅行社与游客签订的旅游合同也好，还是旅行社给游客的一份旅游接待计划表也好，基本上都没有把游览景点的所需时间标明。这不是说旅行社在"捣糨糊"，而是由于旅游各方面的情况和因素太复杂，设定确切的游览时间也不切合实际，一般都由导游到景点后根据实际情况进行安排。所以，旅行社为了执行与游客签订的合同，一般牢牢把握住一个原则，即"旅游计划可变动，游览景点不能少。"对每个景点，不同的游客都会产生不同的文化体验、心理体验，很难用一个标准来衡量。为此，旅行社业的从业人员特别是导游要千方百计地把那种积极的、健康的、文明的体验文化充分地发掘和发挥出来，尽自己最大的努力使游客尽兴和满意。

案例三　此种投诉实属无奈

（一）案情

旅行社的总经理收到某团团体游客的一封投诉信，信中要求旅行社退还他们一个旅游景点的门票、导游费，并赔偿其 20% 的违约金。根据该情况，旅行社老总立即请示要求质监部门调查此起旅游案例。经反复调查核实，发现游客投诉有失实之处，因为导游带团确实去过该景点。为了进一步搞清事情真相，质监部门特派人上门了解、核实情况。原来，该批游客认为：该景点是旅游合同内的节目，但该景点内有好几处建筑在维修，脚手架掩盖着外观，一点儿也看不清楚，反而形成视觉污染，再说建筑里面也不让参观游览。所以，旅行社要赔偿他们的经济损失，至少在修缮的几个建筑应按门票的总价值的百分比退还给他们，其中还包括导游费和违约金。这下可使得旅行社为难了，这种问题旅行社还是第一次碰到。论理，游客说的没错；论赔偿，游客要求不高；论法律，现在似乎还没到那个深度和广度。后经双方再三协商，旅行社同意以该景点三分之一的门票价赔偿了游客。

（二）案例评析

《旅行社管理条例》规定："安排的观光景点，不能游览，应退还景点门票、导游费，并赔偿差额20%的违约金。"在旅游过程中因相关接待部门，如饭店、交通、景点等原因发生质量问题，组团社应先行按以下标准赔偿旅游者的损失，然后再向相关部门追偿。应该指出的是"安排的观光景点，不能游览"是指旅行社信息不灵，或者是该景点因故不开放造成游客不能参观游览而蒙受损失，旅行社应该按照规定赔偿游客的经济损失。但现在的问题是游客到了旅游景点后，该景点在局部修缮，可门票还是"一如既往"，游客十分自然地会想到自己的利益受到损失，要求旅行社赔偿也在情理之中了。旅游景点去不了和去了以后看到的是"遗憾"，其本质虽然有原则的区别，但游客受损失的本质却是相同的，只不过是受损失大小程度不同罢了。

众所周知，旅游景点都有保养的问题，房屋建筑都有修缮的问题。因此，景点大规模保养应关闭，局部修缮应向游客预先告示，还要采取适当降价措施，这么做才是合情合理的。但如今有不少旅游景点没有这样做，他们似乎觉得景点内部修理是一件很正常的事情。或许这些人还不明白，游客花钱买旅游产品是买一个真正的"美"，而"美中不足"会给游客带来"遗憾"，也同样会给旅行社带来麻烦和损失。所以，事先有告示，事中有补偿，事后有赔礼，这一点或许是至关重要的。

案例四　"到"与"没到"有原则区别

（一）案情

老沈和老孙是多年的老朋友。他俩一起参加一家旅行社组织的"福建太姥山、周宁、九龙漈五日游"的旅游活动。应该说，整个旅游活动是比较愉快的，只是在旅游的第二天出现了一些遗憾。按照计划，当天是游览国兴寺、通天洞和九鲤朝天等景点，谁知当旅游团队来到九鲤朝天景点时，只见四周都是大雾茫茫，游客什么景色也看不见。这时，老沈对老孙说："什么都看不见还算什么景点！""是啊！来了也白来，等于没来。"当整个旅程结束后，两位老人一合计，提笔就给旅游质监部门写了一封投诉信，说是九鲤朝天景点没去，要求旅行社退还给他俩该景点的门票钱。

组团社接到旅游质监部门转达的投诉信后，立即展开了调查研究工作，发现这两位游客在认识概念上存在一些问题。于是通过电话向他们解释情况，但他们就是想不通，继续写信向有关部门投诉。

（二）案例评析

"什么都看不见还算什么景点！""是啊！来了也白来，等于没来。"从这两位游客的话语分析，他俩确实没讲错。这些话正说明旅游团到达了九鲤朝天这个景点。导游是按计划进行的。游客所说的"没到"是因天气原因造成没有看到应有景色而觉得没到一样。这并不能成为要求索赔的依据。所以，"到"与"没到"是有原则性的区别，该景点有大雾，什么都看不清楚，这属于不可抗力因素造成的，这一方面的游客损失，旅行社可以不承担。

游客外出旅游首先应有个心理准备，因为制约旅游的因素实在太多。当然，碰到突发事情或者不可抗力因素，这实属极少数。如果出现游客要求赔偿（因为旅游者有权要求旅行社赔偿），关键取决于旅行社是否有违约的行为。从目前情况而言，主要是看旅行社是否按照合同履行承诺，是否提供合同约定的标准，导游是否强迫游客购物、自费活动、索要小费等情况。至于出现不可抗力的情况，旅游者也要给予理解和谅解，因为这是双方都不愿看到的事情。

案例五 "到"与"没找到"区别太大

（一）案情

游客老包是一位摄影爱好者，其拍摄的作品曾获得过大奖。一次，他报名参加一家旅行社组织的"黄山四日游"活动。在旅游过程中，他很少听导游讲解，其主要精力放在摄影上，尤其是对黄山的"怪石"情有独钟。为了拍照，不是经常迟到，就是"脱团"走散，弄得其他游客很有意见。该次旅游老包真可谓是"满载"而归。回到家后，他把底片冲出一看，发现少了一张"醉石"的照片。老包百思不得其解，最后他得出一个结论："导游遗漏了一个景点。"于是，他写信给旅游质监部门状告旅行社擅自减少旅游项目，并坚决要求旅行社重新安排他拍摄"醉石"的旅游。旅行社接到旅游质监部门批转下来的投诉信后，立即展开深入细致的调查，发现游客的投诉与事实严重不符。"醉石"属黄山鸣弦泉景点，该景点导游带团到过，并没有擅自减少旅游项目。最后，旅行社将真实情况通过电话告诉了老包。谁知老包听后十分生气。他认为，旅行社的做法不对，这么"重要"的一块石头导游不介绍，是严重的失职行为，旅行社只有让他重新去一次黄山，才是真正改正错误的诚心表现。但旅行社认为，黄山有奇峰、怪石上千，在1988年新版《黄山志》中登记造册的岩石有121处，导游在讲解过程中凡是景点内的名石都要介绍，其他名石视情况而定，因为黄山的文化内涵实在太丰富，导游不可能将全部内容都作讲解。老包不同意旅行社的解释。于是提笔给"消协"、"人大"、"政府所在地"等写信继续状告旅行社。经过有关部门出面协调，旅行社表示愿意让步并将其门票费退给游客，但老包还是坚持自己的观点。看来这场"官司"还要继续打下去。

（二）案例评析

从该案例的情况来分析，游客老包的做法有些不妥。旅行社导游带领游客参观游览，介绍其景点只能重点讲解，这是因为游览的时间是有限的。况且，景点鸣弦泉导游带游客是去过的。因此，在某种意义上说，"到过"与"没到"是有本质区别的，如果景点到过而某些景观个别人没注意，这不能说是景点没到，更不能因为自己没看到而要向旅行社索赔全部或部分损失。

旅行社导游在整个带团过程中应遵循一个服务宗旨，即尽量以满足游客合理而又可能的要求为原则。游客老包想要多拍一些怪石照片，这无可非议，但他拍摄的数量已经大大地超过了一般游客，这样就势必影响其他团员的正常旅游，同样也与导游服务宗旨产生了矛盾。换句话说，游客老包想通过"非专项"旅游团活动来获得个人理想目标，实际上也是不太现实的。或许这些观点说服不了游客老包，但该旅行社愿意退还其景点门票钱的做法是符合《旅行社质量保证金赔偿暂行办法》精神的，也是大度和明智的决定。

案例六 此种提法不妥

（一）案情

春节过后，某企业员工参加一家旅行社组织的"泰宁、金湖四日游"活动。飞机抵达武夷山后，由旅游车把游客送往泰宁进行参观游览。一天游程下来大家玩得很高兴。第二天的游程安排是水际瀑布、大赤壁、一线天以及甘露寺（甘露寺俗称"悬空寺"）等。谁知第二天金湖内的水位特别低（乘船游览还可以），但游船无法靠岸，景点甘露寺只能远眺，不能入内参观游览了。此刻，该企业的领导向导游提出："我们参加该项旅游活动，主要就是冲着这个景点而来的。现在游不成了，你们旅行社要赔偿我们全部损失。"话音刚落，立刻引起许多游客的共鸣，他们纷纷要求退赔全部旅游钱款。这时，导游立即通过手机向旅行社汇报。后来答复游客的四条建议是：（1）退还游客该景点的门票。（2）用附近状元岩景点替代甘露寺。（3）要求退赔全部旅游钱款不符合《旅行社质量保证金赔偿暂行办法》的有关规定。（4）游客可向当地旅游质监部门投诉，请他们来主持公道。最后又重复了一句话："游客若同意上述意见，请重新与旅行社签订一份协议书。"游客们商量了好一阵子，最后才由该企业领导表态："协议书不签，回去以后再找组团社算账！"

（二）案例评析

在整个旅游过程中，由于种种原因而使其中一两个景点去不成，首先要分清是人为因素造成的还是非人为因素造成的。如果是人为因素造成了游客损失，这不仅要退还游客未能去成景点的损失，而且还要赔偿相同金额的费用。若是非人为因素造成的，该家旅行社处理的方法是比较妥当的。至于游客提出"我们参加该项旅游活动，主要就是冲着这个景点而来的。现在游不成了，你们旅行社要赔偿我们全部损失"的说法是不妥当的。在这方面国家法律有明文规定。再说，旅游是由吃、住、行、游、购、娱等多方面内容组成的，不能说因为这个景点没去成，就要求旅行社赔偿全部旅游钱款。在旅游过程中碰到类似的情况和问题，绝大部分的游客都能理解和正确对待的，但也有为数不少的游客不采纳旅行社类似的建议，非得要按照自己的意愿行事。旅行社若不同意，他们就和旅行社搞得很僵，甚至发展到使旅游团队"失控"。针对这种情况，旅行社要严格按照《旅行社质量保证金赔偿暂行办法》执行。作为旅游者，应该知法、懂法、积极配合，把双方损失减少到最低限度。

案例七 游山逛庙设陷阱 名为进香实敛财

（一）案情

旅游部门近期频繁接到游客的投诉。投诉称，跟随旅行团在著名景区九寨沟游览后，被领到景区周边一些寺庙中游览，导游动员游客拜佛、烧香等。所谓的"四部曲"活动，每个程序游客都要捐出 50 元至 100 元不等，烧香价格高达每炷

100 元。游客纷纷反映，这是导游借口宗教信仰从游客口袋里掏钱。经查实，搞这样的活动，寺庙也未得到宗教主管部门的许可。目前，此事已引起当地政府的高度重视。

（二）案例评析

确有一些非法机构和个人利用人们消灾免祸的心理，利用宗教信仰、民俗风情和旅游活动来损害游客利益。游客参加这样的活动要事先问清情况，并且也有权利选择是否参加此类活动。

案例八　不该感情用事

（一）案情

游客宁某夫妇俩于某年 8 月 10 日至 19 日参加一家旅行社组织的"新、马、泰三国游"活动。在新加坡的一天晚上，宁某夫妇俩在大型商场购物，经团友介绍，当场买了尼采 2000 型数码照相机一架（折合人民币 3 500 元）。回国后，宁某从有关方面得到信息，该型数码照相机是属召回产品，并于 8 月 14 日发出召回通知。此时，又急又气的宁夫人打电话给旅行社，说是当地导游途中介绍过该产品，属于误导，要求旅行社赔偿其经济损失。旅行社得知投诉后立即进行调查，发现根本就没这回事，并认为购买数码照相机之事属个人行为，既没在指定商店购买，又在编造故事诬陷旅行社，所以不予理睬。以后，尽管宁某多次与旅行社联系，要求协助将该产品退还，但始终没有结果。再以后，宁某失去耐心，而旅行社认为此事与己无关，双方发生了争执。

（二）案例评析

旅行社与游客之间发生争执的原因并不复杂。这种争执完全可以避免的。如果双方都能冷静地、理智地坐下协商解决退货事宜，而不是感情用事，争执怎么会发生呢？所以，作为游客不应该一碰到不顺心的事就以"误导"、"赔偿"之类的话刺激旅行社，而旅行社作为服务性企业，既要经受得起指责和委屈，同时又要做好善后服务工作。只有这样，双方才能比较妥善地处理服务与被服务之间的关系和问题，我们旅游市场的环境及氛围才会更加趋于成熟和发展。

不感情用事是旅行社与游客之间需要共同遵守的一个道德准则。该案例给我们带来一些启示：其一，旅行社如何做好善后服务，是不是游客返回居住地以后旅行社的服务就到此为止了呢？其二，旅行社是否对游客投诉的情况进行深入细致的分析研究，特别是对那些"常见病"和"多发病"是否提出规范化管理意见，防止不规范现象的重复和经常发生。其三，旅行社的诚信化服务和人情化服务究竟到了哪个层次？是否真正把游客视作"衣食父母"？其四，旅游消费者是否也应提高自己的素质修养。事实证明，做一个聪明的消费者也是有难度的。

案例九　没关照就得赔偿吗

（一）案情

国庆黄金周刚过，游客毛女士就向旅行社写投诉信，要求赔偿其经济损失。旅行社根据投诉信的内容进行了认真的分析研究，发现该游客的赔偿要求有些"特别"。事情的经过是这样的：毛女士参加的旅游团一行 32 人，到香港、澳门进行 5 日游活动。该旅游团先到澳门后进香港。在香港毛女士购买了一块"五星上将"名表，价值约 4 000 多元人民币。她在香港罗湖出关时被海关查出，海关人员要她交纳 500 元的海关税。为此，毛女士认为这 500 元的经济"损失"应该由旅行社承担，其理由是旅行社没有关照过在香港买表要加税的事情。

（二）案例评析

该起旅游案例其实并不复杂，旅行社经研究后给了毛女士一个答复意见。主要内容是这样的："我们认为，首先应该感谢您对旅行社提出的意见，同时向您赔礼道歉。但是我们也认为，每个中国公民都有纳税的义务，纳税是合理的，也是合法的。如果毛女士要把应向国家交纳的税费要求旅行予以赔偿，似乎不合情理。所以，在这里我们再一次向您表示歉意。"

该起旅游案例给我们的启示颇多。作为每一个有资质组团出境游的旅行社都应该把"注意事项"尽可能地向游客交代清楚，特别是要把类似贵重商品出海关时需加收关税等情况向游客交代清楚。同时，旅行社也要不断了解国家对有关方面规定的新政策、新动向等，及时地通知游客，让他们有心理准备。旅行社的接待服务工作做得越细致、越周到就越好。同时，作为每一位游客，应当了解有关法律常识，在国外购买贵重商品时，首先要向当地导游、领队以及购买商店了解所购买的商品是否要加税，如何加税，加多少税，等等，打听清楚，了解明白，然后再决定是否购买，这样或许不会发生上述投诉事情。其次，我们也应该明白，向国家交纳税费是一件光荣的事情，合法的事情，不交纳税费或逃税反倒成了不光彩的事和违法的事了。

案例十　这只旅行包是否该卖

（一）案情

退休职工章女士到一家旅行社报名参加新开发景点二日游活动。在办完一切手续后，她偶尔发现营业柜台里堆放着一些旅游纪念品，特别是那几只红白颜色的旅行包十分惹人喜欢。于是，章女士掏钱买了一只旅行包。谁知整个旅游还没结束，章女士的旅行包就出现了问题（一根背包带断了）。过了几天，章女士拿着旅行包就到旅行社去退货，可是旅行社的员工说她是使用不妥当，装东西太多才导致背包带断裂，因而不肯退货。于是双方发生了争执。过了大约一刻钟，章女士觉得为了这点小事而大发脾气太不值得，自认倒霉算了。当她拿起旅行包准备转身回家时。突然，她发现墙上挂的那张营业执照的经营范围一项中并没有经营旅游用品及旅游纪念品一类的内容。回到家里，章女士提笔给当地工商部门写了一封投诉信，说该旅行社超越经营范围，进行非法经营欺骗消费者。工商部门接到章女士的投诉信后，立即展开调查取证工作。最后得出一个结论：章女士反映情况属实，旅行社必须承担相关法律责任。

（二）案例评析

该起旅游案例是由旅行社出售的一只旅行包发生质量问题，游客要求退货，而旅行社人员不肯退货，以及旅行社超越经营范围，进行非法经营、欺骗消费者而引起的。这只旅行包旅行社是否该卖？这是本旅游案例的焦点问题和原则问题。根据《旅行社管理条例实施细则》第32条规定："旅行社应当按照规定的经营范围开展经营活动，严禁超范围经营。"显然，该旅行社违反了有关规定，应当承担相应的法律责任。

在有些人眼里，旅行社在销售旅游产品的同时顺便卖一些旅游用品和纪念品也未尝不可，这也是为了方便游客出游，增加旅行社收入，实属一举数得之事。但是，这些人不明白他们的所作所为已经构成违法行为。应该受到必要的处罚。此时，不由使人想起了如今还有一些旅行社不仅超越经营范围销售其他产品，而且还在经营规定不允许经营的境外旅游和非开放国家的旅游活动。这是要引起足够的思想重视的，千万不要以身试法。

案例十一 进店购物须自愿 慎买珠宝和首饰

(一) 案情

某年 6 月，在海南发生了 21 名湖北游客购买珠宝而被骗事件，被骗金额共计 1.6 万元。海南牵手旅行社一名导游在未征得旅行社同意的情况下，擅自更改行程将一队湖北游客带往三亚市翡翠珠宝商场购物，销售人员自称也是湖北人，按最低 1 折的价格将 24 件珠宝卖给了游客。游客返回湖北后经鉴定发现，所购物品全为假货，戒指、手链等甚至是铜制品。海南省旅游监督部门目前已经吊销了该导游的导游资格，游客的购物款项已如数退还。

(二) 案例评析

这起事件提醒消费者，外出旅游购物尤其是购买贵重物品要慎重。对于行程中没有的购物点，游客可以拒绝前往。

案例十二 旅游购物"质价不符"，责任谁负

(一) 案情

王女士参加某旅行社组织的旅游团到四川乐山大佛游览时，寺庙和尚向其推销"开光"玉佛饰物，并声称开过光的玉佛可以消病免灾。王女士身患多种慢性疾病，听后动心，花 500 元买下一枚。回家后，王女士并未感到"开光"玉佛的"灵验"，便到市区的寺庙"鉴定"。结论是：此玉佛并未开过光。随后又到珠宝店寻价，发现其所购玉佛的价格也高出市场价格 100 多元。王女士顿感上当受骗，即向旅游质量监督管理部门投诉，诉称其是在旅行社导游组织游览期间购买了"质价不符"的物品，旅行社有不可推卸的责任，应承担 500 元购物的损失。

(二) 案例评析

旅游质量监督管理部门经过审查认为，被诉人并没有违反合同义务，不应由其承担赔偿责任。投诉人的赔偿要求缺乏事实和法律依据，故不予支持。旅游质

量监督管理部门提出三点主要理由：

1. 投诉人在旅游期间的购物属个人自主行为，与被投诉人无关，被投诉人不应承担赔偿的责任。

2. 投诉人与出售商品的一方有即时结清的买卖法律关系，如所购商品有质量问题，应按《中华人民共和国消费者权益保护法》的规定，向商品的经营者或生产者要求赔偿损失，被投诉人有协助的义务。

3. 本案中，投诉人所购"开光"玉佛并不是一般意义的商品，其购买行为也不能视为一般的消费活动，所支付的款项从本质上看，含有部分捐赠的性质。因此，也不能按《中华人民共和国消费者权益保护法》中所规定的有关"质价相符"的条款来处理。

案例十三　购玉有假之后

（一）案情

陈某等两人近日向福建省旅游质监所书面投诉："2003 年 10 月 2 日—6 日参加 A 旅行社组团的'北京双飞 5 日游'，北京 B 旅行社负责地接。10 月 5 日，地陪刘某带我们到北京某珠宝城，柜台小姐把我们关在一个房间里介绍玉器，告诉我们老板是福建宁德老乡，请老板出来和我们见面。老板悄悄跟我们说他要为老乡办善事，叫我们不要在柜台外面买玉器，他拿的缅甸纯真玉器以成本价卖给我们，不要告诉外面的游客。我们共花 1 800 元（一个玉镯 900 元）买了两个玉手镯。回到福州后，我们去福建省金银珠宝首饰检测中心鉴定，鉴定结果是翡翠处理品（漂白充填，染色）。我们要求 A 旅行社协助退货还款。我们提供国内旅游组团合同书、团款发票、珠宝城的两张收据纸条、福建省金银珠宝首饰检测中心出具的两份鉴定书等证据材料。"

旅行社辩称："第一，客人手持某珠宝城出具的两张收据纸条不是正式发票，没有盖上印章，有伪造证据之嫌，不能作为证据证明两个手镯是在珠宝城购买的。第二，客人没有其他证据证明两张收据纸条与两个玉手镯及北京导游之间存在关系。因此，我社无法据此向北京有关方面提出质疑，不承担任何责任。"

（二）案例评析

处理本案，要着重分析以下两个争执焦点：

1. 客人的投诉情况是否属实？旅行社辩解理由能否站得住脚？民事诉讼举证

规则是"谁主张谁举证"。客人为了证明自己确实是北京导游带去珠宝城购买了玉镯而提供了以下证据：当事人自己陈述，客人在投诉信中详细说明事件如时间（2003 年 10 月 5 日）、地点（珠宝城）、人物（地陪刘某、小姐、老板及客人）等内容；提供珠宝城出具的两个玉镯的收据回单这个书证，证明客人在珠宝城购买了玉镯；为了证明玉镯是假货，客人提供检测中心出具的两份鉴定书。

福建省旅游质监所在尚未让双方当事人对案件的事实进行当面质证之前，还不能断定客人所举以上证据材料完全能够证明其所主张的事实——客人是在地接社导游安排下到珠宝城购到假货的。

但 A 社仅是质疑客人提供的收据回单的证明力，认为回单没有盖上印章，有伪造证据之嫌，而并没有提供相应证据。客人提供的回单虽然没有盖章，但回单是事先印刷、统一格式的凭单，行头已醒目印有珠宝城名称，且有编号，空白部分有柜台小姐手写的条码号、玉器名称、价格、数量等具体内容。在 A 社没有提供相反的证据前，我们采信客人的证据。总之，A 社对客人的投诉及证据仅做一些苍白无力的辩解和质疑，但并没有提供任何证据材料证明客人购物与旅行社没有任何关系。在这种情况下，比较双方当事人的证据，客人证据明显优势于旅行社，客人的证据已形成较完整的证据体系，有理由认同客人主张的事实。

2. 客人由旅行社导游带去购物有假，旅行社应当承担什么法律责任？北京地陪带领客人到珠宝城购物，是不是旅行社行程内安排的？双方当事人签订的合同并没有约定具体购物内容（次数和地点）。双方当事人没有约定时，应作有利于消费者的解释，推定旅行社行程内不能安排购物。双方当事人所签订的旅游合同文本是国家旅游局出台的《国内旅游组团合同》范本，该合同书第 12 条第 6 款规定："乙方（旅行社）应当按照《旅游行程表》安排甲方购物，不得强迫甲方（旅游者）购物，不得擅自增加购物次数。当甲方发现所购物品系假冒伪劣产品，如购物为甲方要求的，乙方不承担责任；如购物为行程内安排的，乙方应当协助甲方退货并索赔；如购物为乙方在行程外擅自增加的，乙方应赔偿甲方全部损失。"本案导游是在行程外安排客人购物的，并且所购物品是假冒伪劣产品，旅行社理应赔偿客人全部损失。

最后，A 社通过向地接社交涉，退还了客人全部购货款 1 800 元。

11 旅游饭店案例

案例一 黄金周 ≠ "斩客周"

（一）案情

某市价格举报中心的信息显示：这年"五一"黄金周期间，该中心总共接到举报20多起，其中涉及旅游市场的价格举报有11起（客运及旅游景点乱收费2起，餐饮价格9起）。游客对餐饮的投诉占旅游市场价格举报的90%左右。不少游客反映：一家饭店一条马面鱼要收40元人民币，另一家餐厅一碗蛋炒饭要收18元人民币，还有一家景区酒店卖的贵州名牌酒原价358元，手写价改为458元。另外，还有不少宾馆、饭店菜价太高且未明码标价，等等。该市场物价检查所的领导深有感触地说："从投诉、举报的情况来看，广大消费者的自我维权意识在增强，但也暴露出部分商家单位单纯追求短期效益。对于这些问题，物价部门还在花大力气规范整治，一定会给游客一个满意的答复。"

（二）案例评析

在黄金周中游客投诉旅游餐饮行业的为数不少，现已成为人们普遍关注的焦点。从上述游客反映的情况来看，这些问题不仅仅是该市的问题，而且带有典型性和普遍性。有些地区比这里的情况更为严重，比如有的饭店一盆青菜涨到20多元，一只茶叶蛋要卖5元，一瓶矿泉水是平时市场价的4~5倍。难怪不少游客讽刺地说："黄金周真的变成'黄金'周了，外出旅游吃的是'老虎肉'，喝的是'人参汤'，住的是'天堂'，黄金周就是'斩客周'。"此话说得虽然有些过分，但也反映了黄金周期间旅游市场物价不规范的现象。

为了进一步加强对旅游市场价格的管理，经国务院批准，国家旅游局、物价局分别于1985年12月、1989年9月以及1993年4月颁布了《中国国际旅游价格管理暂行规定》、《关于制止削价竞销的通知》以及《关于国际旅游价格管理方式改革的有关问题的通知》等。这些法规文件的出台，对旅游市场公平竞争和保护旅游经营者的合法权益，以及依法进行管理，打击扰乱旅游市场的行为，促进我国旅游事业向良好、健康的方向发展，起到了重大积极的作用。我们深信这些法规、文件在今后的发展过程中仍将起着十分积极的作用。

我国对旅游市场价格管理的基本原则是保持基本稳定的政策，尤其是客房、交通和餐饮等基本设施和服务的价格更要保持稳定。这样才能避免因价格波动而造成的混乱，防止各种价格投机行为。当然，在市场经济的今天，作为一个旅游经营企业以及个人，不是不讲经济效益，不论淡季旺季，不看市场行情，不顾物价涨落等因素，而始终保持价格一成不变，而是要做到在一定的时间段（特别是黄金周前后期）价格保持相对稳定，不要大起大落、不要太离谱、不要升降无常而影响旅游市场以及旅游企业自身的名誉。此外，我们必须从"猎户四季靠一冬，旅游一年靠三周（春节、五一、国庆三个黄金周）"的单纯买卖观念中走出来，扎扎实实地搞好旅游接待工作，以自己的诚信服务、优质服务和特色服务来维护游客的合法权益，再也不要听到游客的批评声："黄金周就是斩客周。"

案例二　如此"代人受过"

（一）案情

一天，一家星级宾馆收到国外旅行社寄来的一封投诉信。信中说该宾馆的大闸蟹是"天价"，如此"斩客"不应该，要求赔偿。宾馆经调查发现，这种"代人受过"的情况真是让人啼笑皆非。事情的经过是这样的：一个国外旅游团到这家宾馆住宿，游客向导游提出要吃大闸蟹。于是，导游与宾馆餐厅联系，要求餐厅把原来70元一只的大闸蟹提价到120元，其中50元的差价作为导游的回扣。以后，旅游团内的许多游客明显感到，支付的费用与实际吃的相比质价不符。因此，回国后他们纷纷向旅行社反映，并且要求该宾馆赔偿其经济损失。

（二）案例评析

导游私拿回扣在如今旅游市场中仍然存在。这些问题被称为"顽症"、"世界级的难题"。难道这些"顽症"真的解决不了吗？其实不然，其他暂且不说，该宾馆没有抵制导游人员的那种错误行为其本身就是一个错误。如果宾馆能及时制止导游人员的错误行为，也不至于发生上述游客的投诉，自己也不会背上黑锅，代人受过。或许宾馆餐厅的工作人员会说："如果不应导游的要求，导游就会把旅游团队带到其他地方去吃蟹，自己的生意就做不成了，宾馆就会受到损失。"此话说得好！但是，人们不禁要问游客投诉宾馆，该宾馆就不受损失？如果大家都联合起来共同抵制那种错误行为，旅游市场就会变得更加净化、美好。"没有私受，哪来私拿？"所以，在本起旅游案例中，宾馆和导游都同样违反了有关规定。

《导游人员管理条例》第16条明确规定："导游人员进行导游活动，不得欺骗、胁迫旅游者消费或者与经营者串通欺骗、胁迫旅游者消费。"根据上述规定以及相关政策，该宾馆受到游客的投诉其本身也是罪有应得，"代人受过"这句话用在宾馆身上不妥当。当然，在这起旅游案例中导游人员应该负主要责任，也应受到相应的处罚。

案例三　有损光辉形象

（一）案情

游客沈女士写投诉信给本市一家颇有名气的四星级宾馆。信中说她是该宾馆的老顾客，不论是出差、开会或旅游都喜欢住这家宾馆。但这一次宾馆却给她留下了极坏的印象。事情的经过是这样的：沈女士在离开宾馆去机场之前，在宾馆商场替她先生买了一套名牌西装。她先生穿着这套西装到公司上班，周围的同事们横看竖看觉得不对劲，于是拿到有关部门去鉴定，这才知道除了款式有点相似以外，其余的如商标、衣料、纽扣等都是冒牌货。沈女士在信中最后写道："真没想到，你们是一家颇有名气的宾馆，居然也卖如此假冒伪劣商品，这是你们在往自己脸上抹黑，也有损于你们自己的光辉形象，不要让一粒老鼠屎坏了一锅粥啊！"

（二）案例评析

该起旅游案例主要是由于沈女士在颇有名气的四星级宾馆里买到了一套冒牌西装所引起的。据调查，该宾馆的商场是出租给个体户经营的，宾馆每季度向他们收取场租费，其他的事情从不过问。所以，问题就出在只收钱不管理的做法上。这些卖假冒伪劣商品的人，就是利用该宾馆的"金字"招牌，在背后却干着不可告人的勾当，但最后受损害的不仅是沈女士，还有宾馆本身。

如今是市场经济，企业怎样把好"招商入住"商家的质量关是极为重要的，同时也是企业必须认真研究的一个新课题。对沈女士而言，不管她的"宣传"

力度有多强，其负面影响毕竟有限，但若是外国来宾或是有影响力的特殊人物乃至外国元首和夫人，如果他们也买到像沈女士那样的假冒伪劣商品，其负面影响就不仅在中国，可能还会蔓延至国外，其后果是不堪设想的。因此，一流的宾馆应该是一流的服务，销售的商品应是正宗的。我们希望该宾馆要珍惜自己的光辉形象，不要自己给自己的"金字"招牌抹黑。

案例四　部分赔偿不合理

（一）案情

某出境旅游团因飞机延误而被航空公司临时安排在一家二星级宾馆内休息。晚饭以后，游客大李因遗忘了一件外衣在餐厅，于是急急忙忙从二楼楼梯直接走入餐厅。就在只有几级台阶时，大李一脚踩在呕吐物上，左脚一下滑进扶梯栏杆内，人的重心却倒向台阶底层。经医院诊断，大李左脚是严重的粉碎性骨折，需要马上动手术。宾馆餐厅当场交付了5 000元，后因治疗脚伤还需3 000元。此时，宾馆认为该费用不应再由他们支付，因而拒绝，游客大李无奈只得委托律师将宾馆告上法庭。

（二）案例评析

该起旅游案例的焦点是：对游客在宾馆餐厅内遭受人身伤害，其宾馆应负什么样责任的问题。按照我国有关法律规定，若是饭店过错而造成旅客人身伤害，则由饭店承担责任；若是旅客自身过错造成人身伤害，饭店不承担责任；若是第三人的过错造成旅客人身伤害的，则应由饭店承担赔偿责任，然后再由饭店向第三人追偿。由此可见，该宾馆只承担部分赔偿责任是不对的，况且，当时他们又没有找到呕吐者，所以宾馆要承担全部责任。

游客进入宾馆后，即与宾馆建立了住宿合同关系。尽管这批游客是由航空公司安排的，但实质上游客和宾馆也已建立了住宿合同关系。宾馆应对游客的人身财产和安全负有责任与义务，应该排除损害游客人身安全的隐患。其餐厅没有及时清除楼梯上的呕吐物，说明该餐厅有过错，理应承担责任，赔偿游客的全部经济损失。

至于游客大李未能旅游的损失，则应由旅行社和保险公司负责处理和赔偿，因为游客已经在"旅途"中了。

案例五　这钱该不该赔

（一）案情

旅游洽谈会议前夕，某地区代表团入住当地一家四星级宾馆。按照事先的约定，该代表团入住4天时间，4天以后谁住谁另外付钱。等到4天住房期满后，没人到宾馆服务总台付钱要求续订房。于是，宾馆按惯例清扫房间。清洁工在打扫房间时发现了一只行李箱，她就把它送到宾馆办公室。谁知没过多久该房客人回来了。他打不开房门心中十分不悦，后得知该房已经租给另一客户。于是，他到宾馆办公室投诉，并声称行李箱中的一台小型电脑不见了，要求宾馆按原价赔偿人民币1.8万元。宾馆查清原因后认为该赔偿不合理，因而拒绝赔偿。该客人十分恼火，立刻打电话报警，同时又向当地旅游质监部门投诉。该起事件在当时成为一大新闻。

（二）案例评析

客人的赔偿要求是否合理？宾馆该不该赔钱？这是本起旅游案例的核心问题。代表团入住宾馆为期4天，这说明代表团和宾馆在这期间确立了合同关系。而在4天以后，宾馆和代表团的合同关系（如果没人付钱续订房）也就自然解除。换句话说，他们之间已经没有任何责任关系，也就不构成违约。宾馆按惯例清扫客房，既属正常工作，也没有侵犯客人的正当权益。而代表团中的一位客人过了宾馆规定的退房时间，事先也没与宾馆联系要求继续订房，还将行李放在房间，按理宾馆可以向他收取延误费，但客人自称行李箱中丢失了一台小型电脑，并要求宾馆赔偿1.8万元人民币。经旅游质监部门调查研究后认为：按照宾馆入住规定，客人应将贵重物品交宾馆保管或寄存，而客人不但没这么做，相反突然提出贵重物品丢失，显然缺乏有力证据，也不合情理。所以，宾馆没有过错，也不承担相应的赔偿责任。

发生旅游投诉或纠纷，双方都是不愉快的。对有关部门的处理或答复意见其中一方或双方表示不满和不服的事情也时有发生。如果旅游者或旅游接待部门对旅游质监部门的处理意见表示不服或不满者，可以在15日内向上一级旅游行政管理部门申请复议；若对复议决定不服的，也可在15日之内向人民法庭提起诉讼；对过期不申请复议、也未向人民法院提起诉讼的，处理决定届时生效。当事人应按照处理决定履行自己的义务。否则，旅游质监部门可以向人民法院申请强制执行。

　　另外，对于入住宾馆、饭店的旅客而言，自己既要增强自我保护意识，同时又要遵守宾馆、饭店的有关规定，避免发生一些不愉快的麻烦事情。

案例六　"蒙"游客是违规行为

（一）案情

　　游客钱某委托旅行社办理订房业务。按照合同规定，钱某准时抵达旅行社预订的某地宾馆。谁知宾馆服务总台告诉他住房已客满，唯独一间小套房给他留着，须再交纳 200 元房差价。钱某不同意。于是，宾馆服务总台通过电话与附近的一家饭店取得联系，并且写好一张便条让钱某打的过去。钱某无奈，只好根据他们的要求去了那家饭店。到了饭店才得知，其标准房要比原先宾馆差一些，还要他另交 80 元的房差费。这时天色已晚，游客钱某为了安全，只得付钱入住。等到旅游结束后，钱某立即向当地旅游质监部门投诉，要求宾馆赔偿他的经济损失，同时也要求饭店退还房差费。

（二）案例评析

　　众所周知，宾馆与游客的住宿合同一旦成立，宾馆就要按合同的规定向游客提供住房及相应的服务。如果宾馆没有遵循合同规定，那么是宾馆违约，也就是说宾馆要承担违约责任。该起旅游案例的情况也很清楚。宾馆首先违约，然后再介绍游客钱某去另一家饭店入住，一般来说也属正常现象，但问题在于由此产生的责任和经济损失由谁来承担。显然，宾馆服务并没讲清责任问题，这是一种"蒙"游客的违规行为。正如当地旅游质监部门经调查研究后的结论那样：宾馆因某种客观原因产生违约情况，要在游客同意的前提下，可入住附近标准相同饭店，并承担游客的打的费用。如果那里住房费用高，超出部分应由宾馆负责支付；如果那里住房费用低，多余部分也应由宾馆退给游客，这是宾馆应尽的义务。

　　随着我国旅游事业的不断发展，宾馆、饭店的竞争也相当激烈，有时还到了"白热化"的程度。在这种情况下，有一些宾馆、饭店则采取了不规范的操作行为，明知不对或者是违约行为，却不肯承担赔偿责任，有的还把客人一推了之。类似本案中"蒙"游客的现象，其实反映出了那些服务性企业的职业道德和诚信度令人怀疑。这种宾馆以后还有哪位客人敢光临？因此在某种程度上讲，服务性行业提倡的就是"招牌"效应,宾馆"蒙"游客只能"蒙"一时,却"蒙"不了长久。游客钱某敢于投诉,说明了消费者的维权意识在不断增长,同时也说明了旅游市场在不断地走向成熟。

案例七　骚扰电话也属侵权

（一）案情

游客老郑刚入住宾馆,便赶紧准备发言稿,其目的是想把晚上的商务活动搞得更精彩。不一会儿电话铃响了,老郑拿起电话一听,里面传来一位女士的声音:"郑经理,您需要服务吗?"老郑一听就觉得不对劲,于是赶紧把电话挂了。过了一会儿电话铃又响了,他刚拿起电话就传来一位小姐的声音:"郑先生!您需要人陪吗?"老郑只得摇摇头又把电话挂了。以后又相继来了几个电话,无非是想让老郑去按摩、洗澡、跳舞、喝咖啡,等等,搞得老郑头昏脑涨。为了不受骚扰,他干脆把电话听筒搁在一边。老郑越想越生气。于是,他拿起电话向宾馆总经理室投诉,同时提出三项要求:(1)要求立即换房。(2)宾馆要向他赔礼道歉,并且保证不再发生类似的事情。(3)要求赔偿一夜的宾馆住宿费。

（二）案例评析

该起旅游案例是由于宾馆外面给游客打来骚扰电话而引起的。游客刚入住宾馆,外面那些小姐就急于想为游客"服务",她们是怎么知道游客姓名的呢?即使不说大家心里也清楚。其实,本起旅游投诉宾馆要负主要责任。

《中国旅游饭店行业规范》中明确规定:"饭店应当保护客人的隐私权。"所谓"隐私权",实际上是指个人生活方面不愿意让别人知道的正当的私人秘密,是公民在一定范围内自由决定个人活动的权利。在我国,公民的隐私权受法律保护,任何组织和个人非经法定程序不得公开公民的秘密。作为宾馆、饭店,不应该随意将游客的姓名及入住情况透露给别人。否则,不管其目的如何,都是一种侵权行为,理应承担法律责任。

游客入住宾馆后,其住房的使用权即属于游客,任何人(宾馆清扫工、设备维修人员以及保安员除外)不得随意进入客房,无正当理由进入游客的房间,是一种侵权行为。同样,宾馆将游客的姓名及入住情况告诉别人以致发生骚扰电话,这也是一种侵权行为。如果宾馆个别员工以此达到不可告人的目的,赚取那些"黑心钱",就是违法犯罪的行为了。

在我国，保护公民隐私权的法制建设正在不断健全、完善，公民的维权意识也在不断增强，但愿那些宾馆、饭店能进一步加强管理，进一步保护客人的隐私权，使得那些"骚扰电话"越来越少，使得广大游客越来越满意。

案例八　宾馆应负连带责任

（一）案情

游客小林委托旅行社代办往返机票和订房业务。不巧出发的那天飞机晚点，加上旅游地出租车司机对路线不太熟悉，多走了一段冤枉路。抵达宾馆后他已是满肚怨气。行李员王某热情地帮他拿行李直至住房门口。小林进房后只顾自己洗脸换衣服，过了一会儿才发现行李员还站在门口，于是挥手示意可以离开。当他随手关门时，只听到行李员王某嘴里叽咕道："真没教养，小气鬼。"这时，小林拿起电话向宾馆总经理室告状，过了没多久，值班经理带着行李员王某向他赔礼道歉。

第二天，游客小林在景点游览时，迎面正好碰到宾馆行李员王某。此时，王某内心升起一股无名火，他上前就用力推了一下小林。小林当时没防备，一下子跌倒在地，一只右手立即红肿起来。经医院检查幸好没骨折，只是受了轻伤。小林当场就打电话向宾馆投诉，并要求赔偿医药费及经济损失。但宾馆老总认为：（1）这起伤害事件是属行李员个人行为，与宾馆无关。（2）发生伤害事件不是在宾馆内，因此，宾馆不承担伤害责任。（3）建议游客小林通过报警解决问题。小林听完后表示不服，立即向当地旅游质监部门进行投诉。

（二）案例评析

按照我国有关法律规定，若发生在旅馆内的事故造成旅客受损害的，是出于旅客以外的另一方过错的，旅馆也应负全部赔偿责任。这种责任在法律上称之为"连带责任"，即使旅馆无过错但也应承担连带责任。旅馆在承担赔偿责任之后，再向"另一方"过错者行使追索权。行李员王某是宾馆员工，又因伤害游客的事件属于工作上的矛盾，是工作矛盾的延续，尽管损害行为不在宾馆内，但宾馆还是有责任的。

类似游客小林在旅途中发生不幸的遭遇虽然是极少数，但也应该引起人们的重视。从目前情况看，绝大多数的游客在旅途中遇到人身财物受到损害却不知道该怎么办。在异地他乡，有的自认倒霉，有的不知所措，还有的担心到最终还是自己吃亏，等等。这些都是消费者维权意识不强、法律知识缺乏的表现。根据我国《民法通则》的有关精神，当消费者一方在某种场合中由于另一方给自身造成损害时，消费者既可找当事人"算账"，也可找连带责任方讨个公道，更可以拿起法律的武器。这一点至关重要。因为只有这样，消费者本人才能得到补偿，才能维护自身的合法权益。

案例九   "钓鱼计"使不得

（一）案情

游客老忻夫妇俩向当地"消协"投诉一家旅游宾馆的"钓鱼计"行为，使得他俩受骗上当，故要求"退一罚一"的经济赔偿。

事情是这样的：游客老忻夫妇俩自助旅游来到沿海某市，他俩看到这家宾馆的宣传广告，其内容十分吸引人。当他们来到该宾馆后，发现实际做法与广告内容有些出入，那就是在付清宾馆住宿费的同时还需要支付宾馆的一顿用餐费（每人收费为70元）。当时，有许多游客都有一个想法，即房价便宜了，那么饭钱让宾馆赚一些也情有可原。谁知在餐厅吃饭时菜谱标价明显太贵不算，而且菜的数量少，在客人结账时还得增加10%的服务费。这时，大家才恍然大悟，自己所支出的费用已超出同类宾馆的标准。这些经营者"太会"做生意，他们使用"钓鱼计"。于是，游客夫妻俩便向当地"消协"写了一封投诉信。

（二）案例评析

我国《消费者权益保护法》明文规定："经营者以广告、产品说明、实物样品或者其他方式表明商品或者服务的质量状况的，应当保证其提供的商品或者服务的实际质量与标明的质量状况相等。""经营者应当向消费者提供有关商品或者服务的真实信息，不得作引人误解的虚假宣传。经营者对消费者就其提供的商品或者服务的质量和使用方法等问题提出的询问，应当作出真实、明确的答复。商店提供商品应当明码标价。"该起旅游投诉是由宾馆的变相欺诈行为造成的。他们先用低价位使人上"钩"，然后再用各种手段迫使消费者消费，并且处处加码，最后达到赚钱的目的。按照我国《消费者权益保护法》的有关规定，该主要责任应该由宾馆承担。游客老忻夫妇俩提出的赔偿要求是合情合理、合法的。

随着旅游事业的不断发展，如今宾馆、饭店业的竞争十分激烈，有一些宾馆、饭店采取不正当的竞争手段来欺骗消费者，这是一种短期行为，更是一种违法行为。它不仅损坏了企业的形象，而且还扰乱了整个住宿行业市场。当然，作为消费者，首先要明白一个道理，即低价位不可能换来高档次的服务，天上不会掉馅饼。所以，当消费者付钱消费时，自己先要问问自己：自己对其商品了解多少？千万不要被"鱼饵"所诱惑。同时，我们也得奉劝那些经营者，"钓鱼计"千万使不得。

案例十　无正当理由要赔偿

（一）案情

午饭过后，旅游团准备出发，游客老曹因上午买了5枚金戒指便到宾馆服务总台寄存，谁知服务总台只有一人在忙碌着。老曹上前要求寄存，但回答说："钥匙在另外一位服务员手中，她现在吃饭去了。"过了一会儿，导游召集大家上车了。此时，游客老曹再次请求总台服务员与餐厅联系一下。但电话告之，餐厅没有她。无奈，老曹只得返回住房，为了以防万一，他把5枚金戒指分几处放好。等到晚上10点多钟回到宾馆房间后，老曹发现少了其中2枚金戒指。于是，他立即向宾馆报失，并且要求赔偿经济损失。但宾馆向他解释说："如果是放在宾馆服务总台保险箱的贵重物品被盗或损坏，宾馆负责赔偿，如果是放在其他的地方就难说了。"老曹听后表示不服，于是向当地旅游质监部门进行投诉。

（二）案例评析

宾馆对旅客应尽何种义务是该起旅游案例的核心问题和原则问题。从案例中可以看出，前者拒绝保管，后者物品被盗，两起事件都发生在宾馆内。因此，宾馆应该负有法律责任。按照《中国旅游饭店行业规范》规定，饭店应当按照规定的时限，免费提供住店客人贵重物品的保管服务。国际司法统一协会制定的《关于饭店合同的协定》第13条也规定，对于应由饭店保管的财物而饭店拒绝寄存保管时，饭店不能限制其损害赔偿责任。根据上述情况，宾馆应该对游客老曹进行赔偿。

游客入住宾馆，即已形成住宿合同关系。此刻，宾馆要确保游客人身财产的安全。游客寄存在宾馆的贵重物品如果被盗或者被损坏，宾馆要赔偿。宾馆无正当理由拒绝接受游客寄存贵重物品而导致被盗或者被损坏，宾馆也应承担赔偿责任。游客老曹的遭遇给我们的教训是深刻的，宾馆客房虽然装有门锁以及有其他保安措施，但毕竟不是绝对安全的。作为旅游者，应当按照宾馆的规定与要求把贵重物品交于他们保管。同时，宾馆也应加强管理，严格按照有关规定操作，管理好客人要求保管的财物。这样，才能使入住客人住得满意，住得放心。

值得一提的是，游客寄存贵重物品时最好要向宾馆声明或交代清楚其数量、价值、商标等，以防该物品丢失或毁损时，宾馆按一般物品进行赔偿。那样，游客的损失就惨重了。

案例十一　过错责任由谁承担

（一）案情

晚上 10 点多钟，一家刚开张营业不久的三星级宾馆的电梯突然发生故障。宾馆值班经理立即打电话通知生产电梯厂方。为了防止游客发生意外，造成伤亡事故，宾馆维修人员特将该电梯的所有楼面都采取了上锁措施。一个小时后，生产电梯的厂方人员赶到现场，经检查发现是三楼电梯通道口电路发生问题。于是决定一人回厂取零部件，另一人在门口等候。过了一会儿，守候人员急于上洗手间，便随手将电梯门关上。谁知门没关好。这时有一批游客想要外出吃夜宵，跑在第一个的小男孩见门虚掩着，于是推门而入，踩空坠地，摔成重伤。宾馆得知消息后，赶紧派人上医院探视，但在支付医药费的问题上与伤员家属产生了分歧。他们认为此事和宾馆"不搭界"，支付医药费是电梯厂方的事情。

（二）案例评析

根据我国有关法律规定，游客入住宾馆后，即与宾馆形成住宿合同关系，对游客的人身财产安全宾馆要负主要责任。游客人身受到伤害（若是游客本人原因造成过错除外）宾馆就应该承担责任。该起旅游案例主要是由于负责电梯维修的厂方人员在工作中粗心大意所造成的，其主要责任应该在生产电梯的厂方。但是，宾馆在抢救伤员上的态度是欠妥的，不应该拒绝首先支付医药费。我国相关法规明文规定，如果宾馆没有过错，应对游客承担连带责任，即首先要支付医药费，然后再向"过错方"追偿。同时，过错方也应就自身的过错向宾馆进行赔偿。这样的法律程序作为宾馆应当要遵守的，而不是以"不搭界"为理由而推卸责任。

厂方电梯修理工由于粗心大意所造成的后果是严重的。当游客在宾馆内发生人身伤害事故，而宾馆拒绝首先支付医药费确实让人不可思议。现在有些旅游接待部门，一旦在他们接待范围内出了问题，首先不愿承担责任而把所有过错推向别人。这些人把最根本的原则都忘了，即"权利和义务"五个大字。

我国《民法通则》对一般损害的处理原则是"过错责任"。为此，当游客发生人身伤害事故（不是自身原因造成），应该首先找合同方承担责任，然后再根据"过错责任"原则处理问题。了解这一点，可以省去许多时间以及避免复杂的事故推诿现象发生。

案例十二　适当弥补要考虑

（一）案情

旅游旺季前夕，一家宾馆为了迎接旅游高峰的到来，特对走廊地板进行打蜡处理。同时，又在走廊两端竖起了"地板打蜡，请走边道"的警示牌。这时，从楼上走下来一批追逐嬉闹的年轻人，其中的一位拍打了另外一位的后脑勺，紧接着他拔腿就跑。当他跑到警示牌前面的时候，突然发现有人追了上来，于是他来不及看清楚和细想，又飞速地朝前跑去，一不小心摔倒在地，当时就爬不起来。经医生诊断，他的右手摔成骨折。为了此事，这批年轻人选出代表同宾馆交涉，要求他们支付受伤者的医药费以及赔偿经济损失。宾馆经过调查研究，觉得代表们的要求不合理，所以以旅游者自身过错为理由，拒绝赔偿其经济损失。

（二）案例评析

我国《消费者权益保护法》明文规定："经营者应当保证其提供的商品或者服务符合保障人身、财产安全的要求。对可能危及人身、财产安全的商品和服务，应当向消费者做出真实的说明和明确的警示，并说明和标明正确使用商品或者接受服务的方法以及防止危害发生的方法。经营者发现其提供的商品或者服务存在严重缺陷，即使正确使用商品或者接受服务仍然可能对人身、财产安全造成危害的，应当立即向有关行政部门报告和告知消费者，并采取防止危害发生的措施。"从该起旅游纠纷的情况来看，游客是由于自己的过错而造成摔伤的，其主要责任应该由自己承担。宾馆为了防止发生游客的人身伤害事故，特在走廊两端竖起了"地板打蜡，请走边道"的警示牌，向游客们出示了明确的警示和正确使用的说明。根据上述规范行为，游客要求宾馆赔偿医药费和经济损失是欠妥的。

旅游者外出旅游首先要增强自我保护意识。这是因为旅游是件轻松愉快的事情，旅游者在这种氛围中往往会表现出思想放松，所以各种不安全的隐患会慢慢地滋生。最后，不该发生的事情发生了。比如，遗忘了自己随身携带的东西，钱包被盗，不慎受伤，不注意饮食卫生或天气冷热生病，等等，这些都要引起旅游者的注意。

另外，根据我国有关法规规定，如果是宾馆对可能造成旅客人身伤害的事件已经尽了最大努力，并尽可能地为防止事件的发生采取了措施，宾馆可以免除或减轻责任。依据上述法规，该宾馆完全拒绝赔偿也是有些欠妥的，宾馆如果不从民事责任上考虑赔偿，那也得从人道主义角度考虑适当弥补一下游客的经济损失和精神上的痛苦。因为，摔成骨折的事情毕竟是在宾馆内发生的。宾馆在防止游客不发生人身伤害的措施上还是有"缺陷"的。

案例十三　第三方的责任

（一）案情

某旅游团晚上11点才回到宾馆，正当大家洗澡更衣的时候，在同一层楼的一间客房突然起火。火势很快蔓延到整个楼面。此刻，导游指挥游客迅速撤离，但已造成4人不同程度的烧伤和12件行李物品的丢失，预计整个团队经济损失达数万元。游程结束后，全体游客向旅行社索赔，但旅行社声称不承担法律责任和不赔偿经济损失，于是双方发生争执。最后，游客将旅行社告上法庭。法庭经调查核实，最终判决是第三方（宾馆）的责任，造成游客的人身权、财产权受到损害，所有赔偿责任均由宾馆负责，旅行社不承担法律责任。

（二）案例评析

该起旅游案例其实较为简单，造成事故的责任方也很清楚。宾馆不慎引起火灾，使得入住旅游者受到人身伤害和经济损失，向旅游者赔偿的应该是宾馆而不是旅行社。旅行社业是一个较为特殊的行业，所以国家在这方面的法律又有所区别，比如关于第三方责任的问题，旅行社带游客所乘的飞机、火车、轮船或者在宾馆、饭店等各个旅游接待部门受到人身伤害或财产损失，其责任应当由旅行社与之签订合同的第三方承担。另外，若因民航、铁路、车船等交通部门的原因而迫使旅行社更改旅游接待计划所造成游客的损失，旅行社也可不承担责任。

旅行社是"服务中介"机构，游客所买的旅游产品，实际上都不是旅行社所拥有，比如旅游景点、住宿宾馆、交通车辆、购物商店、娱乐场所、吃饭餐厅，等等。在某种意义上，旅行社是这些企业单位的"代理人"和"中间商"。

旅行社为了满足游客出游的需要，于是把上述旅游接待单位进行"组合"和"包装"，形成了一条旅游路线。旅行社和旅游接待部门也就成了合作伙伴和合同方的关系。旅行社所组的旅游团在完成整个接待计划时，往往需要当地旅游接待部门的配合和支持。因此，旅游环节越多，越可能出问题。旅行社与旅游接待部门之间也只有靠合同来明确双方或多方的权利和义务。在一定条件下，国家有关法律规定也明确了可以减轻或者免除义务人所应当承担的法律义务。旅行社可以减免法律责任的具体情况有：来自自然和社会的不可抗力因素；由游客自身原因造成过错的因素；第三方的责任因素；交通部门出现问题而导致接待计划不能正常执行的因素；等等。了解这些情况，游客或许对旅行社有所认识，或许他们会给予旅行社更多的支持和谅解。

旅游交通案例

案例一　全部违约与部分违约

（一）案情

旅游质监部门一天收到同一个旅游团的两封投诉信，信中投诉的是同一家旅行社，但投诉的内容却不相同。

事情是这样的：这家旅行社在报纸上刊登广告定于某日晚 20 点出发，但由于机票紧张，只买到第二天上午 7 点左右的机票。因此，整个旅游团要推迟一天出发。对此，其他游客没有意见，唯独一对年轻夫妇认为此举会影响工作。旅行社准备全额退款，但他们不同意，言下之意还要求旅行社给予赔偿。再说，整个旅游团抵达旅游景点后，按照合同上的规定，住宿条件应该是有独立卫生间的双人标准房，其中包括空调、彩电，但是到了目的地这一切都不"兑现"了。对方地接社主动承担了责任，解释饭店因特殊原因临时调整了预订房，并且当众宣布：第二天一定按照合同执行，当天的住宿费退还 50% 给旅游者。对此，绝大多数游客没有意见，只有一对老年夫妇持不同意见，并要求旅行社全额退款。

（二）案例评析

该起旅游案例的主要焦点是旅行社应该承担全部赔偿还是部分赔偿。旅行社从收客到实质性操作，再到出团的过程中出现了旅游缺陷，按理应该按照《旅行社管理条例》，不折不扣地执行，而不是随意说个决定或者大致搞个解决方案就算了结。因为对于旅游者而言，他们或许不了解有关法律规定，但旅行社应该是清楚的。再说，旅行社还有一个向第三方追偿的问题。现在的情况往往是旅行社出现旅游故障，一般都按"缺什么，赔什么"的原则处理游客投诉。这当然是对的。但对另外一块"补偿"的差额部分就往往会不提或者不给游客。这实质上是损害了消费者的正当权益。正如本案例提到的那样，旅行社由于预订机票上的失误而造成游客不能按时出游，理应按照合同上的规定，除全额退款之外，还得赔偿旅游票价 10% 的损失费。另外，在补偿旅游团住房的问题上，那对老年夫妇的要求是合情合理的，旅行社应该以"退一罚一"的赔偿方法，解决游客当天的旅游投诉。我国《合同法》规定："有效合同签订后对签约各方都具有约束力，任何一方无正当理由不履行、不完全履行或不恰当履行合同条款，就构成违约行为，对方就有权要求违约方支付违约金或赔偿损失。"

随着改革开放的不断深入和社会主义法制建设的不断健全，旅游消费者的维权意识正在不断提高，他们敢于拿起法律武器维护自己的权益，敢于申诉或投诉，这是旅游市场趋于成熟的表现，也是社会进步的体现。为此，在这种形势下，旅行社必须要做好各个环节上的工作，哪个接待环节上出现差错、失误和缺陷，旅行社就应按照《旅行社质量保证金赔偿暂行办法》的有关规定，先赔偿游客的经济损失，然后再向第三方追偿。

案例二　"翻案"说法不妥

（一）案情

游客袁某拿着 720 元人民币来到旅游质监部门，说是代表全体游客前来讨个公道。事情经过是这样的：袁某等 12 名游客参加一家旅行社组织的"大连四日游"旅游活动，在最后一天下午的旅游活动时，旅游车出现故障，经司机一个多小时的抢修，旅游车才算发动起来。此时，再游览景点已是不可能了，司机只得把游客送往机场。

在候机大厅，当地接待社、导游与游客协商解决问题的办法，接待社只同意赔偿景点门票 30 元，以及因修车损失游览时间 30 元，每人合计 60 元人民币。当时，袁某等人考虑到飞机就要起飞，于是就代表全体游客与地接社签订了一份调解协议书。返回居住地后，袁某发现这份协议书有显失公平之处，又经法律咨询确定无误，他先找组团社理论。但组团社却说："协调后怎能翻案？"袁某表示不服，于是发生了以上的那一幕。

（二）案例评析

该起旅游案例主要是由于旅游车出现故障而引起游客与旅行社发生纠纷。双方经协商解决纠纷是可以的，但必须建立在相互平等的基础上，若一方在投诉有效的时间提出异议，要求有关仲裁机构重新审理，也无可非议，不存在什么"翻案"之说。同时，游客带着赔款其目的就是将钱退还给旅行社，并要求重新审理，这也是符合有关法律程序的。另外，地接社在当时处理赔偿的问题上已经违反了有关规定。旅游车出现故障，其景点没去成，这是地接社的责任。按照《旅行社质量保证金暂行赔偿试行标准》有关规定，地接社应退还景点门票、导游费并赔偿 20% 的违约金。

"投诉有门"、"处理有据"，这是我国建立旅游投诉制度的基本点。为了维护旅游消费者的合法权益，解决游客与旅游业之间的纠纷，促进旅游市场顺利健康的发展，国家旅游局在 1991 年 6 月就颁发了《旅行投诉暂行规定》，其中详细规定了旅游投诉管理机关、受理条件以及处理程序等。本案所反映出的一些问题比较典型，也具有代表性。旅游者在处理旅游纠纷后觉得不公平，要求重新审理这是可以的。那种"协调后怎能翻案"的说法既不合法，也不合理。况且，地接社在处理赔偿的问题时显失公平，也没按照有关规定执行。法庭判令下达，一方如果不服，也可上诉中级人民法院，难道旅游者要求重新审理就是"翻案"吗？

案例三　情势变迁与责任免除

（一）案情

某旅游团按原定计划乘坐中午 11 点 50 分航班，在飞机上用午餐，大约下午 1 点左右抵达首都机场，当天下午还要游览人民大会堂和毛主席纪念堂两个景点。但由于飞机发生机械故障，所以一直等到下午 4 点多钟才起飞，傍晚才抵达首都机场，当天的两个景点游览没法完成了。在以后的几天游览中，地接社通过努力还是把两个景点弥补过来了。但到整个游程结束后，旅游团有一位姓郁的游客向旅行社投诉，说是飞机延误起飞不属不可抗力因素，因此要求旅行社赔偿半天的旅游费用（他是这样计算的：把"北京五日游"的票价 1 750 元除以天数，然后得出要求赔偿 175 元的结论）。他在投诉信中最后写道："造成不可抗力的原因有两种：一种是自然原因发生的，如火灾、旱灾、水灾、台风、滑坡、地震等。另一种是社会原因发生的，如战争、军事行动等。显然，飞机延误起飞不属不可抗力因素，旅行社要负赔偿责任。"旅行社接到投诉信后，立即开展深入细致的调查工作。经研究觉得游客的投诉内容不合理，赔偿要求又不符合有关规定。于是邀请游客老郁到旅行社来交流沟通。谁知最终结果很不理想，游客始终认为自己有理，他还准备投诉到旅游质监部门。

（二）案例评析

该起旅游案例的焦点在于飞机因故障延误起飞是否属不可抗力的问题。游客在投诉信中也谈到只有自然原因和社会原因两种情况，而飞机延误起飞确实不在两种情况范围之内。但是游客老郁却不了解另外一个极为重要的原则。我国《民法通则》第 153 条明确规定："所谓不可抗力，是指不能预见、不能避免并且不能克服的客观情况。"航空公司为了确保飞行安全其做法完全是正确的，而旅游团碰到这种情况也属"不能预见、不能避免并不能克服的客观情况"。游客老郁提出要赔偿半天旅游费损失，这显然是不妥的。

如果在履行旅行社和游客签订的旅游合同时，遇到了无法预料的意外情况，使得合同无法履行，这在我国法律上称之为"情势变迁"。一旦发生这种情势变迁，合同当事人可以解除合同，并可免于承担法律责任。当然，旅行社应根据实际情况，继续履行可以履行的部分，积极采取有效措施，尽量减少损失。因此，旅行社今后碰到类似情况，其工作重点要放在加强服务以及尽量弥补上。同时，也应该充分相信大多数的游客是通情达理的。

案例四 "误机"责任谁承担

（一）案情

1998 年 9 月，刘某等 8 名旅游者报名参加北京某旅行社组织的"海南五日游"。双方口头约定，9 月 30 日 12 点乘机赴海南。10 月 4 日下午 3 点多乘机返京，派全陪导游全程服务。后因为旅行社未买到全陪导游的机票，没有派全陪导游随团前往海南。但承诺已与地接社联系好，保证接待质量。旅游团乘机赴海南。北京组团社派导游送机，并将返程机票交给刘某，告知时间为 10 月 4 日下午 3 点多，当日晚 7 点之前就可回到北京。10 月 3 日，旅游团在从三亚返回海口的途中，地陪导游询问乘机返京的时间。刘某答复是次日下午 3 点。

10 月 4 日上午 9 点多，刘某拿出机票，想看看下午飞机的确切时间。突然，发现机票的时间是上午 8 点 10 分，而并非组团社所说的下午 3 点多。刘某当即与旅行社交涉。经过地接社的多方努力，重新购买了 12 点零 5 分的返程票。但是，由于该旅游团购买的是不得转签、退换的优惠票，原票全部作废。刘某等旅游者，考虑单位尚有急事需办理，只好先承担了误机的责任，支付了机票款共 12 600 元。

旅行社认为，返程机票已交给刘某，由其自行保管；在旅游过程中，地接社导游多次询问，旅游者始终回答，是 10 月 4 日下午 3 点的飞机，由于旅游者的疏忽大意，造成误机，其损失不应该由旅行社承担。但考虑旅游者的实际利益，出于对旅游者的同情和安抚，北京的组团社同意补偿机票损失的 10%。刘某则持相反意见，双方各持己见，协商不能达成一致。

（二）案例评析

旅游质量监督管理部门审理后认为，在这次误机事故中，旅行社有违约行为和过错，对此应当承担主要责任，刘某等旅游者存在疏忽查验机票的过失，也应承担相应的责任。

1. 组团社有违约行为。双方曾约定，组团社派全陪导游提供全程服务，而在出发前，旅行社以未买到机票为由，取消了全程陪同，旅行社未派全陪导游的理由，并不是不可抗力，因此，属于单方违约行为。全陪导游的主要职责是落实旅游日程安排、监督地接社履行旅游合同以及协调、处理旅途当中发生的问题。而北京的组团社只是派导游到机场送机，将机票交给刘某，并没有告之返程飞机有变动的真实情况。如果全陪导游随团，按其职责核实机票时间，误机是可以避免的。因此，可以认定，组团社未派全陪提供全程服务与误机有直接的关系。

2. 地接社未按国家标准提供服务。1995 年，国家技术监督局发布的《导游服务质量标准》规定："旅游团（者）离站的前一天，地陪应确认交通票据及离站时间，通知旅游者移交行李和与饭店结账时间。"本案中，全部行程都是由旅行社安排的，在没有全陪的情况下，地接社应负责组织落实全部旅游活动，而地陪并没有按导游服务质量标准的规定查验机票以确认返程的准确时间，只是询问了旅游者，就轻率地认定返程时间，导致发生了误机的严重责任事故。

3. 旅游者自身也存在过失。刘某负责保管返程机票，应具有查验核对的义务，发现问题及时向旅行社提出，避免损失的发生。特别是 10 月 3 日返程的前一天，当地陪向其询问时，刘某仍未查验交通票据，而继续答复未变更的返程时间。如果刘某举手之劳查验一下机票，误机的事情也是可以避免的。刘某疏忽大意，告之错误的返程时间，也是造成误机的主要原因之一。因此，也应担负相应的损失。

案例五　飞机晚点不登机，行程取消谁之过

（一）案情

2001 年春节期间，大连某公司 19 名员工共同组成家庭旅游团参加大连市某旅行社组织的"泰、港 7 日游"。因天气原因，大连—曼谷的飞机推迟了起飞时间。这引起了游客的极大不满。经导游劝说后，同机的其他游客已登机待飞，而这 19 人则拒绝登机，最终造成他们出国未成。事后，这 19 名游客起诉该旅行社，要求旅行社返还全部费用，并偿付违约金和案件受理费。一审判决游客胜诉，旅行社不服提出上诉。二审依法做出改判，终审认定，旅游合同在已经开始履行的情况下未能得到全面履行的根本原因在原告而不在被告，因此 19 名游客应承担此案的民事责任。

（二）案例评析

旅游是多要素综合性活动，因此经常会受到像航班延误等非旅行社所能控制的因素干扰。在这种情况下，旅游者所能做到的就是尽可能使所受损失减小，而不是像 19 名游客那样将损失扩大，最终导致无法成行。由此可见，旅游中发生纠纷责任也并非全要归咎于旅行社，游客维权过度、固执己见也是造成纠纷的一大原因。

案例六　旅游交通事故通过诉讼程序解决可获得更大利益

（一）案情

这一天接待的是一位专程从外地赶到北京的上门投诉者。一位 70 多岁的老人 Y 某作为旅游交通事故中 4 名遇难游客的代表，强烈要求国家旅游局受理投诉。要求对每位死亡者赔偿 8 万元，要求赔偿丧葬费、死亡补偿费、交通费、住宿费、误工费、抚养费、赡养费若干，以及为每位死亡者家属赔偿精神损失费 5 万元。事情经过是这样的：2004 年 1 月 6 日，某省一家国内旅行社组织 26 名游客赴滑雪场一日游，该团乘坐的金龙旅游巴士从旅游区山门行驶出两公里处，因躲闪不及对面开过来的轿车，不幸栽入深沟，车辆翻转 360 度。车上 26 人，死

亡5人（含司机1人），重伤5人，其他16人均不同程度受轻伤。

当地市公安交警大队作出道路交通事故责任认定：驾驶员驾驶车辆超速，未按规定车道行驶，观察瞭望不够，是构成这起事故的全部原因；驾驶员负事故的全部责任。

现投诉人不愿接受公安交警部门的调解，理由是公安交管部门依照道路交通事故处理的有关法律、法规进行调解，赔偿额最高5万～6万元。投诉人认为这是一起特大旅游事故，车辆和司机均为旅行社的，如按旅行社责任险有关规定，死者家属仅死亡赔偿一项即可得8万元。因此，强烈要求旅游部门按照旅游的有关政策法规来处理。

（二）案例评析

1. 公安交警部门是道路交通事故责任认定的法定职能部门，对事故涉及的民事损害赔偿部分只有调解的职能。当事人可以选择调解也可以拒绝调解。新近出台的《道路交通安全法》第73条规定："公安机关交通管理部门应当根据交通事故现场勘验、检查、调查情况和有关的检验、鉴定结论，及时制作交通事故认定书，作为处理交通事故的证据。"第74条规定："对交通事故损害赔偿的争议，当事人可以请求公安机关交通管理部门调解，也可以直接向人民法院提起民事诉讼。经公安机关交通管理部门调解，当事人未达成协议或者调解书生效后不履行的，当事人可以向人民法院提起民事诉讼。"根据上述规定，当事人可以选择公安交管部门调解，也可以选择向法院起诉。交通事故由交警部门解决的好处是相对司法解决速度快，民事赔偿部分有较严格的标准，但是赔偿的额度相对较低。一般只在标准之外增加2 000～3 000元的调解幅度。调解协议一旦达成，便具有法律效力，在没有新的事由的前提下，很大程度上就丧失了胜诉的可能性。因此，Y先生不愿接受公安交警部门的调解是可以理解的，也是依法有据的。

2. 旅游部门在旅游事故中的职责是配合有关方面对重大旅游安全事故的处理，协调、参与组织对旅游者进行紧急救援，帮助旅行社协调保险公司支付前期预付款。实践中，旅行社责任险虽然起到了一些旅游意外险不能替代的作用。但是，协调的难度相当大，实际效果也有限：一是旅游部门不能超出行政职能权限，不能对交通肇事中的民事赔偿或合同违约进行强制裁定。二是在《旅行社责任险》中缺乏谁是保险事故责任认定的权威部门的规定。说白了，保险公司没有拿到法院的有效文书，认定旅行社在事故中有责任，它就可以拒绝赔偿。三是旅游部门不能违反质保金制度规定划拨旅行社质量保证金用于事故赔偿。四是旅游意外事故不在旅游质监所的受理投诉范围内。因此，通过旅游部门的协商或调解，解决救治款项或事故赔偿的难度相当大。

3. 建议 Y 先生尽量通过司法途径寻求解决，这样既可以使利益最大化，也省去几番调解不成、最终仍走诉讼之路的烦琐环节。利益最大化是指通过诉讼程序，人民法院依照的法律、法规比较宽泛，如民事的法律、民政部门的有关条例、消费者权益保护法、道路交通法律法规以及旅游的相关法规等。而行政部门只能在本部门的行政法规范围内就事论事，如对老人的赡养费、子女的抚养费、精神赔偿等民事赔偿要求，行政部门无法也无权作出强制决定。同时，法院既可以调解，也可以判决，同时还有强制执行权，可以保证当事人的合法权益的最终实现。而且，法律判决一旦生效，在自有资金不足的情况下，法院可以强制执行旅行社质量保证金。应该说寻求司法救助是当事人解决旅游交通事故最后的也是最可能获益最大的途径。最后，笔者劝老人尽早准备诉讼，因为人身伤害的诉讼时效只有一年。几乎所有的重大旅游交通事故都是通过诉讼程序解决的。

案例七　因车辆故障中断行程引起的纠纷

（一）案情

最近笔者接到了这样的一件投诉。陈先生一行数人与北京某旅行社约定，交纳包车费 1 000 元，向该旅行社包车赴北京郊县一日游。在旅游行程中，由于司机不熟悉地形，沿途打听道路，耽误了很长的时间。在游完第一个景点后驱车前往第二个旅游景点的途中，汽车轮胎突然爆裂。司机没有任何准备，既没有带维修工具，也没有备用轮胎。以致在路上滞留了 3 个多小时。由于晚上要搭乘前往广州的火车，迫于无奈，陈先生决定放弃对下一个旅游景点的游览，自行搭车回到了北京市内。回到市内后，陈先生认为旅行社违约，没有完成约定的行程，要求旅行社退还 300 元的费用。

旅行社称，车辆发生故障后，旅行社立即安排另一辆车前往出事地点，并通知当事司机向乘客予以解释说明。陈先生是由于自己担心耽误当晚去外地的火车，而自愿放弃了第二个景点的旅游，中断了行程，而且旅行社也报销了陈先生从事发地返回市内的车费，并主动退还了尚未发生的景区门票费用。旅行社方认为不应再退还陈先生任何费用。

（二）案例评析

首先，应该明确的是旅行社与陈先生的口头合同是有效的。虽然双方没有签订书面旅游合同，但"包车一日游"是双方在自愿、平等的基础上达成的协议，是双方真实意思的表示，属于有效的口头形式的合同。

其次，由于旅行社没有在出行前对车辆进行检修，事发后又没有充分的应急准备和措施，对旅游途中的意外估计不足，导致了途中耽误时间过长，没有在约定的时间内完成约定的行程。根据《合同法》第 107 条"当事人一方不履行合同义务或者履行合同义务不符合约定的，应当承担继续履行、采取补救措施或者赔偿损失等违约责任"的规定，旅行社应该承担主要违约责任。

最后，面临突发的事故，旅行社立即安排另一辆车前往事发地，并报销了陈先生回程的车票，这些都是旅行社不能继续履行合同义务时，采取的补救措施。陈先生没有乘坐旅行社派出的另一辆车继续行程，而是自行搭车返回市内，这也是对自己权利的放弃。《合同法》第 119 条规定："当事人一方违约后，对方应当采取适当措施防止损失的扩大；没有采取适当措施致使损失扩大的，不得就扩大的损失要求赔偿。"因此，由于陈先生放弃了旅行社采取的补救措施，那么由此所造成的扩大的损失，陈先生也不应再向旅行社要求赔偿。

案例八　拒绝登机，损失谁负责

（一）案情

2 月底，笔者收到一份投诉信。信中反映：刘某等 40 人报名参加某旅行社组织的 1 月 24 日—1 月 29 日"泰国普吉岛五晚六日游"。1 月 28 日晚 12 时，这些游客到普吉岛机场等次日凌晨飞机回昆明。原定凌晨 2 点多起飞，但直到 5 点多飞机才来。这期间，游客等候在机场，又冷、又渴、又饿，要求相关人员对晚点作出解释。航空公司说属于飞机运输调配问题。客人又找到旅行社，领队认为自己的工作已完成，飞机晚点造成的损失应由航空公司负责，随即一走了之。游客对此很不满意。再加上在此前的行程中也存在一些问题，如游客认为合同中规定的景点没完成；泰国导游强行推销自费项目时，领队不尽其责，不维护游客的合法权益；当游客受伤时，领队不闻不问等。客人的不满越积越多，最终拒绝登机，一定要求旅行社给一个合理的说法，并赔偿精神损失和经济损失后才肯登机。飞机在等待了 4 小时后于 9 点左右离开。这些拒绝登机的游客在大使馆的协调下，自费乘汽车到曼谷，分别于 1 月 30 日、31 日乘飞机回昆明。回国后，他们投诉到当地的旅游质监部门，要求旅行社赔偿精神和经济损失费，包括在境外滞留所发生的车费、餐费、机票费等。

经旅游质监部门调查核实，该旅行社在组织、接待该批旅游团队上的确存在服务质量问题，如没按合同完成规定的行程、泰方导游强行推销自费项目等。但是，飞机晚点是因为航空公司航班调配造成的。飞机到达后，领队带领游客出了关，办理了所有手续，但游客仍然拒绝登机。

对旅行社违约问题，旅游质监部门根据国家旅游局有关质量保证金赔偿标准，做出要求旅行社向游客赔礼道歉并就违约问题补偿游客每人 300 元的处理意见。但游客不服，坚持要求赔偿误机后所发生的费用。

（二）案例评析

在这个案例中，旅行社和游客都有一定的责任，一方面是旅行社的服务质量有问题，理应就此承担相应的违约责任；另一方面，飞机晚点非旅行社直接原因所致，后来航空公司也调配来了飞机，旅行社在飞机到达后已为游客办理了相关手续，游客应积极配合，使损失减少到最小，而不应该现场要求赔付。游客以要求赔偿为由拒绝登机，人为扩大了经济损失。

我国《合同法》第 119 条规定："当事人一方违约后，对方应当采取适当措施防止损失的扩大；没有采取适当措施致使损失扩大的，不得就扩大的损失要求赔偿。"《民法通则》第 114 条规定："当事人一方因另一方违反合同受到损失的，应当及时采取措施防止损失的扩大；没有及时采取措施致使损失扩大的，无权就扩大的损失要求赔偿。"因此，游客在旅行社已办好登机手续的情况下仍拒绝登机，应自行承担误机的责任，无权要求旅行社赔偿其境外滞留的费用。

笔者认为，游客的正确做法应是先登机回国，再找有关部门据理投诉。游客若能做到理性维权，误机及其滞留的经济、时间和精神损失就可避免。

案例九　航空公司违约，旅行社是否应当承担责任

（一）案情

某省直某机关的张伟先生来信反映：一个多月前他与石家庄某国际旅行社签约到海南旅游，本来按照合同规定是"双飞五日游"，但是临行前 8 小时却被告知，飞机晚点 15 个小时。这样一来"五日游"变成了"四日游"，行程严重缩水，而且返回时飞机又晚点 28 个小时。临行前和回来后的一个多月时间里，他

多次向旅行社索赔，但旅行社一直认为行程缩水是航空公司造成的，属于"不可抗力因素"，因此他们不承担责任，不属于赔偿范围。对张先生提出的问题，笔者分别采访了省消费者协会和省旅游局质量监督所的有关人士。

省消费者协会投诉部主任孙常军认为，"不可抗力因素"包括三个要件，一是不可避免，二是不可预见，三是不可克服。而航班调配不当造成的航班延误不具备这三个要件，所以不属于"不可抗力因素"，游客由此造成的损失应由旅行社承担责任。省旅游局质量监督所负责人表示，由于航空延误，旅行社采取措施不到位，致使"五日游"变成"四日游"，旅行社未达到合同规定的服务质量标准，使行程缩水，所以旅行社应赔付全部景点门票的20%，而且由于导游的服务也相应缩水，因而还应赔偿游客导游服务费的20%。

（二）案例评析

1. 关于"不可抗力因素"，省消协的解释是正确的，但游客的损失是否由旅行社承担，还要看游客是如何投诉的。

2. 游客投诉理由可以有以下几种，一是由于行程缩水；二是旅行社对于航空公司的违约后果处理不当；三是游客还没有得到航空公司的赔偿。

3. 从旅行社行业角度分析：

（1）行程缩水很明显，五日变为四日，是由于航空公司航班晚点造成的，旅行社不应当承担责任。

（2）由于航空公司航班晚点，旅行社在调整行程时如果有过错，则旅行社应当承担相应的责任。如果无过错，则不承担责任；至于没有去过的景点的有关费用应当退还，而不是赔偿。

（3）游客已得到航空公司的赔偿，又要向旅行社赔偿，旅行社可以根据国家旅游局发布的《国内旅游组团合同》第12条第7款的规定拒赔（前提是石家庄某国际旅行社必须使用了该合同书）。

（4）如果游客没有得到航空公司的赔偿，旅行社的义务是协助游客向航空公司索赔，其依据也是国家旅游局发布的《国内旅游组团合同》第12条第7款。国家旅游局发布的《国内旅游组团合同》第12条第7款规定："非因旅行社原因，导致游客在旅游期间搭乘飞机、轮船、火车、长途汽车等公共交通工具时受到人身伤害和财产损失的，旅行社应协助游客向提供上列服务的经营者索赔。"

4. 从国家相关法律法规角度分析：

（1）这个案例中游客分别与旅行社、航空公司建立了合同关系，游客权利受到损害，游客既可以以合同违约为由向旅行社索赔，也可以以航空合同违约为由向航空公司索赔。

（2）由于航空公司航班晚点造成旅行社违约，如果游客以旅游合同违约为由，按照合同法严格责任原则，旅行社应当先赔付游客，然后旅行社再向航空公司索赔。但是，由于旅游行业的特殊性，尤其是飞机旅游中游客直接与两家单位建立合同关系，而旅行社与航空公司又没有直接合同关系，使得旅行社无端地承担不应当承担的责任，这是目前旅游行业法律的真空地带。即旅行社无法向航空公司索赔。上海方舟旅行社就是一个典型案例。这是中国旅行社行业目前不能规避的经营风险。

（3）只有游客直接向航空公司索赔，旅行社才有可能不承担本不应该承担的责任。

5. 省质监所的处理应当根据游客的投诉理由和有关法律规定，具体地处理相关事宜。由于不清楚游客是如何投诉的，自然不能判断质监所处理意见的正确与否。

6. 事实上，旅行社承担的经营风险，主要是由于第三人的原因造成游客人身伤害、财产损失的风险。尽管《国内旅游组团合同》第 12 条第 7 款规避了旅行社的第三人责任风险，但是由于这一条与国家有关法律、行政法规相冲突，在法院具体审理案件时，该条款又是无效的。要真正彻底解决这个问题，要么司法部门给出一个司法解释，要么尽快出台《旅游法》来解决这个严重制约中国旅游业发展的难题。

旅游导游案例

案例一　考取资格证就是导游了吗

（一）案情

游客叶某与一家旅行社签订了一份某地四日游的旅游合同。按照合同规定，游客住三星级宾馆；导游全程陪同服务等。到达旅游目的地后，迎接旅游团的是一位年轻漂亮的姑娘。她在致欢迎辞的时候讲的是本地语。游客要求她讲普通话，可她的普通话太"普通"，游客们听了半天也不知所云。之后，游客们请她出示导游证，过了老半天她才拿出一张旅行社开具的证明，证明她是去年考取导游合格证的，只是导游证还没办下来。到了宾馆后，大家在服务总台却没看到三星级宾馆应该挂牌的"三颗星"。以后在参观游览中，这位小姐不是"放羊"就是"哑巴"，害得游客只能跟随着其他旅游团的导游东听一下，西听一下。游客们都觉得不满意。于是，大家委托叶某起草一份投诉信，集体签字后以快件形式寄给了当地的旅游质监部门，要求赔偿宾馆及导游服务的损失费。

旅游质监部门接信后十分重视，经调查研究决定：责成旅行社赔偿游客的住房损失以及赔偿20%的差价；旅行社开具的证明不能代表导游证，全部退还游客的导游服务费，并罚款 1 000 元上交国库。

（二）案例评析

游客的投诉给我们提出了一个问题，即考取导游资格证后是否就是导游？该起旅游案例中，除住宿宾馆未达标以外，旅行社在贯彻执行《导游人员管理条例》上也存在思想认识上的错误。《导游人员管理条例》第 4 条明确规定："在中华人民共和国境内从事导游活动，必须取得导游证。取得导游人员资格证书的，经与旅行社订立劳动合同或者在导游服务公司登记，方可持所订立的劳动合同或者登记证明材料，向省、自治区、直辖市人民政府旅游行政部门申请领取导游证。"第 8 条又规定："导游人员进行导游活动时，应当佩戴导游证。"第 18 条还规定："无导游证进行导游活动的，由旅游行政部门责令改正并予以公告，处 1 000 元以上 3 万元以下的罚款；有违法所得的，并处没收违法所得。"

依据《导游人员管理条例》的有关规定可以得出结论，考取导游资格证只能说明他（她）具备了当导游的资格，并不等于就是导游了。在没有正式取得导游证之前，他（她）如果上团带游客，那就是无证导游。关于这一点是绝对不能含糊的。

按照《导游人员管理条例》规定，考取导游资格证到取得导游证还必须办理一定的手续和有一个时间过程。除上述情况之外，《导游人员管理条例》第 5 条规定："有下列情形之一的，不得颁发导游证：（1）无民事行为能力或者限制民事行为能力的；（2）患有传染性疾病的；（3）受过刑事处罚的（过失犯罪的除外）；（4）被吊销导游证的。"第 6 条规定："省、自治区、直辖市人民政府旅游行政部门应当自收到申请领取导游证之日起 15 日内，颁发导游证；发现有本条例第 5 条规定情形之一的，不予颁发导游证，并应当书面通知申请人。"

总之，无导游证人员不能上岗，旅行社也不能委派无证人员上团。若违反就会受到相应的处罚。

案例二　一份无效的旅游合同

（一）案情

某厂车间主任老张想利用元旦假日组织职工去浙江普陀山旅游，因钱款偏紧，就托熟人找导游小凌帮忙。老张、小凌两人商量认为，若找旅行社代办旅游，资金肯定不够；若找导游操办此事也就解决了钱款问题。为了慎重起见，他俩签订了一份旅游合同，其中规定了旅游日期、住宿标准、船舱等级以及吃饭标准和游览景点等。老张即刻把旅游费用和"导游费"600 元一起交给了导游小凌。小凌也写了一张收条给了老张。

出发的那一天，导游小凌很不安地告诉老张，说是返程船票还没"搞定"，准备设法买"高价"船票。大家得知此消息后心里真不是滋味。

在以后的旅游过程中，整个旅游团像是倒了霉似的，游客不是拉肚子，就是发高烧，还有一位游客在下山坡时不慎摔成骨折。搞得老张头昏脑涨。短短的几天旅游，老张一直在照顾那些"伤病员"，几乎没怎么游览。在最后返程的时候，自己又掏出 2 000 元买"高价票"。等到上班时大伙儿一结账，发现此次旅游费用要高出旅行社的门市价。于是，老张又找导游小凌"算账"，结果双方各持己见。最后，老张写了状纸将导游小凌告上法庭。

经法庭调查研究，确认该旅游合同为无效合同，没有法律约束力，因而也不受法律保护。老张得知此消息后真是"丈二和尚——摸不着头脑"，不知该怎么办才好。

（二）案例评析

老张和导游小凌签订的旅游合同，从性质上讲违反了国家关于经济管理方面的规定，特别是违反了国家关于旅游工商企业的登记、市场、税收、金融、劳动管理等的法律规定，严重妨害了国家正常的旅游管理秩序，双方的行为在法律上都是无效的行为。老张为了省钱不通过国家允许的旅游经营单位组织活动；导游小凌严重违反了《导游人员管理条例》中关于"导游人员进行导游活动，必须经旅行社委派。导游人员不得私自承揽或者以其他任何方式直接承揽导游业务，进行导游活动"的规定。双方违法、违规，双方都要受到不同程度的处罚。

一旦确认为无效旅游合同时，按照有关法律规定，损失是由过错方负责赔偿。换句话说，过错方的损失应该自负。同时，也要按过错方的责任主次及责任大小，分别承担其相应的损失。此旅游案例纠纷总体看来并不复杂，但给人的教训是深刻的。它告诉我们一个道理，要旅游必须找正规、合法的旅行社，千万不要贪图便宜而忘了国家有关的法律和规定；那些"野导"是不可信的。

案例三　这绝不是小事情

（一）案情

导游老张是位摄影爱好者，其作品也有一定的水准。他的摄影技术应当归功于父亲的指导。张导游为了赚钱，他把父亲过去拍摄的城市建筑照片和自己拍摄的现代城市建筑照片制成相册，在接团的过程中向外国游客介绍，并且以每本20美金的价格卖给游客。那些游客觉得到中国来旅游，类似这种"纪念品"也难寻觅，况且价格不算贵，而且还有纪念意义，于是纷纷向张导游购买。生意一时也不错。自从国务院颁布了《导游人员管理条例》后，张导游的行为有所收敛，但没过多久，他的老毛病又重新复发，仍旧做起那种买卖。这时，有许多司机和导游联名写信给旅游行政管理部门，共同揭发张导游的违纪、违规的做法。经有关部门调查取证，发现所反映的情况属实，张导游受到了应有的处罚。

（二）案例评析

该起旅游案例主要是由于张导游的个人行为所引起的。案发后，按照张导游的说法，他不是从商店或有关批发部弄来商品再加价销售给游客的。这些照片、相册都是经过自己的劳动、创作才有的，这些东西不属于"商品"。看来，这位张导游的认识水平还蛮"高"呢。

根据《导游人员管理条例》第 15 条、第 23 条明文规定："导游人员进行导游活动，不得向旅游者兜售物品或者购买旅游者的物品，不得以明示或者暗示的方式向旅游者索要小费。""导游人员进行导游活动，向旅游者兜售物品或者购买旅游者的物品的，或者以明示或暗示的方式向旅游者索要小费的，由旅游行政部门责令改正，并处 1 000 元以上 3 万元以下的罚款；有违法所得的，并处没收违法所得；情节严重的，由省、自治区、直辖市人民政府旅游行政部门吊销其导游证并予以公告；对委派该导游人员的旅行社给予警告直至责令停业整顿。"由此可见，导游人员在执行任务的过程中，既要对自己的行为负责，又要对自己所属的旅行社负责。

该起旅游案例给了我们什么样的启示呢？首先，作为一名导游，诚信尽责、保障游客利益是十分重要的。在整个带团过程中，不以任何形式向游客兜售旅游商品或物品，而是主动、积极地向需要购物的游客提供真实可靠的旅游购物信息，同时有效地帮助他们解决问题。其次，作为游客（特别是国内游客）来说，一旦发现导游在旅游途中兜售物品，要敢于抵制并向旅行社或旅游行政管理部门反映，从而进一步净化旅游市场。最后，尽管像张导游的情况属于极少数，但这绝不是小事情，导游不应该犯那些既低级又愚蠢的错误。

案例四　同样是违规行为

（一）案情

导游小凌在接团时发生漏接游客现象，为此，游客对他很不满意。为了弥补自己的过失行为，在以后的带团过程中小凌很卖力，可就是得不到游客的谅解。一天，旅游团有 8 名散客向小凌提出要把晚餐改成吃"野味"，小凌明知这种做法不妥，但为了讨好游客，使游客不投诉他的漏接错误，也就违心地同意了。经过一番努力，小凌终于在朋友的介绍下认识了一家餐馆老板，并根据游客的要求预订了穿山甲、果子狸、娃娃鱼、发菜以及熊胆酒等十几道野味。但由于野味较为紧张，餐馆老板只搞到三四种野味，虽然价格偏高了些，但游客吃得很满意。他们当场表态不投诉小凌的失职行为。谁知旅游结束后，旅行社收到另外几位游客的投诉。投诉信中说导游破坏我国"野生动物保护法"，要求对他进行必要的处分。

（二）案例评析

该起旅游案例主要是由于导游小凌为了掩盖自己的过失行为，生怕游客投诉便无原则地讨好游客而造成的违规行为。导游在此问题上应负主要责任。众所周知，穿山甲、果子狸等都是我国的珍稀保护动物。我国颁布了《野生动物保护法》，爱护和保护野生珍稀动物是每个公民的职责。导游小凌为了达到个人的目的，不顾国家的有关法律、法规，做出了不该做的事情，实在太不应该了。尽管《导游人员管理条例》中没有相关的管理条例，但是，导游的行为已经触犯了我国的相关法律、法规，同样是违法、违规行为。根据我国有关法律规定，导游小凌要负法律责任，并且要受到相应的处罚。

我国古时候有句俗话叫做"因小失大"。这句话用在导游小凌身上再贴切不过了。首先，一名导游要想弥补工作中的过失，只能从规范服务上下工夫，在哪里跌倒，再从哪里站起来，而绝不是用放弃原则的方法来解决问题。这方面的教训是极其深刻的。其次，作为一名导游，要进一步加强职业道德规范，强化环保意识，确实保护生态环境，倡导环保"从我做起，从小事做起"。导游在带团过程中，要积极地向游客宣传旅游目的地有关环保规定，遵守当地的各项制度，教育游客不捕杀野生动物，不破坏野生植被，特别是要劝阻游客食用珍稀动物，劝阻游客购买由濒临灭绝的动植物制成的商品。这样的导游才算是尽到了应尽的职责。

案例五　导游要负赔偿责任

（一）案情

某旅游团在一家定点商店购物。游客老王想为女儿买一只手镯，好不容易才挑选到了一只精致、漂亮的手镯。但他还是不放心。于是，请导游帮他再仔细看看是否货真价实。导游接过手镯认真地看了起来。过了一会儿，说："手镯可以，最好便宜一点更好！"此时，商店售货员也同意将手镯降价100元。老王满意地掏出600元交给售货员。正在这时，导游手提包中的手机响了。他急于要接手机，将手中手镯随意一放。谁知那只手镯没放好，一下子掉到地上摔成了几段。此时，游客老王的 600 元钱也已交了，大家顿时变得很尴尬。等到整个旅游结束后，游客老王找到旅行社，要求导游赔偿全部经济损失。但导游辩称，他是由游客请他去帮忙"参谋"的，况且又便宜了 100 元，要他赔偿全部经济损失是没有道理的。为此，双方发生了争执。

（二）案例评析

对于该起旅游案例，首先要搞清楚"无偿助人行为致使受益人损害，是否应承担民事责任"和"无偿助人者应负什么损失"的问题。当时在旅行社的内部存在两种不同的意见：一种意见认为，帮助游客挑选商品是导游的工作，至于造成不愉快的结果，导游有责任赔偿游客的经济损失，但不是全部赔偿。另一种意见认为，如今法律没有明确规定无偿助人者造成受益人损失的要负经济赔偿责任。因此，导游可以不负经济责任。最后，旅行社通过法律咨询部门得出结论：导游虽是应游客的邀请，无偿帮助挑选商品，这同时也是导游的工作和义务，但是由于其疏忽大意，造成商品的损失，应负过失责任；鉴于其是无偿为游客服务，又争取到了"实惠"，可减轻其赔偿责任。笔者建议：导游负责赔偿 75% 的经济损失，余下 25% 的经济损失由游客自己承担。

该起旅游案例虽然在以后的调解中得以解决，但由此引发的问题是值得我们特别是导游深思的。如今提倡助人为乐，帮助游客解决困难和问题是导游义不容辞的职责。但同时我们也应看到"出发点和效果"的统一性。一名导游仅仅有良好的愿望和出发点是远远不够的，还必须把工作做得细致周到。这样，才能使游客真正得到帮助和实惠。如果不这么做，或许好事也能引出坏的结果来。

案例六　中止导游活动要受罚

（一）案情

某旅游团到当地旅游质监部门投诉一家旅行社导游李某擅自中止导游活动，严重损害消费者的利益。经该质监部门调查核实，游客投诉的情况属实，导游在这方面确实存在严重的问题。事情是这样的：该旅游团乘晚上班机抵达目的地后，到宾馆住宿已是深夜 12 点。为了使第二天带团精力充沛，导游李某和该团领队商量合住一晚。到了第二天宾馆叫早时间，该领队觉得抽屉里少了 200 元钱，于是不好意思地问李某是否看到过。谁知李某听后大发雷霆，拿起包转身就走了。领队知道自己做法欠妥，再三向李某赔礼道歉，但李某还是走了。就这样游客在车上等了一个多小时，始终不见导游的影子。于是，旅游团在没有导游带队的情况下，游客自己付钱买门票，自己找饭店吃饭。直到晚上回到宾馆后，旅行社派了另一名导游来与他们联系。该导游也未向游客作任何解释工作。旅游质监部门认为：导游李某虽和该团领队有些误会，但领队已向李某再三赔礼道歉，李某只顾个人恩怨，不顾旅游团的游客利益，擅自中止导游活动，为此做出以下处理：（1）暂扣李某导游证3个月；（2）旅行社向游客赔礼道歉，接受游客的批评，通过此事吸取教训；（3）依据《旅行社质量保证金赔偿暂行办法》的有关规定，退赔游客的门票、吃饭、导游服务费等方面费用的一倍数额，并增加20%的补偿费。

（二）案例评析

在旅游途中，游客与导游之间的误会、矛盾会经常发生，导游带团实质上就是在解决各方面的矛盾与问题。如果一名导游在带团时承受不了被游客投诉、抱怨等委屈，那么就容易出现问题。该起旅游案例的发生从一个侧面说明了一定的问题。导游李某与领队发生了一些误会和矛盾，而领队已经再三向李某赔礼道歉，作为李某应该有个大度胸怀，但遗憾的是导游李某没有这么做，相反以个人的恩怨来中止导游活动。这种行为已经严重损害了其他消费者的利益，违反了《导游人员管理条例》的有关规定，导游李某应该受到行政处分和经济赔偿的处罚。

如今在导游界中有不少导游带团能吃苦，什么活都乐意去做，什么困难也不怕，唯一不足的就是受不了半点委屈。其实，这种心态是一种不成熟的表现，这种不成熟往往是导致错误的根源。《导游人员管理条例》第13条、第22条都有明确的规定，导游人员不得擅自中止导游活动。

导游的服务对象是人，其工作特点就是以人为本。既然是这样，那么游客的投诉、抱怨以及冤枉导游的事随时可能发生，导游只有大度，只有表现出良好的素质，才能适应各种复杂的环境。

案例七　切莫做傻事，人格须尊重

（一）案情

某年的4月份，一家私营企业的老板与旅行社签订了一份"长江大、小三峡和神农架七日游"的旅游合同。旅游开始后的两天中虽然出现了一些小小的遗憾，但总的情况还算不错，游客们也比较满意。但到了第三天晚上，旅游团住宿的宾馆因被某些"高级代表团"临时租用，游客们在宾馆大堂内纷纷指责导游，搞得导游很难堪。在当地旅游管理部门和宾馆共同努力下，总算以化整为零的办法解决了旅游团的住宿问题。当最后一位游客入住宾馆时已是深夜 12 点钟了。

第四天，导游要求游客一大早在各自宾馆门口集合，由旅游车接送游客上轮船码头。根据游程安排，当天是在游船上观赏西陵峡、巫峡和瞿塘峡风光，这是整个游程中最为精彩的一个节目。当游客登上游船时导游就捏着一把汗，因为江面上已经升起一团薄薄的雾。游船在江上行走时大雾越来越浓。雾最大、最浓时长江三峡两岸的景色一点儿也看不清了。这时，那些一夜没睡好的游客开始"骚乱"起来，先是围着导游说些不文明和不该说的话，到后来，私营老板竟然动起手来，并且要从导游口袋里掏出钱来，要求赔偿所谓的"损失费"。其他游客也在一旁大声助威嚷着："有多少钱拿多少钱，不够拿他的导游证抵押。"此时，导游赶紧拿下导游证放在腰包内。大家见他不肯给钱、给证，于是你推一下，我拉一把，把导游来回地推操着。一不小心，导游摔倒在甲板上。

（二）案例评析

旅游团连续发生一些不愉快的事情，这在当今旅游业中并不多见。以上这起旅游案例主要是由人为因素和不可抗力因素加在一起造成的。旅行社预订的宾馆怎能随意取消？企业之间的法律合同由谁来维护？据笔者所知，有些景区的宾馆为举办地方性会议、接待名人要人等，临时取消旅行社的预订房，结果使旅行社很被动。当然最倒霉的还是导游、游客以及宾馆自己。另外，游览长江三峡，江面上有大雾，这是不可抗力因素所造成的，游客怎么能到导游口袋中拿损失费呢？又怎能对导游无理呢？

由国务院颁布的《导游人员管理条例》第 10 条明文规定："导游人员进行导游活动时，其人格尊严应当受到尊重，其人身安全不受侵犯。导游人员有权拒绝旅游者提出的侮辱其人格尊严或者违反其职业道德的不合理要求。"如今是文明时代、法制社会，我们提倡的是文明旅游、健康旅游。若在旅游过程中发生一些矛盾、问题和纠纷，游客和旅行社只有通过协商的方法、调解的方法以及仲裁和诉讼等途径来处理解决各类旅游纠纷，这样才能妥善解决问题。那种只顾个人的"权益"而不顾他人尊严的做法是错误的。因此，一旦发生旅游纠纷，双方都应尊重彼此的人格尊严。否则，会走向事物的反面，造成不良的影响。

案例八　敏感的小费问题

（一）案情

旅行社接到游客张某打来的投诉电话，大概情况是这样的：张某参加该旅行社组织的西藏旅游活动，对旅行社安排吃、住、行、游等方面较为满意，特别是对当地导游与司机在他们发生高原反应时给予的照顾和关怀表示感谢，但对于给小费的问题上他个人有不同见解。张某认为，在整个旅游票价中已经包含了导游服务费，为游客服务是他们的职责。因此，也就没有必要交额外的费用。但同时考虑到其他游客都给了小费，自己不给好像面子上说不过去，再加上又生怕导游、司机不高兴，所以也就随了大流。返回居住地后，经打听知道导游不能拿小费，因此向旅行社投诉，要求退还他的小费。旅行社了解情况后立即给游客张某答复：给小费是游客个人行为，不属退赔范围。张某听后不服，于是向旅游质监部门进行投诉。

（二）案例评析

小费问题历来是导游界的敏感话题。国家旅游局以及当地旅游行政管理部门都反复强调严禁导游人员向游客索要小费。从 1999 年 10 月 1 日起施行的《导游人员管理条例》第 15 条明确规定："导游人员进行导游活动，不得向旅游者兜售物品或者购买旅游者的物品，不得以明示或者暗示的方式向旅游者索要小费。"第 23 条又规定："导游人员进行导游活动，向旅游者兜售物品或者购买旅游者的物品的，或者以明示或暗示的方式向旅游者索要小费的，由旅游行政部门责令改正，并处 1 000 元以上 3 万元以下的罚款；有违法所得的，并处没收违法所得；情节严重的，由省、自治区、直辖市人民政府旅游行政部门吊销其导游证并予以公告；对委派该导游人员的旅行社给予警告直至责令停业整顿。"几年来的实践证明，导游人员向游客索要小费的投诉案例已经越来越少了。游客张某投诉导游索要小费的情况是不存在的，正如旅游质监部门给他答复意见所说的那样："如果是游客出于对导游、司机工作的肯定和鼓舞，自愿给小费那也无可非议，我们反对的是索要小费。"为此，游客张某提出要旅行社退回小费的理由不能成立。

随着我国旅游市场的不断发展以及旅游消费市场的逐渐成熟，游客自愿给导游、司机小费的情况会越来越多。在这种情况下，我们的导游既要严格遵守各种法律和制度，又要理智、清醒地把握自己。然而对旅游者而言，当个别导游以明示或者暗示的方式索要小费时，游客完全可以拒付；如导游索要小费不成而有意刁难游客时，游客可向当地旅游质监部门或者旅行社投诉；如属被迫付了小费，游客更有理由向有关部门举报。待情况查实后，游客可得到小费两倍的钱款的赔偿。此外，导游人员还要受到严厉的处罚。

案例九　严禁导游给游客用药

（一）案情

旅游刚结束，旅行社一天之内就接到了好几位游客的电话，有的表扬该旅游团导游小薛，有的批评小薛，还有的投诉小薛。他们各说各的道理，这下使得旅行社很为难。事情经过是这样的：导游小薛带领一批游客到南方某地区进行五日游活动，在旅游途中有两位游客不同程度地出现了拉肚子和中暑的情况。这时，导游小薛立即对他们进行现场处理，把为自己准备的药给了拉肚子游客服用，用酒精给中暑游客擦身。过了一会儿，这两位游客觉得好多了。此刻，不少游客纷纷称赞导游为游客想得真周到。两位患者也很感激小薛。但也有不少游客在背地里批评导游。旅游团行程结束后，便发生了以上所说的那一幕。

（二）案例评析

该起旅游案例主要是由于导游小薛擅自给游客用药所引起的。旅游团队中有两位游客突然患病，导游伸出帮助之手是件好事情，但为什么有些游客反而投诉导游呢？看来游客对导游的规范操作是了解的。游客的投诉意见是中肯的、正确的，导游不能擅自给游客用药。当然，这里的"用药"包括用内服药和外用药。按照有关要求来说，旅游途中的游客突然患病，作为导游要尽早劝他们治疗。根据具体情况可陪同患者前往医院看病，同时还要照顾好患病游客，多给予观察和关心。特别是突患重病者，一定要及时送往医院进行抢救，切忌导游擅自给游客用药。

导游队伍中藏龙卧虎，其中不乏医生和医务专业人士。对突然患病的游客，他们能十分有经验地进行现场处理。但是，绝大多数的导游可不是专业人士。再说，游客患病的情况十分复杂，各人的病情、病史或发病的原因等也不一样，因此，向医院求救是最科学、最合理的办法。在擅自给游客用药的问题上，导游不是没有教训的，有的凭想象给游客用药，结果加重了患者的病情，拖延了救治的时间；也有的出现了更加危险的病状。因此，在国家制定的《导游服务质量》

中有这么一条规定："旅游者意外受伤或患病时，导游人员应及时探视，如有需要，导游人员应陪同患者前往医院就诊，严禁导游人员擅自给患者用药。"由此可见，角色变了，人也要服从角色的变化，导游人员不能擅自给游客用药，这是一条铁的纪律，也是导游人员服务的质量要求与规范。

案例十 如此职业道德

（一）案情

几位年轻的游客一下火车就拿着行李驱车来到旅行社。他们强烈抗议导游的所作所为，并且要求旅行社赔偿其经济损失和对导游进行处分。事情经过是这样的：这几位年轻的游客参加旅行社组织的某地八日游活动，按照旅游合同规定，游客用餐自理，往返行程为"一飞一卧"（去是乘飞机，返是乘火车）。游客抵达目的地后，他们对当地导游的讲解及安排游览活动等都有意见，时常当着大家的面向地陪提意见。为此，地陪憋了一肚子气。以后，游客对地陪的意见越来越大，双方矛盾越来越尖锐。一天，由于这几位年轻的游客在吃午餐时喝了一点酒，超过了集合时间。因此，地陪采取"报复"手段，不等他们吃完饭，就擅自让旅游车开走，致使他们只能报警，通过当地公安部门的帮助才算找到了旅游车。

（二）案例评析

该起旅游案例主要是因旅行社的导游服务不到位，缺乏应有的职业道德，采取报复手段，擅自把游客扔在饭店里所造成的。一般来说，导游和游客的关系应该相处得比较好，但为什么该地陪会与游客的关系越来越僵，矛盾越来越尖锐，最后，为了报复，导游使出如此"绝招"，害得游客只能通过报警，并请求当地公安部门的帮助才找到旅游车呢？这说明了该导游的职业道德确实存在问题。其实，在旅游过程中，游客对旅行社、对导游人员有意见、有看法，这是一件很正常的事情，导游只有认真听取游客正确合理的意见，然后再加以改正，深信广大游客能够通情达理地给予谅解的。然而，有些导游不但不与游客多交流沟通、多听取意见，反而想方设法"治"游客。有这种行为的人根本就不配做一名导游，如此职业道德应该受到谴责。

三百六十行中每个职业都有其职业道德，导游的职业道德就是要千方百计地满足游客正当合理的需求。因此，导游在与游客见面的那一刻起，就必须担负起服务员的角色，在整个游览过程中使游客玩得高兴，并且有所收获，这是衡量导游工作好坏的尺度。除此之外，导游要针对大多数游客的共同要求做好规范服务，还要能针对个别游客的特殊要求提供细致周到的个性服务，这样才能体现"细微之处见真情"。但是，如今有个别导游人员缺乏诚信以及职业道德，在带团过程中满脑子的"自私与金钱"，服务不到位，态度又极差，这将严重影响导游的名誉，导游自己也将受到应有的处罚。作为游客，如果碰到那种素质较差的导游，既可以直接向当地旅游质监部门投诉，也可以向地接社提出更换导游。这样，或许能减少和缓和矛盾，使旅游活动比较顺利地开展下去。

案例十一　规定景点没讲解属违约

（一）案情

某计算机公司一行50人，参加一家旅行社组织的"贵阳、黄果树、天河潭、苗族风情四日游"活动。旅游结束后大家觉得都很满意，但在谈论这次旅游的过程中也发现了一个问题，即合同上标明的一个景点没有去。于是，便写信给旅行社要求赔偿。旅行社根据游客的投诉立即进行了调查和核实。原来，与游客签订的旅游合同上标明有"水上石林"的景点名称，而该景点也是游览整个景区的必经之路，按理导游应该站在一定的角度向游客讲解一下该景点的概况与特色，或让游客拍照留念，但由于当时处于旅游旺季，游客较多，通道也很拥挤，所以导游忘了给游客介绍，造成走过路过而实际"错过"的情况了。

（二）案例评析

该起旅游案例主要是由于游客在旅游结束后发觉遗漏游览景点、事后又投诉旅行社而引起的。旅行社在以后的调查中证实，旅游合同上标明的景点其实是到过的，但因导游疏忽而没讲解介绍，从而造成游客似乎没有到过的感觉。一般来说，引起这样的投诉的主要责任在于导游，因为导游没有按照旅游计划进行带团（虽然从主观上还没有形成擅自减少旅游景点，但在客观上已经造成了违约）。为此，凡是在旅游合同上规定的或标明的景点，导游都应该向游客作讲解、介绍，哪怕是一块石头、一棵树，否则就容易造成违约。

旅游合同上规定的或标明的景点是旅行社的产品或"卖点"，也是旅行社与游客之间的一种合约。导游人员是完成这个合约的执行者。由于导游人员在思想上不重视，工作上马马虎虎就造成了上述的错误。其教训是深刻的。然而对游客而言，其本身对景点不熟悉、不了解，对旅游感觉好坏主要是凭印象，其次就是对照合同上的景点是否游览过。所以，导游人员必须严格按照旅游计划带领游客进行游览，并且将每个规定的或标明的景点进行讲解介绍。若是将这些景点的讲解遗忘了，即使是景物就在身边眼前，同样属于违约。要问为什么？原因很简单，一是导游操作不规范；二是游客没有得到景点的印象和概念。

案例十二　导游与游客之间的协议有效吗

（一）案情

某年的 11 月，某社区组织 42 名离退休老同志报名参加当地一家旅行社组织的"镇江、扬州、南京四日游"活动，每人交付旅游费用 1 100 元。该社区与旅行社签订旅游合同约定：（1）全程旅游用进口空调车；（2）住宿标准为三星级宾馆；（3）三个游览地 12 处景点包第一门票；（4）扣除游览当天早餐及第四天晚餐，途中早餐为 8 元、中晚餐分别为 25 元。出游那天，旅行社却派来了一辆国产空调车。此时，游客们意见很大，导游再三解释并口头同意将用车差价退还给他们。第一天镇江游览后晚上住在扬州。游客们在宾馆门口及大堂内怎么也找不到挂三颗星的铜牌，经打听才得知他们正在申请三星级宾馆，不久将会批下来。最为糟糕的是从扬州到南京的路途中旅游车抛锚，未能按原计划游览扬州一处景点和南京一处景点，其中一顿晚餐也由游客自理。为此，该旅游团十分不满，遂与导游达成退款协议，即由旅行社退还给游客旅游车差价、住宿宾馆差价、一顿晚餐费用以及两处景点门票费（另补偿门票 20% 的费用）。以后，社区派人向旅行社索要退款时，旅行社老总对该退款不予认可，并申明导游无权与游客达成协议。为此，游客集体将此事投诉到当地旅游质监部门。

（二）案例评析

该起旅游案例主要是由于旅行社违反与游客签订的旅游合同，未能按照合同标准向游客提供服务，造成对游客合法权益的侵害而引起的。但那位老总却推卸责任，并申明导游与游客之间的协议无效。是什么原因？不得而知，或许是导游"擅自"作出决定，没有事先请示那位老总。不管怎么说，根据上述旅行社违约情况，导游与游客之间的协议是比较明智和妥当的，理应得到旅游质监部门的支持。

该导游进行导游活动是经旅行社委派的，导游在一定意义上说是旅行社的代表和"全权大使"。既然旅行社的违约责任是确凿无误的，那么，导游与游客之间的赔偿退款协议也应视为旅行社与旅游者之间的协议。该协议合情合理，应该是有效的。作为旅行社的老总应该表扬和感谢这位导游才对，因为是导游弥补了旅行社的服务缺陷，挽回了不良的影响和声誉。但是，事物总是一分为二的。导游在带团过程中若是遇到一些较为严重的服务缺陷和旅行社及相关接待单位的违约现象，应该及时向旅行社汇报，并接受旅行社的指示，这样或许会把事情处理得更好、更圆满些。

案例十三　标准不一麻烦多

（一）案情

海外游客倪先生是一家旅行社老总的好朋友。这一年，倪先生点名要该旅行社负责接待他们在北京、济南、南京、无锡、上海等地的旅游活动。一路上，各地三星级宾馆标准不一样。对此，倪先生全家表示理解，但对各地导游服务技能以及职业道德规范存在较大差距，特别是口语翻译水平相差甚远表示惊讶。他们根本听不懂、猜不透导游在讲"哪国"语言。在游览最后一个景区时，导游只是带带路，根本就不讲解，有趣的是她还带错路。最后，在自由活动时，导游不知跑到哪里去了，害得他们自己买火车票。赶到上海后在火车站租了一辆面包车，好不容易才回到宾馆，总算完成了"难忘"的旅程。

（二）案例评析

该起旅游案例主要是由于游客对个别导游不满意引起的。俗话说："不怕不识货，就怕货比货。"倪先生全家从北京开始沿途参观游览到上海。途中有几位导游人员接待了他们，哪个导游好、哪个导游差，对此，倪先生全家自然心里有数。现在的问题是，在我国的各地宾馆里存在着同一星级不同标准的情况，对这些游客都能理解，因为当今国际上有许多先进发达国家也有类似的情况。可是，令游客费解的是导游之间的服务水平和职业道德规范会如此大的差距。这次旅游所遇到的那位导游的讲解听不懂、猜不透，不知道是在说"哪国"语言；还有的导游带领他们参观游览会走错路。以后连人影都不见了，害得游客自掏腰包，自买车票，自回宾馆，结束这次"难忘"的旅游。

所以，该旅行社老总感到既为难又无奈。为难，他怎么向好友倪先生及家人交代？无奈，各地导游的导游服务质量及职业道德规范差距甚远。因此，为了共同搞好旅游接待服务，导游一定要走程序化、规范化和标准化的道路。

尽管我国同一星级的宾馆存在服务差异，导游之间也存在诸多方面的差别，但是，导游的职业道德规范和业务操作规范是有一定的标准和统一的尺度的。比如导游在忠诚旅游事业，规范自身行为，保障游客权益，提供优质服务，遵守社会公德等方面应该达到规定的标准。应该承认，导游之间确实存在能力大小、水平高低的差别，但大家只要为之努力，都能按照统一的质量标准去做，即使是能力差、水平低，游客还是能体谅和理解的，因为你正在付出努力。所以，游客希望和欢迎那些真诚为他们服务的"努力者"，而不愿看到前进队伍中的"落后者"。

案例十四　这种行为应受到谴责

（一）案情

某旅游团 30 余名游客联名写信给旅行社，强烈要求旅行社对导游卞某进行严肃处理，并要求赔偿他们每人 5 顿正餐费 125 元（每顿 25 元/人），另加游览时间损失费 200 元/人，合计赔偿每人 325 元。其理由是这样的：该旅行社导游卞某在整个带团旅游过程中，每到吃饭的时候总是以旅游景点的饭店人多、菜价贵、质量差等为由，将旅游团拉到"价格便宜"的饭店。结果，饭菜的质量差、数量少，并且还耽误了游客不少游览时间。一次，导游带旅游团去吃所谓"本地的特色菜"，旅游车往返一个半小时不说，最后游客们对"特色菜"也十分不满。后来，游客还发现了导游与司机的"秘密"：当他们刚抵达停车场时，一大帮饭店的推销员就围了上来，他们纷纷以 10% 或 15% 的回扣请导游把旅游团拉到有回扣的饭店吃饭。而导游又要东挑西拣地谈生意，最后双方都觉得满意，导游这才将团队拉进饭店用餐。有些游客还发现导游与有些饭店早已达成协议：每次带游客进饭店用餐，饭店就按"人头"将"好处费"给予导游和司机回报。游客认为这是侵犯了他们的正当合法权益，因此要求旅行社给予赔偿以及处罚导游卞某。

（二）案例评析

回扣是市场经济中的一种竞争手段，在一定程度上确实能调动人的积极性，使经营者能扩大销售渠道，促进商品的流通。但是，回扣与让利销售、降低价格的竞争手段有所不同，一个是在明里有账可查，一个却在暗中无账可查，况且，回扣如果不是"公对公"，那么就容易落入个人的口袋。有些人为了拿回扣就不惜损害国家、企业以及他人的利益，既害人，又害己。本起旅游案例的事实很清楚，就是由于导游、司机为了拿到较好的回扣而不惜损害游客的利益，浪费游客大量的游览时间，最后造成游客不满而引起的。由此可见，饭店用回扣给予个人的方法来达到推销自己的产品，扩大营业额获取利润，这是一种不正当竞争行为，也是种贿赂行为，应当受到谴责。

有个别饭店给导游、司机回扣，这不仅损害了游客的合法权益，也同时损害了竞争对手的合法权益，扰乱了旅游市场的秩序，所以是一种不正当竞争行为。按照我国有关法律规定，经营者账外暗中给予个人回扣的，以行贿论处；作为个人在账外收受回扣的，以受贿论处。如今，类似的投诉案例为数不少，或许还有些人认为这是一种赚钱的好手段，殊不知自己已经走上违法之路。这些导游应该悬崖勒马，及早改正，千万不要为了一些"外快"而损害了自己的形象。

案例十五　领队此话妥当吗

（一）案情

某旅游团即将离开澳门前，一位游客怀着爱国热情购买了 80 元一只的"澳门回归纪念表"，但到珠海的地摊上一看，一模一样的表只卖 30 元一只（还无须讨价还价）。此时，该游客觉得受到了戏弄和伤害。于是他指着该团领队鼻子气愤地说："你们在欺骗游客！看看，相同的表价格却相差 50 元。""你怎么能这样说话呢？"领队不服气地说，"一瓶可乐在超市里卖 1.8 元，在小商店里卖 2.5 元，在大饭店里卖 10 元，在宾馆咖啡室内要卖 30 元，你能说商家在欺骗消费者吗？"那位游客望着领队的脸久久说不出一句话。旅游结束后，该游客写信给旅行社，要求退还其所购纪念表的钱款，同时又批评领队的话说得不妥，他（领队）是在为欺骗游客找借口。

（二）案例评析

该起旅游案例的关键集中到一点，即该团领队的那番话是否妥当？若是单纯地看问题，领队那番话并无不妥。问题是该领队在当时那种氛围中，并且带有不服气以及较为冲动的态度，此举就显得不妥当了，容易给人一种顶撞服务对象的感觉。旅游者在境外购买自己喜欢的商品一定要持慎重态度，尽量避开购物"陷阱"，最好的方法是捂紧自己的钱包，因为同一商品价格悬殊的情况时有发生。

如今是市场经济，同一商品在不同地区、不同地点以及不同时间都会产生不同的价格，尤其是在境外，有时同一商品存在着多种甚至十几种价格，况且有些地方和地区还能讨价还价。面对这种情况，作为每个旅游消费者应该有足够的心理准备。对待购物"陷阱"最好的方法是监督导游或领队是否严格按照旅游接待计划进行，同时可采取不参加、不购物、不下车等防范措施，也可通过旅游投诉热线反映情况，还可直接与组团社或地接社联系，尽量阻止导游、领队违反合同的事情发生。要知道自己一旦发现上当受骗，事后索赔既烦琐伤神，又劳民伤财。

案例十六　是"小费"还是工资

（一）案情

某旅游团40名游客返回居住地后，纷纷打电话询问旅行社：给当地导游的钱是属"小费"还是属"工资"？旅行社不明白游客的意思。原来，事情是这样的：该旅游团返程的那一天，在开往曼谷机场的大巴上，领队在当地导游的再三请求下，不好意思地说："按照国际惯例，要给导游和司机小费的，现在请大家每人出100元。"说完她就开始向每位游客收钱。不少游客当场就嘀咕道："导游在这次旅途中的服务并不好，我们有许多地方不满意。""是啊，旅游行程表上是建议给小费，现在却成了我们必须的支出。""什么小费！那么多钱是'大费'啦！"游客们尽管有意见，但考虑到返程顺利也就同意了。如此索要"小费"，给游客留下了不好的印象。

（二）案例评析

该起旅游案例主要是由于游客对当地导游并不满意还要给他小费所引起的。小费问题是旅游行业的热点、难点问题，也是人们普遍关心的焦点问题。旅行社在旅游行程表上建议给小费，但到了境外后却成了"规定"，这种事也时有发生。假如真的是按照国际惯例，那么，游客觉得满意可给小费，游客觉得不满意可不给。为什么要每人支付100元小费呢？这不像在付小费，倒像在"发"工资。就算是国际惯例。也没规定服务好坏都得给小费。况且，小费加起来就变成了"大费"（约4 000元人民币）。所以，旅行社的做法及不可理解的"小费"给游客留下不好的印象。

"是小费还是工资？"这个问题游客问得好。旅行社在旅游行程表上建议给小费，这说明游客是否给小费应完全出于自愿。现在的问题是，在境外旅游往往会碰到那种好坏都得给小费的情况，这也不知是哪家的惯例！打个比方，员工无论在哪家企业干活，他（她）工作不好，老板扣员工工资、奖金是合情合理的，那为什么游客既不情愿，又有意见，但还要支付小费呢？所以，我们建议有资质组团出境的旅行社，要认真贯彻和深刻领会《中国公民出国旅游管理办法》的有关精神，切实做好出境游的组织安排工作，使游客高兴而去，满意而归。

案例十七 贪蝇头小利 毁自家名声

（一）案情

某旅游景点写信给旅行社投诉该社导游蔡某，说她贪图蝇头小利，败坏旅行社的名声。事情的经过是这样的：该市有 200 多万名中、小学生，每年春秋两季学校都要组织他们郊外旅游。为了加强管理和确保安全，有关教育管理部门特别指定几家旅行社专门负责接待安排。而个别旅行社委派的导游人员经常在景点门口虚报人数，或者想方设法"逃票"，有的还带着自己的亲朋好友冒充老师混进旅游景点（因为有许多景点规定带团的老师是可以免票的）。在与景点检票人员发生争执时，又往往表现出态度恶劣、蛮不讲理。蔡导游就是其中一位典型人物。所以，投诉信最后说，像蔡导游那样的人，我们景点不欢迎。

（二）案例评析

一般来说，导游不受旅游景点欢迎这在导游界并不多见。这说明个别导游的所作所为已经引起旅游景点从业人员的不满和反感。旅行社应该对蔡某作出严肃的处理。从更深层次看，导游虚报人数、逃票是为了什么？难道仅仅是导游为了贪图蝇头小利、败坏旅行社的名声？难道旅行社本身就没问题？就没有在经济利益的驱动下做出那种自毁名声的蠢事？为此，整顿旅游市场秩序，纠正行业不正之风，不但要治标，而且要治本；从我做起，从身边的小事做起。这样，才能加快我国旅游事业的发展。

俗话说："有得必有失，有失才有得。"个别导游及旅行社或许会得到眼前的、暂时的一些实惠，但失去的却是自己的诚信和名声，到头来最吃亏的还是自己。相反，那些忠诚旅游事业，遵守职业道德的导游及旅行社，在诚信尽责、提供优质服务、保障游客利益的过程中，或许是会遭受一些损失，但他们那种敬业爱岗、讲求公德的精神却给人们留下了深刻的印象，从而赢得人们的称赞和敬仰。另外，我们也应清醒地看到，目前旅游从业人员素质参差不齐，旅游法规建设相对滞后，一些旅游行业的顽症屡禁不止。因此，我们要牢固树立以建设诚信旅游市场为目标的观念，扎扎实实地做好诚信服务工作，为旅游事业作出新的贡献。

案例十八　此种理由令人费解

（一）案情

游客张某写信给旅行社，声称：如果旅行社不"退一罚一"地将钱款赔偿给他，他将上告国家旅游局质监所。旅行社领导接到信后很紧张，立即派人上门听取意见。原来，事情的经过是这样的：张某随团到泰国旅游，因航班是当晚22点起飞，到泰国宾馆住宿已是凌晨3点多钟了。第二天早晨8点30分当地导游就叫早了。正式旅游开始时，导游第一个节目就安排自费项目。当时，游客们十分反感。这时，导游让车开到路边，说："你们不参加自费活动，我们是没法做团了。"此刻，该团领队就对导游说："自费活动是自愿的，你不能这么做。"说完就通过电话向当地旅行社反映。大约过了一刻钟，导游无奈才让开车。张某认为，这一刻钟就是当地导游强迫旅游者参加额外付费项目的事实，旅行社若不答应赔偿条件，其后果是严重的。

（二）案例评析

该起旅游案例主要是由于当地导游强迫游客参加自费项目而致游客反感，导游又将旅游车停在路边，中断大约一刻钟旅游时间而引起的。根据上述情况，可以知道游客张某对《中国公民出国旅游管理办法》较为熟悉和了解，不然，怎么会有"内行"气呢？其实，在境外旅游的过程中，总会遇到一些矛盾和问题，但关键要看该团领队的态度和立场。当旅游车被迫停在路边时，领队勇敢地站出来维护游客的合法权益，并积极地与当地旅行社联系协调，最终还是让车开走。当然，解决矛盾和分歧需要有个过程和一定的时间。因此，这一刻钟既是当地导游强迫游客参加额外付费项目的时间，同时也是该团领队积极解决问题、维护游客合法权益的时间，这样的领队应该受到游客的尊重和爱戴。所以，看问题不能只看表面现象，不讲实质内容，更不能歪曲事实真相。

《中国公民出国旅游管理办法》第30条规定："组团社或者旅游团队领队违反办法第16条的规定，未要求境外接待社不得组织旅游者参与涉及色情、赌博、毒品内容的活动或者危险性活动，未要求其不得擅自改变行程，减少旅游项目，强迫或者变相强迫旅游者参加额外付费项目，或者在境外接待社违反前述要求时未制止的，由旅游行政部门对组团社处组织该旅游团队所收取费用2倍以上5倍以下的罚款，并暂停其出国旅游业务经营资格，对旅游团队领队暂扣其领队证；造成恶劣影响的，对组团社取消其出国旅游业务经营资格，对旅游团队领队吊销其领队资格；自觉维护和遵守国家有关法律、法规，把出境旅游工作做得更好。"

14章 旅游法规案例

案例一 "不懂告"是法律常识缺乏的反映

（一）案情

游客时先生带领全家6人参加一家旅行社组织的"云南昆明七日游"散客游活动。按照旅游行程表规定，某天下午有两小时左右的自由活动时间。于是，时先生和导游商量是否可包租一条船进行赏湖游览。当时，导游通过电话让时先生自己直接和游船码头联系，双方经过一番讨价还价最后商定：6人一只船每小时包租费为240元，船上供应一杯茶、点心和水果。当时先生一家兴冲冲地来到游船码头，迎接他们的却是一条破船，船上根本就没有茶水、点心和水果供应。游玩1小时后，船主照样向他们收取240元人民币。此刻，船码头只剩他们一家人，再说天色已晚，时先生无可奈何地把钱交给了船主。返回居住地后，时先生既想投诉，又觉为难，一时不知怎么办才好。想告旅行社吧，这次游船活动在旅游行程表上是没有的，纯属自由活动。想告导游吧，也说不过去，导游只帮他们联系，是自己和船码头谈妥的。想告船主吧，天高皇帝远，难以找到他们。

（二）案例评析

该起旅游案例主要是由于游客时先生一家人在游船上受到不公正的待遇所引起的。事后，时先生明知自己吃亏，但又不知告谁为好？其实，这是一起典型的"不懂告"的例子。应该这么说，时先生一家在游船上受到损害，其旅行社及导游都要负一定的连带责任，因为自由活动时间，旅行社及导游同样负有维护游客合法权益的责任和义务。在当时那种情况下，作为游客时先生也应及时和旅行社及导游联系，商量解决船主违约事情。返回居住地后，时先生更应积极地向旅行社反映，并与旅行社一起向当地船主讨个说法。

游客时先生应该向旅行社反映自己受损害的情况，才是真正解决问题的办法。如今有不少游客并不清楚什么是旅游的概念，也不明白旅游是一种既得到物质上的享受又得到精神上满足的消费产品，更不了解自己在旅游消费过程中受到国家有关法律、法规以及旅游合同的保护。因此，当自己的合法权益受到损害时，完全可以根据国家的法律、法规以及旅游合同的规定，要求有关主管部门以及旅行社承担相应的法律、法规责任，赔偿其经济损失。由于游客自身缺乏法律、法规常识，自然也就不会拿起法律的武器来维护自己的合法权益。

案例二　遭遇非法旅行社，旅游者该怎么办

（一）案情

"十一"黄金周期间，济南旅游者郝某等 7 人想利用国庆长假去威海旅游。于是前往某旅游一条街，只见有一辆旅游车上一位佩带某旅行社导游证的导游人员正在招徕客人前往威海一日游。因见该车旅游线路、价格较为合理，郝某等 7 人当即决定购票上车参加该旅游团。该旅游车在前往威海途中发生交通事故，致使郝某等 7 人不同程度受伤，经紧急送医院救治后先后出院并回到济南。

此起交通事故经公安部门作了处理，对因此而发生的损害赔偿亦进行了调解处理。郝某等旅游者认为，参加旅行社组织的旅游活动，乘坐旅行社的车辆，由于发生交通事故，造成了人身伤害，旅行社理应承担责任，给予赔偿。为此，向旅游质监所投诉，要求某旅行社承担相应的赔偿责任。接到投诉后，旅游质监所即对此案进行调查核实。经查明，该旅游团的组织者为非法旅游经营者，该旅游车上的导游是该非法经营者临时雇用来的；而该旅游车则是该非法经营者从某宾馆临时租用的。并查明，该导游所属旅行社不知晓此事。据此，旅游质监所对此起投诉作出如下处理：（1）对该非法经营旅游业务者予以责令停止非法经营、没收非法所得，并处人民币 3 万元罚款的行政处罚；（2）对该导游人员给予责令改正、处 5 000 元罚款，并处没收违法所得的行政处罚；（3）对郝某等旅游者的赔偿请求，建议向人民法院起诉，通过司法程序解决。

（二）案例评析

根据《旅行社管理条例》的规定，经营旅行社业务，必须向旅游行政管理部门申请，经旅游行政管理部门批准，并取得《旅行社业务经营许可证》、向工商行政管理领取营业执照后，方可经营旅行社业务。在此案中，该旅游团的组织经营者未经旅游行政管理部门审核批准，属非法经营旅行社业务。

根据《导游人员管理条例》第9条规定："导游人员进行导游活动，必须经旅行社委派，导游人员不得私自承揽或者通过其他任何方式直接承揽导游业务，进行导游活动。"在本案中，该导游人员未经旅行社委派，私自受雇于非法经营者进行导游活动，因此，旅游质监所依据《导游人员管理条例》第19条之规定，对该导游人员进行了行政处罚。

旅游质监所对郝某等旅游者的赔偿要求，建议通过司法程序解决，这是因为：（1）非法经营旅行社业务者，依据《旅行社管理条例》的规定，旅游管理部门只能对其实施行政处罚。如果责令其对旅游者进行损害赔偿，实质上是认可其为合法经营者。（2）由于该损害赔偿是由非法经营者造成的，那么，本案属于公民之间的损害赔偿，而不属于旅游管理部门管辖，应当向人民法院起诉，通过司法程序予以裁判。

案例三　"不想告"是放弃维权的表现

（一）案情

游客杜女士拨通当地旅游质监部门的投诉电话，但没讲话，自己就挂断了。到底是怎么回事？原来，杜女士利用双休日与家人一起参加旅行社组织的某地二日游活动。谁知旅游团刚抵达第一个景点，她手提包内的手机响了，手机中传来总经理要她赶紧回公司处理一件紧急公务的声音。于是，她向家人和导游说明情况后就匆匆地走了。过了几天，她到旅行社索要未发生旅游的费用。但那里的业务人员却说："你是由于个人的原因中止旅游活动的，其经济损失应该由自己负责，按理是一分钱也不退的，但考虑到你的实际情况，我们决定退还给你200元人民币。"杜女士说："我的个人旅游费为840元，乘坐一趟旅游车就要640元？你们这200元退还款是怎么算出来的？""我们经理说是手续费。"那位旅行社的业务人员这样回答。

（二）案例评析

游客因急事而退团中止旅游活动是一件很正常的事情，过去曾发生过，将来很可能还会发生此类现象。作为旅行社，应该实事求是地把情况向游客交代清楚，并按有关规定退还一定数量的未发生的旅游费用，而不是非常简单的、十分笼统的用"聊表费"来打发游客。况且，这"聊表费"旅行社可以给100元，也可以给300元、500元，既然它没有一个具体的标准，也容易造成混乱。因此，此种做法是不可取的，游客自然也不会接受。

杜女士几次打通旅游质监部门的投诉电话，但又挂断了，这说明对旅行社那种不妥的做法她却接受了。为什么呢？不知其原因，或许"没那个精力"是她的指导思想。如今类似杜女士的游客为数不少，其主要原因是怕麻烦，不想告，宁愿自认倒霉、息事宁人。也有一部分游客则认为我国旅游法律、法规还不健全，有关部门也存在着行风不正现象，即使个别游客不服气，花了大量的时间、金钱、精力去投诉，也往往得不到预期的效果，就是官司打赢了，又能得到多少呢？所以，大多数人都不愿去做那些劳民伤财、自讨没趣的事情。由此可见，"不想告"其实质是放弃维权的表现，也为那些操作不规范和违纪、违法、违约大开方便之门。当然，话得说回来，我们不是提倡游客什么事情都去告，而是要把"有意见"与旅游接待部门"违约"严格区分开来，把旅游接待服务中"不尽如人意"的地方与"赔偿"严格区分开来，把"制约旅游因素"与"欺骗"严格区分开来，把"不可抗力因素"与"造成失误因素"严格区分开来。这样，我们的旅游消费市场才会更加趋于成熟。

案例四 "不敢告"是思想误区的体现

（一）案情

某私营企业老板李某邀请即将退休的关系户布先生出国旅游。当李某用车迎接布先生返程回来时，只见他是一脸的沮丧。问他为何这般模样？布先生却有苦难言。原来，布先生在泰国参观游览时，泰国的独特文化及美丽的热带风光给他带来好感，但更多的却是不满。首先是自费项目令人困惑，频繁购物使人生厌，加上当地导游水平欠佳以及导游经常变脸。最令人费解的是旅行社的领队，面对泰国导游如此损害游客的合法权益，却不出面抵制，睁一眼闭一眼，有时还随声附和。因此，整个旅游活动十分扫兴。后来，李某多次劝说布先生向有关部门投诉旅行社领队及当地导游，但他总是叹了一口气，说："这是没用的，算了算了。"

（二）案例评析

旅游本是一件愉快的事情，但出国游遇上了这种素质差且又违规的导游真是让人十分扫兴。这些人无视旅游行业和有关主管部门的规定，大搞自费项目增加景点，频繁购物压缩正常的游览时间，稍不如意导游还要变脸。而旅行社的领队对此却睁一眼闭一眼，有时还随声附和。这就使本来就吃亏的游客雪上加霜。这种情况最受损害的是该导游自己国家的旅游形象，而那些对领队不严格管理的旅行社也捞不着好处，相反，恶名在外，绝对没有回头客！

在众多游客中间，类似布先生那种性格的人为数也不少。他们明知自己吃亏，但总是用一句"这是没用的，算了算了"的话来自我安慰。一般来说，存在"不敢告"的游客有比较多的思想顾虑，比如自感难以和旅游企业相抗衡，告了也白告，民告官胜者极少，生怕连累到其他人，等等。再有，他们怕麻烦，也知道打官司是什么滋味，最终还不知是啥结局，加上中国人的传统意识在作怪，很少有在发生旅游纠纷时用法律程序来解决问题的习惯，生怕告不倒对方反而自己更倒霉，等等。有了"就此作罢"这种患得患失的思想，也就有了"不敢告"的最终结果。游客不知，每个投诉都是对旅游行业法制观念、规范行规的一次检查和促进。虽然花费一些时间，但对我国旅游业走上正轨、服务更加规范是有益处的。

随着我国社会主义法制建设不断完善以及精神文明素质的不断提高，相信"不敢告"的情况也会越来越少。

案例五　"不信告"是法盲、无知的表现

（一）案情

一天，某旅行社营业部来了三位女士，她们坐在洽谈桌旁既不咨询旅游信息，也不报名办理相关手续，嘴里不停地嘟嘟囔囔，看到有人前来咨询报名，她们就散发传单，并说该旅行社是如何地违约和诈骗。旅行社派人与其交涉，她们根本不听劝说，相反在营业部里大吵大闹。最后旅行社老总出面，把她们请进会议室进行了解，这才得知她们参加的旅游团出现了服务接待缺陷。此时，旅行社老总表态说："发生旅游纠纷，我们完全可以坐下来协商，也可向有关部门投诉，更可以上法庭告状，这是旅游者维护自己合法权益的正当途径和法律程序，除此之外的方法、方式都是不明智和欠妥的。""不！"三位女士齐声说："我们就是不信告，你们最怕的就是闹，不闹解决不了问题。"

（二）案例评析

游客与旅行社之间发生合同纠纷怎么办？是到旅行社去吵闹、去散发传单，还是同旅行社协商解决？是向有关部门投诉，还是上法庭打官司？显然，旅行社

那位老总的话是对的，如果不走法律程序，"除此之外的方法、方式都是不明智和欠妥的"。在现代旅游活动中，旅游纠纷的发生是必然的，也是正常的。这是因为旅游团是由各种各样的人组成，他们按照各自的目的、要求和利益参加旅游活动，但同时他们又有不同的利益和要求。所以，在一个旅游团内，加上各种制约旅游顺利进行的因素，也就难免发生各种矛盾，造成旅游纠纷。发生旅游纠纷后，若采取上述三位女士"不信告"的做法，不但无助于问题的解决，而且还会使矛盾扩大。这是一种法盲、无知的表现。

既然旅游纠纷的发生是不可避免的，过去有，现在有，将来还会有。那么，妥善解决旅游纠纷就必须有一个合情、合理、合法的方法。而这个方法又必须以一定的规定、原则、标准等作为一个尺度。就我国旅游业的现状而言，解决旅游企业与旅游消费者之间的纠纷主要有以下几种形式：（1）协商；（2）调解；（3）行政解决；（4）仲裁解决；（5）司法解决。旅游消费者在维护自己合法权益时，首先要考虑解决旅游纠纷是选择哪一种形式，然后再进行必要的程序，这样的做法才是正确的。那种到旅行社去吵闹、发传单而影响其正常营业的行为是极其错误的。冷静想一想，自己受到了损害，维权是应该的，但应依法维权。可是，在维权过程中却又干出违法的蠢事，那就不应该了。

案例六 "盲目告"是不相信法律的行为

（一）案情

退休职工张女士姐妹俩参加某旅行社组织的"海岛五日游"活动，因正值旅游旺季，所以地接社在组织安排过程中出现了一些失误，造成了违约。比如，按旅游合同规定，用车标准是进口空调车，而迎接她们的却是一辆国产空调车。待车开到下榻的地方，一幢大楼还算干净，但却找不到三星级标志。进了房间，从服务员口中才得知此楼是某企业的招待所。最令人气愤的是该团导游态度恶劣、游览时间推迟两个小时却不作任何解释，抵达景点后就"放羊"，游客提意见他也不接受，相反还与游客发生争吵。张女士姐妹俩返回居住地就向旅行社投诉。旅行社按照《旅行社质量保证金赔偿试行标准》和她们进行赔偿协商，但她们不同意。后来，她们又向旅游质监部门投诉，得到的答复又不满意。又向工商管理部门投诉，向"消协"投诉，向新闻媒体投诉，向政府机关投诉。这些受理投诉的单位与部门纷纷给旅行社打电话或派人上门了解情况，搞得旅行社头昏脑涨。

（二）案例评析

游客在旅游过程中受到损害，向旅行社以及有关部门讨个公道，追回其经济损失是完全正确和应该的。但问题是游客索取的赔偿金要看违约情况的性质以及服务缺陷程度来合理定位，而不能狮子大开口，超出法律规定的限制。从上述违约情况分析，类似张女士姐妹俩所受损害，完全可以参照《旅行社质量保证金赔偿试行标准》规定的条款给予解决。即使个别游客不相信某些管理部门，也可以采用打官司的方法来解决旅游纠纷，用不着到处投诉，到处告状。那种"盲目告"只能说明是不相信法律的行为，其结果也不会捞到什么好处，因为法律是最公正的。

游客张女士姐妹俩的举措虽然不可取，但从中也可引发出一些问题让人思考。其一，旅游消费者对其赔偿要求应该建立在实事求是的基础上，应该相信旅游质监部门及其他有关行政管理部门是会按违约的性质决定其处理意见的。那种这也不相信，那也不相信的想法是有错误的，容易走上盲目之路。其二，一般来说，旅游消费者要投诉最好是找旅游质监部门，因为该部门是由旅游行政管理机构直接领导，接待工作人员懂业务，政策性强，处理问题较为有经验和合情合理。况且，该部门对旅行社有着监督和管理职能。其三，旅游消费者若要投诉一定要走法律程序或逐级上告，在选择投诉机构时切忌"四面出击"。那样做，既伤神又费时，也不见得有什么好处。

案例七　"拒绝告"是侵犯权益的表现

（一）案情

刚参加完"华东地区五日游"的宋先生立即写信给旅行社，投诉该社收费不规范，要求退还其增收的钱款，并要求旅行社向游客赔礼道歉。事情的经过是这样的：9月中旬，宋先生和妻子到该旅行社报名参加10月2日的"华东地区五日游"活动，并且办妥了一切手续。出游那天，导游在旅游车上向每位游客增收10元人民币，说是旅游景点门票和旅游车的汽油费突然涨价。游客为了"买"一个好心情，于是大家都交了"涨价费"。到了游程即将结束时，导游又说由于当时计算有误，还需要向每人增收30元。这时，游客们十分不悦，纷纷指责旅行社的不良行为。后来，旅行社在答复宋先生的信中说，出游前发给每位游客的"注意事项"中已明文规定，节日期间如遇国家政策性调价，核实票价，多退少补。因此，旅行社向游客增收费用没有不妥之处。宋先生收到答复后立刻回信说："门票涨价因素大家能理解，但汽油费上涨要转嫁到游客身上，这种做法妥当吗？"旅行社再也没有答复他。

（二）案例评析

这起旅游案例的实质是旅行社该不该收汽油费上涨的费用问题（因为游客对景点门票上涨因素表示理解）。其实，汽油费是旅游车成本的一部分，而且是很小的一部分，旅游汽车公司在核算运输费时，应当考虑到物价上涨因素。换句话说，这是旅游企业之间的事情，与游客无关。况且，旅游车的汽油或汽油票很可能是在涨价前购买的（当然，这个问题可属法律"边缘"问题）。为此，从各个方面因素考虑，笔者认为旅行社增收汽油涨价费用是不妥的，应该将退还给游客。另外，旅行社拒绝游客投诉更不妥当。这是一种侵犯游客合法权益的行为。

旅行社因汽油费突然上涨而向游客增收费用，此种做法的是与非或许会有不同的看法，这些暂且不论。但就目前情况看，一些旅行社法制意识不强，对维护消费者权益工作的重要性缺乏认识。他们只注重眼前的利益，而不顾长远利益，侵犯了游客的合法权益，不但没有承担责任和主动向游客赔礼道歉的诚意，反而极力推卸责任，强词夺理，态度恶劣，把投诉游客一推了之。还有的不听游客的批评和意见，我行我素，不以为然。上述种种表现，既反映了个别旅行社侵犯游客合法权益的行为，同时也说明他们正在断绝自己的财路。"拒绝告"其实是一种愚蠢和不明智的行为。

案例八　游客的权利与义务

（一）案情

国庆节前夕，杨先生想带全家出国旅游，故委托好友小陈帮他选择旅行社。经过几天的比较选择，杨先生决定参加一家颇有名气的旅行社所组织的旅游活动。但因他工作较忙，银行存款还没到期，所以全权委托小陈办理报名手续、交纳预付款和签订旅游合同等。临近出游还有 5 天时，杨先生突然接到厂里国庆节加班的通知，出国游是去不成了。于是，他又让小陈办理退团手续。此时，旅行社提出要他赔偿 10% 的损失费以及因违约造成的其他损失。杨先生对 10% 的损失费勉强接受，但对其他损失无论如何不接受。其理由有三条：（1）旅游质量问题赔偿标准规定只有10%赔偿金；（2）10%的赔偿是包括所有损失，不存在其他损失费用；（3）出国游合同不是本人签字因而不负法律责任。为了解决旅游纠纷，杨某在国庆节后写信给当地旅游质监部门，要求旅行社退还其余的预付款部分。

（二）案例评析

该起旅游案例的实质是游客的权利与义务问题。我们首先应该确定旅行社与杨先生之间的旅游合同是否成立？按照我国《合同法》第14条规定："要约是希望和他人订立合同的意思表示。该意思表示应当符合下列规定：（1）内容具体确定；（2）表明经受要约人承诺，要约人即受该意思表示约束。这种要约的生效又具体可分为口头方式发出的要约和以书面形式发出的要约等。"杨先生委托其好友小陈办理了报名手续以及交纳了预付款，旅游合同虽然由小陈代签，但从一系列报名操作程序来看，这份旅游合同已经成立生效。因此，杨先生即使写投诉信要求退还余款，但他还是要承担违约责任的。

旅行社与游客签订的那份旅游合同已经规定得很明确："游客应当遵守合同约定，自觉履行合同义务。非经旅行社同意，不得单方变更、解除旅游合同，法律、法规另有规定的除外。因游客的原因不能成行造成违约的，游客应当提前7天（含7天）通知对方，但游客和组团旅行社也可以另行约定提前告知的时间，对于违约的责任，游客和旅行社已有约定的，从其约定承担；没有约定的，按照下列协议承担违约责任：（1）游客按规定时间通知对方的，应当支付旅游合同总价5%的违约金；（2）游客未按规定时间通知对方的，应当支付旅游合同总价10%的违约金。"

因违约造成的其他损失，如旅行社已办理的护照手续费用、出境审核证成本费、实际签证费、国际国内交通票损失费按实计算，按有关法律、法规和规章的规定承担赔偿责任。

当然，游客违约其内心是不悦的，旅行社在计算游客因违约造成的损失时应该实事求是，不但要出示有关证据，而且还要耐心说明并开具合法收据，一定要按照规范化程序操作。

案例九 不开具发票属违规行为

（一）案情

游客苏女士参加一家旅行社组织的外省市一日游活动。她与旅行社签订旅游合同并付款后要求开具发票，但凑巧旅行社的发票用完了，门市接待人员说让导游在出游时把发票带给她。上车后，导游却说旅行社没把发票交给他，随后又说等到旅游结束再给。后来，苏女士返回目的地已经一个月了，打电话去旅行社催讨了几次，结果又过了几天才收到发票。苏女士拿着发票深有感触地说："旅行社生意做大了，服务意识及态度却差了，要一张发票就如此艰难，真是想不通，我要向有关部门反映此事。"

（二）案例评析

该起旅游案例主要是由于旅行社收费服务不规范而致游客苏女士迟迟拿不到发票而引起的。一般来说，旅行社与游客一旦签订旅游合同，且游客已付款，旅行社就必须开具发票。然而这家旅行社却迟迟不给游客发票，这是什么原因？或许正如苏女士说的那句话"旅行社生意做大了，服务意识及态度却差了"。其实，苏女士的话击中了要害。人们不禁要问，游客要一张发票就这么艰难，向旅行社门市接待人员催讨，向导游人员催讨，旅游结束后又向旅行社催讨，时隔一个多月才拿到发票。旅行社这种工作作风和服务态度尚待改进。

上述情况的发生，其实质是旅行社内部管理较为混乱、门市接待服务工作不规范的反映。另一方面，也说明了该旅行社的从业人员缺乏法律常识，法制观念淡薄。要知道发票也是合同的一种形式，游客付款旅游，旅行社不开具发票实际上是一种违规行为，也是一种不尊重游客的表现。旅行社是服务性的企业，提供良好服务是企业的宗旨。如果游客正当合理的要求都不能满足，怎么谈得上提供良好优质服务呢？况且游客苏女士的要求是最起码的要求，是按规定操作的。这种最平常不过的工作没有做好，旅行社实在是太不应该了！

案例十　不签合同谁之错

（一）案情

　　某轻工设计院的老王（因单位要组织旅游活动，故委托他全权操办该项活动的一切事宜）经好友介绍认识了一家旅行社的业务经理，在洽谈报名参加"海南岛五日游"的业务中，双方谈得很投机。旅行社为了表示有诚意，特将旅游票价3 050元改为3 000元。设计院老王觉得很满意，因为该生意是经好友介绍，旅行社又这么有诚意，所以觉得没有必要签合同，只是拿了一张"旅游行程表"作为旅游的依据。在整个海南岛五日游的过程中，应该说大家玩得很高兴。但美中不足有两处：一是"万泉河"没进去参观游览，而只是"车览"；二是住宿海口时，安排的三星级宾馆是副楼。游程全部结束后，该院领导觉得应该找旅行社谈谈，但老王感到很为难。由于当时没有签旅游合同，以上两处游览或住宿，也很难说是美中不足。游览既可是"车览"，也可是身临其境；住宿既可是住主楼，也可是住副楼，这完全凭旅游合同的规定。没有合同怎么和旅行社谈？最终老王还是找到好友去和旅行社交涉，虽然问题得到了解决，但给老王的教训却是深刻的。

（二）案例评析

　　就目前情况而言，类似这种不签旅游合同而发生的纠纷案例有很多。因为是好友介绍、是亲戚熟人等原因，不签合同是建立在相互信任的感情基础之上。但一旦发生了侵害消费者权益的事情（哪怕是很小的侵权）或纠纷，旅游合同就成了双方维权的重要依据。在游客与旅行社之间不签订旅游合同，应该说双方都有责任，但旅行社应负主要责任。按照国家旅游局及有关法律规定：游客付费前，旅行社应与游客签订"国内旅游合同"、"出境旅游合同"，明确双方的权利和义务。这一条是至关重要的。

　　俗话说："买的不如卖的精。"有许多"精明者"在做买卖上是动足了脑筋，有时让人吃了亏也无话可说。比如，这家旅行社明明是预订了一家三星级宾馆的副楼，按理应该向游客说清楚，但游客到了住宿地才知道，心里自然有一种受骗的感觉。这个旅游案例给人最大的启示是："朋友是朋友，生意是生意"，游客不和旅行社签订出游合同，等于自己放弃维护自己合法权益的权利。一旦发生纠纷，自己将变得很被动。

案例十一　承诺要付出代价

（一）案情

某工厂借设备大修之机，委托工会主席老王到一家旅行社洽谈"青岛六日游"的业务。为了公平对待职工，老王要求旅行社订好往返船票80张（三等舱和四等舱各半），并提前3天取票。旅行社承诺没问题，与老王签订了一份旅游合同，收款后开具了发票。以后，老王几次通过电话与旅行社取得联系，对方总是回答说没问题。到了取票的日期，老王兴冲冲地来到旅行社，但被告知由于旅游旺季船票紧张，现缺少25张四等舱船票，需要另想办法解决。老王无奈随即付给旅行社人民币1 000元。离外出旅游还有一天时间，老王再次去旅行社取票，但却被告知：因未买到船票，是否可先走一部分游客。老王说不行，这样做厂里职工摆不平。于是，青岛旅游予以取消。过了两天，老王代表厂领导就赔偿问题与旅行社达成几点协议：（1）旅行社在该厂设备大修期间免费提供两辆旅游车供其郊区古镇一日游使用；（2）所交旅游费暂时不退，作为以后旅游之费用；（3）该厂赞助汽油60升；（4）如果旅行社再次违约，则按郊区古镇一日游旅游费计付赔偿金。谁知当天下午旅行社突然通知老王次日就去旅游，若不去以后再议。老王当即表示因时间仓促，厂内职工无法通知。第二天，老王又来到旅行社要求其履约，但旅行社认为已经履约，双方各持己见，为此发生了旅游纠纷。没几天，该厂通过律师把旅行社告上法庭。

（二）案例评析

这起旅游案例从性质上分析是由于旅行社违约所引起的，尽管旅行社在审理中说出两条理由：（1）旅行社在组织青岛六日游中已尽了义务；（2）补偿郊区古镇一日游是由于游客不能成行，故不负违约责任。这些理由其实是站不住脚的。法院根据我国有关法律，作出三项判决：（1）判令旅行社偿付两次旅游违约金；（2）旅行社将原旅游款及人民币1 000元退还给该厂；（3）旅行社承担全部案件受理费用。

法院依法追究了旅行社的法律责任，保护了游客的合法权益。这种处理充分体现了违反合同必须要承担责任的原则，同时也说明了承诺是要付出代价的，谁的过错由谁来承担责任。老王与旅行社签订了合同，并订票付款，旅行社也开具了发票，这说明双方已经确立权利和义务关系，具有法律效力。而后，旅行社两次"搞不定"业务，构成违约事实，理应受到法律处罚。

案例十二　屡次违约更应承担责任

（一）案情

　　某公司与一家旅行社签订了一份半包价旅游合同。合同规定：（1）往返北京的火车票、住宿的宾馆、吃饭等均由该公司自理。（2）旅行社负责派专车到车站接送，导游陪同游览北京18个景点（另加两个自费景点）。旅行社根据客户的要求，收足钱款并开具发票。该公司代表临走前再三关照旅游团到北京后要派专车往返接送，旅行社也承诺没问题。过了几天旅游团按时出发，次日抵达北京后，但迟迟不见旅行社派专车迎接。该公司领导赶紧通过手机与组团社联系，对方回答说这是不可能的事，请他们再耐心等一等。谁知又过了1小时还不见有人来接，旅游团无奈只得乘地铁到达住宿的宾馆。在北京的几天游览中，由于地接社安排不合理，加上导游对景点情况不太熟悉，不是带错路，就是一问三不知（后来才得知此人是一位新导游），还导致两个景点未去成。此种情况引起了大多数游客的极为不满。为了讨回公道，该公司领导与地接社代表进行协商。当时，地接社为了息事宁人以及不要使组团社为难而影响关系，因此与游客达成高出往常一倍的赔款协议。旅游结束后，组团社经理觉得此种赔款协议不合理，并申明该协议无效。于是，双方发生了纠纷。后多次协商仍各持己见，最终该公司向法院提起诉讼。

（二）案例评析

　　该起旅游案例主要是由旅行社多次违约引起的。当然，也有组团社与地接社之间的配合问题以及各自内部管理和协调的问题。这些问题集中于一点就是发生屡次违约，造成游客的极大不满。因双方在违约金赔偿数额上未能达成一致意见，最后变成了在法庭上见高低。审理中，双方在法官的主持下进行协商解决，最后达成几项协议：（1）旅游纠纷赔偿金额要依据《旅行社质量保证金赔偿暂行办法》的规定，该公司将多得的赔偿金退还给旅行社。（2）旅行社承担案例诉讼费用。

　　此次旅游虽属半包价性质，但是双方都签订了旅游合同，双方之间存在合同契约关系，就要遵照合同履行约定的义务。可是组团社的合作伙伴屡次发生违约情况，影响游客参观游览的时间。为此，旅行社必须承担违约责任。法庭的调解处理是正确的，因为旅行社违约必须追究其法律责任，这样既保护了游客的合法权益，同时又教育了违约的旅行社。法庭又根据《旅行社质量保证金赔偿暂行办法》，将赔偿不合理的钱款退还给旅行社，这同样是合理合情的。

案例十三　　"小生意"是否可修改合同

（一）案情

热心的王老伯代表 11 位社区退休职工，去一家大旅行社洽谈乘汽车到外省市一日游的旅游活动。该社的接待人员热情地接待了他，并且详细地介绍了该地风光和特色。王老伯觉得很满意，于是当场就和旅行社签订了旅游合同。到了第二天，王老伯和其他老同志一商量，觉得当天往返路途较长，还要玩 4 个景点，这样恐怕有些人吃不消。最后大家商量决定：少玩一个景点，午餐大家自带干粮。这时，王老伯拿起电话找到了旅行社那位接待人员，谁知对方说签好的合同不能修改。当时王老伯显得有些激动，放下电话又找了两位同志，一起来到旅行社并要找最高层领导对话，结果还没旅游就先投诉。当然，双方最终还是圆满地解决了问题。

（二）案例评析

其实，该件案例并不复杂，只需头脑冷静一下便可解决问题。我国有关法律规定：消费者有修改合同的权利。当旅行社接到业务并签订合同后，如果还未发生正常费用时，就应该根据客户正当、合理的要求给予解决。如果一旦发生业务费用时，这方面的损失要和客户说清楚，并在修改合同时加以注明，执行多退少补的原则。那种以为是"小生意"，又没多少利润可赚，对游客的修正意见就不给予支持的态度是不正确的，是缺乏应有的职业素养的表现。

发生类似的旅游案例有许多。其根本原因有两个方面：对旅行社而言，如果接待人员对业务熟悉一点，对老年人的旅游消费再了解一点，或许就不会发生以上的那一幕。对老年旅游消费者而言，如果在签订合同时考虑周到一点，或者再与同行多商量一下，或许也不会发生以上的那一幕。要知道合同是可以修改的，但会给人、给己带来麻烦和损失。

案例十四　该旅游合同是否成立

（一）案情

某私营企业老板郑某因要到外地洽谈一笔生意，故打电话给一家旅行社预订往返机票 5 张以及当地四星级宾馆房 3 间，同时请旅行社报一个价格。旅行社根据郑某的要求立即进行操作，等到报价出来后就与郑某联系，偏巧郑某有事外出，于是就和郑某的秘书林小姐商定第二天让郑先生给个确认。到了第二天一早，林小姐发来传真告知旅行社价格没问题，并约定取机票时付款。旅行社收到传真后马上确定机票和宾馆住房。谁知到了取机票的时间，迟迟不见郑某派人前来旅行社付款取票。旅行社又打电话前去询问，但得到的答复是他们已经找到比这价格更便宜的机票和住房，并且和他人签订了旅游合同。因此，原来的订票、订房业务就算取消。后来，旅行社多次派人与郑某协商，但始终没有结果。在这种情况下，旅行社将郑某告上法庭，法庭判决旅行社与郑某旅游合同成立，并由郑某承担旅行社由此产生的经济损失。

（二）案例评析

该起旅游案例的核心问题在于以电话、传真等方式办理预订业务是否符合我国《合同法》的要求、是否具备了合同的要件。郑某因业务需要通过电话委托旅行社代办机票和订房业务，旅行社根据客户要求进行操作，并以电话形式告诉了郑某的秘书林小姐，第二天旅行社又收到了郑某的传真，同时约定了取票时付款。到了取票付款的时间，郑某又以找到比这更便宜的价格以及没有和旅行社签订旅游合同等理由，否认了原先的约定。由于双方多次协商不成，最后旅行社将郑某告上法庭。法庭经调查研究后认为，根据我国《合同法》有关规定："当事人订立合同，有书面形式、口头形式和其他形式三种。"旅行社与郑某之间以电话、传真等形式已经形成合同的组成部分。《合同法》又规定："凡当事人无约定、法律未规定特定形式的合同，均可采用口头形式。但发生争议时，当事人必须举证合同的存在及合同关系的内容。"从本案的具体情况看，郑某与旅行社之间关于订票、订房的合同已经确立。这是因为旅行社以电话"要约"，郑某以传真"承诺"，双方都符合《合同法》的规定，因此对双方也就具有约束力，郑某应该赔偿旅行社的经济损失。

这场官司给人们带来了许多启示。如今有许多人虽然懂得一点法律知识，但是学习得不深、不透。有不少类似郑某的人物，他们往往把自己看成是旅行社的"衣食父母"，在与之交往中太随便。而旅行社为了以后的业务，只能吞下"苦果"。有一些旅行社自以为公司大而不在乎小生意，承诺客人的要求可以不算数。因此，不管是旅行社也好，游客也好，双方在业务往来中都是相互平等的，大家必须明白我国《合同法》的有关规定，即一方要约，另一方承诺，合同即宣告成立。作为双方当事人都要共同遵守这一原则。一旦违约，违约方就要承担违约责任。

案例十五　报名单能代替合同吗

（一）案情

　　游客范先生报名参加某旅行社组织的本市郊区一日游活动，因为旅游票价比较低，属于小生意，所以旅行社门市部接待人员以一张报名单代替了旅游合同。范先生打电话给当地旅游质监部门咨询。他说："100 多元钱的旅游票是否可与旅行社签订合同？"对方立即回答："凡是参加旅行社组织的旅游活动，都必须按规定签订旅游合同。"范先生放下电话又重新返回旅行社门市部，准备与接待人员理论。当范先生又来到该门市部时，那些接待人员却说："签这种旅游合同没啥意思，签不签都无所谓，你要签那就签一份吧。"范先生望着他们那种神情，真是哭笑不得。

（二）案例评析

　　该起旅游案例主要是由于旅行社门市部接待人员对与游客签旅游合同比较随意，责任心不强，以报名单代替合同，游客觉得不满意而引起的。旅行社并不想签订这份合同。旅行社门市部接待人员以报名单代替合同的做法是错误的。正如旅游质监部门所答复范先生的那样："凡是参加旅行社组织的旅游活动，都必须按规定签订旅游合同。"为此，旅行社门市部接待人员必须向范先生赔礼道歉，并且保证在今后的接待服务工作中，不再犯类似的错误。

　　旅行社与游客签订旅游合同，是政府及有关旅游管理部门近年来推出的一项保护消费者和旅行社权益的重要举措。该举措在规范旅游市场方面起着十分积极的重要作用，每一个旅行社都必须贯彻执行。该起旅游案例也给我们以启示：如今的旅游消费者越来越成熟，法律意识越来越强，他们已经懂得用法律来维护自己的合法权益，不管生意大小、金额多少，出游前必须和旅行社签订旅游合同。

因此，旅行社应该紧跟形势，与时俱进，再也不要去犯那些低级错误，确实按有关规定操作，把接待服务工作做好。

案例十六　一字之差的损失

（一）案情

一天，某企业的李先生代表旅游团全体游客向旅行社进行投诉。事情的经过是这样的：李先生所属企业 40 位游客与旅行社签订了一份旅游合同。按合同规定：旅游目的地为山东济南市南郊，其景点有千佛崖、兴国寺、齐烟九点坊等。但因旅行社接待人员对业务不熟悉，将"千佛崖"错写成"千佛洞"。因此，游客抵达旅游景点后，尽管欣赏到许多极为珍贵的雕刻、佛像，但始终没看到想象中的彩塑佛像和大型壁画等，因而深表遗憾。后来大家翻找旅游合同仔细核对，这才觉得自己"上当受骗"。该旅游景区根本就不存在有千佛洞这个景点，于是当游程全部结束后，大家委托李先生起草一份投诉信，并且去旅行社理论。旅行社得知这一情况后，立即展开调查研究，经核实才知道这是接待人员对业务不熟而错写了一个字。后经旅行社再三向李先生赔礼道歉，解释"千佛崖"与"千佛洞"的区别，但就是得不到他们的谅解。他们要求旅行社承担违约责任，并赔偿其经济损失。

（二）案例评析

该起旅游案例主要是由于旅行社接待人员对业务不熟而将景点一个字写错而造成的，从而引起游客上门投诉，并且要求赔偿经济损失。一般来说，长期在旅行社工作的同志都知道，千佛洞，即莫高窟，它位于甘肃省敦煌市区东南面，是我国现存规模最大、内容最丰富的石窟艺术宝库，为全国重点文物保护单位。而千佛崖地处山东济南市南郊，千佛崖造像虽然也是全国重点文物保护单位，但这两处景点有很大的区别，地方也不同。为此，旅游合同上的一字之差，往往会造成游客的误解，或许他们还以为是去参观游览莫高窟那个千佛洞呢。游客们始终认为签订旅游合同是一件十分严肃的事情，旅行社在合同上写错景点其本身就存在违约和误导游客的行为，所以应该赔偿经济损失。最后，旅行社为了自身的名誉和今后的生意，同意赔偿游客每人 25 元，总共合计人民币 1 000 元。为此，不少旅行社业人士说："这真是一字值千元"。

当前在旅游合同上因一字之差造成投诉的虽然不多见，但也应引起旅行社接待人员的足够重视。细细想来，游客的投诉是有一定道理的，签订旅游合同是一件严肃的事情，双方都必须持慎重的态度。旅行社越是生意好、工作忙，越要注意不在合同上出差错，特别是要注意不在景点名称上出差错。我国是一个旅游大国，丰富多彩的旅游名胜有许多，但名称相近或一字之差的也有不少，很容易搞错。曾听说游客为了一字之差与旅行社理论（旅游景点应该是祖庙，但旅行社接待人员在合同上擅自加了一个"马"字，变成了"马祖庙"）。这些问题的发生都是由于旅行社接待人员对业务不熟悉、旅行社又缺乏严格的管理所造成的。因此，所造成的违约责任或差错，只能由旅行社来承担。

案例十七 多次违约更不该

（一）案情

某独资企业与一家旅行社签订了一份 75 人去泰国观光的旅游合同。合同规定在年底的 12 月 20 日出游。谁知到了 12 月 15 日，旅行社打电话通知该企业，说是由于机票紧张，原定 12 月 20 日出游有困难，建议推迟几天出游。该企业领导很不高兴，但最终还是同意了，同时提出必须在 12 月 25 日前出游，当时旅行社没有提出异议。于是双方又重新签订了一份补充合同。过了没几天，旅行社又打电话通知该企业，说是各航空公司都在提价，原旅游费用亏本已成定局，故提出两条意见供选择：一是增加费用；二是终止旅游合同。该企业不同意，于是将旅行社告上法庭，并要求赔偿经济损失。

（二）案例评析

该起旅游案例主要是由于旅行社多次违约造成的。双方在签订旅游合同时曾经约定在年底 12 月 20 日出游，旅行社因机票没落实而被迫取消原订计划。以后，双方又签订补充合同，同时又规定必须在 12 月 25 日出游，旅行社也没提出异议。但由于以后情况发生了变化，旅行社无法执行合同而提出增加费用或终止合同，但对方无法接受而将其告上法庭。法庭经过调查研究后认为：（1）该旅游合同有效，旅行社应该履约；（2）旅行社多次违约，应该承担违约责任；（3）旅行社应按原旅游标准执行，继续履行合同；（4）旅行社也可按有关规定赔偿对方旅游费用的 5% 的经济损失。由此可见，违约是造成旅游案例的主要根源，也是企业蒙受损害的主要根源。

为什么该旅行社会多次出现违约现象？从该旅游案例的具体情况来分析：一

是没落实机票，这说明旅行社出票能力有问题；二是旅行社没及时掌握机票变化信息，导致旅游团无法准时出游，最后被客户告上法庭成为被告，旅行社不但要赔偿他人经济损失，而且名誉也将受到极大的损害，其教训是极其深刻的。旅行社企业是服务性企业。可以这么说，旅行社从收客的那一刻起，其服务一直要到送走游客为止。整个操作流程就是服务，在各个环节的接待服务中难免会出现这样和那样的问题和缺陷，再加上游客要求不一、众口难调，所以也就很难控制住旅游投诉发生。为此，在服务质量上旅行社关键要防止违约事故的发生，只有抓住这个根本，旅行社遭投诉的状况才会得到实质性的改变，游客才能更加信赖旅行社。

案例十八　突发意外变更合约错在谁

（一）案情

王某等25位游客于2003年7月12日参加南京某旅行社组织的"浙西大峡谷两日游"活动。当晚10时抵达余潜宾馆准备入住时，该宾馆突然停电，造成现场秩序一度混乱。两小时后，仍未来电。经多方协商，旅行社驱车1个半小时，重新安排游客入住浙西大峡谷农家山庄。据游客反映，农家山庄客房卫生条件差，且无防盗门闩，没有达到二星级标准。导游小姐知识面窄，景点讲解水平差，未挂牌服务，等等。于是，投诉至江苏卫视《零距离》栏目和南京市旅游局质监所。

质监所接案后，经过详细调查了解、核实，认定有三方面的质量问题：（1）因临时停水停电改变住宿地点，但变更后的客房条件低于合同约定标准（旅游合同中约定为二星级）；（2）导游讲解服务水平差，应变能力差，知识贫乏；（3）空调大巴后置发动机噪声大，且空调效果差。质监所认为：饭店停水停电是意外情况，不是旅行社造成的，根据当时的情况，可以变更住宿安排，但变更后的住宿条件低于原合同约定，应给予相应的退赔。综合上述三方面的问题，质监所根据《旅行社质量保证金赔偿方法试行标准》第7条、第11条、第12条之规定，作出赔偿每位游客人民币90元整的决定，此案得以圆满解决。

（二）案例评析

该案例的发生是一起意外。它考验了导游临场应变能力和处理突发事件的能力。宾馆、饭店停水、停电属突发事件，事前没有预兆。它要求导游在突发事件面前，首先要稳定好游客情绪，及时寻找解决问题的途径。"急游客之所急，想游客之所想"，耐心做好游客的解释工作，争取游客的理解、宽容。而此案的导游却产生了急躁情绪，与游客形成"对立面"，使一场客观意外变成了一场纠纷。这样做不仅造成现场秩序混乱，而且也为化解纠纷和协商、解决矛盾带来了不利因素。其次，在变更住宿地点时，应尽可能达到合同中所约定的标准。再次，导游人员应挂牌服务。按照《旅行社国内旅游服务质量要求》提供相应讲解服务；最后，旅行社租用旅游车辆，应事先检查该车的技术质量，确保空调、坐椅等使用安全，符合有关标准。

第 15 章

旅游赔付案例

案例一　此类伤害不能赔偿

（一）案情

某旅游团朱小姐在旅游结束后向旅行社投诉。信中说，她在旅游过程中遭到猴子袭击，故要求旅行社赔偿她医药费 650 元，整容费 3 800 元，误工费 1 500 元，精神损失费 100 元以及营养费 800 元，合计人民币 7 750 元。旅行社接到投诉信后立即展开了调查研究，并且走访了旅游团的其他游客，最后发现游客朱小姐是不听导游人员的再三劝告，擅自闯入野生动物保护区，被一只猴子袭击而造成她脸上和手上的伤害。按照此种情况，旅行社觉得游客朱小姐的赔偿要求不合理。最后，旅行社将调查的情况以及意见，用书面的形式答复给游客朱小姐。朱小姐接到旅行社的答复表示不满，于是将旅行社告上法庭。经法庭庭外调解，游客朱小姐的医药费部分由旅行社通过正规途径向保险公司索赔，其余的费用均由游客本人承担。

（二）案例评析

法庭对该起旅游案例的处理是正确的，也是合情、合理的。旅行社对待此类伤害事故可以不负法律责任，同时也可以不赔偿游客的经济损失。

按照我国有关法律规定，旅游者依法享有基本权利，如知情的权利，对商品和服务以及保护消费者权益工作进行监督的权利等。但是，这并不等于旅游者只享有权利，不承担任何义务，不受任何约束。旅游者在旅游过程中还必须履行相应的义务，有遵守有关法律、法规和规章的义务，爱护旅游资源等。游客朱小姐从根本上讲就是违背了上述原则，因而得不到法庭的支持和保护，得不到旅行社的赔偿。

在旅游过程中，游客的生命和财产应得到旅行社的保护，尤其是战斗在生产第一线的导游人员更应重视这个问题。没有安全就没有旅游，所以导游人员要把安全问题放在首位，时时处处要提醒自己的游客，在各种具有危险性的场合更要引起注意，防止意外事故的发生，确保游客的生命和财产不受丝毫的伤害和损失。同时，作为旅游者应听从现场有关人员以及导游的劝告、警示，自觉遵守各项规定和制度，尊重旅游地的民族习惯。这样，才能做到权利和义务的统一。而像游客朱小姐那样不听导游人员的再三劝告，贪玩、求刺激，擅自闯入野生动物保护区，不幸被动物伤害。此类损失应由朱小姐本人承担，旅行社不应予以赔偿。

案例二 多余公里数钱款该退还吗

（一）案情

驾驶员出身的顾先生为了给孩子过 10 周岁生日，特邀请全家老少及亲朋好友去"安吉、杭州三日游"。与旅行社签订的旅游合同约定：景点门票全包，餐费每人每天 60 元标准，住宿为三星级宾馆或同等标准，交通工具为进口空调车，路程费为 900 公里×3.5 元/公里，等等。旅游开始时顾先生习惯性地看了一下路码表，当旅游全部结束回到家门口时，顾先生发现旅游车只行驶了 860 公里。第二天顾先生就找旅行社理论："就算除去旅游车来回接我们的公里数，旅行社至少要退给我们 20 公里的路程费。"而旅行社业务人员认为：顾先生全家参加的是全包价旅游，公里数多出 20 公里是正常范围，此款不能退。而顾先生又说："如果旅行社公里数目不标明，此款不退可以理解，现在合同上清清楚楚地写着，多余部分应该退还。"双方争执不下，于是产生纠纷。

（二）案例评析

该起旅游案例主要是由于游客顾先生发觉实际情况与旅游合同上的标准不符就去旅行社理论而双方观点不同引起的。旅行社认为旅游车所行驶的公里数多出 20 公里是属正常范围，同时又属全包价，因此，多余部分不予退还。而顾先生则认为合同上标明的公里数与实际行驶有出入，多余部分应该退还给游客。双方各持己见，于是产生纠纷。应该这么说，旅行社与游客双方的观点都有一定的道理。此案例的关键问题是多余公里数钱款该不该退？笔者以为此款应该退还给游客，其理由是，该份合同虽属全包价，但在具体的项目中又规定了标准，也就是说双方都应遵守这一标准，执行多退少补的原则。

此起旅游案例虽不多见，但反映出游客的自我保护意识和重视合同意识正在加强，旅行社在新形势下应该改变经营思路和方法等。多余的路程款退还给游客就好比旅行社提供的项目没有达标、其差价都应退给游客一样（当然这和违约情况又有所不同）。现在的问题是，旅行社在测算到景点公里数时一般都有一个基数，但在具体与游客签订合同时放多一点余量也属正常现象。这是因为旅游车在整个旅游途中，多走一点弯路或绕圈走一段路等都属正常的事。再说整个游程为900公里，实际误差只在20公里，比例仅为2%左右。所以，该旅行社在旅游合同上的标数还是较为合理的。

案例三　订金是否该扣

（一）案情

"十一"前夕，沈女士想利用国庆长假期间带女儿去云南昆明旅游，于是提前10多天到一家旅行社参加报名。谁知其女儿刚好越过儿童年龄，需要购买成人票价，因身上所带钱款不足，只好与旅行社协商，先办理报名手续并交纳3 000元订金，余款在出团前取机票时交齐。由于沈女士在交纳旅游票订金时，仅仅只是口头承诺，未与旅行社签订旅游合同，在旅游团队出发还有两天时，沈女士的女儿因要参加国庆演出活动，故向旅行社提出退团。旅行社按惯例扣除沈女士的旅游票价总额的10%。沈女士对此提出异议，并向旅行社领导投诉说："我未与旅行社签订旅游合同，里面的条款我也不清楚，你们怎能擅自单方面扣除我的钱款？"尽管旅行社做了许多解释工作，但效果不佳。最后，沈女士又向旅游质监部门投诉。

（二）案例评析

游客向旅行社交纳了旅游票的订金，但因本身的原因不能成行是本案例的关键问题。旅游质监部门经调查研究后认为：（1）本投诉案例的主要责任在沈女士本身；（2）旅游合同必须在双方公平自愿的原则下签字、盖章后才能正式生效，任何一方不能强迫对方同意；（3）旅行社按照惯例扣除沈女士订金的做法不妥，扣除旅游票价总额的10%没有依据，也不符合有关法律的规定；（4）旅行社可按照《民法通则》的有关规定，向沈女士追究因退团而造成的直接经济损失。

旅游质监部门对本案例的处理意见是正确的，它充分体现了实事求是以及依法办事的精神。沈女士因自身的原因造成旅行社的损失，理应承担赔偿责任。但作为旅行社，应该知法懂法，用法律的武器来维护企业的合法权益，同时也应更好地向游客解释，并争取游客的理解与配合。

当前，类似沈女士的投诉案例有很多，也很典型。游客在购买旅游票后，又因自身原因要求退团，这也是很正常之事。问题在于退团要产生经济损失，而这种损失游客往往不认可，有的甚至会想："没旅游，哪来的损失？"因此，旅行社只有向游客作耐心的解释，并且出示相关的证据，这样才能比较妥善地解决纠纷和问题。

案例四　旅游质量赔偿金有其规定

（一）案情

"五一"前夕，赵某代表社区周围邻居 10 多人到一家旅行社报名参加"南昌、庐山五日游"的旅游活动。由于当时报名参加旅游的人数较多，加上他们的心情较为激动（因为他跑了好多家旅行社，该旅游项目都客满了），所以付清钱款，签好合同，拿了火车票就走了。

旅途刚开始时还算顺利，但抵达南昌后，接旅游团的导游迟到了半小时。在开往庐山途中旅游车又两次出现机械故障（当时赵某等人出现了抱怨情绪），因此拖延了时间，其中一个景点已经关门了。当天晚上吃晚饭的时候，赵某发现蔬菜中有虫子。这时，游客们开始恼火了，纷纷指责导游没做好工作。

到了住宿点一看，住房根本不是合同上所规定的"三星级"。这下子大家像火药筒爆炸似的，把导游团团围住，仿佛召开批斗会。过了没多久，赵某拿着行李带领大家找到附近一家四星级宾馆住下。这时，尽管导游再三劝阻也没有用。导游自知旅游团失控了。

以后，赵某等人开始"自由活动"，他们自己包车，自己去饭店吃饭，自己又找更好的宾馆。游程结束后，又自己买了火车票回家。临走时还特地打了个电话给导游，说是回去后要找旅行社"算账"，还说不怕不给报销全部费用。

（二）案例评析

旅游团进展的顺利与否取决于旅行社工作人员的素质和服务质量，导游接团迟到属人为因素，旅行社所合作的伙伴（包括旅游车辆、宾馆饭店等）出现问题，这说明该旅行社在管理和资质方面存在问题。出现这些问题其性质是严重的，属于重大的服务质量事故。

但是，任何事情都应一分为二地看。旅行社在接待服务上固然存在问题，可游客本身的做法也不妥，维护自己的合法权益应该依照有关法律或规定进行，而不是有意将损失扩大，造成更大的损失。我国《合同法》第119条明文规定："当事人一方违约后，对方应当采取适当措施防止损失的扩大；没有采取适当措施致使损失扩大的，不得就扩大的损失要求赔偿。"赵某等人以旅行社违约为理由，自作主张提高标准，随意取消旅游合同，使得损失不断扩大。他们的做法是得不到旅游质监部门的支持的。

旅游者一旦发现自己的权益受到侵害，应该采取的正确态度是：（1）和旅行社协商解决的办法；（2）继续完成其他的旅游项目；（3）可以到当地旅游质监部门投诉要求解决；（4）旅游结束后可向本地"消费者协会"或旅游质监部门投诉，甚至向法院提起诉讼。而擅自做主提高标准的做法是一种不懂法、不理智的行为。同时，也会增加自己不必要的"经济损失"。

案例五　间接损失应有限制

（一）案情

某家大旅行社因计调工作出现差错，把旅游团返程机票订迟了一天，结果导致整个旅游团在境外某地延长了一天停留时间。消息传开后，游客们纷纷指责旅行社和导游，并且强烈要求赔偿经济损失。有的游客要求旅行社赔偿他们一天的误工费和奖金，也有的要求赔偿旅游合同违约金，还有的要求赔偿自己"生意上的损失"，等等。面对游客提出的各种各样的赔偿要求，境外旅行社立即派出代表与该旅游团领队共同和游客协商。旅行社既向游客表示道歉，又坦诚地说明了情况。经多次充分协商，最终双方达成了协议，并与游客重新签订了一份赔偿协议，问题才算得到了解决。旅行社除赔偿每人400元人民币之外，延长一天的经济损失也是够惨的。

（二）案例评析

旅行社由于自己的失误而造成旅游合同的违约，其经济损失是严重的，教训也是深刻的。旅游团不能按照旅游合同上的规定，准时地踏上归程，这种情况在我国目前旅行社业中还为数不少。这除了旅行社自身管理上存在问题外，各种制约旅游团顺利返程的因素也很多，这就需要旅行社加强对内、对外的管理和协调。现在，我们重点来剖析旅行社在出现失误和差错后怎样对待游客提出的间接损失问题。旅行社出现接待失误和差错后，游客要求赔偿经济损失，是情理之中的事。但是，这种损失应该分为实际损失和间接损失两大部分。在旅游途中的实际损失包括该去的景点没去、住宿、吃饭和用车等标准没达标等。这些实际损失完全可以按照《旅行社质量保证金赔偿暂行办法》中的有关规定向游客进行赔偿。换句话说，实际损失可以依法办事。但是，游客的间接损失就比较难说了，因为在这方面还没有明确的旅游赔偿规定。但目前，对旅游间接损失也有相关的限制条件。具体分为：（1）游客的间接损失应与旅行社的违约有着紧密的因果关系；（2）游客与旅行社在签订合同时，那种间接损失要事先说明或是可以预见的；（3）游客间接损失是在履行旅游合同的基础上得以实现。总之，旅行社在考虑游客的损失时，要重点防止游客对间接损失的任意扩大化。这是因为游客的间接损失是无量化的。

我国的《民法通则》规定："当事人一方违反合同的赔偿责任，应当相当于另一方因此所受到的损失。"《经济合同法》也有规定："当事人一方违反经济合同时，应向对方支付违约金，如果由于违约已给对方造成的损失超过违约金的，还应进行赔偿，补偿违约金不足的部分。"这些法律规定，充分说明了谁违约谁就该承担法律责任。旅行社的接待服务工作是一项细致而又复杂的工作，每一个接待环节上都不应该出现差错和失误。一旦出现差错就得赔偿损失。为此，在做好各项接待工作的基础上，特别要落实好返程票的工作，因为它是游客提出间接损失的根源。

案例六　计划出错要赔偿

（一）案情

某年的 6 月 30 日，游客王某夫妇俩参加旅行社组织的"苏州、无锡自助二日游"。按合同规定，除住宿、旅游车和导游讲解服务外，其余均为游客自理。第一天旅游还算顺利。到了第二天，游客王某发现与自己行程表上的景点有些出入，不该去的"唐城"去了，而该去的"三国城"却没去。于是，他们向导游提出质疑。导游接过王某手中的接待计划书一看，她立刻明白是怎么回事了。原来，当地旅行社为了方便市民出游，特在出游城市联系了十几家旅行社搞联合组团。由于行程发生了一点变化，其他旅行社都知道了变化的情况，唯独王某夫妇俩参加的旅行社没有得到信息，因此在接待计划上出现了失误。此时，导游立刻向旅行社汇报，得到的答复是等到全部旅游活动结束后，再另派一辆小车送他们去"三国城"。但王某认为时间已晚，因而拒绝旅游。返回居住地后，王某向旅游质监部门投诉。信中说旅行社没有按合同执行旅游计划，对他们造成了时间上和经济上的损失，故而要求旅行社对其进行补偿。

（二）案例评析

游客王某夫妇俩去旅游过程中发现行程与合同不符，因而向导游提出异议，而旅行社接受投诉准备另派车辆送他们去目的地，但时间已晚，造成游客的不满。该案例的主要问题是由旅行社与旅行社之间在相互配合和操作上出现的差错而引起的。一般来说，旅行社联合收客并向当地一家旅行社发团，由这家旅行社（旅游业务上称之为"地接社"）全权负责游客的吃、住、行、游、购、娱等游览事宜。因此，联合组团必须坚持几个统一，即旅游票价统一，旅游线路和景点统一，住宿和吃饭标准统一等，如果其中有一个不统一，旅游接待计划就会出现误差，那么就会造成游客的不满和投诉。上述案例就说明了这方面的问题。之后，尽管旅行社以"三国城"景点的门票价赔偿给了游客，但对游客王某夫妇俩以及旅行社来说，都有一种说不出的滋味。

旅游接待计划是旅行社的"生命线"，也是旅行社与游客之间的合约。旅游接待计划出现差错就会造成游客的不满和投诉，赔偿或补偿也在情理之中了。本案例虽说是一种差错，属于小事故或犯"低级"错误，但从中也给我们不少启示。旅行社的性质是一项高级而又复杂的服务性工作，同时也是一项十分细致的服务工作。就目前的情况看，有相当一部分旅行社规模小、实力弱、管理水平不高、自我完善机制不够。再加上我国正处在大力发展旅游事业阶段，有些地方旅游设施不足，旅游景点人满为患以及各旅游接待部门之间的协调关系还没完全理顺。因此，旅行社任何一点疏忽、大意都会给企业带来经济损失。总之，旅行社接待计划的核心是"细致"，它体现旅行社的"承诺"。

案例七 这笔损失费不该扣

（一）案情

有一年的12月3日，游客陈某去一家旅行社营业部报名参加12月28日的"新加坡自由行"旅游，当场付清全额旅游费3 500元。同月12日，陈某因故不能成行，故向该营业部提出退团。营业部的接待人员对此说："退团可以，但要扣除 175 元的违约金和节日期间机票损失费 500 元，合计 675 元。"对于扣除违约金陈某没提出异议，因为是她违约提出退团的，况且在陈某报名付款时营业部接待人员曾经作过说明。至于节日期间机票损失费 500 元要陈某承担，她是无法接受的。陈某在向报社打热线投诉电话时说："首先，我报名时未与旅行社签订旅游合同；其次，他们也从未向本人提过节日期间机票损失费之事。旅行社的做法是不合理的。"

（二）案例评析

该起旅游案例其实并不复杂，核心问题就是额外损失该由谁承担。为了此事，报社记者走访了旅游行政管理部门。经了解得知，游客报名参加旅游时旅行社必须要和游客签订旅游合同。对因故不能成行造成违约的，国内旅游，违约方应提前 3 天通知对方；出国旅游，违约方应提前 7 天通知对方。对于违约责任，双方已有约定的，应按照约定承担赔偿；如果没有承诺的，则按照下列标准承担违约责任：（1）违约方按规定通知对方的，应支付旅游票价的 5% 违约金；（2）违约方未按规定时间通知对方的，应支付旅游票价的 10% 违约金。而机票票价是包含在旅游票价里面的。因此，另收机票票价的一部分额外费用不合理。节日期间机票损失费 500 元理应退还给游客。

本案给我们最大的启示有两点：（1）游客在报名付款参加旅游时不要忘了和旅行社签订旅游合同。这么做既是保障自己的合法权益，同时也用旅游合同来约束自己。（2）一旦游客受到权益损害，既可找旅行社领导评理，也可找报社热线电话投诉，还可找当地旅游质监部门讨个说法。当然，这也不排除把损害权益者告上法庭。另外，旅行社在国庆节期间，不应该把风险转嫁到游客身上。旅游产品的定价以及对游客的收款、退款等都应有个规矩，真正做到规范管理和服务。

案例八　环节出差错赔偿理应当

（一）案情

一天，旅行社老总接待了一位怒气冲天的投诉者。这位郑女士自称"身患绝症"，到国外旅游是人生最后一次愿望，想不到旅行社欺骗了她，并且"温柔地斩了她一刀"。旅行社老总耐心地听着她的诉说，当他接过郑女士手中的旅游合同一看，才明白是怎么回事。原来，该旅行社早就和一家外资企业签订了一份

"泰国逍遥七日游"的旅游合同。按合同规定,原定在泰国芭堤亚观看人妖歌舞表演的节目放在曼谷进行(因为该企业的大多数人都已经到泰国游览过,只不过想看看曼谷的人妖表演是怎么回事罢了),又因该旅游团只有 12 名游客,为此,也同意另外 8 名散客参团成行。后来,旅行社及其销售网点按照常规挂牌对外收客,但与散客签订的旅游合同却是原来的旅游线路(郑女士就是其中一位散客)。因此,该旅游团出现了两种不同的接待计划。最后,郑女士气愤地说:"按旅游合同规定,在泰国芭堤亚观看举世闻名的人妖歌舞表演,但到泰国后你们却安排在曼谷观看,这分明是在搞欺骗行为。因为,在芭堤亚观看的人妖歌舞表演才是正宗的。"旅行社老总听后二话没说,立即通知财务部门把泰国人妖歌舞表演的门票全额退还给郑女士。

(二)案例评析

该起旅游案例主要是由于旅行社为了满足 12 位游客小团体的要求,而忽视了 8 位散客的接待计划,造成一个旅行团有两种不同接待计划的状况。这实质上是旅行社内部业务环节上出现了问题,并不是郑女士所说的欺骗行为。但又由于游客和旅行社签订了旅游合同。所以,旅行社因工作上的失误,造成违反合同行为,理应赔偿游客的经济损失。如果旅行社能按照这 12 位游客的接待计划对外收客,并且与同意此接待方案进行活动的游客说明实情,签订旅游合同,或许那位郑女士不会到旅行社来投诉。

旅行社为满足游客的需求,为了顺利组团出游,他们在与游客签订旅游合同时,一般会把旅游接待计划规定得较为详细,这也是规范旅游市场的一个举措。但若由小团体和散客组成的旅游团或者几个小团体和散客组成的旅游团,那就必须"步调一致",接待方法和接待标准也应一致,这样才能在满足游客需求原则下完成所签的旅游合同。本案所反映出的问题归根到底是旅行社内部管理的问题。

案例九 旅游降低标准,赔偿如何计算

(一)案情

1998 年 7 月,李某等 28 名旅游者参加北京某旅行社组织的"兴城三日游"。按旅游协议所定的交通、住宿等标准,旅游者每人交纳旅游费 388 元。然而,在旅游协议的履行过程中,该旅行社却将原来承诺的"空调旅游巴士"换成普通

"宇通"大客车，将"双人标准间"改为 4 人间，且卫生间公用。李某等游客以旅行社违约为由，向旅游质量监督管理部门投诉，要求旅行社赔偿旅游费用的一半，以维护其合法权益。

被投诉的旅行社一方辩称：兴城是近年来新开发的旅游地，各方面旅游设施有限；再加上暑期是旅游旺季，大批旅游者涌入，造成旅游交通用车、住宿有困难。旅行社之所以降低档次标准接待，是由于无法左右的客观原因造成的，并非旅行社的主观愿望，因此不应承担赔偿责任。若需要赔偿，也只能是退赔差额。

（二）案例评析

本案中，被投诉人所辩称的免责事由不能成立，其赔偿损失的计算方法不符合规定。

（1）被诉人存在违约行为。双方在平等、自愿的基础上签订的"旅游协议"是有效协议，当事人都要自觉遵守。被诉人在履行"协议"时，未按约定的档次、标准安排交通和住宿，已构成违约。

（2）被诉人存在主观过错。为旅游者安排交通和住宿是被诉人应履行的义务。因此，旅行社在组团和签旅游协议时，应该考虑旅游地的接待能力。而兴城的接待能力有限，也并不是不可预见、不可避免或不可克服的不可抗力因素。被诉人在没有履约能力的情况下，盲目招徕组团，是自身的过失造成"协议"不能完全履行，应当承担相应的赔偿责任。

（3）投诉人要求被诉人赔偿旅游费用的一半，缺乏法律依据；被诉人只退赔差额也不符合有关规定。根据《旅行社质量保证金赔偿试行标准》第 6 条规定："旅行社安排的旅游活动及服务档次与协议合同不符，造成旅游者经济损失，应退还旅游者合同金额与实际花费的差额，并赔偿同额违约金。"故裁定被投诉人赔偿投诉人直接经济损失 100 元/人，支付同额违约金 100 元/人；赔偿旅游车差价 20 元/人，支付同额违约金 20 元/人。

案例十　旅游不成行，旅行社如何赔偿

（一）案情

"五一"黄金周刚过，彭某等 3 名旅游者与甘肃某国内旅行社联系并缴纳了去四川九寨沟旅游的单程旅费 1 800 元（600 元/人）。由于该国内旅行社是与其他旅行社合作组团，并且由于购火车票等原因，致使该旅游团的出发时间从 5 月

19 日 7 点 30 分推迟到 5 月 20 日 7 点 30 分，从而使彭某等旅游者在兰州滞留了一天。彭某等因为时间原因，不得不取消了去九寨沟的旅游计划。为弥补延误出发给彭某等旅游者造成的损失，该国内旅行社于 5 月 19 日租车安排彭某等旅游者前往刘家峡炳灵寺游览，收取交通费 360 元（120 元/人），但因水库水位下降使彭某等旅游者未能上岸参观游览炳灵寺，只游览了刘家峡水电站。为此，彭某等 3 名旅游者向旅游质量监督管理所投诉，要求该国内旅行社全额退还其所交旅行费用并赔偿由此造成的经济损失。

旅游质量管理所接到投诉后对此案进行了调查核实。在事实清楚、证据充分、责任明确的基础上，依据《旅行社管理条例》和《旅行社质量保证金赔偿试行标准》的有关规定，对此投诉作出了如下处理：（1）责令该国内旅行社向彭某等 3 名旅游者作出书面赔礼道歉；（2）补偿彭某等 3 名旅游者在兰州滞留一天的食宿费 420 元（人均 140 元，其中房费 80 元，餐费 60 元）；（3）退还所取四川九寨沟旅游费用 1 800 元（600 元/人）；（4）退还刘家峡炳灵寺交通费 240 元（80 元/人）；（5）支付违约金 420 元（140 元/人）。

（二）案例评析

为了规范旅行社的经营行为，维护旅游者的合法权益，《旅行社管理条例实施细则》第 39 条规定："旅行社应当为旅游者提供约定的各项服务，所提供的服务不得低于国家标准或行业标准。"该国内旅行社在收取旅游者付给的旅行费用后，本应严格履行约定，保证旅游者依照约定进行旅行游览活动。但是由于旅行社本身的原因，造成旅游者旅行时间的延误，损害了旅游者的合法权益，所以该国内旅行社不仅应当退还所收取的旅行费用，还应当承担由此产生的违约责任。依据《旅行社质量保证金赔偿试行标准》的有关规定，旅行社在收取旅游者旅行费用后，因旅行社的原因造成旅游不能成行的，应承担违约责任，赔偿旅游者已交旅行费用 10% 的违约金；旅行社安排的旅游活动与合同协议约定不符，造成旅游者经济损失，应退还旅游者合同金额与实际花费的差额，并赔偿同额违约金。

案例十一　狗咬游人，谁来承担责任

（一）案情

投诉人周某于 6 月参加四川省某国际旅行社组织的九寨沟旅游团。6 月 14 日下午 7 时许，旅游团乘汽车至松潘县甘海子地段时，一些旅游者提出要上厕所。导游即与司机商量，将车停在了一个有厕所的商店门口，导游告知厕所在商店的后面，并引导旅游者到厕所的门口。这时，走在最后的周某没有直接上厕所，而是经过厕所门口向大约离厕所 5 米处的土堆走去，被此地大树下拴着的狗咬伤。

事故发生后，导游为周某的伤口进行了应急包扎处理。到九寨沟的宾馆后，将周某送到九寨沟镇医院进行医治。由于此地没有狂犬疫苗，导游向其所属成都市某旅行社报告，要求旅行社接站并安排医院和准备好狂犬疫苗。16 日，导游将周某送上交通卧铺车返回成都。

旅行社立即派人找到了狂犬疫苗，并按照周某的要求，为其安排了带独立卫生间、有彩电的单间病房。住院时，旅行社支付了周某的医疗费和住宿费 6 000 元。在治疗期间和出院后，四川省消协和质监所对此纠纷进行了多次调解，提出在旅行社支付周某成都治疗期间的费用 6 000 元，再赔偿 6 500 元，而周某认为该赔偿额远不足以弥补其直接与间接经济和精神损失。调解未果。

（二）案例分析

本案当事人周某在旅游途中被狗咬伤，其提出由旅行社承担责任并赔偿损失的请求，缺乏法律依据，不应支持。理由是：

1. 旅行社在提供的旅游服务中没有过错。旅游途中，应旅游者的要求，中途停车上厕所，导游的此行为并无不当。导游在停车后告知了厕所的具体位置，并将旅游者引导到厕所门口，已经履行了导游应尽的义务。周某下车后，并未按导游告知的具体位置和引导的路线上厕所，而是向厕所后面 5 米处拴狗的土堆走去，从而导致被狗咬伤的后果。

2. 本案中，周某被狗咬伤，纯属意外事故，旅行社在没有过错的情况下，不应承担违约赔偿责任。但旅行社有义务进行救助，协助有关部门调查取证，依据旅游意外保险协议，向承保保险公司索赔保险金。

3. 被狗咬伤是第三人的侵权行为所致。《民法通则》第 127 条规定："饲养的动物造成他人损害的，动物饲养人或者管理人应当承担民事责任。"本案中，由于狗的主人未尽到管理义务，致使周某身体受到伤害，因此周某应直接要求侵权人承担赔偿责任，以使自身的利益得到及时的保障。

案例十二　未上旅游保险，旅行社难辞其咎

（一）案情

高中生王某随其父亲参加某旅行社组织的普陀山等地五日游。8 月 5 日下午，应一些旅游者要求，随团导游同意游完普济寺和小西天两个景点后留出一些时间，让旅游者去海滨浴场游泳。王某等 7 名旅游者从普陀山小西天下山后，在地接社导游的带领下，直接到了百步沙海滨浴场。

由于是初次下海，几个人就在海滩边的浅水处游玩。一阵海浪袭来，惊慌过后，人们才发觉少了王某。有关部门随即组织寻找，但没有结果。直到 9 日下午，才在普陀山朝阳阁附近的礁石间发现了溺水身亡的王某。普陀山海滨浴场依照门票上约定的人身意外伤害保险及相关责任，向王某家人支付了 5 万元保险金及 3 万元赔偿金。王某家人对此表示满意，也就不再向浴场提出其他要求。

王某家人在有关部门的主持下与旅行社就善后事宜进行了几次协商，要求依照旅游意外保险的规定，赔偿保险金。对于王某家人的索赔要求，旅行社称：由于发团时间比较急，没来得及投保，但依据保险规定，被保险人的年龄应在 16 岁至 65 岁之间，而王某不在此列。另外，普陀山海滨浴场不是旅行社安排的旅游项目，王某罹难属于擅自活动而发生的意外，即使旅行社事先投保，保险公司也不会理赔。

旅行社表示，出于道义上的原因，愿意向王某家人付数千元的补偿。王某家人以旅行社未给王某投旅游意外保险为由，要求旅行社支付相应的旅游意外保险金。

（二）案例评析

王某家人的赔偿要求于法有据，应该予以支持。旅行社未履行其法定义务，所辩称的理由不能成立。因此，应依法承担相应的法律责任。

《旅行社管理条例》第 22 条规定："旅行社组织旅游，应当为旅游者办理旅游意外保险，并保证所提供的服务符合保障旅游者人身、财物安全的要求。"按照我国《保险法》规定，根据国家的社会经济政策的需要，法律和行政法规可以规定在某一范围必须实行强制保险。旅游意外保险就是通过国务院发布的行政法规所确立的强制保险。旅行社组织旅游，必须履行为旅游者投旅游意外保险的法定义务，而没有选择的余地。本案中，旅行社以时间来不及为由而不履行义

务，显然是有悖法律的规定。因此，不能免除其责任。

旅游意外保险的赔偿范围是旅游者在旅游期间发生的意外事故而引起的赔偿，其中包括人身伤亡、急性病死亡引起的赔偿、死亡处理或遗体遣返所需的费用、受伤和急性病治疗支出的医药费、第三者责任引起的赔偿等。另外还规定，旅游意外保险中上述各项赔偿比例，由旅行社与承保保险公司商定。依照保险规定，被保险人是所有参加旅行社组织的游览活动的旅游者。旅行社以年龄划界，剥夺王某所应享有被保险人的权利，是没有根据的。

旅游意外保险的保险期限规定，旅行社组织的国内旅游、出境旅游，保险期限从旅游者在约定的时间登上由旅行社安排的交通工具开始，直至该次旅行结束离开旅行社安排的交通工具为止。旅游者在中止双方约定的旅游行程后自行旅游的，不在旅游意外保险之列。

本案王某等到海滨浴场游泳，是经过地接社导游同意并在导游的带领下进行的。因此，不能认定系中止约定的自行旅游行为，而应视为双方约定增加的自费游览项目。凡旅行社认可的游览活动都应纳入旅游行程中，在此期间发生的人身伤亡事故，旅游者或者其亲属有权依法获得相应的保险金赔偿。

案例十三　延期两日出游，要求退赔全部旅游费合理吗

（一）案情

某公司一行 20 人 9 月参加某旅行社组织的"新加坡、马来西亚、香港 8 日游"。双方签订的旅游合同规定，出团日期为同年 12 月 26 日，每人费用 5 700 元人民币。12 月 26 日，该旅游团在旅行社领队的带领下，乘车准时抵达机场准备出境时，却发现因新加坡使馆工作人员的失误，将签证的有效期错写为 12 月 25 日，而旅行社未能及时审核，造成签证过期，致使该旅游团无法按期出境。为此，经双方紧急协商，变更了行程。旅行社重新办理出境手续，并应旅游者的要求乘飞机赴广东，改由广东出关先到香港，然后再去新加坡、马来西亚。旅行社按新行程安排完成了旅游活动，整个行程比原合同延期两天，旅行社为此全额承担了因重新签证、变更行程等所支出的费用合计人民币 76 000 元。

旅游结束后，旅游者要求旅行社承担违约赔偿责任。旅行社多次派人与旅游者协商解决纠纷并发函致歉，但未能达成共识。次年 3 月，旅游质监部门主持调解，提出由旅行社赔偿全额旅游费的 10% 的调解意见，旅行社为表示解决纠纷

的诚意，同意补偿全额旅游费的20%。旅游者仍不予接受，遂于4月诉至人民法院，要求旅行社赔偿全额旅游费114 000元及误工费2 800元。

（二）案例评析

法院对此案进行审理认为：

1. 原、被告之间所签订的旅游合同因被告工作上的失误而无法按期履行，但随后经与原告协商，变更了原定行程，原告按变更了的行程完成了旅游内容的行为视为对合同内容变更的认可。

2. 被告已履行了变更后的合同确定的义务，并承担了因变更合同而产生的相关费用，原告再提出要求被告全额退赔旅游费于法无据。

3. 原告提出的误工损失因缺乏相关依据而不予采纳。鉴于被告本着解决双方纠纷的诚意，愿对原告作出一定补偿的意见，法院予以采纳并酌情考虑。

综上所述，法院作出如下判决：

（1）驳回原告的诉讼请求。

（2）被告补偿原告人民币2 800元。

（3）案件受理费3 846元由原告承担。

案例十四　假服务，双倍赔偿

（一）案情

伟通公司和古都旅行社职员董某于2月26日经协商后达成协议：古都旅行社代办伟通公司的两名职员赴香港的护照签证，保证他们于4月12日到达香港，并安排他们在深圳、香港两地的住宿等事项。伟通公司向古都旅行社支付3 900元。随后古都旅行社收到了董某转来的伟通公司的3 000元预付款，以自己的名义从洛阳中国国际旅行社申领并填写了两份出境旅行护照的申请表格。4月5日，洛阳中国国际旅行社通知古都旅行社护照已办出。4月9日，古都旅行社将护照费1 400元支付给洛阳中国国际旅行社。4月10日，古都旅行社将护照交给伟通公司，并让其找董某办理其他手续。而此时董某已调离古都旅行社，她让伟通公司找古都旅行社。在这种情况下，伟通公司的两名职员只好于4月10日自行前往深圳。到达深圳后，得知因签证时间长等原因，已无法于4月12日到达香港，即取消了香港之行并返回洛阳。此后，双方多次就此事进行协商，但均未达成协议。伟通公司于11月3日以古都旅行社和董某为被告诉至洛阳市涧西区法院。法院依据《消费者权益保护法》的有关规定，一审判决该旅行社退还洛阳伟通商贸有限公司办理护照签证的预付款 3 000 元，支付利息 266.4 元，并赔偿损失 3 000 元。

（二）案例评析

后经法院查明，被告古都旅行社的经营范围为入境旅游业务及国内旅游业务，并没有出境旅游这一经营业务。古都旅行社作为服务性企业，在与消费者进行交易时，应当遵循诚实信用的原则，向消费者告知其所提供的服务的真实信息，不应有虚假宣传。但被告古都旅行社明知其不具有出境旅游这一经营范围，仍向原告承诺代办护照及出境旅游等业务，其行为具有欺诈性；在收取了原告交付的预付款后，亦未按约定的内容提供全部相应的服务，损害了原告的合法权益。因此，被告古都旅行社应承担相应的民事责任。被告董某在被告古都旅行社工作期间，在旅行社的授权范围内，代表旅行社承揽了原告这一业务，并将收取的预付款交付给了旅行社。因此，董某的行为应认定为职务行为，其法律后果应由被告古都旅行社承担。

很多人知道在商场买到假冒伪劣商品可获得双倍赔偿。其实，经营者提供的服务有欺诈行为，也可获得双倍赔偿。现在一些服务单位，时常发生损害消费者合法权益的事件。这时候消费者就要善于运用法律武器理直气壮地向他们讨说法，获得双倍赔偿。

案例十五　旅客住宿被害　宾馆被判赔偿

（一）案情

河南省周口地区首例旅客住宿宾馆被害案经周口地区中级法院二审终结，判决宾馆赔偿被害者家属 3.17 万元。

河南安阳居民赵某于 12 月 23 日因公差到项城市办事，住在该市白云宾馆，于当月 26 日在该宾馆 213 房间被害身亡。赵某上有 70 多岁的双亲，下有弱智的儿子，他的被害给其家庭带来了巨大的经济损失和精神痛苦。赵妻郝某以其夫住进该宾馆就应享有人身及财产不受侵害的权利、宾馆治安防范措施较差以致损害结果发生为由，向项城市人民法院递交了起诉书，将白云宾馆推上了被告席，要求被告支付丧葬费、死亡赔偿金、被害人父母赡养费、子女抚养费、残疾人生活补助费、精神赔偿费、误工费等总计 14.15 万元。

被告辩称，本案中原告之夫赵某被他人杀死，对此加害人应当承担刑事和刑事附带民事责任，而与宾馆无关。另外，现此案正在立案侦查，尚未抓到凶手，宾馆对此应负的责任无法证实，因此本案应先由公安机关处理，宾馆不应承担赔偿责任。

（二）案例评析

法院经审理认为，原告之夫赵某住宿白云宾馆，其人身安全应当得到保障。被告安全保卫措施不力，原告之夫住宿期间被他人杀死，对此被告应承担一定的责任。故依法作出一审判决：原告所花丧葬费、交通费、住宿费及应支付的其他各种费用 7.93 万元，由被告赔偿原告 3.17 万元。

一审判决后，被告白云宾馆不服，并提出上诉。周口地区中级人民法院二审裁定维持原判。

案例十六　改变计划，旅行社是否应承担赔偿责任

（一）案情

某年 1 月 30 日至 2 月 4 日，王某等 16 名游客参加某旅行社组织的"云南四飞六日游"。按日程计划应于 2 月 3 日乘飞机从西双版纳回昆明。但由于大雾和雷雨天气，当天航班被取消。旅行社为了保证 2 月 4 日准时乘上昆明到北京的航班，积极采取补救措施，拟改乘大巴返回昆明，但与游客协商未能达成一致。游客坚持按原约定乘飞机赴昆明，以致滞留西双版纳 4 天，直到 2 月 8 日旅行社买到机票后才返程。游客投诉该旅行社，要求其承担违约责任，支付滞留期间的食宿费及误工费等。

（二）案例评析

《合同法》第 117 条规定："因不可抗力不能履约的，根据不可抗力的影响，部分或全部免除责任，但法律另有规定的除外。当事人延迟履行后发生不可抗力的，不能免除责任。"所谓"不可抗力"是指不能预见、不能避免并且不能克服的客观情况。航空公司因有雷雨天气原因，为了飞行安全取消版纳至昆明的航班，属不可抗力。旅行社为了保证今后的行程顺利进行，并采取了补救措施，改乘大巴返昆明，因此旅行社不应承担赔偿责任，只退机票与车票之间的差价。而游客坚持按原定计划乘飞机返昆明，双方未达成一致，以至滞留昆明 4 天，由此

所造成的额外费用应由游客承担。

　　旅游质监部门在查明事实的基础上，依据《旅行社质量保证金赔偿试行标准》第 16 条规定，处理如下：（1）旅行社无过错，不承担赔偿责任。（2）游客承担滞留期间所发生的一切费用。

　　本案中，王某等 16 名游客没有采取适当措施致使损失扩大，根据我国《合同法》第 119 条的规定："没有采取适当措施致使损失扩大的，不得就扩大的损失要求赔偿。当事人因防止损失扩大而支出的合理费用，由违约方承担。"由于天气原因造成航班取消，责任不在旅行社方面，而旅行社也采取了补救措施，但王某等 16 名游客不予接受致使损失扩大。因此，导致损失扩大的一切费用应由王某等 16 名游客自行承担，旅行社不负赔偿责任。

案例十七　免费加点 = 赔偿?

（一）案情

　　元旦期间，游客赵某一行 10 余人参加了某旅行社组织的"九寨沟、黄龙游"旅行团。由于适逢节假日，蜂拥而至的游客远远超出当地的接待能力，旅行社无论在吃、住、行、游的安排上都不尽如人意。尤其令众游客遗憾的是，由于黄龙下雪封山，使大家无法一睹黄龙的风采。旅行社为弥补众团友的损失，亦作为此次接待不周的一种赔偿，经全体团友签名同意，免费增加游览峨眉、乐山两个景点。客人加点游览完全程后，投诉旅行社，以"货不对板"为由，要求旅行社再行赔偿。

（二）案例评析

　　旅游质量监督管理部门审理认为：旅行社以免费加点的形式对客人在参团过程中出现的"货不对板"现象作为赔偿的方法并不少见，只要是经客人同意，行程允许，且所加景点费用不少于赔偿金额，便可视为有效的赔偿，旅行社不需再另行对客人进行赔偿。

　　根据国家旅游局发布的《旅行社质量保证金赔偿试行标准》规定："（1）旅行社安排的餐厅，因餐厅原因发生质价不符的，旅行社应赔偿旅游者所付餐费的 20%；（2）旅行社安排的饭店，因饭店原因低于合同约定的等级档次，旅行社应退还旅游者所付房费与实际费用的差额，并赔偿差额 20% 的违约金；（3）旅行社安排的交通工具，因交通部门原因低于合同约定的等级档次，旅行社退还旅游者所付交通费与实际费用的差额，并赔偿差额 20% 的违约金；（4）旅行社安排的观光景点，因景点原因不能游览，旅行社应退还景点门票、导游费并赔偿退还费用 20% 的违约金。"

案例十八　遗漏游览景点，赔偿如何计算

（一）案情

张某等 20 名旅游者报名参加某国际旅行社组织的"北京—宜昌—三峡—成都游"活动，双方签订了旅游合同。在旅游过程中，因组团社与地接社之间发生团款纠纷而耽误了旅游行程，造成重庆红岩村等景点的游览项目被迫取消。旅游结束后，张某等旅游者向旅游质量监督管理部门投诉，称组团社与地接社的纠纷殃及无辜的旅游者，旅行社应当承担违约责任，要求赔偿全部旅游费。被投诉旅行社辩称，此次旅游景点的遗漏，完全是地接社的原因造成的，组团社并没有过错，不应该承担责任，但是考虑到旅游者的实际利益，同意先退赔遗漏景点门票费每人 32 元。如旅游者还有其他赔偿要求，应向有过错的地接社提出。

（二）案例评析

本案中，被投诉组团社所辩称的理由不能成立，旅游者要求组团社承担违约责任是合法、合理的，但所提出的赔偿全部旅游费的请求缺乏事实和法律依据，不应该支持。

1. 组团社应承担违约责任。《合同法》第 121 条规定："当事人一方因第三人的原因造成违约的，应当向对方承担违约责任。当事人一方和第三人之间的纠纷，依照法律规定按照约定解决。"合同关系是一种相对的法律关系，仅在当事人双方之间发生法律效力。对于旅游者来说，组团社因地接社的行为不能完全履行合同时，合同的当事人组团社应对地接社的履行行为负责，向旅游者承担违约责任，然后再就其因此受到的损失向地接社追偿。

2. 旅游损失赔偿的问题比较复杂。国家旅游局依据有关法律、法规制定的《旅行社质量保证金赔偿试行标准》具体规定了损失赔偿额的计算方法。其中第 8 条第 1 款规定："导游擅自改变活动日程，减少或变更参观项目，旅行社应退赔景点门票、导游服务费并赔偿同额违约金。"本案中，旅行社只退赔遗漏景点门票款显然是大大低于规定的数额，应该按法定要求进行核算，以使旅游者的损失得到合理合法的赔偿。

案例十九　乘兴旅游被致残，法院判赔 28 万

（一）案情

随旅游团外出游玩，却遭意外致残的谢某在索赔无果的情况下，将平顶山市某旅行社告上了法庭。近日，平顶山市新华区法院判决被告赔偿原告谢某医疗费、生活补助费、伤残慰抚金等共 28.7 万元。

4 月 20 日，平顶山市鸿业建安工程公司谢某等 15 人每人出资 1 190 元，以单位名义与该市某旅行社签订了组团旅游合同，游览山东曲阜、泰山、济南、青岛等地。4 月 24 日，谢某一行 15 人出发外出旅游。27 日早 6 时，当谢某等人乘车返回途经山东省梁山县后孙庄乡姜庄村时，旅游车与当地一辆大货车相撞。谢某身受重伤，被送往梁山县人民医院急救，经诊断为重型颅脑开放性损伤、脑挫裂伤、混合性失语。住院 10 天。5 月 7 日，谢某转回平顶山市第一人民医院治疗，7 月 7 日出院。后经平顶山市中级人民法院司法技术处鉴定为三级伤残。事发后，谢某的亲属及单位领导多次找旅行社协商，要求其支付谢住院期间的医疗费、住院费、司法鉴定费等 39 304.96 元，赔偿残疾费、生活补助费等 318 848.4 元。然而未果。谢某遂向法院提起了诉讼。

（二）案例评析

原告谢某在本单位集体与被告平顶山市某旅行社签订了组团旅游合同，并交纳了旅游及保险等费用。原告在旅游期间，被告有义务保障原告的人身安全。旅游车发生事故后，虽经当地道路交通管理部门认定，责任不在被告司机，但被告对原告在旅游期间发生的人身损害赔偿责任不容推卸。

案例二十　游客同意的加点服务能否等于有效赔偿

（一）案情

肖某等 20 余名游客参加某旅行社组织的"泰山、曲阜三日游"。由于适逢"五一"，各地蜂拥而至的游客远远超过了当地旅游接待能力，该团吃、住、游等安排都不尽如人意。旅行社为表示歉意和对该团的一种补偿，经全体团员书面同意，免费增加游览济南大明湖、趵突泉两个景点。游览结束后，肖某提出：由

于他以前已经游览过大明湖、趵突泉，本不想同意增加景点的游览，只是当时其他人都同意，加之导游的劝说，他才签了同意，是违反自己意愿的。因此，旅行社应退还他一部分费用。同旅行社协商未果，以旅行社提供的旅游服务质量"质价不符"为由，向旅游质量监督管理部门投诉。

（二）案例评析

根据《旅行社质量保证金赔偿试行标准》第10条、第11条、第12条、第13条的规定，因旅行社安排的宾馆、饭店、交通工具、观光景点的原因损害游客的合法权益，旅行社应负赔偿责任。旅行社已经讲明"免费加点"是为了补偿游客的损失，并经全体团员同意签名，相当于旅行社和游客签订了一个新合同，对双方当事人均有约束力。因此，"免费加点"可视为有效赔偿，不再另行赔付。肖某已经签字并且提供不出当时不同意的有效证据，旅游质监部门对其要求不予支持。

在本案中，肖某与旅行社就补偿损失又签订了同意免费增加景点的书面协议。根据我国《合同法》第8条、第14条第2款、第77条的规定，游客肖某与旅行社重新签订的协议是有效的，对当事人具有法律约束力，并受法律保护。旅游质监部门对其经济赔偿的要求不予支持是正确的，因为其不能提供当时不同意"免费加点"的有效证据。依照上述的法律、法规的规定，对游客肖某的要求不予支持。

案例二十一　旅行社拒绝赔偿，怎么办

（一）案情

一名游客在参加某旅行社组织的旅游中，被旅行社强行收取了合同外的费用。之后到旅游质监所进行投诉，并要求赔偿。质监所受理了投诉，并进行了多次调解，在被投诉的旅行社拒不接受调解的情况下，旅游质监所做出《旅行社质量保证金赔偿决定书》（简称《赔偿决定》）。但旅行社仍拒绝赔偿。那么作为游客，如何依据国家的有关法律法规得到赔偿呢？

（二）案例评析

首先，讨论这一案例的前提是，质监所根据调查、核实，依照《旅行社质量保证金赔偿暂行办法》的有关规定，要求旅行社赔偿强行多收取的费用，所做出的赔偿决定是正确的。

其次，我们了解一下国家旅游局对运用质保金处理旅游投诉的有关规定。旅行社质量保证金是指由旅行社缴纳、旅游行政管理部门管理、用于保障旅游者权益的专用款项。根据《旅行社质量保证金赔偿暂行办法》，旅游质监所受理投诉后，按工作程序可划分为两个阶段：（1）调解阶段。旅游质监所首先在查明事实、分清责任的基础上，在旅游者与被投诉旅行社间进行调解，促使投诉人与被投诉旅行社互相谅解，达成协议。工作中绝大多数的投诉是经调解解决的。如调解中有一方不服，则进入下一阶段——强制阶段。（2）强制阶段。质监所对调解不成的案件，可以分别做出以下处理：属于被投诉旅行社的过错，可以责令被投诉旅行社向请求人赔偿损失，并通过《旅行社质量保证金赔偿决定书》的形式，通知请求人和被投诉旅行社，同时规定该"决定书"由所属旅游局主管负责人核准签发。"当事人对赔偿决定不服的，可以在接到决定书之日起15日内向上一级质监所提出申诉"。如果被投诉的旅行社仍拒绝赔偿，质监所则可以依据《旅行社管理条例》第43条"旅行社拒绝不承担或者无力承担赔偿责任时，旅游行政管理部门可以从该旅行社的质量保证金中划拨"的规定强制划拨被投诉旅行社的质保金。

在了解了旅游投诉受理和处理的不同程序、不同依据和不同性质后，我们再来分析本案例。游客能否最终获得赔偿？旅行社如不服《赔偿决定》，可否申请行政复议？行政复议期间是否影响《赔偿决定》的执行？本案例的焦点在于如果旅行社不服《赔偿决定》可以采取什么措施？在调解阶段，质监所可以口头调解，也可以以旅游质监所名义下达调解书，为调解性质。而以旅游局主要负责人核准签发并以旅游行政管理部门名义做出的《赔偿决定》或《划拨质保金决定书》（简称《划拨决定》），则属于行政部门的具体行政行为，当事人一方不服，享有行政复议的权利。

《行政复议法》第9条规定："公民、法人或者其他组织认为具体行政行为侵犯其合法权益的，可以自知道该具体行政行为之日起60日内提出行政复议申请。"第12条规定："对县级以上地方各级人民政府工作部门的具体行政行为不服的，由申请人选择，可以向该部门的本级人民政府申请行政复议，也可以向上一级主管部门申请行政复议。"

对照此案例，旅行社对《赔偿决定》不服的，可申请行政复议，此权利应当在《赔偿决定》中予以体现。

如果被投诉的旅行社拒绝接受《赔偿决定》，并在规定的时间内不申请复议，则可根据《旅行社管理条例》第43条规定，以旅游行政管理部门的名义，强制划拨被投诉旅行社的质保金。旅行社如果不服，可依据《行政复议法》申请行政复议，此权利也应当在《划拨决定》中予以体现。

旅行社申请行政复议，并不影响《赔偿决定》或《划拨决定》的执行。《行政复议法》第 21 条规定："在行政复议期间具体行政行为不停止执行。"根据此规定，即使被划拨质保金的旅行社提出行政复议，也不能影响划拨质保金的执行。同时，旅行社还必须根据《旅行社质量保证金暂行规定实施细则》中"保证金应保持规定数额，不足额部分，旅行社必须在 60 天内补足"的规定，按期补足被划拨的保证金。

综上所述，只要游客参加旅游的旅行社是依法成立的，并缴纳了足额的旅行社质量保证金，如果游客投诉旅行社的事实又符合《旅行社质量保证金赔偿暂行办法》中质保金的管理条件，即使旅行社拒绝赔偿游客的损失，旅游行政管理部门以及旅游质监所就会依据《旅行社管理条例》、《旅行社质量保证金赔偿暂行办法》等相关法律、法规，按照调解、责令赔偿直至强制划拨被投诉旅行社的质量保证金的程序，最终达到保护旅游者的合法权益的目的。

旅游安全案例

案例一　交通事故旅游企业也须承担责任

（一）案情

某企业员工朱某因公需陪同客户去市郊风景游览区观光游览，特向旅游汽车公司租借一辆豪华小客车。出发的那一天上午，天上下起了毛毛细雨。当小客车行驶到一半路程时，因路面突然发生情况，驾驶员措手不及，车头撞在路边的大树上，致使朱某身受重伤，当即昏迷不醒。经路人及时抢救，送往一家市级医院。医生会诊确定为：失血性休克，肋骨、骨盆、锁骨等多发性骨折，后脑膜血肿以及双脚严重受伤等。在朱某病危抢救期间，该旅游汽车公司特派一辆轿车供其家属使用，并且与家属签订了一份合同，同意承担全部约 7 万人民币的住院医疗费以及护理费、营养费、误工损失费等 8 000 多元。等到朱某脱离生命危险出院后，该公司认为朱某发生的费用已经结束，以后不再由他们付款。而朱某家属及企业都认为该公司故意毁约，于是聘请律师把旅游汽车公司告上了法庭。

（二）案例评析

在整个旅游过程中，旅游者人身安全遭受侵害或财产受到损失，旅游企业必须对旅游者负责，同时也必须承担赔偿责任。此起旅游案件纠纷主要是由于旅游汽车公司发生交通事故造成旅游者严重受伤，因而在赔偿问题上发生意见分歧而造成的。在审理过程中，双方就赔偿数额及赔偿范围分歧较大，意见不一，多次协调均告流产。最后，法庭根据《中华人民共和国民法通则》第 6 条、第 43 条、第 119 条的规定，做出以下判决：（1）被告除赔偿原告医药费、误工费、营养费等原先所签订合同规定的金额外，还要一次性赔偿原告误工损失费、护理费、营养费等 1.3 万元人民币；（2）被告承担全部案件受理费。

法庭依据《中华人民共和国民法通则》对该起旅游案件纠纷进行了判决，

其判决无疑是正确的。因为我国有关法律规定企业要对员工承担民事责任，该公司驾驶员在工作中不慎出现严重的交通事故，过错的主要责任在本人。该公司应该对旅游者进行赔偿。同时，驾驶员因公外出受伤，根据国家有关法律规定，也应享受劳保待遇，不得歧视。法庭依法判决赔偿旅游者约9万多元人民币。这也说明了旅游企业要为旅游者提供安全的保证，否则就要承担赔偿责任和法律责任，这是毫无疑问的。

案例二　谨防出境游陷阱

（一）案情

钟先生很想带家人出国旅游，由于旅游票价一直没降到心理价位，所以迟迟下不了决心。一天，钟先生经熟人介绍认识了一位境外办事处的负责人黄某。经洽谈，黄某决定给钟先生出国游全市最低优惠价，附带条件一个，即不开发票、不签合同。钟先生听后没有反对，并当即付款购买了两张出国旅游票。后来，他们到达了目的地国家，导游先是收齐了旅游团的小费，紧接着又是参加什么自费活动和参观不健康的娱乐场所等。在以后的几天游览中，导游一个劲地带旅游团跑商店购物，最多的一天竟跑了八家商店。有人问为啥这么做，导游说："你们这个旅游团我们根本不赚钱，其他的费用都是商家赞助的，你们不去怎么向他们交代？"等到整个游程结束后，钟先生一算所花的费用要大大超过其他旅行社的价格。当他找到境外办事处论理时，黄某却冷冷地说："天上又不会掉馅饼，羊毛出在羊身上嘛。"钟先生听后真是哑巴吃黄连——有苦说不出，原本想贪图便宜，结果花了大价钱还不满意。后来，他写信给旅游质监部门咨询，没几天就得到答复，说是这家境外办事处已被政府有关部门查处。

（二）案例评析

该起旅游案例从一个侧面反映了游客如何受骗上当，以及某些境外驻本地办事处为了利益而不顾法律，扰乱旅游市场，超范围经营，违规做出国游业务的情况。从中也不难看出，游客钟先生为了贪图便宜，出国旅游不去找有出国游组团经营资格的旅行社，也不签订任何旅游合同，更不要发票，结果是花了大价钱，还是不满意，真是哑巴吃黄连——有苦说不出。这些问题的暴露从另一个侧面说明了旅游市场中还存在着违法、违规的经营现象，一些行业"顽症"屡禁不止，法规制定相对滞后以及管理部门的管理水平及力度跟不上形势发展的需求。因此，只有运用规范市场的长效管理机制，形成社会监督体系，才能使旅游市场更加顺利健康的发展。

钟先生这次出国游的经历，多少是个教训。受骗上当的根源在于他既不知道出国游一定要找有出国游组团经营资格的旅行社，也不懂得出游前必须要和旅行社签订规范的旅游合同。要知道，现在一些非法从事出国游组团的境内外驻本地的办事处或机构在旅游市场中浑水摸鱼，他们往往打着"全市最低价"或"超低价"的牌子，使那些贪图便宜和不明真相的人上当受骗。为此，游客出游前一定要选择好旅行社，确实维护自身权益，谨防出境游陷阱。

案例三　自身过错自己承担责任

（一）案情

某旅游团在浙江普陀山观光游览。一天，导游站在一块"严禁入内拍照"的警示牌前面介绍海滩风光。最后，导游在放游客自由活动时又指着警示牌说："请遵守景区规定，不要入内拍照。"谁知导游后脚刚离开，3 位年轻游客前脚就悄悄地越过警示牌，光着双脚站在礁石上让人拍照。这时，一股浪潮猛地向他们袭来，浪潮将 3 人卷入海中，紧接着又是一股浪潮，把其中两人冲上岸来，可是还有一位年轻游客再也没上岸。事后，这两位游客和死者家属来到旅行社，要求赔偿他们的经济损失。而旅行社认为不是他们的过错因而拒绝赔偿，于是死者家属把旅行社告上法庭。

（二）案例评析

该起旅游案例事实很清楚，法庭经调查研究后认为：原告提出的赔偿要求不能成立。其理由为：（1）在旅游活动中，为了防止旅游者遭受人身伤害，旅游景区对危险区域和地段已经做出明确警示，旅行社的导游人员也事先作出警告，因此，旅游景区和旅行社都不应承担赔偿责任；（2）游客及死者无视警示，不听劝告，擅自进入危险区而遭受伤亡，是自身的过错造成的，损害责任由自己承担；（3）旅行社应积极协助游客向保险公司索赔。

本案的教训是用生命换来的，也给我们带来许多思考。旅游者在旅游过程中不但要增强维权意识，确实维护自身的合法权益，同时也要加强自我防范意识，从而使自己不受任何伤害。"高兴而去，平安回来"是每位游客的美好心愿。然而，如今有不少游客在这方面没有引起足够的重视。他们在旅游过程中往往表现出一种无所谓的态度，还有的游客为了寻找刺激，竟不顾旅游景区的有关规定和导游的劝告，最终造成了不堪设想的后果。所以，导游一定要把游客的安全问题放在工作的首位。同时，作为旅游者，自觉遵守旅游景区的有关规定，听从导游的劝告也是十分重要的。

案例四　保险赔偿有规定

（一）案情

9月初，某市高中毕业生符某（已考上大学）趁大学还未开学，便报名参加了一家旅行社组织的"海岛五日游"活动。一天，符某问导游是否可去海边浴场游泳。导游明确告诉他：（1）旅游接待计划中没有此活动项目；（2）傍晚海边有风浪，很危险，请不要去。但符某晚饭后还是悄悄地去了。结果，符某不幸溺水身亡。后来，符某家属从海边浴场获得了保险金，又在旅行社的陪同下从保险公司得到了赔偿金以及处理遗体时旅行社事先垫付的相关费用。事后，符某家属觉得赔偿金太少，旅行社也应对他们进行赔偿。可旅行社认为：在处理游客符某不幸死亡的过程中，已经支付了1万多元人民币。况且，在向保险公司索赔时，该费用也没向其家属讨还，实际可视为向死者家属表示的一点心意。但符某家属却认为旅行社赔偿太少，缺乏诚意，于是将旅行社告上法庭。后经法庭调查取证后认为：（1）旅游者在参加旅行社组织的旅游活动时，应该服从导游人员的安排和劝告，在行程中应注意保护自身和财物的安全；（2）该事故是由于符某个人过错而导致的人身伤亡，由此产生的各种费用理应自理；（3）旅行社事先已垫付1万多元人民币，后作补偿给其家属，已尽义务；（4）按照有关规定，原告符某家属要旅行社赔偿理由不充分，法庭不予支持。

（二）案例评析

该起旅游案例主要是由于游客符某擅自参加计划外活动，同时又不听导游人员的警示劝告，不幸溺水身亡，死者家属又觉得旅行社赔偿太少而上告法庭所引起的。其实，早在2001年5月，国家旅游局就颁布了《旅行社投保旅行社责任保险规定》，进一步健全、完善了旅游保险方面的立法，同时也明确了旅行社与游客之间的权利和义务。然而，死者家属认为旅行社只用1万多元了事，缺乏诚意，后将旅行社告上法庭的做法，既不合理，也不合情，自然也就得不到法庭的支持。

所谓"旅行社责任险"，实质上是指旅行社根据保险合同的约定，向保险公司交付保险费，保险公司对旅行社在从事旅游业务经营活动中，致使旅游者人身、财产遭受损害应由旅行社承担的责任，承担赔偿保险金责任的行为。《旅行社投保旅行社责任保险规定》详细地规定了投保范围以及保险期限和保险金额等。同时，又明确规定了由于旅游者个人过错导致人身伤亡和财产损失，以及旅游者在自行终止旅行社安排的旅游行程后，或在不参加双方约定的活动而自行活动的时间内发生的人身、财产损害，旅行社也不承担赔偿责任。由此可见，保险赔偿有规定，知法懂法更要紧。

案例五　拎包被抢谁之过

（一）案情

游客刘小姐随团参加一家旅行社组织的"新、马、泰八日游"活动。一天，旅游团队来到马来西亚，当晚就住进一家四星级宾馆。因正值旅游团入住高峰，当地导游和领队商量后让大家先在大厅内休息，过一会儿再办理入住手续。这时，刘小姐向导游提出要到附近的大型超市买东西。导游当即表示不同意。领队也提醒说："你独自一人去购物，我们不放心。"没多久，刘小姐联络了两位团友悄悄地从宾馆旁门出去了。正当他们高兴之时，刘小姐只觉得背后有人猛地抢走她的拎包。等她醒悟过来时，那位摩托车手早已逃之夭夭。就这样，旅游团按计划离开了马来西亚，只有刘小姐静候在宾馆等消息（因为她拎包内的护照、钱款等贵重东西都被抢走了）。4 天以后，刘小姐终于在当地旅行社的帮助下回了国。

之后，刘小姐带着其家属到旅行社交涉。他们认为旅行社是有责任的，并要求赔偿其经济损失和精神损失。但旅行社认为这不是他们的责任，双方争执不下。旅行社建议刘小姐投诉或上法庭解决问题，可刘小姐认为没必要，就要在旅行社解决，这下使得旅行社为难了。

（二）案例评析

该起旅游案例主要是由于游客刘小姐没有服从导游和领队的安排，擅自外出购物而遭抢劫所造成的。刘小姐及其家属认为旅行社的责任在于没有保护好游客的财产安全，使得游客遭抢劫。但旅行社认为该事故不是他们的责任，所以也"愿意"当被告。刘小姐却不愿投诉和上诉法庭，坚持要在旅行社解决问题。

拎包被抢谁之过？其实明白人一看就知道了，显然责任在游客本人。也就是说，是由于本人的过错而造成的，旅行社是可以不负其赔偿责任的。但是，游客还未享受的其他服务费用是可以退还给游客的，比如吃饭、住宿以及景点门票等。另外，作为旅行社应根据有关规定及时向保险公司索赔，也可出于同情心和人道主义精神适当补偿一些游客的损失，这也是可以办得到的。

游客刘小姐在旅游过程中因自身一个小小的过错，却造成了很大的损失。当然，这种抢劫事件是属极少数，也是人们意想不到的。但是，这种突发事件是可以预防的。在自由活动时间里千万不要单独活动，不到人多复杂的地方去游览，不到治安环境差的地方去观光，妥善保管好自己的随身携带的钱物。同时，作为导游来说，首先要把安全工作放在首位，不断提醒游客注意安全。在带团过程中要密切注意游客周围的情况，并通过各种导游艺术把游客紧紧地团结在自己的身边。还要安排好游客的自由活动时间，组织好活动的内容与场所。这样，或许会把抢劫事故降低到最低限度。

案例六　"赔款不投诉，投诉不赔款"的说法对吗

（一）案情

某旅行社的一辆旅游车在返回居住地途中，因刚下过雨，道路湿滑。司机为了避让迎面驶来的一辆手扶拖拉机，不慎将自己的旅游车翻倒在路边的水沟中。当时车上有12名游客，幸好只有7名游客受轻伤，其余的游客只是擦伤，8架照相机浸水。估计损失在2万元以上。

为了能使文明企业的评比工作顺利通过，旅行社对交通事故采取拖延不报的办法，一方面对游客封锁消息，另一方面又采取"高压"政策，要求游客写保证书，扬言"赔款不投诉、投诉不赔款"。开始游客还不明白是怎么回事，得知内幕后纷纷向旅行社提出过分的要求，搞得旅行社头昏脑涨。后来，上级有关领导还是了解到了事情的真相，于是摘了该旅行社"文明企业"的牌子，还通报批评了该旅行社。

（二）案例评析

为了隐瞒一起旅游交通事故，旅行社的领导采取拖延不报的做法，致使旅行社被摘了"文明企业"的牌子，同时又受到了通报批评的处分，这真是"赔了夫人又折兵"。本旅游案例告诉人们一个道理——纸是包不住火的。旅行社的车

辆发生交通事故，应该及时如实上报，不能隐瞒不报或谎报和拖延不报。同时，要按照有关规定，实事求是地进行处理，做好善后工作。那种"赔款不投诉、投诉不赔款"以及要求游客写保证书的高压政策是极其错误的。这样的做法不但违纪、违规，而且还招来游客过分赔偿的要求。这哪里是在解决问题，分明是在做见不得人的交易。我们要充分认识到"没有安全就没有旅游"、"安全是旅游的生命线"。每一位旅游工作者都要从对人民生命财产高度负责出发做好旅游安全工作，强化责任制，堵塞漏洞，消除隐患，确保不发生重大的旅游安全事故。

本旅游案例中的那家旅行社发生了交通事故后，该领导为了保住文明企业的牌子而把法律、法规抛在脑后，干出那种十分愚蠢的事情，最终还是受到了应有的处分。此时，我们应该清醒地看到，我国的旅游交通形势不容乐观，每年的旅游安全事故居高不下，死亡的中外游客数量也有所增加。因此，切实做好旅游安全工作，防止发生旅游安全事故，是每个旅游企业的头等大事。企业领导要切实承担起旅游第一责任人的职责，要明确具体安全责任部门和责任人，把责任制落到实处。如发生安全事故要追究其责任，而不是采取隐瞒不报或拖延不报，更不要做出那种"赔款不投诉，投诉不赔款"的违纪违规的事情。

案例七 "变味"的旅游

（一）案情

老王、老张是多年的老朋友，也是一家旅行社的老顾客。这一次旅游他俩对旅行社极为不满，并且写投诉信给旅行社领导，要求赔偿其经济损失。事情的经过是这样的：老王、老张参加该旅行社组织的某地六日游活动。抵达目的地后他们才知道该旅游团总共只有7个人。不知是啥原因，当地地接社租用一辆私人面包车和聘请一位能说会道的司机。此人既没有导游证，而且车况也很糟糕。在行驶过程中司机不是经常下车修理，就是与游客侃大山。大家都劝他开车时不要讲话，他不但没听，相反一个劲地唠唠叨叨。游客们普遍感到没有安全感。到了景点后，大家问他有关景点知识，他却一问三不知，相反讲那些小道新闻却头头是道。老王、老张觉得这是一次"变味的旅游"，旅行社怎么把我们交给了"黑导"、"黑车"。

（二）案例评析

该起旅游案例主要是由于当地旅行社安排"黑导"、"黑车"，游客感到是

"变味"的旅游，因而造成不满所造成的。

游客相信组团社，组团社也相信地接社。可地接社却违反有关规定，把组团社的客人交给了"黑导"、"黑车"。这些实在让人难以接受，不可思议。在如今的旅游市场中，"黑导"、"黑车"的情况还比较严重，问题的根本在于旅行社。旅行社有些从业人员目无国法，受经济利益的驱使，将旅行社业务转包给"黑导"、"黑车"。这些不规范的行为是产生"黑导"、"黑车"的直接原因。如果旅行社都能遵守有关规章制度，共同采取积极有效的措施，确实维护旅游市场的良好秩序，净化旅游市场的美好环境，那么，那些"黑导"、"黑车"现象就会得到遏制，游客也不会为"变味"的旅游所担惊受怕。

"变味"的旅游能给人们带来多少启示呢？其一，旅游企业之间选择好其合作伙伴是至关重要的。选择好的旅行社标准是什么？首先应该是选择好的品牌，而不是选择"低价位"。因为品牌旅行社是靠长期磨炼形成的，所以它具有较好的可靠性和较高的可信度。其二，旅游企业之间的诚信度是极为重要的。组团社把客人交给地接社。那么，地接社就应按照有关规定和旅游合同中的项目认真做好接待服务工作，而不是让那些"黑导"、"黑车"来搞旅游。其三，旅游从业人员要牢固树立为游客真诚服务的思想。旅行社不仅要把旅游接待服务视为抓好行为规范和职业道德建设的一项重要工作，而且也要把游客作为服务对象和"衣食父母"，在搞好旅游业务的同时搞好自身的形象建设。其四，在旅途中，游客若是发现"黑导"、"黑车"等现象，应立即向当地旅游质监部门反映，这样可以及时制止有些地接社的违规行为，同时也能使游客本身的损失降低到最低限度。

案例八　被蜂蜇伤以后

（一）案情

一个春暖花开的季节，周小姐随团来到江南某地农家乐参观游览。事先，当地导游提醒过游客应注意的有关事项。但当周小姐来到牛棚旁边时，突然一只野蜂猛地朝她袭来，并在脸上狠狠地蜇了一下，痛得周小姐"哇哇"直叫，脸部立刻红肿起来。这时，导游赶紧陪她到当地卫生院接受治疗，但周小姐担心当地医疗水平较差，影响自己的面容，所以拒绝接受治疗。十分扫兴的周小姐立即要求旅行社替她购买机票返回大城市进行治疗。为了说明游客中止旅游活动的原因，双方重新签订了一份协议书，并规定了由此产生费用的解决办法。返回居住地后，周小姐总共花去费用600多元。后因赔偿事宜与旅行社再次交涉未成，故而写投诉信状告旅行社。信中说旅行社应当保证游客的生命和财产安全，因导游没有警示游客，导致自己遭受伤害，所以要求退还全部旅游票价，并赔偿医疗、美容及其他费用3 000元人民币。

（二）案例评析

据了解，旅行社方面坚持称，野蜂袭击游客实属意外和无奈，且这种情况也属罕见。导游虽没直接提醒如何防止野蜂袭击的方法，但提醒过游客注意的有关事项。因此，严格地说旅行社没有责任。况且，周小姐的伤害事情发生后，双方已经达成新的协议，旅游纠纷实际上已得到解决。

后经有关部门协调并做出三条处理意见：（1）旅行社应退还周小姐未发生的旅游费用；（2）在旅游保险理赔的范围内进行赔偿；（3）旅行社另外补偿人民币300元。

这起旅游纠纷虽然得到了解决，但问题的发生却给我们带来了一些新的启示。首先对旅行社而言，尽管从法律角度上讲旅行社并无原则性的错误，但从人性化服务角度上讲是有欠缺的。旅行社是服务性行业，旅游是愉快的事情，当旅游纠纷产生后，旅行社既要热情耐心地向游客解释、宣传有关政策及规定，同时又要积极安抚游客，这样做或许会避免矛盾激化和纠纷上交。其次，对旅游者而言，首先要懂得有关方面的法律、法规，特别是旅游方面的法律、法规。在提出具体赔偿条件及要求时，不妨先向法律部门及有关部门咨询，然后按照有关法定程序操作，确实做到既有针对性，又有合理性，这样才能体现"合情、合理、合法"的精神。

案例九　承运人应当承担责任

（一）案情

一家旅行社与多年合作的旅游汽车公司发生了旅游纠纷。事情经过是这样的：春节过后，两家重新签订了一份合同，其中规定了权利和义务。一次，旅行社向旅游汽车公司租用一辆去外省市的旅游车。当司机把车开到旅游景点后，导游刚下车，身后紧跟着一位12岁的儿童，欢蹦乱跳地跑下车。就在这时，旅游车不知怎么的突然往后滑动，导致儿童落地后摔倒，当时脚上擦破点皮，也没发现异常情况。但到晚饭以后，儿童的脚变得红肿起来，经医生检查诊断为小腿骨折。儿童家长立即向导游提出赔偿要求。可是，旅行社说要等与旅游汽车公司交涉后才能给予答复。旅游汽车公司提出异议，认为儿童骨折之事不属本公司的责任。其理由是：（1）儿童摔倒后并未出现骨折情况；（2）患者从摔倒到医生诊断结果已有数小时，因此很难说是汽车公司的责任。于是，双方为赔偿问题发生争执。

（二）案例评析

该起旅游案例的核心是儿童受到伤害，其主要责任该由谁负的问题，是旅行社负责？还是旅游汽车公司负责？后经法庭调查研究认为：（1）游客下车时汽车突然滑动是造成游客伤害的主要原因。（2）旅游汽车公司的理由不能成立。（3）游客下车时受到伤害并非本人过失或故意。根据国家有关法律规定，旅游汽车公司对运输中游客的伤害应承担损害赔偿责任。（4）旅行社要积极协助游客同时向保险公司索赔。

法庭的意见是正确的，也是通情达理的。旅游汽车公司在运送游客的过程中要确保游客的人身、财产安全。我国《合同法》对此也有明确规定："承运人应当对运输过程中旅客的伤亡承担赔偿责任。"旅行社和旅游汽车公司是合作伙伴，游客在旅途出现人身伤害事故，首先应该是查明原因，分清责任，然后再坐下来一起研究、商量解决问题的办法，而不是推卸责任，否认事实真相。就该案例而言，游客的做法是对的，他们首先向导游提出要求旅行社赔偿。作为旅行社，应先向游客赔偿，然后再向旅游汽车公司追偿。如果是先要和旅游汽车公司洽谈赔偿事宜，或者直接要求旅游汽车公司向游客赔偿，这样做就违反了操作程序。

案例十　意外事故由谁负责

（一）案情

游客容小姐参加一家旅行社组织的"江南地区五日游"活动。在景点游览拍照时，不慎将照相机镜头盖掉入河中，当她蹲下身去捞取失物时，一不小心连人带照相机一起跌入河中。等到大家把她从河中救起时，容小姐的脸部、腰部及脚部都不同程度地受伤。此刻，容小姐也无心继续旅游。经导游请示旅行社，同意她提前返回的要求。当时旅行社就给容小姐两条答复意见：（1）退还容小姐尚未消费的旅游费用，其中包括住宿、吃饭、景点门票等；（2）积极协助她向保险公司索赔有关医疗费用。但容小姐提出异议，她认为既然是跟旅行社一起出来观光旅游的，那么游客在旅游期间发生的一切事情都应由旅行社负责。旅行社除上述两条答复意见之外，还应赔偿游客在医疗期间的经济损失，包括误工费、营养费、照相机维修费等。但旅行社认为容小姐的要求不合理。以后，双方多次协商也未果。容小姐最后将旅行社告上法庭。

（二）案例评析

这种旅游意外事故，其责任该由谁负是本案的焦点核心问题。法庭经认真调查研究后认为：旅行社在组团出游时，一定要遵照国家旅游局的有关规定，必须为旅游者办理旅游意外保险（自 2001 年 9 月起已改为旅游者自愿购买），其范围包括旅游者在旅游过程中发生的意外事故，比如人身伤亡、急性病突发等所需的医疗费。又因从 2002 年 1 月起，国家旅游局又规定旅行社必须购买责任保险，容小姐所受伤害既属意外事故，又发生在旅行社执行责任保险之前。为此，该事故并非旅行社责任所造成，旅行社给容小姐的答复意见是恰当的，旅行社对本案可不负赔偿责任。

旅行社与容小姐之间的旅游纠纷终于在法庭的调解下解决了。这也给我们带来不少启示。作为旅行社，在游客购买旅游票时，首先要宣传动员游客购买旅游意外保险，并且说明旅行社责任保险的内容、规定及意义，让游客对旅行社责任保险的情况有所了解。作为游客，在购买旅游票时要积极主动购买旅游意外保险，这样做虽然是多花了一点钱，但它于人于己都会有好处。

值得一提的是，假如旅行社或者那些旅游接待部门，比如宾馆、交通部门、娱乐场所等，对存在的安全隐患没有提前向游客做警示或采取预防性措施，由此产生的游客人身伤害事故，游客均可向旅行社或者旅游接待部门追究事故责任，获得经济赔偿。

案例十一　相关规定须明示

（一）案情

姚女士参加某旅行社的旅游团。一天晚上在自由活动的时间里，由于个人的原因不慎摔成骨折。返回居住地后，她打电话给旅行社称，根据旅游合同中的相关规定，要求赔偿其所有的经济损失。而旅行社要姚女士把医药费票据整理好，然后派人上门索取。姚女士听出旅行社的弦外之音，不同意旅行社只赔偿医药费、不愿赔偿其他经济损失的做法。于是，让其子女去找旅行社指定的保险公司。保险公司拿出长达十几页的保险条款，称不能按姚女士的要求赔偿其经济损失，只付给了80%的医药费。对此，姚女士想不通，便亲自来到旅行社理论。随后双方发生了纠纷。

（二）案例评析

随着我国旅游事业的不断发展，国家有关行政管理部门对旅行社执行强制性责任保险规定。在旅游过程中，由于旅行社的责任引起的游客人身、财产损害事件，应由旅行社负责向游客（根据保险相关条款）进行赔偿。旅游者也可根据自己的需要和意愿购买人身意外保险。上述两种保险已经得到了广大旅游消费者的欢迎和支持。游客姚女士要求旅行社赔偿其所有的经济损失是不合情、不合理和不合法的。

本案也引发出值得我们思考的一些问题。比如，姚女士让其子女到保险公司去交涉，而保险公司拿出长达十几页的保险条款，可以肯定地说这些条款姚女士在与旅行社签订旅游合同时从未见过的。那么，这些条款旅行社为何事先不向游客明示？使游客知道其内容以至心中有数呢？又比如，游客在出游前要花费很多时间认真考虑价格，看清楚旅游合同，知道游览接待计划，了解相关的旅游知识以及法律常识。但我们的旅行社是否可将所有的内容精编成一本小册子，让前来购买旅游票的消费者一目了然，同时也让游客知道自己的权利和义务。再比如，作为旅游消费者，出游前要选择信誉好、诚信度高的旅行社，在签订旅游合同时要仔细阅读相关条款，最好是买好人身意外保险，切实维护自身的合法权益。

案例十二　旅游业怎样在"非典"中安然躲过危机

（一）案情

1. 生意红火之时危机悄然而至。这是来自上海一家大型旅游企业处理"非典"危机的案例分析报告。当国内不少旅行社都遭受到了突如其来的"非典"重创时，这家旅游企业却能依靠完善的预警机制"幸运"地躲过了这场"灭顶之灾"，将损失降到了最低程度。

春秋国旅是一家大型综合性旅游企业，其境内游业务连续9年居全国首位。2003年初，和国内绝大多数同行一样，这家旅行社迎来了历史上最兴旺的"牛市"。但3月下旬公司经营出现的异动，让上海春秋国际旅行社总经理王正华隐隐感到一丝不祥：就在江浙旅游线路和外地市场十分火爆的时候，公司针对白领市场精心开发的一些高端旅游产品，如"自由人"、"纯玩团（只观光不购物）"等出现了滞销迹象——根据测算，整个 3 月份，这些高端旅游产品的销售量比 2 月份降低 40%～50%。

高端产品卖不动，说明外国游客和外企白领游客减少了。猛然间，王正华想起了 3 月 17 日世界卫生组织宣布的有关"非典"疫情的消息。他心中一紧：这是一个不祥的先兆！通过连续几昼夜的数据搜集和分析，春秋国旅终于得出了结论："非典"疫情会对当地旅游市场产生重大影响。

于是，当国内绝大多数旅游企业依旧因 3、4 月份旅游产品价格走高而坚决不肯降低销售利润时，春秋国旅已抢先在全国 31 家分社打响应对"非典"的紧急战役，为化解风险争取了时间。

2. 断然舍弃短期利益。情况危急！4 月 1 日，春秋国旅正式向国内各大航空公司递交报告，分析"非典"疫情的严重性。4 月 5 日起，旅行社包机部所有工作人员被派往各家航空公司，商榷包机停飞以及可能形成损失的分担方案。

当时，"非典"疫情对国内旅游行业的影响尚未显现，旅游市场价格持续走高。此刻，春秋国旅停、退包机的举动招来诸多非议，内部员工也颇有怨言："有生意不做，有钞票不赚"、"不管别人说什么，包机坚决要退，而且只能快不能慢。"春秋国旅高层的态度十分鲜明。不仅如此，他们还紧急下达了第二道让同行费解的命令——全国各分社将包机销售流量尽量往前推，即使不赚钱，甚至赔点钱也要把机票尽早售出。

事实证明，春秋国旅的急救措施很奏效。4 月 24 日，最后一家航空公司——四川航空公司也同意停、退包机。在所有航线停、退之前，春秋国旅包下的多数航班都已卖掉 99% 的座位，损失被减少到最低程度。与此形成鲜明对比，许多旅行社直到 4 月下旬方才察觉手中的机票滞销，甚至完全卖不动，心急火燎地要求航空公司停飞，却为时已晚。有的包机旅行社，一个航班只卖出四、五个座位，而一个航班一趟来回的成本高达 20 万元。

春秋国旅总经理王正华说，停、退包机和降价出票给旅行社造成 600 多万元的经济损失；但如果当时顾惜眼前利益，整个旅行社的潜在损失将超过 1 亿元，企业将被逼向死亡的边缘。

3. 48 小时收款制度规避"三角债"。"三角债"是国内旅游行业的顽疾，一家旅行社有几百万元乃至上千万元"三角债"的现象司空见惯。针对"三角债"，春秋国旅原本就制订了一项"48 小时收款制度"：通过网络销售的旅游产品要求入网 48 小时内收款；票务中心下属的业务部要求 24 小时内收款；春秋国旅的入境部、华东部都规定"先收款，后做团"。

春秋国旅总经理王正华说，在"非典"危机中，即使包机问题解决了，如果该收的钱收不回来，几千万元的"三角债"同样能将旅行社置于死地。此外，一旦形势恶化，部分中小旅行社还有可能恶意破产逃避债务。

针对"48小时收款制度"平常执行中存在的一些漏洞，春秋国旅严查这项制度的执行情况。之后，春秋国旅还严格规定：不执行48小时收款制度的人员，一经发现立即开除。由于发现及时、措施得力，春秋国旅不仅在关键时刻回笼了大笔资金，而且躲过了受"三角债"牵连而导致破产的风险。

（二）案例评析

"幸运常常光顾有准备的人。"由于应对及时，春秋国旅尽管业务受到损失，但保存了企业的实力，积蓄了发展的力量。从这一点看，春秋国旅是幸运的。所以说，"幸运"总是光顾有准备的人们。应对自然界的大灾大难，我们需要建立预警机制，在这方面我们需做多方面的努力。

首先，政府部门要下更多的工夫。在灾难面前，有关部门要及时地给予企业和个人预警信息。尤其是我国加入世贸组织的初期，企业需要一段时间学会适应与调整应对危机的手段和策略，在这种情况下政府的角色就更为突出。

其次，企业方面要形成自觉的风险意识。当灾难发生时，要采取多种手段弥补损失，努力实现自助、自救。同时，要关注国际、国内信息，注意变化动向，以便出了问题及时应对。此外，媒体方面也要肩负起及时预警的重任。

这正是这则来自企业处理"非典"危机的案例给我们的启示。

案例十三　已获签证遭遇拒绝入境，
　　　　　应适用不可抗力①

（一）案情

2003年4月2日至11日，杭州某国际旅行社组织了21名旅游者参加"新、马、泰十日游"。按照旅游合同约定，旅游团将在马来西亚逗留3天。由于我国部分省市发生了"非典"疫情，马来西亚以安全为由，拒绝已经获得签证的该旅游团入境。旅游行程中的旅游者听到该消息时，感到惶恐不安，同时为旅游行程的取消痛心不已，纷纷要求旅行社采取措施，保证合同顺利履行。领队及时将这一特殊情况报告组团社，虽经组团社和境外地接社多方努力，旅游团仍无法进

① 中国旅游报，2003 – 07 – 15.

入马来西亚。鉴于此，旅游团被迫取消该段行程，提前返回。旅游者回国后，为行程取消的赔偿与旅行社发生了分歧，在调解未果的情况下，旅游者向当地旅游质监所投诉，要求旅行社赔偿旅游者的经济损失。

（二）案例评析

旅游质监所认为，马来西亚拒绝已获签证的中国旅游团入境的行为，是政府行为，应适用不可抗力概念，可以部分或全部免责。同时，根据民法公平、诚信原则，经协调旅行社和旅游者双方，提出两个解决方案供旅游者选择，退还在马期间未发生的旅游费用每人 300 元，或为旅游者提供华东周边一日游以作补偿。旅游者对此处理结果较为满意。

该旅游质监所适用不可抗力原则的处理意见是正确的。旅行社本应依照约定全面履行合同，但由于马来西亚政府采取措施拒绝来自我国的旅游团入境，导致合同不能继续履行，这一客观现实对旅行社存在着不可预见、不可避免和不可克服的情形。旅行社是否承担违约责任，是妥善处理该旅游纠纷的关键。在该旅游纠纷中，旅行社显然不存在主观过错。不仅如此，旅游行程的被迫取消，给旅行社造成的损失也显而易见。旅行社与旅游者一样，都是该事件的受害者。因此，根据《合同法》规定，该事件中的旅行社可以免除或不需要承担未履行合同的违约责任。但按照民法、合同法公平、诚实、信用原则的精神，既然旅游者在整个过程中也不存在过错，旅行社应当退还已经支付但实际未发生的费用，即退还旅游者本应在马来西亚实际发生的费用。

案例十四 旅行社借口不可抗力拒绝退款不能成立①

（一）案情

2003 年 3 月 6 日，福建某旅行社与某交通局 18 名女职工签订了"新、马、泰、港、澳旅游"合同，收取团款 53 027 元。原定于 4 月 9 日出团，因旅行社未办妥签证而无法出团。旅游者提出退团，旅行社以受"非典"影响是不可抗力为由，不愿退款或拖延退款。旅游者遂向当地旅游质监所投诉，要求全额返还所交团款。

旅游质监所认为，本案焦点在于双方合同终止后的退款纠纷。导致旅游合同

---

① 中国旅游报，2003 – 07 – 15.

不能履行的根本原因，是旅行社未能及时办妥签证，并不存在不可抗力的情形。在质监所的干预下，旅行社最终退还了全部团款。

（二）案例评析

并非所有"非典"期间旅游合同的变更和解除都适用不可抗力的规定。"非典"对每个合同的影响是不完全相同的。确认是否构成不可抗力并免除当事人责任时，首先要考虑"特定时段"，即是否发生在政府对局部地区或人员实行强制隔离或限制组织旅游活动的禁令时间内。其次要充分考虑合同的不能履行与事件之间是否存在着因果关系。本案中，18 名女职工的"新、马、泰、港、澳游"未能成行，虽然有"非典"的因素影响，但并不能构成旅游合同的不能履行。第一，我国政府并没有明令这期间旅行社不得组织旅游活动（4 月 10 日国家旅游局要求暂停组织新、马、泰旅游，4 月 21 日国家旅游局要求不得组织跨区域旅游），即具有约束力的政府行为，在当时并未出现。第二，这期间该旅游目的地尚未限制大陆旅游者进入。从本案提供的情况判断，该旅游合同不能履行的直接原因是旅行社未能及时办妥签证。因此，不能依据不可抗力的有关规定来免除其违约责任，该旅行社不仅应该退还全额团款，还应该赔偿对方因解除合同所带来的损失。

案例十五　旅游专列，紧急叫停；
　　　　　　非常时期，非常义务

（一）案情

2003 年 4 月 16 日，813 名广西老年游客乘坐"夕阳红"旅游专列，从南宁出发，17 日经停湖南长沙，19 日抵达北京。期间，与首都老年同志举行联谊活动。按计划应于 22 日由北京至武汉，24 日返程至南宁后散团。

4 月 20 日，国家旅游局从保护游客健康考虑，向广西旅游管理部门提出"劝阻旅游团队不要继续到湖北武汉旅游，尽快返程"的要求。旅游团队取消了在京的部分旅游计划，湖北也对武汉地接社发出指令不得接待该团队。面对行程突然发生变化的危机，专列提前返程困难重重，游客对行程的取消和调整不满，情绪波动。组团社面临如何执行好政令、游客投诉、服务质量、信誉及经济损失等方面极大的压力。

广西旅游局以高度重视和认真负责的态度，采取果断措施。局主要领导亲自挂帅，协调处理赴京旅游专列的返程事件。4 月 22 日，经柳州铁路局的紧急协调，广西赴京"夕阳红"专列旅游团顺利离开北京，直接返桂，不停武汉。4 月 24 日，813 名旅游者抵达南宁后即返回玉林、柳州、百色、贵港等进行了隔离观察。最终未发现"非典"临床病例或疑似病例，旅游管理部门也未接到该专列游客的任何投诉。

（二）案例评析

在解决这一事件中，广西旅游部门坚持以国家的相关法律、法规和政府的命令为依据，严格依法办事。从讲政治、顾大局的实际出发，一方面认真贯彻《传染病防治法》，坚持向游客宣传"非典"危害性及其预防知识，加强对游客的思想沟通与教育，消除全体游客的不满和抵触情绪，争取游客对预防措施的理解和支持；一方面指导组团社顾大局，舍旅行社利益，保游客生命安全。组团社领导表示"虽然加大了旅行社的经营成本，也造成了相当大的损失，但为保护 813 名游客的身体健康，我们这么做是值得的。"

非常时期，服务大局，不折不扣执行"非典"防治工作任务，执行依法发布的各项命令要求，是每一个公民和法人应尽的义务。上述案例中，政府与旅游相关企业（组团社、饭店宾馆）承担了所有实际发生的费用，没有引起各方面的经济纠纷，使该事件平稳、妥善解决，说明有关企业在特殊时期尽到了法定义务的同时，还尽到了非常义务，真正为防止"非典"通过旅游活动扩散，打赢全国防治"非典"攻坚战作出了积极的贡献。

案例十六　"非典"期间违规经营，
情节严重，危害更大

（一）案情

2003 年 5 月 2 日下午，福建省安溪县旅游局向泉州市旅游局预防"非典"领导协调小组反映：安溪县某旅行社超范围经营，在"非典"流行期间组织赴港旅游。领导协调小组对安溪旅游局反映的情况高度重视，并派出检查组于 5 月 3 日上午赶赴安溪进行调查和处理。

经调查核实，安溪县某旅行社无组团出境游资格，并在当地旅游部门发布了关于立即停止组织出境旅游活动的文件后，仍然于 5 月 3 日组织 4 名本地人前往香港旅游，4 人在 5 月 12 日至 15 日期间返回安溪。

调查核实后，检查组作出如下处理：一是责令该社停业整顿半个月，并及时汇报整顿情况；二是责令该社做好4名游客相关材料的归档和保存工作；三是责令该社协助4名游客所在地乡镇做好客人返回后的隔离观察工作，并及时与安溪县旅游局及泉州市旅游局预防"非典"领导协调小组保持密切联系；四是依照《旅行社管理条例》对该社超范围经营行为罚款5 000元。

（二）案例评析

"非典"期间，有资质的旅游企业尚不能正常开展旅游经营活动，而安溪县的这一旅游企业竟置人民的生命安全于不顾，无视国家法律和政府有关禁令，冒超范围经营和"非典"传播之大不韪，图财害人，以身试法，错上加错，情节严重。为维护旅游业的声誉，吸取其教训，必须予以严惩。

案例十七　"随团医生服务"，警钟敲响

（一）案情

小小的"胃痛"居然成了"急性心肌梗死"。由于旅行社随团医生的预见性不够，57岁的毛老师欢欢喜喜出门却因未及时转诊，就这样长眠在了"丝绸之路"上。

2004年6月，毛老师所在的中学与某旅行社签订了旅游合同，开展"丝绸之路——西部行教师考察活动"。7月7日，兴致勃勃的毛老师和同事们踏上旅途，酒量不大的他还在火车上喝了两口白酒。7月10日凌晨，毛老师感觉肚子有些不适，并逐渐出现了腹泻、腹痛现象。当天上午，随团医生对毛老师进行了检查，并于11时30分给毛老师口服了黄连素、达喜片等药片。14时，毛老师腹痛加重，嘴唇发青，并伴有白沫。随团医生又给他打了针。14时40分，在校长的要求下，毛老师被送往附近医院就诊。就诊期间，毛老师突然出现脸色苍白、四肢无力症状。陪护的同事们呼之不应。急忙将其转入抢救室。但毛老师终因抢救无效于当日18时死亡。经专家认定，毛老师死亡的根本原因是急性心肌梗死所致的猝死。事后，强忍悲痛的毛老师妻女以旅行社随团医生误诊、不负责任和无故拖延就医等为由，要求旅行社对毛老师的死亡承担赔偿责任。

在听取医学专家咨询意见的基础上，浦东新区法院审理后认为，毛老师急性心肌梗死的病史、症状、体征不典型，早期难以识别。但旅行社随团医生在救治过程中，也确实存在对疾患的预见性不够、转诊不及时等情形，其过错与患者的

死亡有一定的因果关系。最后，法院一审判决：被告上海某旅行社对旅行团成员毛老师的死亡负有 10% 的过错责任，理应作出相应赔偿。

（二）案例评析

对于一个大型旅游团队的随团医生而言，在旅途中，他们往往无法配备齐全的医疗检测设备。因此，游客一旦出现体征不典型的疾病，随团医生很难准确、及时地作出病情判断并进行有针对性的治疗。如此一来，难免出现转诊不及时、延误病情的情况。本案给广大游客敲响了警钟：外出旅游，应事先对自己的身体状况有准确判断。如可能，最好将有关病史告知旅行社，提早预防。此外，如果在旅游合同中双方约定配有随团医生的，应对其在旅途中的责任和义务作出尽可能详细的规定。

案例十八　遭遇车祸后的"合同风波"

（一）案情

前段时间，王女士全家和朋友们一行 14 人组团到九寨沟旅游。不料，他们却在那里遇上了车祸。14 人全部受伤，无一幸免。当时，看着导游手忙脚乱地抢救伤者，惊慌失措的王女士这才想起："天啊！我们的旅游合同、保险合同都没有签！"

原来，王女士一家三口和朋友们出游前曾到本市一家知名旅行社咨询，结果因价格偏贵且只能随大团而放弃计划。后来，在浦东旅行社的朋友周先生帮忙下，王女士联系上了远在四川、素未谋面的九寨沟旅行社。一番讨价还价后，双方很快口头磋商成功，价钱也大大降了下来。几天后，王女士一行兴致勃勃地踏上了旅程，不想却出了意外。

车祸发生后，王女士有苦难言："这次出行前没有签订任何合同，连个保险也没办理，今后，伤者的高额治疗费用谁来承担？"回上海后，王女士急忙打电话给周先生，要求帮忙开具浦东旅行社的发票和补办保险合同，但遭到了周先生的明确拒绝。情绪激动的王女士等人很快再次找上了浦东旅行社。他们团团围住正在办公的总经理，拿出预先写好的"收条"要求其签字盖章。随后，王女士拿着强迫他人签章完毕的"收条"，将浦东旅行社和九寨沟旅行社一并告上了法庭。

经审理，法院认为：（1）王女士等人与第一被告浦东旅行社之间，既未签订过书面合同，也未书面或口头约定过旅程景点、供应标准、团费总价等具体条款。因此，双方之间不具备旅游合同的形式要件和实质要件，双方没有旅游合同关系。（2）车祸发生后，王女士等急于为自己在法律上补漏洞，并采取了过激行为，逼迫第一被告负责人签名、盖章，追认没有实质内容的合同关系存在。这种做法，为法律所不容。（3）王女士等人与第二被告九寨沟旅行社之间虽然没有签订合同，但第二被告收取了团款、负责接团和派出了导游，对旅程作了安排。故双方已形成事实上的旅游合同关系。鉴于旅行社是在安排原告旅游的途中发生了车祸，为此理应先承担赔偿责任，再按公安部门责任认定向其他责任人追偿。

最终，浦东新区法院判决：驳回原告方对浦东旅行社的诉讼请求；由九寨沟旅行社赔偿原告方的相应损失。

（二）案例评析

本案中，王女士等人过于注重旅行社的价款和单独组团等要求，轻视了书面合同、保险办理等必要手续的重要性。他们在没有签订具体合同前就匆匆启程，事故发生后则为了索赔不惜以"非法"手段维权。这种错误的取证方式为法律所不容。出门旅游，签个合同、办个保险无疑都是必要之举，一来可对旅行社的服务质量有所约束，二来有了合同，消费者的相关权益也才能得到切实的保障。

案例十九　自助游意外身亡谁之过

（一）案情

傅女士姐弟俩参加一家旅行社组织的"马尔代夫游"，双方约定出游方式为自由行。到达马尔代夫后，姐姐傅女士在酒店的海滩边进行自由活动，不幸溺水身亡。为此，傅女士家属状告旅行社，认为其未尽到应尽的义务，须对傅女士的死亡负全部责任。旅行社则表示，傅女士所参加的赴马尔代夫的旅游系自由行。这就意味着游客抵达目的地后，进行何种旅游项目和娱乐活动完全由游客自行安排和决定。由于旅游项目不是由旅行社选择，而是取决于游客。傅女士到海滩游玩完全系其自我安排，与旅行社没有关系。因此，旅行社无义务对其进行保护。

法院审理该案后认为：（1）旅行社在履行合同过程中未履行说明和警示的法定合同附随义务，这是造成游客身亡的原因之一。按有关规定，组团社以及旅游团领队在带领旅游者旅行、游览过程中，应当就可能危及旅游者人身安全的情